JULES VALLÈS

DU MÊME AUTEUR

Romans

LE CORTÈGE DES VAINQUEURS, Laffont, 1972, et Livre de Poche.
UN PAS VERS LA MER, Laffont, 1973, et J'ai Lu.
L'OISEAU DES ORIGINES, Laffont, 1974, et J'ai Lu.
LA BAIE DES ANGES :
I. LA BAIE DES ANGES, Laffont, 1975, et J'ai Lu.
II. LE PALAIS DES FÊTES, Laffont, 1976, et J'ai Lu.
III. LA PROMENADE DES ANGLAIS, Laffont, 1976, et J'ai Lu.
LA BAIE DES ANGES, 1 vol., coll. « Bouquins », Laffont, 1982.
QUE SONT LES SIÈCLES POUR LA MER, Laffont, 1977, et Livre de Poche.
LES HOMMES NAISSENT TOUS LE MÊME JOUR :
I. AURORE, Laffont, 1978, et Livre de Poche.
II. CRÉPUSCULE, Laffont, 1979, et Livre de Poche.
UNE AFFAIRE INTIME, Laffont, 1979, et Livre de Poche.
FRANCE, Grasset, 1980, et Livre de Poche.
UN CRIME TRÈS ORDINAIRE, Grasset, 1982, et Livre de Poche.
LA DEMEURE DES PUISSANTS, Grasset, 1983, et Livre de Poche.
LE BEAU RIVAGE, Grasset, 1985, et Livre de Poche.
BELLE ÉPOQUE, Grasset, 1986, et Livre de Poche.
LA ROUTE NAPOLÉON, Laffont, 1987.

Histoire, essais

L'ITALIE DE MUSSOLINI, Perrin, 1964 et 1982, et Marabout.
L'AFFAIRE D'ETHIOPIE, Le Centurion, 1967.
GAUCHISME, RÉFORMISME ET RÉVOLUTION, Laffont, 1968.
MAXIMILIEN ROBESPIERRE. HISTOIRE D'UNE SOLITUDE, Perrin, 1968, et Livre de Poche.
HISTOIRE DE L'ESPAGNE FRANQUISTE, Laffont, 1969, et Marabout.
CINQUIÈME COLONNE 1939-1940, Plon, 1970 et 1980, éd. Complexe, 1984.
TOMBEAU POUR LA COMMUNE, Laffont, 1971.
LA NUIT DES LONGS COUTEAUX, Laffont, 1971.
LA MAFIA, MYTHE ET RÉALITÉS, Seghers, 1972.
L'AFFICHE, MIROIR DE L'HISTOIRE, Laffont, 1973.
LE POUVOIR À VIF, Laffont, 1978.
LE XXe SIÈCLE, Perrin, 1979, et Livre de Poche.
GARIBALDI, LA FORCE D'UN DESTIN, Fayard, 1982.
LA TROISIÈME ALLIANCE, Fayard, 1984.
LES IDÉES DÉCIDENT DE TOUT, Galilée, 1984.
LE GRAND JAURÈS, Laffont, 1984, et Presses Pocket.
LETTRE OUVERTE À ROBESPIERRE SUR LES NOUVEAUX MUSCADINS, A. Michel, 1986.
QUE PASSE LA JUSTICE DU ROI, Laffont, 1987.

Politique-Fiction

LA GRANDE PEUR DE 1989, Laffont, 1966.

Conte

LA BAGUE MAGIQUE, Casterman, 1981.

En collaboration

AU NOM DE TOUS LES MIENS, de Martin Gray, Laffont, 1971, et Livre de Poche.

MAX GALLO

JULES VALLÈS

ou

La révolte d'une vie

ÉDITIONS ROBERT LAFFONT
PARIS

ISBN 2-221-05785-6

En souvenir de mon père,
révolté *jusqu'à son dernier souffle.*
Et pour David.
Et pour Gérard.

« Il faut être soi, jeter au loin les livres et les drapeaux lourds, affirmer faible ou forte sa personnalité et ne sacrifier le caractère et les droits de l'individu ni aux besoins de gloire ni à la raison d'Etat.

Pourquoi demander aux aînés son chemin ?

Parmi ceux dont nous admirons la gloire et dont nous voudrions avoir les vertus en est-il un seul qui ait vraiment compris ce qu'est la liberté ? »

Jules Vallès,
Le Progrès de Lyon,
6 septembre 1864.

« J'ose dire que c'est au nom du Peuple et de la Révolution que j'ai toujours pris la plume et élevé la voix. »

Lettre de Jules Vallès
à Arthur Arnould,
juin 1880.

« Mon nom restera affiché dans l'atelier des guerres sociales comme celui d'un ouvrier qui ne fut pas un fainéant. »

Jules Vallès,
L'Insurgé.

N.B. : Toutes les citations — entre guillemets — sans nom d'auteur sont tirées des différents écrits (essais, romans, articles ou lettres) de Jules Vallès.

PROLOGUE

« J'AI BEAUCOUP SOUFFERT »

C'était un samedi de février à Paris. Froid. Pas de vent. Une humidité glacée, stagnante qui depuis plusieurs jours pesait sur la ville et faisait se confondre les heures, jusqu'à ce que, tout à coup, la nuit soit là, qu'on n'avait pas vue venir parce qu'elle semblait ne jamais s'être vraiment retirée. Mais alors, les cônes de lumière des becs de gaz parvenaient à peine à atteindre le sol mouillé, formant des volumes de lueur jaunâtre et poussiéreuse que la nuit désagrégeait.

Dans cette bruine cotonneuse, si présente et pourtant impalpable les rumeurs se dissolvaient et les charrois, les tramways, les fiacres avançaient sans bruit comme s'ils roulaient au-dessus du sol, enveloppés par un halo où se confondaient le brouillard tenace et l'haleine des chevaux.

Temps d'hiver. Temps d'engourdissement.

C'est ce samedi-là, le 14 février de l'année 1885, que Jules Vallès, écrivain, journaliste, agonisa et mourut, boulevard Saint-Michel, au numéro 77, dans un immeuble qui fait face au jardin du Luxembourg.

Heure après heure il s'était lentement enfoncé dans la mort, comme si, malgré le feu vif qui brûlait dans la cheminée, les lumières des lampes à gaz qu'on n'éteignait plus et qui éclairaient l'appartement du docteur Guebhard où il vivait depuis le mois de novembre, le froid, la bruine, la pénombre l'enveloppaient peu à peu, inexorablement.

Une jeune femme — l'épouse du docteur Guebhard — Séverine, son amie, sa secrétaire, sa camarade, le veillait.

Elle se penchait sur lui dès qu'il paraissait vouloir dire un mot, esquisser un geste. Mais le plus souvent il gardait les mains ouvertes, à plat sur le drap. Ses yeux restaient clos, profondément enfoncés dans les orbites. Les tempes étaient creusées, le visage émacié, les pommettes saillantes; la barbe grise ne dissimulait pas ce pli de la bouche qui donnait au visage une expression de méditation un peu amère.

Parfois un mouvement laissait apparaître l'avant-bras ou le début de l'épaule, et l'on voyait alors un corps décharné, rongé par la maladie, devenu si léger, confiait Séverine, qu'elle pouvait le soulever toute seule, étendu sur ses bras. Elle ajoutait à mi-voix, avec tendresse et fierté : « comme un enfant ».

Et durant toutes ces semaines de maladie qui précédèrent ce samedi de février, elle l'avait entouré des soins que donne une mère, elle qui avait à peine trente ans.

Elle parlait de Vallès comme de son « terrible enfant à cheveux gris » pour lequel elle voulait créer un « nid tout capitonné de tendresse ». Elle le nourrissait, mettant toute sa passion à le convaincre d'accepter quelques cuillerées des plats qu'elle préparait.

« Ah ! cette joie, cette joie intense, presque physique, disait-elle, qui vous coule dans la poitrine comme un baume, à voir le malade ne pas repousser l'assiette, regarder, flairer, goûter et manger enfin, avec un bon regard de reconnaissance et un pâle sourire qui, comme un soleil d'hiver, vous emplit l'âme de rayons. »

Mais rien n'y fit. Vallès coulait dans la mort. Il n'avait pas cinquante-trois ans.

Ce samedi matin du 14 février, il demanda en quelques mots essoufflés qu'on fît venir autour de lui les journalistes qui animaient le journal qu'il avait créé et qu'il dirigeait, *Le Cri du peuple*.

Il allait mourir, disait-il, et comme les autres protestaient, il secoua la tête, mais si, mais si ; pourtant, ajoutait-il, il ne mourrait pas tout à fait puisqu'il laissait à la Révolution un journal vivant, ce *Cri du peuple*.

Il ferma les yeux. Séverine fit sortir les journalistes et resta seule avec Vallès dont le visage s'était figé.

Il vivait encore.

Plus tard, vers la fin de la matinée — mais qui peut dire exactement l'heure — il dit sans ouvrir les yeux : « J'ai beaucoup souffert. »

Séverine pleurait. Le docteur Guebhard, des amis proches rentrèrent dans la chambre.

Quand Vallès mourut, il était treize heures trente-cinq, ce samedi

14 février 1885. Et la grisaille sur Paris était si dense qu'on eût dit qu'il faisait nuit.

Cinquante-trois ans — il était né le 11 juin 1832 au Puy-en-Velay : courte vie.

Ni la gloire des académies, ni l'or de la fortune.

Quand le sculpteur Tallerich vient mouler le masque mortuaire, dans ce samedi après-midi de février, on lit sur le visage de Vallès la souffrance, le malheur, les traces des combats, que n'ont pu effacer les derniers mois apaisés, lorsque Séverine, jeune femme aimante — « il était mon père, il était mon enfant », répétait-elle —, l'accompagnait à chaque pas, lui tenait la main tentant de lui donner toute l'énergie qui le quittait. Car la mort s'avançait prématurée. Parlant de son enfance, Vallès disait : « Il a passé un courant de vieillesse sur ma vie, il a neigé sur moi. »

C'est cette neige-là qui l'étouffe et lui fait prononcer ses derniers mots : « J'ai beaucoup souffert. »

« J'ai de la peau à moi collée aux cloisons des garnis et aux pierres des rues », avait-il ajouté ; souvent, « sanglier acculé dans la boue, j'ai fouillé de mon groin toutes les places, j'ai cassé mes défenses contre les pierres dures ».

Il paraissait conscient de son usure, de sa fatigue et de leurs causes.

Et, pourtant, quand dans les jours précédant sa mort, il se redressait sur son lit avec l'aide de Séverine, demandait à être conduit à la fenêtre afin de voir les arbres du jardin du Luxembourg, le boulevard Saint-Michel, « son pays latin », ce quartier de Paris où il avait passé la plus grande partie de sa vie, dans les petites rues, les cafés, les pensions sordides pour « bachelier » désargenté, connaissant la « bohème » vraie, celle qui donne des crampes de la faim à l'estomac, il n'avait ni regret ni amertume. « J'aime ce Paris, murmurait-il, de toute la reconnaissance de mes douleurs. J'y ai tant combattu et tant souffert, sur ce pavé. » Il disait encore : « J'ai coudoyé la pauvreté, l'honneur, le vice, la gloire ; les hasards de l'histoire m'ont mêlé aux grandes tragédies publiques. »

Car cet homme qui meurt en février 1885, alors que la République semble enfin consolidée, qu'un président républicain, Jules Grévy, achève le premier septennat du nouveau régime, a eu la chance et le malheur de vivre la révolution de février 1848, de voir les insurgés du mois de juin de cette même année 48, vaincus, partir prisonniers, enchaînés en longue colonne pour les bagnes ; de recevoir, comme un coup de maillet en plein visage, l'élection de Louis-Napoléon Bonaparte à la présidence puis son coup d'Etat le 2 décembre 1851. Et de subir, vingt ans durant, la « fête impériale ». Son insolence, ses hypocrisies et ses censures, la morgue de l'Argent et de la corruption, cependant qu'il fallait survivre, écrire quand même, publier quand même, rongeant ses amertumes et ses colères, rêvant de complot et de révolution.

Et quand enfin Napoléon III s'effondre en 1870, quand explose la Commune comme le long cri étouffé, retenu depuis juin 1848, voilà que s'abat sur les communards, sur Vallès, la répression de la Semaine sanglante, près de trente mille victimes, massacrées dans Paris, fusillées sans procès à la mitrailleuse. Et dans les cours des casernes l'on marche dans le sang.

Pour Vallès et les survivants les plus chanceux commence un exil de dix ans.

Quand il rentre enfin en 1880, cette République de Jules Grévy et de Waldeck-Rousseau, qu'est-elle ?

Il n'a pas cassé toutes ses défenses de sanglier, Vallès, quand il écrit dans une lettre à Jules Grévy : « On dit que la patrie est riche, que la République est prospère ! La France de quelques-uns, la République en frac et en cravate blanche, mais le reste meurt de faim et de fatigue. Les pauvres ? ils sont les trois quarts de la France. Place au travail ! Salut aux pauvres ! » Oui, les « hasards » de l'histoire ont mêlé la courte vie de Vallès aux grandes tragédies publiques.

Il s'est avancé sur ces champs de bataille à visage découvert, parce qu'il désirait empoigner la vie à pleines mains.

Son corps il le voulait couturé de cicatrices. « Je veux avoir lutté, écrivait-il, avoir mérité mes blessures, avoir défié le péril et il faudra que les croque-morts se lavent les mains après l'opération, parce que je saignerai de toutes parts. » Il meurt, à moins de cinquante-trois ans, de maladie et d'épuisement, mais sans regret. Sans haine. « Comme tous ceux qui ont vu les grands combats au soleil, j'ai le respect même de ce qui m'a heurté et fait saigner », dit-il.

Il s'exprime ainsi parce qu'il est apaisé, qu'il est allé au bout de lui-même, montant sur cette barricade qu'est la Commune, risquant à chaque heure de se faire tuer, vaincu dans l'instant, vainqueur dans sa vie et pour le futur.

« Je suis en paix avec moi-même », écrit-il.

« Mes rancunes sont mortes. J'ai eu mon jour. »

Et en plus Vallès, cet *Enfant* battu, ce *Bachelier* humilié et affamé, vengés par *l'Insurgé,* a écrit une œuvre, une trilogie, deux volumes déjà publiés (*L'Enfant, Le Bachelier*), le dernier (*L'Insurgé*) dont il sait qu'il paraîtra, puisque Séverine est là, qui le rassure et l'apaise, l'aide à mourir, dernière revanche, celle de l'homme vieilli qu'une femme jeune entoure d'affection et de dévouement.

Pourquoi Vallès se plaindrait-il ?

Il a choisi de vivre libre, il a refusé de se laisser bâillonner. Il est de ceux qui « vivent de passion en attendant qu'ils meurent ».

Cela ne se pardonne pas. Et la haine, meurtrière, sordide, tenace, accompagne Vallès toute sa vie, jusqu'au bord et au-delà de sa mort.

Quelques jours à peine avant qu'il ne succombe, alors qu'il est un malade rongé par le diabète, alité, d'une maigreur déjà cadavérique, qu'il a de la peine à tracer quelques mots au crayon, pour dire son état — ainsi dès le 17 octobre 1884 écrit-il à Séverine alors qu'il n'a pas été encore accueilli chez elle et le docteur Guebhard : « Toujours cette lassitude, cet accablement ! Je ne puis pas lever les bras, le souffle me manque ! Je devrais sortir pour mes affaires. Mais j'ai peur du froid et de l'évanouissement en route » —, la police, le 22 janvier 1885, pénètre chez lui, retournant le matelas du lit sur lequel il est couché. Perquisition sans égard pour le malade, vexation grossière, fouille inutile, incident et émotion qui aggravent l'état de Vallès.

C'est là le dernier signe de cette haine qui le poursuit, le dernier acte hostile qui le pousse un peu plus vite vers la mort. Car on l'a voulu mort. On l'a déjà tué en fait.

Pendant la Semaine sanglante, à plusieurs reprises les journaux favorables aux versaillais ont annoncé sa mort. *Paris-Journal, l'Illustration, Le Gaulois* ont donné des détails.

Pas de pitié pour l'écrivain qu'on croit mort. Au contraire. Le 29 juillet 1871, un certain Emile Blavet écrit dans *Le Rural :* « Il est mort, paix à sa cendre ! Mais il est juste que la physionomie grimaçante de ce sinistre drôle soit clouée au pilori de la postérité. »

La peur et la haine ont été si fortes qu'on veut en finir avec ces « bêtes fauves, ces bêtes puantes, ces bêtes venimeuses » (Théophile

Gautier), et quand on apprend que Vallès a réussi à quitter la France, le 6e Conseil de guerre de Versailles le condamne à mort par contumace le 4 juillet 1872.

Mais Vallès est hors de portée des pelotons d'exécution, en exil à Londres. Alors, pour tuer l'écrivain d'une autre manière, on le calomnie, on l'interdit d'écriture, on macule ses mobiles.

Il est un « déclassé », un « fruit sec », l'un de « ces journalistes sans journaux » jaloux et stériles.

Il fait partie de cette « écume de la province qui fermentait dans Paris » (Maxime Du Camp).

« On devine, analyse Alphonse Daudet, le rire amer, les yeux pleins de bile de l'homme qui a eu une enfance malheureuse et qui en veut à l'humanité parce que, tout petit, il a porté des habits ridicules taillés dans les redingotes de son père. »

Paul de Saint-Victor, un brillant critique littéraire ami de Barbey d'Aurevilly, des Goncourt, de Gautier, de Flaubert, parle de Vallès comme d'un « bâtard de Marat, qui vociférait la haine et la rage. Bohème des lettres aigri par une jeunesse misérable, affolé d'orgueil, altéré d'envie, sa poche à fiel crevée s'était répandue dans son style ».

Pour Léon Bloy, Vallès n'a qu'une « âme de domestique ». « Oui, Vallès, vous étiez né pour donner des assiettes et pour frotter les appartements. »

Rien ne résiste à cette vague de haine.

Vallès, dont Gustave Courbet avait tracé un portrait de jeunesse où s'expriment toute la révolte et la sensibilité d'un homme qui refusait de se « coucher » ou d'être simplement un « égayeur » et voulait demeurer, comme il le dit, un « révolté » et garder son rang « dans le bataillon des pauvres », n'est plus pour les chroniqueurs d'après 1871 qu'une sorte de monstre.

« C'était un petit homme ramassé et trapu, sans élégance dans la taille et même, à vrai dire, sans taille, écrit ainsi le journaliste Armand de Pontmartin. Des cheveux noirs, épais, mal plantés, descendaient sur un front bas, qu'on eût dit teinté de jus de réglisse. De gros sourcils en broussaille surmontaient des yeux dont l'expression, à la fois cruelle et sournoise, me serrait le cœur. A travers ses lèvres rouges, on apercevait des dents blanches, pointues, canines, prêtes à mordre. Sa bouche, largement fendue, avait un air d'ébauche et trahissait des appétits grossiers. Son teint, hâlé par les mauvaises passions, s'accordait avec la couleur fauve de ses yeux rayés de brun. Il y avait, dans cet ensemble presque sinistre, du loup, du mulâtre et du réfractaire. »

Il est difficile de survivre après un tel déferlement, difficile de rappeler ce qu'on a dit un jour de vous : « Vous avez l'air d'un homme, il faut des chiens couchants. »

Comment entendre ce que Séverine écrivait de son aîné de vingt-cinq ans : « Pas beau, Vallès ? Non, mieux ! Un grand front bosselé puissamment, des prunelles étincelantes, noires comme des billes de jais qu'aurait lustrées la pluie. Puis de la franchise plein les yeux, de la bonté plein la lèvre, de la conviction plein le geste et la voix. »

Ce sont les adversaires qui dirigent les revues, les journaux, eux qui écrivent ces histoires de la littérature dans lesquelles on ne parle pas de Vallès ou bien, quand on l'évoque, c'est en le gardant à distance, comme si l'on avait peur de se compromettre.

Puis il y a ceux qui, au lendemain de sa mort, expriment leur mépris pour un homme qui, entre « Hébert et Marat, à peine moins grotesque que l'un et presque aussi féroce que l'autre, tiendra dignement sa place dans un musée national des horreurs » et dont « l'âme et l'œuvre expriment l'impuissance et la convoitise, la paresse et la haine » (Ferdinand Brunetière in *La Revue des Deux Mondes*).

Tout cela laisse des traces profondes.

On ne pardonne pas à Vallès son engagement dans la Commune, sa fidélité, ses révoltes, la part prise dans les luttes politiques, l'orgueil avec lequel il proclame sa solidarité avec les communards.

« Je ne veux pas que mon nom soit honni dans le camp des révoltés, je ne le veux pas », s'écrie-t-il.

Et alors que l'ensemble du monde littéraire — à quelques exceptions près : Rimbaud, Hugo, Verlaine, Villiers de L'Isle-Adam, et c'est tout ! — condamne avec une violence haineuse les communards, il prend en charge les violences de la Commune et affirme : « Je ne suis plus inquiet pour ma mémoire, enfumée et encaillotée de sang. »

Cette fidélité comme un défi, cet isolement de l'écrivain Vallès parmi les gens de lettres, romanciers, chroniqueurs, critiques qui font les réputations, il les paiera cher.

A mille signes, au silence des uns, à la haine des autres, à l'ignorance de la plupart, on mesure ce qu'il en coûte de dire et de répéter en mots et en actes : « Je suis du peuple et ma chronique aussi. »

Quand, après sa mort, ses amis voulurent apposer une plaque en son souvenir sur la façade de l'immeuble du 77, boulevard Saint-Michel, le propriétaire s'y opposa.

Ce n'est qu'un siècle plus tard, en janvier 1986, qu'elle fut rivée à gauche de l'entrée, discrète, portant une seule phrase gravée en lettres dorées : « Dans cet immeuble, accueilli par Séverine, mourut, le 14 février 1885, l'écrivain Jules Vallès. »

Pas d'emphase, modestie de l'inscription, mais cet acte symbolique témoignait que malgré le silence, comme un cours d'eau souterrain, le souvenir et l'œuvre de Jules Vallès continuaient d'irriguer et enfin de sourdre.

Quelques autres signes ne trompaient pas : l'entrée de Vallès dans la collection de la Pléiade, la constitution d'une « Association des amis de Jules Vallès » publiant une revue ; à l'occasion du centenaire de sa mort, en 1985, la multiplication de manifestations — expositions et colloques — qui à Pékin ou à Chicago, à Perugia, à Palerme ou à Amsterdam et bien sûr dans plusieurs villes françaises affirmait la permanence autour de Vallès d'une « fraternité » internationale.

Etrange pour un écrivain, cet homme si longtemps calomnié ou oublié, écrasé par de plus fortes notoriétés. En 1985 même, la commémoration de la mort de Hugo, disparu quelques semaines après Vallès, a relégué au second plan les manifestations vallésiennes pourtant riches d'une ferveur vraie !

Mais Vallès est de ceux qu'on aime ou qu'on hait.

De ceux qu'on ne peut célébrer du bout des lèvres avec quelques discours conventionnels.

Après sa mort comme dans sa vie, il reste un insoumis, un réfractaire, un révolté, un insurgé. Et ceux qui ouvrent ses livres sont happés, emportés par le rythme, le souffle, l'authenticité. Ainsi se crée, génération après génération, une cohorte de lecteurs et d'admirateurs, si bien que la trilogie de Vallès (*L'Enfant, Le Bachelier, L'Insurgé*) est toujours présente dans les principales collections de poche. Jeunesse éternelle d'une œuvre, livres d'un rebelle qui brandit l'étendard rouge de sa vie mais s'adresse au-delà de lui « à tous ceux qui crevèrent d'ennui au collège ou qu'on fit pleurer dans la famille, qui, pendant leur enfance, furent tyrannisés par leurs maîtres ou rossés par leurs parents » (*L'Enfant*) ; « à ceux qui nourris de grec et de latin sont morts de faim » (*Le Bachelier*) ; « aux morts de 1871, à tous ceux qui, victimes de l'injustice sociale, prirent les armes contre un monde mal fait et formèrent, sous le drapeau de la Commune, la grande fédération des douleurs » (*L'Insurgé*).

Qui oserait prétendre qu'en cette fin du xxe siècle, quand meurent de faim plus de deux cent mille enfants par semaine, quand des millions d'autres hommes de par le monde sont sans travail, quand l'écart se creuse entre les plus pauvres et les plus riches, quand les diplômes, à nouveau, ne garantissent pas un emploi, il n'y ait pas des résonances à l'œuvre de Jules Vallès ?

Comme si l'histoire de ceux qui dans sa génération refusèrent de se soumettre et dont il est le témoin le plus fidèle parlait aujourd'hui à tous ceux qui persistent à penser, quelles que soient les chansons à la mode, qu'on continue de vivre dans « un monde mal fait ».

Instinctivement ceux-là vont vers Vallès.

Comme ce samedi 14 février 1885 sont allés vers la dépouille de Vallès ces deux ouvriers en cotte bleue, leur boîte d'outils sur le dos et qui, à six heures, dans la nuit tombée sonnèrent à la porte du 77, boulevard Saint-Michel, pour « le » voir.

Ils travaillaient chez un marbrier du boulevard Montparnasse.

Ils avaient appris « la chose ». Ils avaient quitté leur chantier une heure plus tôt afin de s'incliner devant lui. « Adieu, vieux », dit l'un. L'autre pleurait.

Le lendemain, dimanche 15 février, les journaux annoncèrent le décès et les obsèques fixées au lundi.

Des milliers d'hommes et de femmes se présentèrent dès le dimanche à l'appartement, montant par le grand escalier, traversant le salon, s'immobilisant devant le corps, redescendant par l'escalier de service.

Les femmes étaient nombreuses déposant des bouquets de violettes ou d'immortelles.

On reconnaissait, dit Séverine, « les bacheliers faméliques, les sans-gîte et les sans-souliers, les sans-emploi et les sans-espoir... Ainsi défila devant le mort tout le bataillon sacré de la misère et de la révolte ».

Combien étaient-ils le 16 février, dès onze heures du matin, à se presser boulevard Saint-Michel pour suivre le corbillard des pauvres — celui-là même qui portera, quelques mois plus tard, le cercueil de Victor Hugo ? Rien n'avait été prévu, aucun appel à se rassembler n'avait été lancé, et pourtant ils étaient des dizaines de milliers à avoir envahi la chaussée, les trottoirs, les escaliers de l'immeuble numéro 77.

Comme les tramways s'obstinaient à vouloir passer, on déchaussa les pavés, on éleva de petites barricades afin de leur interdire d'avancer.

Puis, oscillant au-dessus des têtes, on descendit le cercueil qu'on plaça sur le corbillard et le cortège funèbre s'ébranla au début de l'après-midi.

Une pluie fine tombait et cependant la foule marchait nu-tête entre les dizaines de milliers de badauds qui s'abritaient sous les parapluies, le long des trottoirs et parfois protestaient, lançant des quolibets.

Le souvenir de la Commune était encore à vif, les haines violentes, et ceux qui défilaient, fleur rouge à la poitrine, drapeaux rouges et noirs dans le vent avaient, dit Maurice Barrès, l'un de ces badauds, « des allures de bataille ».

Le docteur Guebhard et Séverine conduisaient le deuil et derrière se pressaient les survivants de la Commune, Vaillant, Eudes, Longuet, Malon, Amouroux, les journalistes du *Cri du peuple* et parmi eux Jules Guesde, puis venaient quelques écrivains et quelques hommes politiques dont Henri Rochefort et Georges Clemenceau.

Puis la foule.

On entend des sanglots, des cris, des appels à voix basse.

« Je sens, raconte Séverine, l'étreinte désespérée d'un vieux pauvre, un débris humain, demi-nu sous ses loques, dans la saison glaciale, qui clama tout en larmes : “Et maintenant qui nous défendra ? ” »

Parmi les couronnes, l'une d'elles, un cerceau de violettes en coton teint cerclant un rond de carton blanc, porte en exergue : « A Jules Vallès, les socialistes allemands. » Une vingtaine de socialistes allemands l'entouraient, la portant accrochée à un grand bâton par des rubans rouges, noirs et blancs, leurs couleurs nationales.

Il y eut des cris dans la foule des badauds : « A bas l'Allemagne ! » Bientôt, près de deux cents étudiants entraînés par Paul Déroulède chargent le cortège, lancent des pierres et de la boue qui frappent le corbillard et le cercueil. Des bagarres éclatent tout au long du boulevard Saint-Germain, cessent au pont Henri-IV, pour reprendre rue de la Petite-Roquette. Puis c'est le cimetière du Père-Lachaise, envahi par des dizaines de milliers de curieux qui crient · « Vive la Commune ! Vive Vallès ! »

L'écrivain servait à nouveau de héraut, de symbole, de prétexte à cette manifestation qui rappelait que, malgré les trente mille fusillés de la Commune, « la question sociale », les revendications à plus de justice continuaient de se poser.

Il y eut dans Paris un frisson d'inquiétude : « L'armée de la Commune, avec ses cadres, ses officiers, ses soldats, ses écharpes, ses drapeaux rouges et son drapeau noir, a pu traverser en ordre la moitié de Paris pour accompagner l'ex-condamné à mort du 4 juillet 1872 », écrivait un journaliste hostile dénonçant l'absence de la police.

Mais qu'eût-elle pu faire ce jour-là contre ce mort et ceux qui étaient venus lui dire adieu ?

C'était, comme écrira Eugène Pottier (l'auteur de *L'Internationale*),

Le Paris des grandes journées
Avec la parole de feu
Qui sort des foules spontanées
Et cent mille hommes réveillés
Accompagnant au cimetière
Le candidat de la misère
Le député des fusillés
D'idéal n'ayant pas changé
La masse qui se retrouve une
Fait la conduite à l'insurgé.

En fait, la foule venait saluer l'homme de la fidélité. L'écrivain qui avait affirmé lorsqu'on louait ses chroniques : « Ce qu'ils appellent mon talent n'est fait que de ma conviction. »

Et cette phrase que Séverine décide de faire graver sur le tombeau de l'écrivain résume toute une vie.

Si courte vie, dont la courbe et l'intensité prennent leur origine dans une région rude, toute en contrastes, dans ce « pays curieux qu'est le Velay, où les torrents ont fait les chemins et où les volcans grondent sous la neige ».

Vallès est de ce pays.

C'est là d'abord qu'il faut aller à sa rencontre, en ce printemps de 1832, quand sur les terres volcaniques, les larges tables de basalte et de porphyre, fleurissent les genêts.

Il est enfant de ces paysages, enfant aussi de ces années trente du XIXe siècle, lorsque les ouvriers de la soie lyonnais, les canuts, se révoltent au cri de « vivre en travaillant ou mourir en combattant ».

PROLOGUE

Et qu'on les juge devant les assises du Puy-en-Velay, dans cette ville où le 11 juin 1832 est né Jules Vallès, au milieu de cette « race étrange dont les fils portent tous au cœur un besoin terrible de liberté et même l'instinct de révolte... ».

I

« J'AI L'AIR D'UN PRISONNIER QU'ON PROMÈNE UN PEU » (1832-1847)

Chapitre premier

« Je tiens par les racines à la terre des champs » (11 juin 1832)

« Mon berceau fut au pied des montagnes », dira Vallès. Elles sont là, en effet, entourant Le Puy de leurs sommets lourds et sombres.

En ce mois de juin 1832, quand Jules Vallès vient au monde, fils de Jean-Louis Vallez et de Julie Pascal, issu de ce mariage « de la débine et de la misère », né dans un « lit de vieux bois qui a des punaises de village et des puces de séminaire », les montagnes semblent encore plus proches qu'aujourd'hui parce que presque toute la ville est emprisonnée dans les vieux remparts. A peine quinze mille habitants, au Puy-en-Velay. Des casernes, des couvents, des séminaires, des boutiques et des ateliers d'artisans ouvrent sur des rues étroites, souvent en pente, sales, difficiles à gravir.

La maison des Vallès est sur une petite place qui n'est guère plus large que l'une de ces rues, non loin de la prison. Mais de là, du sommet de la rue, on voit tout le pays, jusqu'au-delà des remparts : le faubourg Saint-Jean à l'est et son ruisseau du Dolezon, à l'ouest les monts du Velay, qui culminent à 1 450 mètres et, vers le nord, la vallée de la Borne, dominée par la table basaltique découpée par l'érosion, grosse enclume de roches presque rouges sur laquelle se dresse le château de Polignac.

Et puis, il y a ces avant-postes des montagnes, en pleine cité, le rocher Corneille, celui de Saint-Michel-l'Aiguilhe. Le paysage est heurté, le regard rencontre le relief et le rêve vague est toujours brisé par un massif.

Par temps clair, en ces jours de juin, on voit, au sud, le Mézenc, à plus de 1 700 mètres, et, en cette saison printanière, les fleurs couvrent les pentes, l'eau jaillit entre le basalte et le granit, et ruisselle.

Ce pays exalte et contraint, entraîne et retient, déchiré entre des pulsions contradictoires : l'immensité du ciel, la noblesse austère des volcans éteints, et le resserrement de la cuvette où se trouve Le Puy-en-Velay, cerné par les montagnes. « Elles coupent de leur échine noire, verdie par le poil des sapins, le bleu du ciel où les nuages traînent en flocons de soie. »

Ces massifs, on s'y heurte.

On ne se perd pas dans le panorama. On s'y oppose. Rien ici qui favorise les apaisements de la plaine. Mais, quand on suit l'une des vallées, ainsi celle de la Borne, presque opulente avec ses labours, on sait qu'on peut, qu'on doit ne pas se limiter à ces barrières granitiques ou volcaniques, qu'il faut se faufiler entre elles ou bien gravir leurs sommets pour voir, au-delà, l'horizon libre.

Est-ce cela qui donne à ces paysans vellaves cette ardeur et cette obstination ? Michelet dira : « Il y a une force réelle dans les hommes de cette race, une sève amère, acerbe peut-être, mais vivace comme l'herbe du Cantal. »

Ces paysans, ils sont dans la ville. Ils occupent le champ de foire qui jouxte la grande place du Breuil.

Ce sont eux qui conduisent les charrettes à bois, les seules qui réussissent à gravir la rue où se trouve la maison de Vallès. Ils piquent les bœufs avec un aiguillon, déchargent les fagots et les sacs de farine chez le boulanger qui se trouve à mi-côte. Ils entassent aussi leurs marchandises à la porte Pannesac, au bout du quartier de Vallès. Et ces lieux, rues, places et portes sentent la graine et le grain, embaument des odeurs de campagne. La ville du Puy, ce chef-lieu du département de la Haute-Loire créé en 1790, est ainsi tout entière pénétrée par son terroir : ses habitants — tel le père de Jules Vallès — viennent de la campagne. « Mon père, dit Vallès, est fils d'un paysan qui a eu de l'orgueil. »

Les grands chariots passent dans les rues, chargés de paniers, débordant de légumes, de sacs gonflés de blé ou de seigle, de pommes de terre et de sarrasin ; les animaux sont conduits à l'abattoir. Des poules — et parfois des cochons — sont élevés dans certaines maisons qui avec leurs petites cours ressemblent, aux marges de la ville, à des fermes.

Mais ceux de ces paysans qui s'installent au Puy avouent leur ambition et leur orgueil.

Ils refusent la vie qui semble à jamais fixée, qu'on connaît sur les petites exploitations, dont on est certes propriétaires mais qui exigent un travail sans relâche, rivé au sol, pour les labours quand la terre et la pente le permettent ou bien l'élevage de quelques bovins.

Ils ont, ceux-là, les transfuges, rêvé à l'instruction alors que dans les villages on ne sait ni lire ni écrire et qu'on parle peu le français. Ou bien, s'ils ne réussissent pas à entrer au séminaire, ils se font artisans. Au village, l'hiver, quand la neige ensevelit le pays, ils fabriquaient déjà dans les étables des sabots ou des meubles, et les femmes brodaient de la dentelle.

Les aïeux de Jules Vallès ont leurs racines dans ces traditions paysannes.

Ils sont de ce pays depuis des générations. Ouvriers agricoles ou petits propriétaires, ils appartiennent à ces lignées qui comptent des « gens héroïques, tombés en route de fatigue, morts à la peine ».

Et si le grand-père paternel de Vallès (né en 1776) veut que son fils Jean-Louis Vallez (né le 11 octobre 1807, le père de Jules Vallès donc) échappe à cette condition par l'étude, c'est qu'il cherche à lui éviter le sort du travailleur obscur. Comme souvent dans les familles le rôle d'initiateur a été joué par un oncle, Thomas Vallez — né en 1787 —, frère du grand-père paternel de Vallès.

C'est lui qui a fait la percée originelle, lui qui entre au séminaire, lui qui enseigne à son neveu les rudiments de grammaire et de latin, lui qui pousse son frère à envoyer cet enfant au séminaire du Puy, puis au collège.

Jean-Louis Vallez s'y montre un bon élève. Ce collège avait un protecteur, le prince Jules Camille de Polignac, dont le château, à quelques kilomètres du Puy, domine la vallée de la Borne. Jean-Louis Vallez mérite un prix pour un poème latin de sa composition (*Conchylia,* coquillages), une magnifique édition d'*Homère,* publiée à Oxford en 1808, l'un des premiers livres qui entrent dans la famille.

En 1826, Jean-Louis Vallez obtient le « baccalauréat en lettres ».

C'en est fini dès lors, pour Jean-Louis Vallez, du monde paysan, pour le meilleur et pour le pire.

Il a franchi, en acquérant ce diplôme, rare, la frontière. Le voici « lettré », promis — puisqu'il a renoncé à la prêtrise à laquelle sans doute son père le destinait — à une profession noble : celle de professeur.

Il a dix-neuf ans. Il est travailleur, obstiné, ambitieux. Il s'est arraché à la terre, au métier manuel. Il a refusé la facilité d'être un curé, avec le gîte et le couvert, fussent-ils modestes, assurés. Il ne lui reste qu'à avancer encore, à coups de livres, d'examens et de concours.

Jean-Louis Vallez n'est que l'un de ces fils de paysans qui — tel le Julien Sorel de Stendhal — partent avec une sorte de rage et d'avidité à l'assaut de la société.

Il a sans doute la tête pleine de songes : il rêve aux honneurs d'une chaire magistrale, peut-être imagine-t-il qu'il écrira. Mais il lui faut lever un obstacle avant de s'élancer.

Il devait en effet accomplir son service militaire. Est-ce possible alors qu'il a devant lui tant de travail, un si long chemin à parcourir ? Que restera-t-il de son élan, de ses connaissances, de ses espoirs s'il subit l'érosion de plusieurs années de caserne ?

Heureusement la loi prévoit la possibilité d'acheter un remplaçant. L'argent ? Il faut l'emprunter, s'endetter donc pour des années, car la somme est importante : deux mille francs. Et cela va peser lourd. Mais à ce nouveau choix, à ce risque pris, on mesure la force de l'ambition, la détermination qui pousse le futur père de Jules Vallès, jeune homme de vingt ans.

Il veut à tout prix échapper à sa condition paysanne et, le 21 novembre 1827, par-devant notaire est conclu l'acte de remplacement du soldat Jean-Louis Vallez, classe 1827, de Vourzac, commune de Sanssac, n° 6 du canton de Lourdes, par le soldat Grégoire, congédié du 11e régiment d'infanterie légère, originaire d'Espaly, et ce moyennant une indemnité de deux mille francs ; cette somme est garantie par le père du remplacé, propriétaire cultivateur habitant au mas des Salles, commune de Ceyssac, sur un corps de domaine situé au terroir de Vourzac, commune de Sanssac, composé de bâtiments, prés, champs et bois.

Peut-être dans le refus de partir de Jean-Louis Vallez y avait-il d'autres raisons.

Le bachelier de vingt ans, donnant quelques leçons à dix sous de l'heure, installé dans une « petite chambre au fond d'une rue noire » fait la cour à une paysanne, cette Julie Pascal, née en 1804, l'aînée de trois ans de son soupirant. Est-ce aussi pour cela que Jean-Louis Vallez a renoncé à la prêtrise, qu'il s'est brouillé avec son oncle devenu, depuis le mois de mai 1827, l'abbé Thomas Vallez, curé de Chaudeyrolles ?

Les choix, ceux qui à l'aube d'une vie déterminent toute une existence et pèsent aussi sur les enfants qui vont naître, sont faits par les deux jeunes gens.

Ils se marient en 1829. Lui, Jean-Louis Vallez, on le dit encore, dans l'acte, « cultivateur » ; elle, Julie Pascal, « ménagère du lieu de Sénilhac commune de Ceyssac ». Ses parents sont des paysans pauvres, illettrés. Elle n'a pour tout bien à apporter à son époux que « ses nippes, effets de corps et bijoux » et une petite dot de deux cents francs.

C'est bien, comme le dira leur fils, « le mariage de la débine et de la misère ».

Mais aussi une union de l'amour de deux êtres issus du même monde rural. L'un capable de cette volonté que supposent les études quand on vient d'un village, mais son mariage avec cette paysanne révèle qu'il n'est pas capable de s'arracher totalement à ses origines, qu'il lui faut s'appuyer sur son milieu pour s'élancer. Et cela dévoile la faiblesse — et la prudence — de son caractère.

Quant à elle, son mariage avec ce jeune bachelier prouve son ambition. Elle veut sortir de sa misère, fuir le destin de vieille fille, elle a déjà vingt-cinq ans ! Echapper au travail de la ferme. Et elle est prête pour cela à bien des sacrifices. Entre eux, ainsi, il y aura toujours, quel que soit le chemin qu'ils parcourront, cette communauté des débuts, ce même milieu de départ. D'une certaine manière, donc, et même s'ils ont rompu leurs attaches avec la campagne, leur enfant, Jules Vallès, sera aussi fils de paysans. « Je tiens par les racines à la terre des champs », dira-t-il.

Ces champs, ce pays des Vallès — où Jules reviendra toute sa vie —, il est borné par quelques lieux, proches les uns des autres. Au centre, Le Puy-en-Velay, où les jeunes mariés s'installent dans le quartier — pauvre — de la Salpêtrière.

Jean-Louis Vallez est instituteur à l'école départementale des sourds-muets. Travail ingrat, traitement modique qui permet à peine de subvenir aux besoins. Jean-Louis court les leçons particulières et la nuit il étudie : versions et thèmes grecs et latins, au bout la licence, et terme ultime, étoile polaire, l'agrégation qui donnera meilleur revenu et gloire. Mais ce n'est qu'un but lointain. Pour l'heure il faut vivre, durement. Il y a la dette de deux mille francs à rembourser et déjà pèsent sur le jeune ménage les premières charges, les premiers malheurs.

Le 16 décembre 1829, naissance d'un premier garçon, Jean-Louis. Un autre naîtra — Joseph-Jules — le 19 mars 1831. Et tous deux mourront presque aussitôt. C'est la loi de l'époque, le sort des femmes que ces grossesses successives et que ces morts de nourrissons. Les unes et les autres marquent, même si le rapport aux enfants, à leur naissance et à leur décès, n'est pas aussi intense qu'il sera au xxe siècle. La mort est une compagne familière. La rusticité des mœurs une réalité : Julie Vallez accouche chez elle, avec la seule assistance d'une sage-femme. Et elle est rapidement sur pied.

Pourtant il suffit de ces premières années de difficultés pour que — avant même la naissance de Jules Vallès donc — sa santé s'affaiblisse, son humeur s'aigrisse. Elle vit dans des taudis — les Vallez en changeront sept fois de 1829 à 1838 — et les tâches ménagères, auprès d'un mari studieux et impécunieux, ne sont guère distrayantes, ne correspondent pas à ce qu'elle avait imaginé d'une autre vie à la ville. Mais elle serre les dents et les cordons de la bourse. Econome avec une sorte de rage, hargneuse à force de privation et de tension.

Quand Jules Vallès naîtra — troisième naissance en trois ans — le caractère de sa mère est déjà fixé. Elle a vingt-huit ans déjà — son mari seulement vingt-quatre ans. Elle incarne l'autorité. Elle domine son étudiant de mari en même temps qu'elle est intimidée par son savoir, ces livres qu'elle ne lit pas. Mais elle mesure — avec déjà une hostilité qui monte — que ces diplômes pour le moment ne donnent pas du beurre pour la soupe et de la viande à tous les repas.

Heureusement, il y a cette campagne, ces villages d'où l'on vient, avec lesquels on a gardé des liens.

Farreyrolles d'abord, à quatre kilomètres du Puy, commune de Sanssac-l'Eglise, le pays de Julie Vallez.

Là sont ses sœurs, ses cousines, sa famille, dans ce petit hameau de dix-huit maisons — dix-huit ménages — représentant à peine soixante-deux habitants. Le terroir autour du hameau est fertile, favorable aux labours qui l'emportent en superficie, même si l'élevage est présent, les bovins rentrant seuls de la prairie. On est à peine à une demi-heure de marche du Puy, que l'on rejoint en descendant du plateau, en gagnant la vallée de la Borne que domine le donjon de Polignac. Le paysage est accueillant, presque riant.

Il tranche avec l'autre Velay des Vallez, celui de Chaudeyrolles, où Thomas Vallez, l'oncle, est curé. Jules Vallès ira souvent en vacances dans cette région austère, où « l'air cru des montagnes fouette le sang et fait passer des frissons sur la peau ». Les chemins sont faits de pierres grises « et les rivières ont des bords rougeâtres comme s'il y avait eu du sang : l'herbe est sombre ». « Le vent dur rase la terre avec colère... les sapins sont maigres, longs comme des mâts et la montagne apparaît là-bas, nue et pelée comme le dos décharné d'un éléphant. »

Les fermes sont isolées, tout entières vouées à l'élevage. Le Mézenc domine à 1753 mètres et Chaudeyrolles est situé à six kilomètres de Fay-sur-Lignon, au pied du volcan du Lignon. C'est un bout du monde.

Il faut pourtant sur ce sol hostile cultiver des céréales, se blottir l'hiver alors que le vent chargé de neige balaie ce haut plateau et empêche parfois durant des semaines toute circulation, car les routes d'accès ne descendent guère au-dessous de 1000 mètres.

Mais l'horizon est clair. Le froid exalte. Et quand un oiseau d'un grand coup d'aile traverse le ciel, c'est un aigle.

Ce pays-là est encore écrasé par la tradition, les nécessités quotidiennes de la vie. Il demeure enfermé dans des limites étroites que dicte la géographie.

Les contacts sont rares même avec Le Puy qui n'est elle-même qu'une cité, située dans une cuvette. Là le cléricalisme l'a longtemps emporté, la ville apparaissant comme celle des prêtres et des religieux.

Mais en 1830, la révolution de Juillet est venue fissurer cet ordre noir. Si le conformisme domine toujours, les notables sont des bourgeois, des médecins, des notaires, des avoués : ils connaissent le droit, sont aisés, souvent voltairiens et ce sont eux qui, sous la monarchie de Louis-Philippe, occupent le devant des scènes politiques locales.

Même si à partir de 1830, précisément, des paysans commencent à quitter leurs villages pour les villes de la région ou bien pour les routes où ils deviennent scieurs de long, colporteurs, marchands de toile, même s'ils rejoignent d'autres villes plus éloignées — et souvent Paris — où ils sont ramoneurs, marchands de vin ou de charbon, ces migrations saisonnières ou temporaires débloquent peu le pays.

Jean-Louis Vallez reste confiné au Puy, instituteur qui doit plaire aux autorités. Et qui doit d'autant plus se montrer conformiste que les années qui suivent la révolution de Juillet sont agitées, traversées de craintes et de sanglantes secousses sociales.

Car si Le Puy et son environnement restent, pour l'essentiel, en dehors du mouvement qui transforme à la fin de la Restauration les rapports sociaux, la société tout autour bouge.

La région lyonnaise par exemple — si proche du Puy — voit se construire le premier chemin de fer de France entre Saint-Etienne et Andrézieux. Les premiers bateaux à vapeur apparaissent sur la Saône et le 28 novembre 1830 une rue de Lyon est éclairée au gaz.

Progrès encore timides mais qui commencent d'ébranler les structures traditionnelles. Au Puy, dans les villages qui l'entourent, on voit à partir du mois de décembre 1831 des métiers à tisser s'installer dans la petite ville et dans les campagnes.

C'est que, en novembre 1931, les canuts de Lyon se sont révoltés. Et l'écho de cette insurrection de la faim réprimée est entendu jusqu'au Puy.

Mais notre règne arrivera
ont chanté les canuts —
Quand votre règne finira
Alors nous tisserons
Le linceul du vieux monde
Car on entend déjà la révolte qui gronde.

Cette rébellion fait peur au père de Jules Vallès.

Lui a choisi de s'intégrer par les études. Il est fils de paysan. Sa tradition est faite de la soumission — et de l'individualisme — de ces petits propriétaires terriens respectueux des maîtres.

Sa révolte contre la misère, solitaire, est celle d'un soumis qui ne veut devenir qu'identique à ceux qui le dominent, en acceptant d'être leur serviteur. Il veut entrer dans ce qu'on appelle alors « la classe moyenne » (la bourgeoisie). Il hait instinctivement ce désordre de citadins, d'ouvriers, vieux réflexe paysan, redoublé par son souci de parvenir, par le conformisme auquel cela l'oblige.

Il voit juger aux assises du Puy, précisément, certains des participants de la révolte des canuts. Et ce sont durant ces années — 1831-1834 — qu'il acquiert cette peur et cette haine de la politique et de la révolte. C'est à ce moment-là qu'il devient un homme d'ordre, n'aspirant qu'à s'élever dans un monde où il a le sentiment qu'il peut, par le travail et les diplômes, accéder à la respectabilité. Les canuts, ce sont des « barbares ».

Jean-Louis Vallez partage sûrement le sentiment qu'exprime Saint-Marc de Girardin dans *Le Journal des débats :* « La sédition de Lyon, écrit le journaliste, a révélé un grave secret, celui de la lutte intestine qui a lieu dans la société entre la classe qui possède et celle qui ne possède pas... Les barbares qui menacent la société ne sont point au Caucase ni dans les steppes de Tartarie ; ils sont dans les faubourgs de nos villes manufacturières... Il faut que la classe moyenne sache bien quel est l'état des choses. Il faut qu'elle connaisse bien sa position. Elle a au-dessous d'elle une population de prolétaires qui s'agite et qui frémit, sans savoir ce qu'elle veut, savoir où elle ira, que lui importe ? Elle est mal, elle veut changer... »

Jean-Louis Vallez veut changer sa vie mais dans un monde qui resterait immobile, où les valeurs, les richesses et les pouvoirs auxquels il croit ne seraient pas remis en cause.

S'il y a, comme le dit le révolutionnaire Auguste Blanqui le 2 février 1832, « guerre à mort entre les classes qui composent la nation », il est du côté des maîtres et non des pauvres, des prolétaires. Parce qu'il est fils de paysan et bachelier ambitieux, fier de sa toute nouvelle promotion à la culture.

Mais l'inquiétude est grande chez lui.

Les grossesses répétées de sa femme, la mort des nouveau-nés, la modicité de son traitement d'instituteur, la nécessité pourtant où il se trouve de tenir son rang, de marquer cette petite différence qui le sépare des pauvres et qu'il cherche par l'étude à agrandir, tout cela difficile, qu'il doit assumer, se produit dans ce climat révolutionnaire qui dure de 1830 à 1835 — l'année de la stabilisation — et qu'il ne peut ignorer. Et contre lequel il se dresse.

Ce sont de plus des temps de misère accrue : mauvaises récoltes, chômage, manifestation d'ouvriers contre les nouvelles machines. A Saint-Etienne, si proche du Puy, le 3 mars 1831, deux mille métallurgistes ont ainsi brisé les pièces des machines dans l'usine de Rive-de-Gier.

Jean-Louis Vallez veut poursuivre sa route, desserrer le carcan de la misère et celui des origines paysannes. Et ces événements semblent se liguer contre lui. Qu'ont-ils donc tous ces barbares, tous ces gueux à venir troubler son projet privé, déjà presque impossible à réussir ? Qu'ils travaillent comme lui au lieu de détruire ce qui les fait vivre, au lieu de se mettre en grève.

Autre peur : l'épidémie de choléra, qui se répand ce printemps 1832, tue d'abord à Paris, mais gagne les provinces.

La rumeur s'amplifie au fur et à mesure qu'arrivent des voyageurs venant de la capitale. « Les messageries royales emportaient de Paris, à elles seules, plus de sept cents personnes par jour... », notent les témoins.

On accuse les riches de vouloir empoisonner les fontaines afin de faire mourir les pauvres. Le choléra apparaît à Lyon, dans les rues des quartiers ouvriers. Il vient relayer par la peur qu'il inspire la révolte des canuts, annonce d'autres violences. Dès le 23 avril 1832 on peut lire dans un *Bulletin de police :* « Une fois l'orage épidémique apaisé, les passions révolutionnaires s'éveilleront. » Ce diagnostic réalisé à Paris vaut pour Lyon.

Victor Hugo, témoin de cette période, peut écrire : « Vers la fin d'avril 1832 tout s'était aggravé. La fermentation devenait bouillonnement... Quelque chose de terrible couvait. On entrevoyait les linéaments encore peu distincts et mal éclairés d'une révolution possible. La France regardait Paris. Paris regardait le faubourg Saint-Antoine. Le faubourg Saint-Antoine sourdement chauffé entrait en ébullition. »

La mort — due au choléra — le 16 mai 1832 du chef du gouvernement, Casimir Perier, accroît les incertitudes.

Les 5 et 6 juin 1832 à l'occasion des obsèques du général républicain Lamarque, volontaire de 1792, l'émeute éclate enfin à Paris, et se concentre, dans sa phase finale dans le quartier du cloître Saint-Merri. Les combats sont très violents. Les derniers insurgés se battent farouchement, armée d'anonymes qui rassemble ouvriers, membres des sociétés républicaines, jeunes étudiants, enfants, tel celui qui deviendra le Gavroche des *Misérables*. Huit cents morts ou blessés. C'est sur ces barricades que meurt Michel Chrestien, le héros républicain de Balzac.

Printemps de 1832, sinistre.

O cloître Saint-Merri funèbre ! Sombres rues
Je ne foule jamais votre morne pavé
Sans frissonner devant les affres apparues,

écrira Verlaine.

11 JUIN 1832

C'est dans ce mois de juin 1832, mois d'émeutes, mois de frayeur, mois de misère, avec les chômeurs, les indigents, les affamés que l'on rencontre dans les rues des villes, et même au Puy, que va naître Jules Vallès, troisième enfant de ce mariage de Jean-Louis et de Julie, conclu en 1829.

Le père accompagné de ses témoins, des voisins de rue, dont l'un est charcutier, s'en va porter l'enfant à l'état civil afin de le déclarer le 11 juin, à cinq heures du soir, par-devant Alphonse Badon, officier municipal.

« Est comparu, est-il inscrit sur l'*acte,* Louis Vallès, instituteur âgé de vingt-quatre ans, habitant de cette ville, place de la Visitation, section E, n° 55, lequel nous a présenté un enfant de sexe masculin, né ce matin à dix heures, de lui, déclarant, et de Julie Pascal, son épouse, auquel il a donné les prénoms de Louis Jules. »

Témoins : Jean Blanc, charcutier, et Jean-Jacques Masserand, domiciliés au Puy. Ont signé Vallez, Blanc, Masserand et Badon.

11 juin 1832 : l'officier municipal écrit le nom des Vallès, père et fils avec *s.*

Et le père quand il signe l'acte, comme s'il voulait instinctivement marquer son attachement, refuser cette identification avec le fils, trace son nom Vallez, avec un *z.*

Père et fils, séparés dès le premier jour, dès le premier acte public qui devrait les associer l'un et l'autre.

S-Z, Jules Vallè*s*, Jean-Louis Valle*z*.

11 juin 1832, une vie commence, marquée, symboliquement, par cette séparation.

Un hasard ? Un rien ?

Un *signe,* à tous les sens du mot.

Chapitre 2

« Ça t'apprendra ! » (1832-1840)

« Ai-je été nourri par ma mère ? »

Quand, plus tard, revenant sur *l'Enfant* qu'il a été, Jules Vallès s'interrogera ainsi, se demandant s'il n'a pas eu pour nourrice une paysanne, il veut marquer, dès la première phrase de ce « roman » autobiographique, qu'il ne se souvient pas, dans sa petite enfance, d'avoir été « dorloté, tapoté ou baisoté ».

Pas une caresse, dit-il, du temps où il était tout petit, mais par contre il a été « beaucoup fouetté », tous les matins. Car sa mère pense qu'il ne faut pas gâter les enfants. Son premier souvenir est donc une fessée. « J'ai six ans, dira-t-il, et le derrière tout pelé. »

C'est vrai, la mère de Jules Vallès est dure, impitoyable même. Elle a gardé de ses origines paysannes une brutalité, un sens de l'utilité, le goût du dressage et la conviction qu'on élève les enfants comme les bêtes, avec le bâton.

Point de manifestations d'affection donc qui seraient prises pour de la faiblesse : si l'on veut que son enfant — ou son chien — vous respecte, il faut qu'il vous craigne. On ne le caresse pas. Point de sentiments superflus. Il faut lui donner ce dont il a besoin. L'assiette est pleine. Qu'il aime ou n'aime pas les oignons, les poireaux, le gigot, peu importe. Ou plutôt s'il n'aime pas ces mets, qu'il les mange à tous les repas. Cela le dressera.

« Ça t'apprendra », voilà une conclusion qui revient comme un leitmotiv.

L'ambiance que fait ainsi régner la mère, dans la petite enfance de Jules Vallès, est austère : « Je ne me rappelle pas avoir vu une fleur à la maison. Maman dit que ça gêne et qu'au bout de deux jours ça sent mauvais. »

Elle se tient comme à l'affût pour surveiller son fils. Elle le guette pour le poursuivre, le punir, le priver. Qu'on lui offre une praline et elle lui ordonne : « Mange-la avec du pain. » Quand elle le lave, elle le fait avec une sorte de fureur appliquée. Elle le brosse, lui étrille la peau, lui tord les oreilles. L'enfant entre ses mains est à sa merci. « Ma mère apparaît souvent pour me prendre par les oreilles et me calotter, dit-il. C'est pour mon bien ; aussi, plus elle m'arrache les cheveux, plus elle me donne des taloches et plus je suis persuadé qu'elle est une bonne mère et que je suis un enfant ingrat. »

Car le système implique que la victime non seulement soit soumise mais reconnaisse à sa persécutrice ses droits absolus sur elle et la pureté de ses intentions.

« C'est pour ton bien, ça t'apprendra. »

L'enfant est battu, houspillé, humilié. « Remercie donc, tu es là comme un imbécile. » « Tu n'es pas fait pour porter la toilette, mon pauvre garçon », lui dit-on avec commisération s'il déchire ou salit un vêtement ridicule que sa mère, comme à plaisir, lui a confectionné.

Quand le père se blesse en fabriquant un jouet pour son fils, on hurle : « C'est ta faute, si ton père s'est fait mal. »

Que reste-t-il à l'enfant coupable ? : « Je puis avoir cinq ans et me crois un parricide », confiera Jules Vallès.

Et, plus tard, l'adulte Vallès, revenant sur ces années, confiera à un ami cher : « Je n'ai pas eu d'enfance, tu le sais, je n'ai pas eu de famille... »

Phrase lourde de nostalgie et de désespoir venue sous la plume de Jules Vallès au moment où un immense malheur le frappe (il vient de perdre une enfant de dix mois), mais jugement excessif.

L'enfant Jules Vallès a une famille. Il n'est à aucun moment laissé à l'abandon.

Enfant contraint, mal aimé soit. Mais enfant surveillé à chaque instant, tenu en laisse.

Sadisme — inconscient — de la mère, peut-être, mais jamais indifférence.

Au contraire. Julie Vallez charge son fils de toutes ses ambitions. Elle veut qu'il soit un « monsieur ». Elle l'habille d'une façon qu'elle croit « distinguée ». Elle le dresse pour qu'il soit capable de paraître, d'accomplir cette ascension sociale qui suppose bonnes manières et donc hypocrisie. Il faut savoir se tenir à table, refuser poliment les douceurs qu'on vous offre, même si l'on meurt d'envie de les accepter. Et si elle fouette, martyrise, refuse l'affection, c'est qu'elle a intériorisé l'idée que la vie est un calvaire, que ce n'est qu'au prix du sacrifice et de la douleur que l'on survit, que l'on « réussit ».

Une « bonne » éducation par une mère qui « aime » son fils passe donc par le fouet et le refus des signes de l'amour.

Julie Vallez évidemment ne mesure pas les forces et les déterminations obscures qui sont à l'œuvre au plus profond d'elle-même. Car en même temps qu'elle veut que son fils « réussisse » et qu'elle le façonne pour cela, elle veut le détruire, elle l'accable, le mutile, le fait douter de lui-même.

Il a si peur, il est si malheureux, si privé des manifestations de l'amour qu'il devient effectivement maladroit, gauche. Il renverse du « fumier » dans le lit de ses parents quand on veut qu'il offre à son père, pour sa fête, une plante.

Il doute intensément de ses capacités à satisfaire les ambitions de sa mère. « Je suis peut-être né pour être domestique, c'est affreux ! Oui, pense-t-il, je suis né pour être domestique ! Je le vois ! Je le sens ! Mon Dieu, faites que ma mère n'en sache rien. »

Il se voit accoutré par sa mère dans les tenues les plus étranges, ridicules.

C'est qu'avec son intuition d'enfant dont la sensibilité est à vif, il souffre autant pour lui-même que pour les maladresses de sa mère, cette paysanne qui veut singer les dames et les messieurs, et imagine faire de son fils, en le revêtant d'une redingote qu'elle croit à la mode, un modèle d'élégance alors qu'elle le transforme en une caricature.

Jules Vallès est ainsi constamment blessé par sa mère, par les corrections qu'elle lui inflige. Il est brimé par le dressage qu'elle lui impose ; il est rendu fragile par les modèles auxquels elle veut le faire ressembler et dont elle rêve pour lui tout en l'estimant incapable de les atteindre et, paradoxe apparent, en même temps cet enfant frappé et humilié souffre pour sa mère, devine ses frustrations et ses impuissances, son malheur intime.

Dès lors il se vit hargneux et violent.

« J'ai la tête taillée à coups de serpe, dit-il, les pommettes qui avancent et les mâchoires aussi, des dents aiguës comme celles d'un chien. J'ai du chien. J'ai aussi de la toupie, le teint jaune comme du buis. Quant à mes yeux, ils ressemblent à deux morceaux de charbon noir. »

De la vigueur chez cet enfant des premières années, mais aucune des joies familiales qui font les souvenirs heureux des jeunes enfants.

Il est vrai que tout est difficile en ce temps-là pour les Vallez.

L'époque n'est pas favorable aux besogneux. Les indigents sont nombreux. La rébellion, après la grande secousse de juillet 1830 et les émeutes de Lyon et de Paris, n'en finit pas d'être écrasée. En avril 1834, insurrection républicaine à Lyon. La répression est sans pitié. « Lyon a subi, écrit le député Amilhous, les ravages d'une horrible dévastation. Les lois de la guerre ont été appliquées avec toutes les conséquences. »

A Paris, l'armée rétablit l'ordre au même moment en massacrant rue Transnonain tous les malheureux qui habitent l'un des immeubles de cette rue où l'on a dressé des barricades. « Il faut tout tuer, a déclaré le général Bugeaud. Amis, point de quartier, soyez impitoyables. »

Le visage de l'époque, c'est Daumier et ses traits noirs et creusés qui le dessine.

Les Vallez ne sont pas pris dans cette tourmente politique, mais elle souffle autour d'eux créant un climat d'inquiétude. Six cent quarante-deux morts à Lyon et plus de six cents blessés, des milliers d'arrestations, des manifestations de solidarité ouvrière avec les républicains lyonnais à Saint-Etienne le 11 avril. Cela se sait au Puy, cela pèse.

D'autant plus que les procès succèdent à l'insurrection : on condamne par grandes fournées à Lyon et à Saint-Etienne. En septembre 1835, après l'attentat perpétré par Joseph Fieschi contre le roi Louis-Philippe, des lois sont votées qui répriment avec sévérité toute critique contre cette monarchie issue pourtant elle-même d'une surrection.

L'ordre est ainsi rétabli. Une chape de plomb s'abat sur le pays pour une décennie. L'heure est à la soumission. On connaît les sentiments de Jean-Louis Vallez. Il n'est pas de ceux qui se rebellent ou que touchent les *Paroles d'un croyant* que Lamennais publie précisément le 15 avril 1834 et il n'entend pas le cri de ce prophète catholique qui lance au peuple : « Dieu ne vous a pas faits pour être le troupeau de quelques autres hommes. »

Mais, discipliné et respectueux, Jean-Louis Vallez n'en subit pas moins les conséquences de ce triomphe de l'ordre. Toutes les hiérarchies sociales deviennent plus rigides et le mépris pour les plus pauvres plus cynique.

Dans l'institution scolaire qui est, en ce temps-là, pour ses structures, issue de la fusion entre organisation militaire et religieuse, qui reproduit tous les modèles d'autorité et de discipline, Jean-Louis Vallez est la victime toute désignée de cette atmosphère. Il est au bas de la pyramide.

Il a réussi en 1832 à quitter son poste d'instituteur à l'école départementale des sourds-muets pour entrer comme maître élémentaire et d'études au collège royal du Puy. Petite promotion, premier pas dans l'université. Mais il ne donne pas entière satisfaction. N'a-t-il pas réussi à s'imposer dans sa classe ? Le juge-t-on encore trop indépendant ? Le principal du collège en tout cas le renvoie.

Catastrophe. La misère qui s'abat. Le taudis qu'il faut quitter pour un autre taudis. Les études pourtant qu'il faut poursuivre la nuit. Et les leçons particulières qu'il faut obtenir pour survivre.

On imagine le climat familial de ces années avec l'enfant Jules Vallès qui vient de naître. L'anxiété qui s'insinue dans chaque seconde de vie, l'incertitude et l'amertume de Julie Pascal. On comprend qu'elle serre les dents, se retourne contre ce petit enfant qui par sa seule vie multiplie les difficultés du couple et le symbolise. Elle le « fouette tous les matins ; quand elle n'a pas le temps le matin, c'est pour midi, rarement plus tard que quatre heures ».

Jean-Louis Vallez pour faire face à cette détresse est contraint de reprendre du service à l'institution des sourds-muets. En même temps chaque année il supplie qu'on le réintègre dans l'université. Mais le recteur de Clermont qui reçoit ses demandes note à l'attention du ministre qu'il « serait avantageux d'attendre ». C'est ainsi qu'on « dresse » les candidats, les futurs enseignants, ainsi qu'on plie les hommes. En les humiliant, en laissant le lacet de la faim et de la misère leur serrer le cou. C'est ainsi que la machine sociale les transforme définitivement en valets apeurés, en hommes-domestiques.

Et comment échapper à ce sort quand, de plus, comme une malédiction inéluctable viennent les enfants ?

Jules est né le 11 juin 1832. Les autres suivent : Jean-Emile le 11 mars 1834 ; Marie-Louise-Julie le 23 juillet 1835 ; Thomas-Jean-Louis le 23 septembre 1836 ; Elisa-Joséphine-Emma le 12 mai 1838.

Cinq enfants en six ans et trois d'entre eux vont mourir comme étaient morts les deux garçons qui avaient précédé Jules. Ne restera à ses côtés que la petite sœur Marie-Louise de trois ans sa cadette. Sept enfants donc et cinq sont décédés !

On conçoit l'ébranlement physique et psychologique que cela

provoque chez Julie Vallez. Elle change en quelques années. Les grossesses successives à si peu d'intervalle ont alourdi cette femme qui a son dernier enfant en 1838 à trente-quatre ans. Elle devient souffreteuse, acariâtre, nerveuse.

Pour survivre dans cet univers sombre, il lui faut se cabrer. Contre la misère, contre la maladie, contre le sort, contre ce monde incompréhensible qui lui donne des enfants et les lui retire aussitôt.

Le garçon qui lui reste, le malheureux Jules Vallès, elle le charge de toutes ses souffrances, de toutes ses peurs et de toutes ses questions.

Lui, il a survécu. Elle le frappe pour cela comme s'il était le reproche vivant, l'enfant qui incarne — injustement — tous les autres enfants morts. Elle voudrait le briser parce qu'elle ne peut pas, au fond d'elle-même, ne pas se sentir coupable de la mort des autres. Pourquoi lui, Jules Vallès, et pas Jean-Louis, Joseph-Jules, Jean-Emile, Thomas ?

Ces morts sont le « non-dit » de cette famille. A tel point que Jules Vallès, quand il écrira *L'Enfant,* « oubliera » ses frères et sœurs, pour se transformer en « fils unique ». Facilité d'écriture ? Nécessité pour l'écrivain afin de mieux « cerner » son sujet ? Sans doute. Mais aussi incapacité à faire surgir cette culpabilité des temps d'enfance, cette obscurité qui enveloppaient les naissances puis les morts de ces enfants, nés dans la douleur et la crainte, disparus dans un désespoir entièrement tu.

Mais, en frappant son fils survivant chaque jour, Julie Vallez eût pu crier : « Voilà ta correction parce que tu survis, que tes frères sont morts et que tu es la preuve vivante de l'injustice du monde. Souffre, souffre pour eux comme je pleure en moi en te battant, toi, mon unique fils vivant. » Et Jules Vallès eût pu répondre : « Tu as raison de me frapper, frappe-moi encore, en quoi méritai-je de vivre plus que mes frères morts ? »

Ainsi le déséquilibre psychologique, le désespoir, et leur envers complémentaire, la violence et la dureté contre l'enfant, aggravent-ils la misère, les angoisses à propos de l'avenir.

A un enfant qui naît (une bouche de plus à nourrir, des cris la nuit à nouveau alors que Jean-Louis Vallez achève un thème grec — licence, agrégation bientôt !), à cet enfant qui meurt, et bientôt ce sera l'anxiété d'une nouvelle grossesse, s'ajoutent les lettres de refus du recteur en 1835, en 1836, en 1837. Dans la vie quotidienne, ces événements se mêlent pour la rendre étouffante.

La violence contre l'enfant, les châtiments sont pour Julie Vallez un moyen de briser ce cercle noir qui l'enferme. En frappant, en contraignant, elle se donne aussi le sentiment d'agir, de peser sur le monde parce qu'elle façonne ce petit être qui lui reste. Lien dévoyé et tordu qu'elle entretient avec lui, mais lien puissant, chargé de toutes ces passions aveugles.

Heureusement, Jules Vallès, à partir de cinq ans, peut échapper à cet univers familial. « Je suis grand, je vais à l'école ! » dit-il.

« Oh ! la belle petite école ! Oh ! la belle rue et si vivante les jours de foire ! »

Durant deux années, en effet — de cinq à sept ans donc, de 1837 à 1839 — Jules Vallès fréquente l'école de Mlle Labre, au Puy.

D'abord, il faut y aller, c'est-à-dire découvrir le spectacle de la rue qui est, après le taudis sombre, une joie par lui-même. Chevaux, cochons, poulets, étalages, paniers de légumes et de fruits, fromages bleus, tommes fraîches : toute la campagne s'offre là, dans la ville, avec ses produits, ses articles, « les paysannes en tablier vert avec des jupons écarlates ».

Vallès ressent la rue avec d'autant plus d'intensité que la vie de famille est sordide, désespérante. Il s'échappe dès qu'il le peut. Il joue aux billes avec les ramoneurs, aux noyaux avec des marchands d'allumettes. Il se bat aux côtés des gosses de sa rue contre une bande venue d'une autre rue. La prison est située non loin de chez lui. Il est l'ami du fils du gardien-chef. Ce lieu d'enfermement devient pour lui espace de liberté et les condamnés lui paraissent tous « bons enfants ».

La rue, c'est ainsi la vie qui se déploie avec ses couleurs, ses odeurs, ses plaisirs. On se jette dans le foin que l'on décharge dans une auberge proche de l'école. « On perd ses livres dans la meule, son petit panier, son ceinturon, une galoche… Toutes les joies d'une fête, toutes les émotions d'un danger… Quelles minutes ! »

L'école de Mlle Labre comportait un jardinet, « avec un rosier nain et deux ou trois touffes de pensées ». Mlle Labre est patiente. Jules Vallès découvre ce que peut être l'affection d'une adulte pour un enfant et il en ressent avec encore plus de désarroi, quand il rentre chez lui, la dureté de sa mère. « Il m'est arrivé quelquefois le soir, en grattant mes bosses, de ne pas me mettre à la bénir. »

Alors, parce que ces tensions provoquent chez Jules Vallès la naissance d'une sensibilité exacerbée, il éprouve avec d'autant plus de force la moindre émotion. Il suffit d'une promenade avec les enfants de l'école, sur la route de Clermont pour que Vallès s'exalte. Le paysage l'enivre. Il est — à sept ans ! — saisi d'une passion pour la nièce de Mlle Labre, une Emma de dix ans. Compensation à cette solitude affective qu'il trouve chez lui. Il ne peut pas communier avec sa mère qui le tient à bout de fouet, alors un regard de petite fille, la campagne suffisent à l'embraser. « Ah ! je sens que je suis un morceau de toi, un éclat de tes rochers, pays pauvre qui embaume les fleurs et la poudre, terre de vigne et de volcans ! s'écrie-t-il. Ces paysans, ces paysannes qui passent, ce sont mes frères en veste de laine, mes sœurs en tablier rouge... »

A ces joies éprouvées, à ce lieu de bonheur et de liberté que représente l'école de Mlle Labre on mesure le choc qu'a signifié pour Jules Vallès l'entrée au collège royal du Puy au mois d'octobre 1839, alors qu'il a sept ans et demi. Son père y a enfin obtenu une nomination provisoire, la même année 1839 (le 19 décembre, dit le dossier officiel, mais on peut penser à partir de la rentrée d'octobre) sur intervention d'un notable du Puy, le docteur Calemard de La Fayette. Et il faut imaginer les démarches du père, la mise en avant de ses difficultés familiales, de sa bonne volonté et de ses qualités universitaires en vue d'obtenir cet appui. Et tout ce que cela a d'humiliant, à combien de servilité cela oblige.

Au collège, Jean-Louis Vallez n'est qu'un « maître d'études provisoire », un pion, au statut précaire, qui surveille les études, le dernier grade dans la hiérarchie universitaire, l'objet du mépris condescendant des « professeurs » et de l'hostilité ironique sinon de la haine et des moqueries des élèves. Jules Vallès va ainsi découvrir d'un seul coup une société impitoyable où il est marqué par le rôle subalterne qu'y joue son père et un décor hostile, sinistre. « Le collège donnait comme tous les collèges, comme toutes les prisons sur une rue obscure. »

A quelques pas des bâtiments de ce collège royal du Puy qui compte deux cents élèves dont quatre-vingts pensionnaires, il y a pourtant la grande place du Martouret avec ses couleurs, ses fruits, sa gaieté de marché ; il y a les cabarets, l'odeur du vin. Et le collège, au contraire, « sue l'ennui et pue l'encre ».

Pour Jules Vallès, la porte de l'établissement scolaire passée, commence un univers morne, vieux, où chacun éteint son regard, sa voix, « pour ne pas blesser la discipline, troubler le silence, déranger l'étude ».

On l'enferme là, avec son panier, de huit heures du matin à huit heures du soir. Une voisine, bienveillante, aimante même, Mlle Balandreau, le conduit et vient le chercher car la mère est souffrante. Il pleure, se confie cependant qu'elle le ramène chez lui. Mais peut-il tout lui dire de ce qu'il ressent ? De cette humiliation, de cette profonde blessure à chaque instant renouvelée que lui inflige le statut de son père ? Et les vexations que de ce fait il subit ?

Il est assis, le soir, dans l'étude de son père qui surveille les élèves de mathématiques, de rhétorique et de philosophie. A la chaire, son père, tête baissée, travaille, prépare son agrégation. Il a déjà trente-deux ans. Vieux pion qu'on n'aime pas, dont on dit qu'il est « chien ».

Ces propos, ces moqueries qui rendent ridicule le père aux yeux de son fils bouleversent Jules Vallès. « J'entends ce qu'ils disent de mon père... Je souffre sans qu'il le sache. » Il est dans cette situation horrible d'avoir honte de son père et d'en être pourtant au plus intime de soi solidaire. « Tout petit, dit-il, je sens que j'ai un devoir à remplir, ma sensibilité comprend que je suis un fils de galérien, pis que cela ! de garde-chiourme. »

Le père, lui, n'imagine pas, ne peut pas deviner ce que ressent son fils. Il s'étonne des soupirs et des larmes de ce fils. Il ne conçoit pas cette souffrance pour lui. Il brutalise Jules Vallès. « Qu'est-ce que tu as donc ? — Comme il a l'air nigaud », s'exclame-t-il.

Le fils dès lors se replie. On le laisse seul cependant que les élèves et son père partent au réfectoire pour le dîner. Il faut parcourir les couloirs obscurs du collège, affronter la peur, subir les petites persécutions des élèves ou des employés du collège et se taire car Jules Vallès sait qu'il ne faut pas « rapporter ».

Il attend donc, seul, que la bonne mademoiselle Balandreau vienne le chercher. Mais elle tarde, retenue à dessein par la mère qui, ainsi, espère que Jean-Louis Vallez fournira à son fils, avec les restes du réfectoire, son repas du soir. Autant d'économisé. Manière aussi d'humilier et le père et le fils, de faire sentir à l'un qu'il n'est capable ni de gagner suffisamment d'argent ni de l'audace nécessaire à ce petit larcin. S'il ne le fait pas, il sera bien une « poule mouillée », un homme juste bon à s'enfoncer dans les livres, sans en tirer un liard. Quant au fils, sa faim du soir est moyen de pression — choisi par la mère — sur le père, et son attente, moyen de le blesser aussi. Elle, la mère, elle veut faire savoir à ces deux hommes ce qu'ils valent : rien ou si peu. Sans elle, ils seraient ou deviendraient des incapables.

Ces petits événements, ces stratégies inconscientes font découvrir quel nœud de contradictions était la famille Vallez, sans que pourtant l'amour, un amour presque toujours inversé en son contraire, en soit absent. Mais la situation de l'enfant Jules Vallès est pathétique, tragique parfois. Il subit les contrecoups de ces frustrations de sa mère, il souffre pour son père. Et il n'attend que l'amour. Et il est d'une sensibilité toujours aux aguets, prête à basculer dans l'émotion. Il est toujours disponible pour donner de l'affection, une affection totale à ses parents même s'ils ne lui ont offert que la vie ! Il suffit d'un geste de leur part pour qu'il soit bouleversé. Un soir, le père de Jules Vallès lui apporte du réfectoire « une petite côtelette panée qu'il tira d'un cahier de thèmes où il l'avait cachée : il avait l'air si troublé et repartit si ému ! ».

Ce geste exceptionnel, cette maladresse même marquent l'enfant. « Je vois encore la place, dit-il des années plus tard, je me rappelle la couleur du cahier et j'ai pardonné bien des torts plus tard à mon père, en souvenir de cette côtelette chipée pour son fils un soir, au lycée du Puy. »

A ces sentiments du fils, à cet acte du père on devine qu'il n'y a, en fait, aucune hostilité de fond entre les membres de la famille Vallez même s'ils se déchirent les uns les autres, même si Jules Vallès est le bouc émissaire de leurs insatisfactions, de leurs regrets et de leurs angoisses. Certes l'incompréhension l'emporte à chaque instant, mais qu'un geste vienne et il semble que tout pourrait se remettre en ordre tant l'attente de Jules Vallès est grande, tant il est un enfant qui a besoin de ses parents, qui attend d'eux un mouvement d'affection, une leçon.

Qu'au moment où il jette un morceau de pain, son père, d'une voix grave, dont Jules Vallès sent qu'elle dit enfin la vérité de l'homme que ses fonctions, ses peurs, ses lâchetés dissimulent, lui dise : « Mon enfant, il ne faut pas jeter le pain, c'est dur à gagner. Nous n'en avons pas trop pour nous mais si nous en avions trop il faudrait le donner aux pauvres », et voilà Jules Vallès bouleversé, car pour la première fois on lui parle sans colère, avec dignité.

« Je dois peut-être à ces paroles prononcées simplement ce jour-là d'avoir toujours eu le respect et toujours pris la défense de ceux qui ont faim », confiera-t-il.

Seulement ce moment d'échange entre le fils et ses parents est exceptionnel.

La mère frappe, injuste. Le père est écrasé par la société du collège, lâche au point de désavouer son fils, servile par nécessité : que peut faire un pion qui rêve d'une carrière dans l'université, qui a besoin de son traitement sinon se soumettre ? Le fils le sent : « Les grands domestiques sont plus heureux que mon père. » Lorsque Jules

Vallès veut défendre simplement ses droits, se battre contre un élève qui, parce que fils de professeur de septième, le persécute, il est convoqué par le proviseur. Il doit s'excuser, cependant que la mère de son adversaire s'exclame : « Si maintenant les fils de pion se mettent à assassiner les fils de professeur ! »

Et rentré chez lui on fouettera Jules Vallès pour son audace. Comment ne pas sentir naître en soi un désir de révolte tant l'injustice est criante ? Tant les humiliations sont répétées. Vêtements ridicules agencés par la mère et qu'il faut porter malgré les risées. Pis encore pour le fils : il sait que son père porte lui aussi des pantalons rapiécés qui l'empêchent de se baisser et de saluer ; mais s'il ne salue pas on le convoque chez le proviseur ! Et « il faudra qu'il demande pardon ».

Dans la tête et le cœur de ce gamin de sept ans, l'identification opère : culture, collège, université, injustice, ordre, humiliation. L'un soutient l'autre. Tout cela constitue une même trame. Le pion est pire qu'un domestique. Le collège, une prison. La culture — classique —, un moyen de plier les esprits. Les professeurs, le monde de la « bachellerie » (des bacheliers), celui de l'hypocrisie et du ridicule devant lequel il faut ramper quand on est un pion, un fils de pion.

A sept ans, Jules Vallès a un regard sans complaisance. L'humiliation qu'il subit, sa situation tout en bas de l'échelle font de lui un gosse averti qui se met à haïr cet univers de faux-semblant, d'injustice, de mensonge et de prétention.

Dès ces premières années de collège, la leçon sociale et culturelle qu'il reçoit transforme Jules Vallès en opposant. En être qui refuse l'ordre établi. C'est au collège, dans cette serre du conformisme et de la lâcheté, que naît sa révolte.

Les professeurs, il est vrai, ne peuvent lui inspirer le respect. L'un — philosophe — prétend prouver l'existence de Dieu avec des petits morceaux de bois et des haricots. L'autre, professeur de langues vivantes, fait surveiller sa classe par un chien cependant qu'il somnole. Le proviseur — Armand Hennequin — joue son rôle en faisant respecter la discipline, en présidant aux distributions de prix entre un monseigneur, un préfet et un général, cependant qu'au fond on aperçoit dans un dortoir désaffecté des piles de vases de nuit, ceux des pensionnaires !

L'œil de l'enfant ne manque rien. Il saisit le ridicule.

Et ce sont ces gens-là, mesquins et caricaturaux, qu'il faudrait préférer aux ouvriers et aux paysans ? Ce sont pourtant ces manuels que sa mère et son père méprisent. On veut que le fils soit un

« monsieur ». On le dresse pour cela. Mais lui s'insurge. « Ah oui, je préférai des sabots ! J'aime encore mieux l'odeur de Florimond le laboureur que celle de M. Sother, le professeur de huitième ; j'aime mieux faire des paquets de foin que lire ma grammaire et rôder dans l'étable que traîner dans l'étude. »

Ce rejet du collège, de sa hiérarchie et de la culture qui s'y dispense accentue encore chez Vallès son « amour pour la liberté de la campagne, les espaces ».

« Ah ! j'étais fait pour grandir et pousser au milieu de ce foin, de ces arbres », s'écrie-t-il, fait pour « pousser comme une forte plante au grand air ».

Bien sûr, c'est l'adulte qui rétrospectivement juge ainsi. Mais l'enfant de sept ans, s'il ne s'exprime pas de cette manière, ressent ses séjours à la campagne, chez les tantes de sa mère, à Farreyrolles ou bien chez son grand-oncle le curé de Chaudeyrolles comme des périodes de liberté après les mois de contrainte. Il s'amuse. Il côtoie de braves gens. Il peut se battre avec d'autres gosses sans qu'on l'oblige à demander pardon et à s'excuser. Il mange de bon appétit, il aime les « grandes taillades de pain comme des coups de faucille ». Là, on l'adore. Lui danse la bourrée, se mêle aux rixes, rêve de lancer comme les autres paysans une « pierre aux gendarmes ». Rêve à cette « vie de labour, de reinage (fête du village) et de bataille ». Mais la mère est là qui veille, qui s'indigne : « Si c'est permis, tout taché de vert, des talons pleins de boue. » Dans cet univers de spontanéité, de rudesse et de liberté, elle réintroduit en quelques mots les valeurs de la classe à laquelle elle veut appartenir, cette « classe du milieu », économe et ambitieuse ; petite bourgeoisie qui se veut différente des paysans ou des ouvriers. « On t'en achètera, lance-t-elle, des souliers neufs pour les arranger comme cela ! »

L'argent, les objets — les souliers — devenus fétiches, signes d'appartenance, et parce que Jules Vallès ne respecte rien de cela, la punition qui l'enferme : « Allons, repars à la maison, et tu n'en sortiras pas ce soir. »

En même temps, la mère refuse que son fils porte des sabots. Croit-il donc qu'elle se sacrifie pour qu'il régresse ainsi ? « Elle ne veut pas que je sois un campagnard comme elle », comprend Vallès.

La campagne c'est aussi la vie du corps.

L'enfant court, affronte les autres, loin des livres que seule la mère rappelle. « Au lieu d'apporter ta grammaire latine pour apprendre tes leçons », grogne-t-elle devant les joies de son fils. Lui, il compare la liberté de gestes, d'attitude du petit vacher auquel personne n'ordonne de porter cravate, de se tenir droit, de boutonner son gilet.

Nostalgie d'autant plus forte chez Jules Vallès qu'à la campagne le corps du jeune garçon côtoie celui des cousines, dont il embrasse « les joues qui sentaient la fraise ». Il y a Apollinie qui a la beauté saine de ses vingt ans et contre laquelle il se presse, première esquisse d'un désir, première émotion sensuelle, preuve supplémentaire que les livres, le collège, l'ordre social ne sont pas du bon côté de la vie.

Cette vraie vie, Jules Vallès ne la trouve pas qu'à la campagne. Les familles d'artisans qui l'accueillent quand il est seul l'incarnent aussi. Là, les pères pleurent et les mères rient ; là on lui sert même un verre de vin et de la soupe dans des écuelles ébréchées. Ces « braves gens » sont savetiers ou peseurs de sucre. La mère de Vallès les méprise, mais ils « ne battaient pas leurs enfants et ils faisaient l'aumône ».

Il y a aussi tous les marginaux, ces mendiants qui montrent des petits loups vivants dans un panier, ces gens du cirque dont les baraques viennent s'installer sur la place du Breuil. L'écuyère Paola fascine Jules Vallès, il en est amoureux. Elle représente tout un monde mobile, libre, fier.

Car ce que rejette Jules Vallès c'est bien ce comportement étriqué, servile, calculateur, économe de cette toute petite bourgeoisie à laquelle son père et sa mère rêvent d'appartenir, prêts pour cela à tous les sacrifices, à toutes les abdications. Cette volonté d'intégration, ces ambitions propres à briser les caractères, le petit enfant se met, dès qu'il est entré en contact — par le collège — avec la machine sociale, à les haïr. Et il les hait parce que de manière intuitive il sent que c'est cette volonté d'intégration, ce désir de mimer les « autres », les messieurs, les professeurs, qui ont transformé ses parents en bourreaux d'eux-mêmes d'abord puis de leur fils.

Mais il est dans l'engrenage, fils de pion, assis à côté de la chaire de son père qui étudie avec une obstination et une volonté de paysan des montagnes, qui trace son sillon dans la terre froide et malgré les orages. Le père utilise chaque instant pour préparer son agrégation de grammaire et le fils à son image, peut-être aussi pour donner à ce père, dans l'univers de mépris du collège, une revanche, un motif d'orgueil, travaille avec succès.

A la fin de l'année scolaire 1839-1840, il obtient le deuxième prix d'excellence de la classe préparatoire.

La cérémonie est fixée au 31 août 1840. Grand jour : la mère s'affaire à confectionner une redingote avec une « étoffe criante... qui vient de la grand-mère, qu'on a payée à prix d'or. Oui, mon enfant, à prix d'or dans l'ancien temps »

Et voici le lauréat ridicule au moment de ce qui devrait être son triomphe.

Ce qui pourrait être une joie, une fête se transforme ainsi, dans cette alchimie de la médiocrité petite-bourgeoise, en une humiliation.

Chaque acte, chaque moment est terni par le souci du paraître, par le rapport à l'argent. Il y a comme une impossibilité à vivre simplement, comme une impuissance à communiquer.

Les membres de la famille Vallez se manquent au lieu de s'aimer et ils manquent aussi leur cible.

La mère est ridicule. Elle n'en a pas conscience et elle rejette sur son fils pour mieux se disculper encore les raisons de l'échec. Elle parle de lui comme s'il était atteint d'une infirmité, incapable à jamais de se comporter avec distinction, d'être élégant.

En fait, Jules Vallès a le malheur de posséder dès cette toute petite enfance la lucidité des humiliés.

Là où sa mère s'illusionne, là où son père subit mal à l'aise mais trop soumis pour oser comprendre, lui sait, lui sent, lui voit.

Lui, enfant de huit ans, se révolte déjà.

Chapitre 3

« J'ai touché la vie de mes doigts pleins d'encre » (1840-1845)

Cette vie, pouvait-elle durer ?

Le pion Jean-Louis Vallez en ressent chaque jour davantage le poids. Il a deux enfants maintenant : Jules et Marie-Louise. Le traitement de pion est insuffisant à les faire vivre et ce ne sont pas les quelques leçons particulières qui peuvent vraiment améliorer l'ordinaire. D'autant plus que la préparation de l'agrégation entraîne des dépenses. Il y a les dictionnaires et les livres du programme à acheter : ils sont chers. Il faut se déplacer pour subir les épreuves écrites puis orales.

Dans une lettre qu'il adresse le 27 septembre 1839 aux autorités académiques, Jean-Louis Vallez assure que ses frais sont supérieurs à son traitement. Il sollicite donc, et ce dès 1838, un poste d'enseignement plus rémunérateur. Il est prêt à quitter Le Puy. Mais quand on lui propose de rejoindre le collège d'Agen, il est contraint de refuser : sa femme est tombée malade.

Julie Vallez, en effet, à la suite des grossesses répétées — elle n'a pourtant que trente-quatre ans — est désormais de santé fragile. Et surtout son caractère s'est aigri. Elle aussi espère un nouveau poste qui lui permettrait enfin d'être à son rang. Elle fait régner plus que jamais dans le ménage un climat austère, sinistre. « Ma mère est une sainte femme qui ne rit pas, qui n'aime pas les fleurs, qui a son rang à garder, son honneur », dit son fils.

Il ne peut imaginer que la tension entre époux se nourrit des changements qui interviennent dans leurs rapports intimes. Ils ont l'un et l'autre à peine plus de trente ans mais craignent tant une nouvelle grossesse qu'ils s'évitent. Ou bien ils pratiquent sans doute cette sexualité incomplète qui permet aux couples de contrôler les naissances. Frustrations assurées et peut-être même péché, puisque, en

1842, la Sacrée Pénitencerie du Vatican peut écrire : « Oui, il y a péché de l'époux lorsqu'il se retire du lieu de consommation et se répand hors du réceptacle, mais l'épouse en revanche si elle y est contrainte par l'époux peut se soumettre passivement à ces pratiques sans pour autant commettre le péché. »

Cette morale hypocrite, ce comportement décevant et cependant nécessaire ne peuvent qu'alourdir l'atmosphère familiale des désirs insatisfaits du mari, de ceux plus secrets et moins conscients de l'épouse. Mais, à partir de 1838, Julie Vallez ne tombera plus enceinte. Et son mari — trente et un ans seulement — cherchera, dès qu'il le pourra, hors du foyer, des compensations.

Peut-être cela aussi le pousse-t-il à fuir Le Puy, cette trop petite ville où il ne peut jouir d'aucune liberté. Et chaque année il sollicite son changement d'affectation. L'un de ses collègues, un ami, Rodier vient d'être nommé économe au collège de Saint-Etienne. C'est lui sans doute qui apprend à Jean-Louis Vallez qu'un poste y est vacant. Le 21 décembre 1840, Jean-Louis Vallez l'obtient. Il sera maître élémentaire de septième au collège royal de Saint-Etienne.

Il a échappé à l'horizon confiné du collège du Puy et à la condition de pion. Toute la famille espère. Jean-Louis Vallez est désormais « professeur ».

Saint-Etienne est une grande ville où résonnent les bruits des marteaux-pilons et qui vit au rythme de la révolution industrielle. Le train y arrive. Dès sa nomination acquise Jean-Louis Vallez se rend à Saint-Etienne assurer ses cours. La famille suivra.

« Enfin nous partons. Adieu Le Puy ! » s'écrie Jules Vallès.

Il a beaucoup appris déjà dans ses premières années de collège.

L'humiliation est une bonne et rude école. Et pourtant il se sent, en partant pour Saint-Etienne, encore « tout craintif et tout simple ». « Je n'avais lu, dit-il, que le catéchisme et je croyais aux revenants. Je n'avais peur que de ce que je ne voyais pas, du Bon Dieu, du Diable. »

Il va vite s'enfoncer dans un réel plus dur encore que celui qu'il a connu au Puy et « toucher la vie de ses doigts pleins d'encre ».

Tout commence sous de mauvais auspices. Dans la diligence qui le conduit à Saint-Etienne avec sa mère et sa sœur, il fait froid. Une femme du peuple se laisse lutiner gaiement par un voyageur sous l'œil courroucé de Julie Vallez. « Comme elle est plus gaie que sa mère, celle-là », ne peut s'empêcher de penser Jules Vallès.

A l'arrivée à Saint-Etienne, personne. Julie Vallez se tord les mains, répète, la bouche gonflée par les mots de l'orgueil : « J'attends mon mari qui est professeur au lycée. » Et sa phrase laisse indifférents les employés, met le fils mal à l'aise. Il découvre une fois de plus combien le monde du petit-bourgeois, l'importance qu'il s'attribue ne sont qu'imaginaires.

Quand le père arrive enfin, Jules Vallès ressent avec désespoir l'hostilité qui divise ses parents. Le silence qui les sépare, les gestes maladroits du père qui ne réussit à embrasser ni sa femme ni ses enfants l'affectent.

La maison que leur père a louée est sordide. Entrée misérable, pierres qui branlent, escalier vermoulu, bois moisi, pièce qu'éclairent les réverbères de la rue. Le fils hypersensible ne supporte pas cette glace qui s'est installée entre ses parents. Il voudrait qu'on le frappe. Tout plutôt que cette haine silencieuse entre les siens. Il trébuche, tombe, se blesse. Sa mère hurle découvrant qu'il a glissé sur une épluchure : « On mange donc des oranges ici, on mange des oranges », hurle-t-elle.

Tous les soupçons qu'elle a contre son mari explosent dans ce cri, toute l'injustice qu'elle ressent sur le sort qui lui est fait, tous ses espoirs déçus, les voici qui s'expriment. Heureusement Jules Vallès est blessé, il saigne. Il a mal et il est heureux. Il a « rendu service ». « On se réconcilie sournoisement » sur sa blessure.

Tout rentre donc dans l'ordre. Il a par sa douleur rapproché ses parents. Mais une phrase qu'il surprend, une confidence de son père à un collègue venu lui rendre visite, l'éclaire. Des femmes sont là, dans les rues de la ville, que son père connaît et dont il cache l'existence à son épouse. Trahison du père que le fils pressent. Une nouvelle déchirure s'amorce, dont une fois encore il va souffrir.

Mais d'abord il va découvrir le cadre nouveau de sa vie.

Saint-Etienne est une ville grise, ouvrière, manufacturière. L'air sent la fumée des forges et des ateliers. Il est chargé de la poussière du charbon.

Ici, plus qu'au Puy, ville encore pénétrée par le monde rural, la séparation entre les classes sociales est nette. Julie Vallez, « femme de professeur au lycée », méprise les ouvriers, les craint aussi. Ils appartiennent au monde des barbares : « Savez-vous ce qu'il y a dans les rues ce soir ? interroge-t-elle. On dit que les mineurs ont voulu se révolter et ont mis le feu à un couvent. »

Que son fils joue avec les fils d'ouvriers ou d'artisans et elle s'en indigne, et parce qu'elle voit aussi qu'il y trouve de la joie elle le lui interdit. On ne se commet pas avec des savetiers, avec la « marmaille ». Mais Jules Vallès sait que ces enfants qu'il côtoie sont une « sainte nichée » et que cette « marmaille a bon cœur ». Mieux, il y trouve la confirmation de ce qu'il a déjà tant de fois ressenti : c'est de ce côté-là, celui des méprisés et des humbles, de ceux qui ont « la main noire mais le cœur dessus » qu'est la vraie vie. Ils lui donnent envie d'être ouvrier aussi, de respirer comme eux cette atmosphère de « poivre et de poix, une odeur de joie et de santé ».

Au collège, au contraire : prétention et odeur de latrines. Jules Vallès qui est élève dans la classe de son père — une septième — a été placé près de la porte parce que l'odeur y est pestilentielle, la salle étant proche des « latrines » des petits ! Tout est dit ainsi sur la réalité de cet univers de suffisance du collège.

Son père enseigne la grammaire française et latine, le grec, l'histoire sainte. Le proviseur est l'abbé Roger. C'est en pis le même monde que celui du collège du Puy.

Certes, Jean-Louis Vallez n'est plus pion, mais il n'est pas agrégé, professeur de second rang en somme. Et Jules Vallès subit à nouveau les humiliations qu'impose toute hiérarchie.

Quand il sera en quatrième (durant l'année 1845-1846), son professeur, Laurent Venceslas, agrégé, reçu second au concours, lui manifeste son mépris parce que Jules Vallès est mal vêtu, qu'il est pauvre, fils de professeur subalterne. Il se moque de l'avarice — devenue proverbiale — de Julie Vallez. Il fait rire aux dépens du fils. « Que de sanglots j'ai étouffés pendant qu'on ne me voyait pas ! » confie Jules Vallès. Le professeur le soupçonne de copier, le bat « parce qu'il déteste les pauvres ». Et Jules Vallès contraint de rentrer sa révolte, de subir — il doit « offrir sa peau » à la situation de son père, accepter puisqu'il est fils de professeur — se sent ainsi, dans sa chair, solidaire des plus humbles.

L'ordre social et sa hiérarchie sont incarnés par le professeur injuste. « Il me bat pour indiquer qu'il est l'ami du sous-préfet, qu'il a été reçu second à l'agrégation. » La culture officielle, celle qui est enseignée, n'est que l'un des visages de l'injustice. Et les professeurs ne sont que des laquais. « Moi, plutôt que d'être professeur, je ferai tout, tout, tout ! »

Avec ces sentiments Jules Vallès ne peut être qu'un élève difficile.

Il se bat. Il est presque toujours en retenue. Il commet les petits délits des élèves qui refusent l'ordre. Il sera « faussaire » durant deux années, imitant la signature de son père, exemptant ainsi de punition un élève qui le paie avec des livres riches de gravures.

Car, pour échapper à sa condition, que reste-t-il sinon l'imaginaire ? Jules Vallès lit et relit. La vie de Cartouche ou les aventures de Robinson Crusoé.

Il ne songe plus qu'à s'enfuir. « Il y eut dans la prose de ma vie d'enfant battu la poésie des rêves et mon cœur mit à la voile pour les pays où l'on souffre, où l'on travaille, mais où l'on est libre. » *Libre :* voilà le grand mot d'une vie qui prend racine dans ce « collégien mourant de tristesse, presque de rage dans l'infâme lycée ».

Il aurait pu, avec une telle charge de révolte, être l'un de ces élèves dont on sait qu'ils sont intelligents mais qui refusent le travail scolaire.

Or, peut-être parce qu'il est pauvre, peut-être parce qu'il sait qu'il faut sur ce terrain-là « obéir aux parents, c'est leur pain qui est sur le tapis », peut-être aussi pour ne pas les humilier, lui leur fils, Jules Vallès est un excellent élève qui, en cinquième et en quatrième, collectionne les prix. Manière aussi pour lui d'affirmer qu'il méprise ce monde des études non parce qu'il est incapable d'y briller mais parce qu'il est haïssable. Et Jules Vallès devient l'ami d'un autre révolté du lycée, Jean-Baptiste Malatesta, prix d'excellence et toujours puni comme lui.

Quand la pression est trop forte, que le rêve ne suffit pas, on tente de le réaliser.

A deux reprises au moins, il fit des fugues, marchant quelques kilomètres dans la campagne ou bien s'enfuyant avec les dictionnaires, en direction de Toulon. On prévoit de vendre les livres et on pourra ainsi poursuivre la route.

A chaque fois, la fuite tourne court. Il faut rentrer, subir les punitions et les coups. Ronger à nouveau son frein. Découvrir que peut-être c'est d'un grand mouvement de l'histoire que viendra la liberté.

Jules Vallès lit la vie de Napoléon chez son grand-oncle le curé de Chaudeyrolles. Il fait « tout éveillé des rêves pleins de Sainte-Hélène » et se met à haïr le geôlier de l'Empereur, Hudson Lowe. A la devanture d'une librairie de la rue Saint-Louis, à Saint-Etienne, il regarde une estampe de la Révolution. Les conventionnels y feront le serment de vaincre ou de mourir : « La liberté ou la mort. » « Cette gravure me rendit tout d'un coup l'espoir ! dit-il. Je vis quand dans l'histoire on avait le droit de se révolter pourvu qu'on jouât sa vie. J'attendrai !... »

La jonction se fait ainsi entre les révoltes de Jules Vallès et l'histoire, entre les humiliations et la haine de l'ordre social. Du collège du Puy à celui de Saint-Etienne se renforce dans la personnalité de l'enfant tout ce qui le prédispose à la contestation, à la rébellion et le pousse vers la révolution. Et ce qu'il voit de la vie sociale à Saint-Etienne approfondit ces tendances.

La misère ouvrière est cruelle dans cette grande région industrielle.

Vallès, pauvre, humilié, est encore un privilégié par rapport aux enfants d'ouvriers qui commencent à travailler à moins de dix ans et souvent à moins de cinq !

Enfants-ouvriers et non apprentis, soumis, comme le dira Victor Hugo, à un

travail mauvais qui prend l'âge tendre en sa serre
Qui produit la richesse en créant la misère
Qui se sert d'un enfant ainsi que d'un outil.

Accidents, brutalités, sous-alimentation, épuisement provoquent une mortalité effrayante ou des malformations définitives. A la Chambre des pairs, le baron de Morogues déclarera à ce propos le 4 mars 1840 : « Si un tyran, un conquérant étranger, s'était emparé de la France et s'il nous eût tenu ce langage : dès qu'ils seront en état de se tenir sur leurs jambes des centaines de milliers de vos enfants vous seront enlevés, seront introduits dans des établissements où leur organisation physique sera dégradée, affaiblie d'année en année, où au lieu de connaître les jouissances, la gaieté, la liberté de leur âge, ils seront initiés à tout ce qu'il y a de plus déplorable dans la dépravation humaine, où ils seront moralement abrutis, puis intellectuellement hébétés pour être ensuite physiquement énervés, où vos jeunes filles perdront leur innocence avant même d'être nubiles ; si un tyran, dis-je, en avait agi ainsi avec la France, il n'y aurait pas assez de haine et d'injures à déverser sur sa tête. Eh bien, le joug de l'industrie est celui-là ! »

Et Saint-Etienne est ville industrielle.

Vallès voit cela et même si en 1841 une loi commence à limiter le travail des enfants, elle est tournée. Et, d'ailleurs, c'est à huit ans, si on la respecte, qu'on peut commencer à faire travailler les enfants. Il sait. Même si son père est « professeur », les taudis ouvriers ne sont pas si loin de la rue où il habite. On connaît les catastrophes qui frappent le monde de la mine : trente et un tués au puits de l'île d'Elbe à Rive-de-Gier en 1840.

Et l'écho des luttes sociales secoue toute la ville.

En 1844, la grève des mineurs de Rive-de-Gier dure plus de deux mois. Pauvres, les Vallez appartiennent cependant maintenant à un autre monde que celui du travail ouvrier où le salaire moyen quotidien n'est que de deux francs pour l'homme, un franc pour la femme, quarante-cinq centimes pour l'enfant ! Et bien sûr aucune garantie d'emploi, aucune protection en cas d'accident ou de maladie. Avec son salaire mensuel assuré toute l'année — plusieurs centaines de francs par mois —, le ménage Vallez est bien au-dessus de la condition ouvrière. Mais elle est là autour d'eux, menaçante, inscrite dans le paysage urbain : « Ses mines aux pieds sales, ses fourneaux aux dos tristes, les rouleaux de fumée, la crasse des mines, un horizon à couper au couteau, à nettoyer à coups de balai. » Monde ouvrier qui effraie, dont il faut se séparer par les vêtements, le comportement, le mépris. Et on mesure la nécessité pour les parents de Jules Vallès — la mère d'abord — d'isoler leur fils, afin qu'il ne cède pas à la tentation qu'ils devinent chez lui de rejoindre ce monde d'en bas. On l'enferme donc, on le coupe de ses compagnons de jeu. Il faut qu'il comprenne qu'il est destiné à faire partie d'une autre classe.

N'est-il pas vrai d'ailleurs qu'on ne compte qu'à peine trente mille élèves dans l'enseignement secondaire sur une population française de trente-quatre millions d'habitants ?

Fréquenter le collège, être professeur, c'est être membre d'une élite, celle que préside le ministre de l'Instruction publique Victor Cousin, qui rêve de réconcilier les « deux sœurs immortelles », la religion et la philosophie. Et qui conçoit l'enseignement comme l'un des soutiens de la société. Lui déniant toute valeur critique. Le collège doit produire des serviteurs de l'ordre et non des révoltés.

C'est bien ce que le jeune Jules Vallès comprend et qu'il méprise.

Son père au contraire s'enfonce encore dans le conformisme social, dans l'acceptation du système. Il sollicite, il sollicite. Une classe de grammaire dès 1842. On la lui refuse. Il travaille avec acharnement à préparer le concours de l'agrégation de grammaire, toujours besogneux et obstiné.

En 1845 — il a trente-huit ans — il est reçu à l'écrit mais échoue à l'oral. Et le président du jury, M. Dutrey, dans son rapport souligne ses « qualités fort estimables ». La perspective d'un appui du président du jury pour obtenir une promotion et un nouveau poste se dessine, malgré les critiques des inspecteurs généraux qui trouvent l'enseignement de Jean-Louis Vallez sans imagination.

En tout cas, la situation matérielle, après les années noires du Puy, commence à s'améliorer.

La proximité des villages familiaux, Farreyrolles, Chaudeyrolles, permet aux Vallez d'envoyer leurs enfants chez les tantes ou le grand-oncle.

Jules Vallès y découvre une nouvelle fois, avec joie et amertume, comment on peut aimer un enfant. « Oh, s'il eût été mon père cet oncle au bon cœur ! » pense-t-il.

Il loge lorsqu'il passe au Puy chez Mlle Balandreau. Il est son « maître ». Il a un peu d'argent — cadeau de son grand-oncle. Il retrouve ses cousines, connaît ses premiers émois, les lèvres effleurées.

Seules déceptions, ces réunions des curés chez son grand-oncle : leur avidité, leur médisance, leur mesquinerie, leur laideur marquent l'enfant.

Décidément il n'y a rien à attendre des hommes d'ordre, professeurs ou curés. Jules Vallès retrouve les petits bergers qui l'aiment comme un camarade.

« Je suis heureux. Si je restais ? Si je me faisais paysan ? »

Ce n'est là qu'une rêverie. Il faut rentrer, retrouver Saint-Etienne et l'horizon bouché par la poussière de charbon. Retrouver le collège et la maison, ces mondes urbain, scolaire et familial qui, pour Vallès, se rejoignent dans une même grisaille désespérante.

Cependant, durant quelques mois, tout semble aller mieux. Le père de Jules Vallès semble heureux. C'est le printemps de 1845. Une jeune femme, Mme Brignolin, gaie, vêtue de robes claires est devenue l'amie de la famille. Elle a trois enfants, un mari chimiste qui s'occupe d'abord de ses « cornues » — et elle rit à ce mot quand elle le prononce — plutôt que de son épouse.

Elle frôle la main de Jean-Louis Vallez de sa robe, elle « roule comme un tourbillon de mousseline autour de lui ».

Les deux familles ont loué pour le dimanche une petite maison et un jardin, au bout d'un chemin couvert de charbon. Les enfants jouent. Mme Brignolin danse, entraîne Jean-Louis Vallez.

Julie Vallez regarde, rit, ne se doute d'abord de rien. Jules, lui, surprend des regards entre son père et la jeune femme, l'entend un jour appeler son père d'une voix douce « grand bête » et pour la première fois il voit son père sourire, avec un air de jeunesse sur le visage : « C'est mon père qui paraît heureux », dit-il.

Mais cette éclaircie s'efface vite. Des signes annoncent l'orage. Julie Vallez ne bat plus son fils. Elle le frappait à tout instant, voici qu'elle l'ignore. Ce « chômage » inquiète Jules Vallès. « Je ne détestais pas qu'on m'appelât bandit, gredin. J'y étais fait — même cela me flattait un peu. »

Et, tout à coup, c'est le drame. Des cris déchirants dans la nuit, l'enfant qui bondit, la mère évanouie, le père qui se tourne vers son fils et lui ferme la bouche avec le poing — à lui briser les dents. La mère qui se laisse aller, dans sa douleur, à un mouvement de tendresse vers Jules auquel elle se raccroche. « Je sentis, dit-il, que tous les gestes bons auraient eu raison de moi dans la vie. »

Il devine les raisons de cette tension entre ses parents. Julie Vallez a surpris son mari et Mme Brignolin. La violence a éclaté, lourde chez Julie de toutes les aigreurs accumulées depuis des années, portée par le sentiment d'avoir été trahie, mais aussi de subir une injustice, prix de tous les sacrifices qu'elle avait consentis, de toutes ces petites misères de la pauvreté qu'elle avait subies et acceptées.

Le père ne peut que se soumettre, renoncer à ce qui avait été un instant de joie, une poussée de jeunesse. Il se sent et se sait coupable mais tout en lui proteste contre ce sentiment de culpabilité. Est-on coupable parce qu'on a en soi l'envie de vivre, qu'on veut arracher aux jours un peu de bonheur, et faut-il refuser ce qu'une femme vous apporte ?

Jean-Louis Vallez est déchiré par ces sentiments contradictoires. Il ne sort plus, il s'oblige à une politesse glacée avec son épouse. Cette maison est devenue sa prison. Et c'est le fils qui souffre. « Oh ! la maison est horrible, et l'on marche à pas lents et l'on parle à voix basse », dit-il.

Surtout, Jules Vallès devient le bouc émissaire.

Il avait été battu par sa mère. Mais c'est bien autre chose que de subir, à treize ans, la cruauté de son père. Car, pour celui-ci, ce fils incarne l'union qu'il ne peut défaire. Il ne peut battre sa femme, mais il peut se venger sur le fils. Compensation inconsciente bien sûr, mouvement d'un être violent, fruste malgré la culture qu'il s'est donnée. Et à cet âge critique où Jules Vallès entre dans l'adolescence voilà qu'on le « sangle à coups de cravache, le rosse à coups de canne sous le moindre prétexte », « sans que je m'y attende, bien souvent, je le jure, sans que je le mérite ».

Parfois la mère intervient, protège ce fils parce qu'elle sent bien que les coups qu'on lui porte c'est à elle que son mari les destine. « C'est elle qu'il rêve de tuer. » Alors elle s'interpose. « Tu ne toucheras pas cet enfant ! » crie-t-elle aggravant encore le désarroi de son fils. Son bourreau d'hier devient son protecteur. Mais loin de le rassurer cela lui fait mesurer la division de ses parents : « C'est plus affreux encore. »

D'autant plus que « de temps en temps ils se raccommodent et (le) battent tous les deux à la fois » !

Mais ce qui atteint le plus Jules Vallès et lui fait penser — concrètement — au suicide c'est que son père l'accuse d'être responsable de ses humiliations sociales. Cela, l'enfant ne le supporte pas. Il imagine qu'on peut déplacer ou destituer son père par sa faute.

Une fois de plus la jonction s'opère entre les malheurs familiaux et la vie sociale.

« C'est toi, misérable, qui me fais avoir des reproches du proviseur », hurle le père en battant son fils. Et celui-ci rêve de mourir. Puis parce qu'il n'ose pas passer à l'acte il s'enfonce dans le travail scolaire tout en subissant les « supplices » que son père lui inflige, ne pleurant pas, poussant par cette acceptation — masochiste aussi — son père « jusqu'à l'écume ». Il avale ses larmes, ses cris, le grec et le latin, les versions et les thèmes, tout se mêle, tout est boue.

Au collège, il décroche des prix, mais ses camarades de classe ne reconnaissent plus dans l'enfant silencieux le révolté d'hier. On le trouve sournois avec des airs de sainte nitouche. On murmure : « C'est son père qui lui donne des danses. »

En fait, on sent bien que pour Jules Vallès cette épreuve de 1845 est décisive.

C'est bien la sortie de l'enfance. Il doit subir la vengeance du père. Découvrir aussi que celui-ci n'est pas cet être humilié certes, mais qui représentait cependant pour l'enfant une image de justice.

Ce père trahit, ce père ment, ce père est une figure trouble et haineuse.

Jules Vallès a surpris quelques mots échangés dans le bureau du proviseur. Il n'est pour rien dans les reproches qu'on a faits à son père. Au contraire, l'inspecteur a même apprécié l'enfant. Pourtant il fallait un prétexte pour rappeler Jean-Louis Vallez à ses devoirs familiaux. Le fils était un moyen.

Mais le père ment quand il dit que l'inspecteur a été mécontent, quand il lance à son fils : « L'inspecteur doit arriver dans quelque temps, il ne s'agit pas de me faire honte, comme l'an passé, et de nous faire souffrir tous de ta paresse ! »

Faux, faux, crie Jules Vallès en lui-même. L'injustice. « Quelle honte ? Quelle paresse ? » se demande-t-il.

Il a à peine treize ans. Et, en cette fin d'été 1845, il n'est plus seulement révolté. Il a bien « touché la vie de ses doigts pleins d'encre » et s'y est durement brûlé.

Il peut dire : « J'ai peur aujourd'hui de ce que je vois, peur des maîtres méchants, des mères jalouses et des pères désespérés. »

Chapitre 4

« Quand nous serons arrivés, tu me paieras tout ça » (décembre 1845)

Le père, Jean-Louis Vallez, est enfin admissible à l'agrégation. Un admissible, c'est presque un agrégé. Un oral sépare le recalé du reçu, juste ce qu'il faut pour que le professeur agrégé puisse manifester une sympathie condescendante, apitoyée mais sans mépris à celui qui est parvenu jusqu'au pied de l'Olympe.

Ainsi, année après année, effort après effort, Jean-Louis Vallez approchait de la dignité universitaire. Une preuve de la bienveillance dans laquelle on le tient désormais est la nouvelle affectation qu'il reçoit en octobre 1845. Il est nommé, à compter du 1er janvier 1845, professeur de sixième au collège royal de Nantes.

Le soutien du président de son jury de concours a été utile ; l'aide de l'économe Rodier qui, affecté après Saint-Etienne dans un collège de l'Ouest, a signalé le poste vacant, a sans doute déclenché la demande de Jean-Louis Vallez, à l'affût depuis des années. Et puis, après les scènes de violence qui avaient marqué la liaison avec Mme Brignolin, ne fallait-il pas quitter Saint-Etienne ? Au collège, le proviseur est informé. L'inspecteur d'académie de même. On ne tolère pas ce genre de scandale dans une université sensible à l'ordre moral. Il vaut donc mieux s'éloigner.

« Quelle joie de partir, d'aller loin », s'écrie Jules Vallès. « Puis, Nantes, c'est la mer ! »

Pour le jeune garçon, après les mois terribles qu'il vient de vivre, ce départ est porteur d'espoir. Il lui semble qu'il va pouvoir, parce qu'il sera aux portes de l'océan, connaître la liberté, peut-être vivre une aventure à la Robinson Crusoé. Il rêve. L'océan est promesse.

En même temps, il s'arrache avec peine à Saint-Etienne, à la soupente qui lui servait de chambre. Là, seul, il a étouffé tant de sanglots. Il laisse aussi quelques amis — Alfred Voilquin, par exemple. Il regarde avec regret déjà le décor de sa vie passée, la tirelire que sa mère a brisée la veille du départ, où « elle mettait l'argent afin de m'acheter un homme » qui remplacerait son fils au moment du service militaire. Ce qui confirme les ambitions qu'elle a pour lui, le souci — n'est-ce pas une preuve d'amour ? — de lui éviter de perdre des années précieuses. « Racheté » comme l'avait été son père, Jules Vallès appartiendrait à cette classe moyenne dont ses parents font désormais partie.

Jean-Louis Vallez, en effet, doit gagner à Nantes sept cent soixante francs par mois auxquels il faudra ajouter les leçons particulières. En tout autour de neuf cents francs. Qu'on songe au salaire ouvrier qui atteint à peine deux francs par jour et peut-être, avec l'appoint des gains de la femme, quatre-vingts à quatre-vingt-dix francs chaque mois. Et seuls les jours de travail sont payés ! On mesure donc la différence, le fossé qui sépare désormais les Vallez des pauvres.

Jules Vallès sait cela : « Je n'ai plus l'innocence d'autrefois », dit-il.

Il range les cahiers d'agrégation de son père, les versions et les thèmes grecs. Il y en a des piles, poids de travail, de nuits passées à compulser les dictionnaires, tout cela qui témoigne de l'effort quotidien du fils de paysan pour s'élever.

Jules Vallès, au moment de partir, contemple « toutes ces choses entassées ». Et tous ses souvenirs « se ramassent » en une vague de nostalgie.

Les Vallez quittent Saint-Etienne le jeudi 25 décembre 1845. Le froid est assez vif. Ils ont pris la diligence qui avance lentement sur la « route fort mauvaise parquetée d'un verglas glissant qui la rendait fort difficile pour les chevaux ». Il faut un jour pour parvenir à Roanne. Le soir même on continue sur Moulins. Où l'on arrive le lendemain matin vers dix heures. De là on repart pour Bourges que l'on atteint le 26 décembre à six heures du soir. On dîne et l'on repart. Enfin le lendemain samedi vers quatre heures de l'après-midi on arrive à Orléans.

Ce voyage des Vallez jusqu'aux bords de la Loire montre à quel point les déplacements étaient pénibles et lents, et prouve que la révolution des chemins de fer n'a pas encore, en 1845, changé la réalité des déplacements. Le dimanche matin, avant de s'embarquer sur « les vapeurs » qui descendent la Loire, les Vallez assistent à la messe dans la cathédrale d'Orléans. Julie Vallez est inquiète à l'idée de naviguer sur un fleuve en crue, secoué par des vagues et balayé par la pluie et un vent très fort. On arrive à Tours, on repart le lendemain à six heures du matin pour atteindre enfin Nantes vers cinq heures et demie de l'après-midi.

Voyage exemplaire pour Jules Vallès qui le racontera dans une longue lettre adressée le 29 mars 1846 à ses amis Voilquin de Saint-Etienne.

Il a dévoré les paysages des yeux, fasciné par le fleuve dont on ne voit pas les rives ; mais, homme des montagnes, la Touraine et l'Ancenis lui ont paru trop plats. « L'œil s'étend au loin sans être arrêté par aucun accident du pays ; c'est une beauté trop uniforme », écrit-il. Il est déçu, à Nantes, de ne pas apercevoir l'océan et de ne voir encore que la Loire. « Je suis désabusé, n'en parlons plus. »

Mais le voyage est pour le jeune garçon de treize ans riche de bien d'autres façons. Il y saisit ses parents dans la lumière plus dure qu'apporte toujours le dépaysement, la nécessité où ils se trouvent l'un et l'autre de faire face aux imprévus que comporte tout voyage.

La mère se montre d'une mesquinerie, d'une âpreté qui illustrent toutes les caractéristiques de la petite bourgeoisie. Elle tient l'argent. Jean-Louis Vallez a accepté de le lui confier pour le voyage. Dès lors on ne dîne pas, on ne boit pas, on ne couche pas à l'hôtel. Et si Jean-Louis Vallez réclame une pièce, elle prend les voyageurs, les hôteliers à témoin, étalant devant eux les infidélités de son époux, faisant tout à coup craquer les coutures de cet habit respectable qu'elle a rêvé de revêtir en changeant de classe. « Tu ne me feras pas taire, je pense, lance-t-elle à son mari. Tu n'as pas besoin de me pousser le coude : ce que je dis est vrai, tu le sais bien... Heureusement qu'il y a du monde ; tu ne me frapperas pas devant le monde, peut-être ! »

Jules Vallès souffre tout au long du voyage du comportement de sa mère. « Ah ! elle m'a gâté mon plaisir ! » dit-il. Avec sa perspicacité, il remarque les regards moqueurs des voisins. Il leur en veut, il lui en veut.

A l'hôtel si le prix du dîner est fixe, elle crie à son fils : « Mange de tout. » « Elle glisse dans sa poche des provisions qui traînent. »

Elle veut donner le change et chacun de ses mots et de ses actes révèle ses origines.

Elle est fière si, sur le bateau, son fils joue avec des « enfants de riches », mais elle lui lance à la cantonade, d'un bout à l'autre du corridor de l'hôtel qui les héberge : « Les cabinets sont en bas. » « Mes camarades sourient, leur mère rougit, la mienne salue », note Vallès.

Il est sensible. Il a appris à se tenir aux aguets comme le fils d'une tribu sauvage qui doit singer les mœurs des civilisés s'il veut survivre. Mais sa mère le trahit et se trahit. Elle l'accable, le châtre. Il ne peut que douter de lui-même, de sa capacité à s'intégrer. Elle désire qu'il devienne l'un de ces enfants de la bourgeoisie. Elle veut l'y obliger. Et elle ne peut comprendre que, sans le vouloir, elle fait de lui un révolté, un homme qui ne pourra pas prendre place dans la société, sinon dans les marges, contestant cet ordre que sa mère approuve et dont elle est incapable de respecter les règles non écrites — discrétion, hypocrisie — qui font que les membres de la même classe petite-bourgeoise se reconnaissent entre eux.

Chez Julie Vallez, la verdeur, la nature paysanne, la violence, les rancœurs personnelles explosent. Elle n'est pas soumise. Il semble même que la trahison de son mari avec Mme Brignolin ait libéré des forces qu'elle ne contrôle plus. Peut-être parce qu'elle ne peut plus estimer son mari, qu'elle le méprise et qu'à chaque instant elle le soupçonne.

Et, ainsi, elle n'échappe pas au ridicule que son ignorance accentue.

Quand Jean-Louis Vallez montre à son fils la statue de la Pucelle d'Orléans, elle lui lance : « Quand tu auras fini de dire des saletés à cet enfant ! »

Dans ce voyage, elle se découvre, malheureuse, mal à l'aise, agressive, déchirée de contradictions dont elle n'a pas conscience, injuste, cruelle, révoltée à sa manière contre la vie qu'elle mène, sûre finalement d'avoir eu la mauvaise part dans ce couple divisé, où elle a porté sept enfants — et cinq sont morts —, tenu les cordons de la bourse, frappé son fils pour lui inculquer les bonnes manières, en faire un homme, et maintenant ? Et maintenant... ? On sent à ses réactions qu'elle ne sait plus. Ainsi quand sur le bateau entre Orléans et Nantes elle voit que, parce qu'elle s'est assoupie, son fils et son mari se sont retrouvés autour d'une table chargée de bouteilles, dans une cabine occupée par un ami de Jean-Louis Vallez rencontré par hasard sur le vapeur, elle se sent volée. « Quand nous serons arrivés, dit-elle à Jules, tu me paieras tout ça. »

Tout ça ? Un fils qui est pour la première fois « camarade avec son père » et qui trinque avec lui comme un ami. Un fils qui découvre que son père peut rire de bon cœur et qui s'étonne avec une pointe de tristesse : « Ah ! comme il a l'air jeune ! »

Car le fils mesure en regardant ce père détendu, heureux, joyeux, jeune, combien l'autre, le pion, le professeur respectable sont la face défigurée de l'homme qu'il aurait pu être.

« Moment de bonheur indicible » que cette union avec le père. Qui ne peut exister que parce que la mère est absente. « Ma jeunesse s'éveille, ma mère dort. Ma jeunesse s'éteint, ma mère est éveillée », s'écrie Jules Vallès.

C'est comme si la famille dans son unité ne pouvait être que lieu de tristesse, structure déjà sociale où les êtres ne sont plus eux-mêmes dans leur vérité, mais déjà ce qu'ils ont choisi d'être dans la société. Leur liberté n'existe plus. Ils ne restent ensemble que parce qu'ils ont en commun une histoire qui n'est — pour cette petite bourgeoisie — qu'une ambition commune qui les détruit individuellement et les associe pour toute leur vie, puisque la société les oblige, dès lors qu'ils veulent y tenir une place, à rester ensemble, à jouer le jeu hypocrite qu'elle impose.

Mais le voyage a desserré les liens. Et un moment de liberté a fusé. Le père a cessé d'être une caricature pour devenir un homme de trente-huit ans qui boit un verre avec son fils de treize ans et joue avec lui aux dominos.

La mère, elle, devant ce moment de liberté qui lui est refusé parce que comme femme elle subit le poids de tous les conformismes, de toutes les exclusions, ne peut apparaître devant son mari et son fils que « comme un spectre... Elle vient à nous et va commencer une scène ».

C'est la vie sociale qui reprend tous ses droits. Bientôt les Vallez arriveront à Nantes.

Chapitre 5

« Assassins ! Assassins ! » (1846-1847)

Déception : ce n'est que cela Nantes !

« Toutes mes illusions sur l'océan envolées ! Tous mes rêves de tempêtes tombés dans l'eau douce, car c'était de l'eau douce ! »

Jules Vallès roule du haut de son imagination : « Comme la vie de marin me paraît bête ! » Après avoir erré à la recherche d'un garni — modeste il va de soi —, les Vallez se sont installés, deux mois plus tard, dans une « vieille maison replâtrée » du quai de Richebourg.

Le quartier est calme, sans ateliers ni taudis, un quartier plutôt aisé, à quelques pas du collège royal où le père et le fils se rendent chaque jour.

La maison est donc dans une « très belle position », et « l'appartement de quatre pièces, très gentil et très commode ».

Quand la Loire déborde, toutes les rues avoisinantes sont envahies par les eaux et il faut circuler en bateau.

Ce n'est plus, à l'évidence, la pauvreté. Jean-Louis Vallez est entré en fonction, dès les premiers jours de janvier : « Il a fait peur aux élèves... il a l'air si chien. » Les élèves demanderont donc des répétitions. On pourra même, envisage Julie Vallez, prendre une bonne : la frontière est définitivement franchie. Les Vallez ont accédé à la petite bourgeoisie aisée. Et cependant Vallès ne sent pas cette ville. Quand il écrit à ses amis Voilquin, de Saint-Etienne, il leur dit certes que « Nantes est une grande et belle ville » et il vante « les mille bateaux qui vont et viennent avec leurs voiles et leurs cordages ». Mais il ajoute : « Ainsi Nantes est beau, matériellement parlant seulement, car papa dit que l'esprit du pays est détestable. On y méprise les étrangers, on ne songe qu'à ramasser de l'argent. En somme le Nantais est loin de valoir le Stéphanois ; papa est enchanté de Nantes comme professeur, mais comme individu il regrette Saint-

Etienne où il avait eu le bonheur de trouver tant d'affabilité, tant de sympathie, tant de dévouement. »

Lettre d'un garçon de quatorze ans où passent à la fois la qualité de l'observation et aussi le respect pour le père. Lettre d'un fils obéissant, malgré tout.

Plus tard, Vallès précisera ce qu'il a ressenti en découvrant cette ville qui lui paraît morne, trop calme, triste, avec ces paysans qui passent dans les rues, « fils de Vendée, hommes de Bretagne », auxquels il trouve « l'air dévot, dur et faux ». Il ressent lui aussi la nostalgie de Saint-Etienne : « J'aimais le bruit des chariots, le voisinage des forgerons, le feu des brasiers, et il y avait une chronique des malheurs de la mine et des colères des mineurs. »

On pressent à ces confidences que Jules Vallès souffre de l'isolement dans lequel la condition petite-bourgeoise le place. Car Nantes a ses quartiers ouvriers, ses ateliers, ses ruelles où s'entasse toute une population misérable. Ce sont deux Nantais, d'ailleurs, le docteur Guépin et Bonamy — des démocrates républicains —, qui tracent un portrait sévère de leur ville sous le règne de Louis-Philippe. Mais la rue des Fumiers, les quartiers de Gigant, de la Ville-au-bois, de Misery, les parties prolétariennes de la ville, sont loin du quai de Richebourg. Et la vie des pauvres qui gagnent deux francs par jour n'a plus rien de commun avec celle d'un professeur du collège royal à sept cent soixante francs par mois sans compter les leçons particulières !

D'ailleurs, dans cette ville bourgeoise, le collège royal est une institution imposante et respectée.

Il compte près de trois cent vingt internes. Le personnel enseignant est de qualité. Le proviseur Jean-Baptiste Jullien, quarante-cinq ans, est un homme qui impose calmement son autorité, interdisant avec fermeté à ses professeurs de battre non seulement les élèves, mais leurs propres enfants. Cela se sait. Jules Vallès ne sera plus frappé !

Jullien comme les professeurs Talbot ou Damien — qui enseignèrent Jules Vallès en troisième puis en seconde — firent de bonnes carrières universitaires, publiant des livres, devenant professeur de faculté ou recteur.

Certes, ils ont leurs travers, leurs ridicules, leur prétention — Talbot, parisien, méprise les provinciaux ; Damien, normalien, s'enorgueillit d'avoir traduit Pindare ; le professeur de rhétorique, Sivanne, n'est qu'un brave homme. Mais, malgré les critiques de l'élève Vallès, on devine que ces enseignants font leur travail avec conscience, que l'atmosphère du collège est à l'étude. D'ailleurs, Jules Vallès décroche de nombreux prix dont celui d'excellence en rhétorique. Il comble ses lacunes en mathématiques en prenant des leçons particulières auprès d'un vieux proscrit italien, républicain, qui lui fait découvrir à l'aide de petits volumes en plâtre la réalité matérielle de ces figures de géométrie qui restent abstraites : cônes, sphères, etc. Car l'abstraction, cette culture classique et rhétorique qui oblige des enfants de quatorze ans à « se mettre à la place de Thémistocle », d'Annibal ou de Caracalla, semble ridicule et folle à Jules Vallès.

Ce professeur qui dit : « Ne portez pas vos extrémités digitales à vos cothurnes » lorsqu'il veut interdire à un élève de lacer ses souliers crottés, qui appelle *arakné* une araignée, appartient pour Vallès à un monde qui se définit par le refus de la réalité.

Les professeurs ont beau louer Jules Vallès pour ses réussites en vers latins, en grec, s'exclamer : « Quelle imagination est là et quelle facilité, Minerve est sa marraine » ou dire de lui : « C'est un volcan, cet enfant », il n'est pas dupe.

Sous cette culture, il entend résonner le vide ; cette virtuosité lui semble faite de « retapage et ressemelage ». Le style n'est qu'un truc qui fait préférer une épithète à la vérité. Il faut voler les expressions dans les dictionnaires et dans les œuvres, coller côte à côte les citations.

Où est la vérité dans tout cela, où sont le talent et l'expression d'une personnalité singulière ? Il faut parler de la Grèce, de l'Italie, du Tibre, et Vallès voudrait évoquer « le ruisseau de Fayerolles, la bouse des vaches, le crottin des chevaux, et ramasser des pissenlits pour faire de la salade ».

Quand il découvre les exercices de son père en vue de l'agrégation, il constate qu'ils sont faits « aussi de pièces et de morceaux ». « Sommes-nous une famille de crétins ? » se demande-t-il.

En fait, ce que Jules Vallès conteste, c'est la négation du monde concret et contemporain, qu'implique cette culture qui participe ainsi de ce refus — apparent ! — de la réalité qu'est l'attitude petite-bourgeoise où tout est convention.

Entre les leçons de maintien, de « comme il faut » que sa mère lui fait donner par un vieux maître de danse — un ancien soldat qui boit et bat sa femme ! — et l'obligation de rimer « comme il faut » en vers latins, il y a pour Jules Vallès identité.

Et naturellement cela suppose que l'on efface sa personnalité, que l'on tue la spontanéité, que l'on sourie sur commande, que l'on expurge la langue de tous les mots vulgaires.

On ne dit pas cul de bouteille mais « chose de bouteille ». Il n'en reste pas moins que l'on se coupe le pied quand on marche sur le verre.

Et cependant Jules Vallès réussit bien au collège.

Il y a l'émulation, la rivalité avec un autre élève — Raoul Duval —, bourgeois élégant, brillant, voisin de pupitre et de quartier, qu'il faut devancer. Vallès, face à ce condisciple, retrouve les réactions du pauvre — qu'il n'est plus — et il veut l'emporter.

Il y parvient souvent.

Il cherche aussi à ne pas mettre son père en difficulté. « Un fils de professeur blaguant ce que les professeurs vendent eût paru un fou ou un traître. »

Il travaille donc, s'échappant par le rêve aux pages des dictionnaires et honoré comme un « fort en thème », « il respire le parfum des feuilles de chêne qu'on lui pose sur la tête en couronnes ».

Chez cet enfant de quatorze ans se renforcent donc, malgré le succès, le sentiment et la volonté du refus, comme une pulsion de l'être profond.

Jules Vallès est, dès ce moment-là, irrécupérable.

Le père, lui, au contraire, fait carrière.

Il parvient à son but puisqu'il est enfin reçu, dans l'été 1846, à l'agrégation de grammaire et, en 1847, chargé de la classe de sixième, première division.

Il a quarante ans. Un élève du collège décrit ce Vallez qu'on craint, sa « maigreur osseuse, sa figure embroussaillée » et Georges Clemenceau qui fut son élève en cinquième rapporte que c'était un « homme violent qui avait toujours l'air de vouloir tout avaler ». Mais l'un ajoute qu'il est « au fond moins dur » qu'il ne paraissait et que son fils ne le croira, et Clemenceau précise même que Vallez n'est « pas méchant pour deux sous ».

Probablement il n'est que l'un de ces professeurs, peu sûrs d'eux-mêmes et qui craignent tant le regard des élèves qu'ils s'imposent d'être impitoyables.

Les inspecteurs soulignent d'ailleurs la « sévérité de caractère » de Jean-Louis Vallez, ses « manières un peu rudes avec les élèves ». Mais les familles l'apprécient. On le craint. Il fait désormais partie de plein droit du corps professoral.

Agrégé de grammaire, il est reçu avec Mme Vallez chez ses collègues, ou chez le président de l'Académie poétique de Nantes.

L'épouse du proviseur lui recommande une bonne. Et quand il fait beau, le soir, Mme Vallez s'en va en promenade avec l'épouse d'un professeur qui est bossue. Jules Vallès marche devant. Ordre de ne pas s'écarter. Tout cela « comme il faut ». Mais s'il se baisse, sa culotte craque, car c'est toujours sa mère qui avec quelques bouts d'étoffe coupe ses vêtements qui font de lui, encore, la risée de ses camarades. Il y a pire. Ces vêtements sont excentriques, involontairement, ou trop larges ou trop étroits. Ils manifestent la volonté de respectabilité de la mère de Jules Vallès. Elle l'oblige à porter un « costume de demi-saison ». « Ma mère, comprend-il, voit que je grandis et elle a voulu m'habiller comme un homme des classes moyennes, qui a de l'étoffe, ne vise pas au freluquet et a pourtant son cachet à lui. »

Le vêtement devient ainsi pour Jules Vallès comme une confession publique de ce qu'est sa mère : ambition et maladresse, mauvais goût et prétention, volonté de s'intégrer et incapacité à y parvenir, le tout marqué par l'avarice.

Il porte ainsi la casaque de ce qu'il hait, de ce qu'on veut qu'il soit et qu'il se refuse d'être. Parce qu'il sent le ridicule autant que la servilité que cela implique. Il refuse cet uniforme par bon goût véritable et par révolte, les deux intimement mêlés. Il a à la fois honte pour les apparences et éprouve un sentiment de rébellion parce que c'est sa mère — et lui avec elle — qu'on trouve ridicule.

Car cette femme qui approche de la cinquantaine, dont le rêve est la norme, voilà qu'elle viole à chaque instant cette norme. Par ignorance, mais plus encore par poussée en elle d'une protestation contre sa vie et les mutilations subies.

Dans les soirées, elle élève la voix. Que son mari refuse de danser en disant : « Nous sommes trop vieux » et elle s'indigne, humiliée. « C'est pour moi que tu as dit cela ? » demande-t-elle. Et elle danse, maladroite, embrouille le quadrille et parce que des épouses de professeurs ont — l'une d'origine espagnole, l'autre alsacienne — chanté et dansé des airs de leur pays, Julie Vallez rentre dans le bal, entraîne son mari et interprète, vigoureuse, déchaînée, une bourrée auvergnate. « C'était la mutinerie dans la fierté, l'espièglerie dans le bonheur. » La volonté de retrouver ses origines, de revendiquer une identité parce qu'au fond Julie Vallez née Pascal se sent flouée par cette vie, ce but qu'elle a atteint — elle est l'épouse d'un professeur agrégé ! — n'est rien qu'un peu de sable qui fuit entre ses mains.

Alors elle s'obstine, parle « auvergnat » et quand son mari refuse de sortir avec elle dans le monde, la reléguant chez elle, elle envoie Jules Vallès l'attendre, et elle survient pour faire un esclandre, accusant son mari de laisser sa famille mourir de faim.

Mais ce sont les dernières batailles qu'elle livre se servant de son fils contre son mari. Et lui divisé, cependant que ses parents se disputent une chaussette pleine de pièces de cinq francs, ne peut que crier : « Papa, maman ! » A la fin elle capitule. Vallès observe, souffre, ne sait s'il doit espionner son père comme sa mère le lui demande. La maison est morne. Sa mère exige qu'il lui lise des « choses saintes dans sa chambre à la lueur d'une mauvaise chandelle près d'un feu sans flamme ». Elle se venge sur les jeunes bonnes qu'elle emploie. Jules Vallès n'a plus le droit d'accomplir le moindre travail : décrotter ses chaussures ou couper du bois. La bonne est là, qu'on nourrit avec des restes, qu'on épie pour la surprendre en faute et la renvoyer.

Cette mesquinerie, cette injustice, l'adolescent les condamne. Il ne voit dans ce monde petit-bourgeois qu'hypocrisie et rapport de forces.

On a peur du proviseur : on garde la bonne qu'il vous a recommandée, mais on la surveille pour la prendre en flagrant délit et la licencier.

Rapport de forces entre les parents ; le père l'emporte. « C'est le fond de sa nature qu'on s'agenouille devant lui. »

Fausseté aussi de la culture enseignée. Quand Vallès, dans une narration française, veut exprimer sa vérité, ses souvenirs, la sanction tombe : « Vous avez fait de mauvais devoirs cette semaine ! »

Partout faux-semblants, répression, rivalités. Mais quel est donc ce monde ? Comment l'accepter ?

Car il n'est pas que ridicule ou mensonger. Il est cruel et criminel.

Tel ami du père de Jules Vallès qui se présente comme philosophe occupé à écrire un traité de *La Raison chez les Grecs* bat ses enfants au point de martyriser sa petite fille Louisette et la faire mourir, « cette miette d'enfant avec cette voix tendre et ce regard mouillé ».

C'en est trop pour Jules Vallès. Louisette, cette enfant livide, son « bras grêle qui sortait avec des marques de coups », c'est l'innocence que ces adultes ont tuée. Comme ils tuent les souvenirs les plus précieux de Vallès, un fichu de soie qui a appartenu à Louisette et qu'on lui arrache en lui tordant le bras, un bouquet de fleurs fanées donné par l'une de ses cousines et qu'on jette.

Ces adultes — le père, la mère, les professeurs — veulent briser le corps de l'enfant et son âme pour le modeler à leur image. C'est ainsi qu'on le dresse à la servilité, à l'imitation des adultes afin qu'il devienne à son tour un rouage soumis de la grande machine sociale qui doit tourner, inchangée.

Mais Vallès, poings serrés, refuse de plier.

Il s'enferme dans un cabinet noir, il maudit ce projet et ce monde. Il crie : « Assassins, assassins ! »

II

« IL NE S'AGIT PLUS DE PLEURER ! IL FAUT VIVRE »
(1848-octobre 1853)

Chapitre 6

« J'allais offrir mon bras à la République » (janvier-août 1848)

Ce révolté, cet adolescent blessé, va avoir seize ans.

Son corps, peu à peu, échappe aux indécisions de l'âge ingrat. Il est vigoureux. Il intéresse une madame Devinol, une bourgeoise aisée qui est la jeune mère d'un élève. Délaissée par son mari, elle joue les initiatrices, récompense Jules Vallès de ses résultats scolaires en lui offrant des sorties au théâtre, en se serrant contre lui, en riant des timidités du jeune homme, de son émoi, des balafres qu'il se fait au bord du nez lorsqu'il tente de se raser. Elle dit toute joyeuse à Julie Vallez : « Mais savez-vous qu'il a de la tournure, votre fils, un petit mulâtre et qui marche comme un soldat. » Et la mère, inconsciemment jalouse et castratrice, de répondre à la jolie jeune femme : « Vous n'avez pas peur qu'il vous fasse honte... Il a un bien gros ventre. »

Mais rien n'y fait : « Moi il me plaît comme il est », répond Mme Devinol et de s'appuyer sur le bras de Jules Vallès, de lui caresser le poignet, de lui dire : « Tu es fort », cependant qu'il « raidit ses muscles afin qu'elle sente la vigueur du biceps ». Elle l'incite à se confier et « elle rit à pleine bouche » quand il raconte ses malheurs. Il prend conscience alors, parce que la femme est pour l'adolescent le moyen de se reconnaître, de savoir qui il est, qu'il peut plaire, qu'il possède assez de force et de verve pour qu'on le « regarde avec des yeux comme des étoiles ».

Peu importe alors que l'aventure n'aille pas jusqu'à son terme, que Vallès et la jeune femme soient surpris au moment où, dans la chambre d'une auberge, l'adolescent commence à découvrir le corps d'une femme ; ce qui compte c'est, à ce moment crucial du passage de l'enfance à l'état adulte, qu'une femme se soit offerte, trouvant digne de son attention et de son désir celui que jusqu'alors les parents, les professeurs traitaient avec mépris, hostilité, autorité et condescendance. Quelle révolution !

Et, miracle, comme un écho amplifié de ce moment si particulier de sa vie, l'histoire individuelle de Jules Vallès entre en harmonie avec l'histoire collective.

A la révolution qui bouleverse l'âme et le corps de l'adolescent et qui l'enfièvre correspond la Révolution qui secoue le pays.

Depuis les derniers mois de 1847, en effet, le régime censitaire de Louis-Philippe est déconsidéré.

Or, il est incapable de se réformer. L'un des fils du roi, le prince de Joinville, confie même à son frère, le duc de Nemours — le 7 novembre 1847 : « Le roi est arrivé à cet âge où l'on n'accepte plus les observations. »

Pourtant, de toutes parts, selon le mot du temps, on sent qu'il faut « ouvrir les fenêtres ». Car — et c'est le journal *La Réforme* qui l'écrit le 9 juillet 1847 : « Le système dégrade et corrompt tout ce qu'il touche ; il étend sa lèpre contagieuse sur ceux qu'il emploie, comme sur ceux qui l'approchent. » C'est, ainsi que le précise un autre journal (*Le National* du 18 juillet 1847), « la dégringolade morale ».

A Nantes, même au collège royal, on ne peut ignorer ce climat, ces affaires : celle qui frappe un pair de France (Teste) et un général (Cubières) accusés de corruption. Celle, passionnelle, dans laquelle le duc de Praslin — l'une des plus grandes fortunes du royaume — assassine sa femme de trente coups de couteau avant de s'empoisonner.

« Le haut de la société a épouvanté le bas », écrit le chancelier Pasquier à Victor Hugo.

En fait, « le bas » ne peut que s'indigner, car il est, au sens précis du mot, affamé, indigent, persécuté, exploité. On condamne à deux ans de prison une jeune femme de Lille, d'à peine vingt ans, qui a, au cours d'une manifestation d'affamés, ramassé quelques pains. Il faut travailler toute une journée pour pouvoir se payer un pain de quatre kilos dont le prix s'élève à un franc quarante-huit. La misère est partout obsédante.

Jules Vallès, à la sortie du théâtre en compagnie de Mme Devinol, la découvre. Les mendiants sont là qui demandent l'aumône. On se presse aux portes des bureaux de charité. On crève de faim dans les campagnes, dans les pays de l'Ouest frappés par une maladie de la pomme de terre.

On sait à Nantes, on en parle, que des troubles ont éclaté dans les pays de la Loire, en Normandie, en Anjou, en Bretagne. A Buzançais, dans l'Indre, les *Blouses*[1] — les paysans — se soulèvent, détruisent le moulin, tuent l'un des riches du pays. L'armée rétablira l'ordre, fusillant trois paysans sur la place du village. D'autres sont condamnés aux travaux forcés. Comme le dit un refrain du *Chant du pain* composé à cette occasion par Pierre Dupont :

On n'arrête pas le murmure
Du peuple quand il dit : j'ai faim !
Car c'est le cri de la nature
Il faut du pain ! Il faut du pain...

Une ville bourgeoise comme Nantes n'est pas directement secouée par ces troubles. Mais ils inquiètent.

Au collège royal, un pion, Guillemois, est un républicain déterminé qui ne cache pas ses idées et a même souffleté un collègue jugé clérical.

Jules Vallès, élève de rhétorique — l'un des « grands » élèves donc —, ne peut qu'être au courant. De même, certains enseignants du collège commentent la publication — au printemps de 1847 — des huit volumes de l'*Histoire des Girondins* de Lamartine dont les éditeurs assurent qu'elle est le plus grand triomphe de librairie qu'on ait jamais connu. Fait significatif du climat des idées d'autant plus que Lamartine conteste avec vigueur dans son *Histoire* le libéralisme officiel. Il écrit ainsi : « La société a institué la propriété, proclamé la liberté du travail et légalisé la concurrence. Mais la propriété instituée ne nourrit pas celui qui ne possède rien ; mais la liberté ne donne pas les mêmes facultés à celui qui n'a que ses bras et à celui qui possède des milliers d'arpents ; mais la concurrence n'est que le code de l'égoïsme et la guerre à mort entre celui qui travaille et celui qui fait travailler. »

On sait aussi, et cela enthousiasme quelques élèves du collège, que les étudiants parisiens ont manifesté à Paris le 3 janvier 1848. Ils étaient près de trois mille devant le Palais-Bourbon s'opposant aux gardes municipaux pour protester contre la suspension des cours de Mickiewicz, de Quinet et de Michelet.

---

1. Jules Vallès, à la fin de sa vie, écrira sous ce titre un roman qui raconte cette révolte paysanne. En 1880, *La Justice,* le journal de Clemenceau (qui fut élève du père de Jules Vallès), le publiera en vingt-quatre feuilletons.

Quelques-uns des journaux étudiants qui s'impriment à Paris — *L'Avant-Garde, Le Journal des Ecoles* et *La Lanterne du Quartier Latin* — parviennent jusqu'à Nantes. Avec retard certes, mais ils sont lus comme les autres journaux d'opposition qui créent peu à peu une opinion publique, imposant l'image du journaliste dressé face au pouvoir dans un combat politique et moral.

Et cette image fait rêver Vallès. Ainsi la plume, qui peut être serve et ridicule si elle singe les écrivains de l'Antiquité dans des dissertations latines, peut devenir arme et levier quand un Lamartine ou un Armand Marrast (journaliste du *National*) s'en empare. Alors les mots deviennent une force. Une campagne de banquets où se retrouvent députés d'opposition et partisans de la réforme s'organise. Et, à partir de juillet 1847, cette campagne marque l'évolution de la vie politique du pays et montre l'ampleur de l'opposition.

L'interdiction maintenue par le gouvernement d'un banquet parisien dont la date a été fixée au 22 février 1848 met en route un processus irréversible.

Les gardes nationaux — citoyens électeurs composant des légions armées. Ils représentent le pays légal, une infime minorité du pays : 240 983 pour les élections législatives ; 2 880 131 pour les élections municipales, avec seulement 57 000 éligibles à la Chambre des députés — refusent de s'opposer aux manifestants.

La démission de Guizot (« la langue du Palais ») ne règle rien. Boulevard des Capucines, une colonne de manifestants est fusillée à bout portant par les troupes de ligne qui se débandent après le tir. Les manifestants chargent les cadavres sur une voiture des messageries et commencent une procession tragique dans Paris qui se couvre de barricades : « Le tombereau, écrit *Le National,* était éclairé par des torches, entouré de braves gens dont l'indignation étouffait les larmes et qui, découvrant les blessures saignantes, montrant ces hommes inanimés et chauds encore du feu des balles, nous criaient avec fureur : " Ce sont des assassins qui les ont frappés ! Nous les vengerons ! Donnez-nous des armes, des armes ! " Et les torches jetant tour à tour leur lueur sur les cadavres et sur les hommes du peuple qui les conduisaient ajoutaient encore aux émotions violentes que causait ce convoi funèbre. »

Le 24 février, Louis-Philippe est contraint d'abdiquer. Les Tuileries sont envahies et le trône sur lequel un officier de la garde nationale a gravé les mots « Liberté, Egalité, Fraternité » est brûlé place de la Bastille au pied de la colonne de Juillet. La République est proclamée.

A Nantes, ces nouvelles arrivent avec un retard de plusieurs heures.

Des courriers rapportent les premières manifestations, les barricades. On sait que Thiers, dont l'ambition n'est que de prendre la place de Guizot, ne craint pas la chute du régime. A ceux qui lui parlent de Révolution, il répond : « Une Révolution, une Révolution ! On voit bien que vous êtes étrangers au gouvernement et que vous ne connaissez pas ses forces. Moi, je les connais ! Elles sont dix fois supérieures à toute émeute possible. »

Les Nantais, conservateurs, prudents, ne peuvent souhaiter un renversement de Louis-Philippe. La ville est calme. Et même la démission de Guizot laisse en place les institutions et le monarque.

Seulement, les nouvelles se succèdent, tout au long des journées des 24 et 25 février.

« Le télégraphe fit des siennes au sommet de l'église, raconte Jules Vallès. Perché là-dessus comme un héron qui dort, il s'était réveillé tout d'un coup ; on le regardait d'en bas, en essayant de deviner ce que tapaient ses pattes. Il en laissa tomber la République. »

D'abord, la ville, modérée dans ses opinions, est comme foudroyée par la nouvelle.

Les souvenirs qu'a laissés la République à Nantes — celle de 1793 ! — ne sont pas encore si éloignés qu'on ne craigne un retour de la violence. Cela ne fait qu'à peine plus d'un demi-siècle que la Terreur sévissait ici et les passions sont encore brûlantes.

Au contraire, les démocrates républicains — le docteur Guépin, les Waldeck-Rousseau et Clemenceau (les pères des deux hommes d'Etat de la IIIe République) — saluent la nouvelle. Car le sentiment et les forces républicaines existent à Nantes. Elles ont leur club : l'Union démocratique, des journaux comme *Le National de l'Ouest* dont le directeur Mangin est une figure de l'opinion locale ou encore *L'Electeur républicain*.

Mais la proclamation de la République soulève l'enthousiasme des jeunes, ceux du collège.

Elle est pour Vallès la victoire de tous les humiliés, des victimes contre les bourreaux, les hypocrites. Et le cri « d'assassin » que dans son cabinet noir il lançait après la mort de Louisette, il le retrouve dans la bouche des manifestants parisiens qui escortaient à la lueur des torches les cadavres des victimes, la nuit du 23 février.

La Révolution, la République, c'est justice rendue à Louisette contre son père responsable de sa mort. Et pour Jules Vallès, dans l'élan de ses presque seize ans, tout doit changer. Le renversement de Louis-Philippe, ce doit être aussi l'instauration d'une République des Enfants et des Elèves, la fin de l'humiliation et de la pauvreté, et la naissance d'une autre culture qui balaierait les mensonges des traditions mortes, cette imitation des cultures classiques de l'Antiquité qui n'est que mensonge.

Ainsi la Révolution de février qui semble aller à la rencontre des espoirs les plus fous de Jules Vallès, de sa certitude qu'un jour ce qu'il pensait devait l'emporter est pour lui source d'exaltation, divine surprise. Il est emporté par ce mouvement, au milieu des matelots et des ouvriers, avec la mémoire pleine des images de 93, des souvenirs des conventionnels qui voulaient « la liberté ou la mort ».

Le 25 février, il manifeste sur la place Royale, mêlé au peuple des ruelles à taudis. A côté de lui des amis : Evariste Mangin — le fils du directeur du *National de l'Ouest* —, le pion Guillemois, l'élève Chassin.

Moment crucial de sa vie puisque sa jeunesse révoltée est portée par ce flot populaire qui l'enthousiasme. Cela ne s'oublie pas de toute une existence. Cela laisse tant de traces dans une sensibilité que durant toute une vie on court pour renouveler des retrouvailles semblables entre soi et la foule.

Debout sur des bornes ou des bancs, des orateurs parlent de la République qui doit être sociale. Et la foule crie : « Vive la Sociale ! »

Dans cette masse joyeuse, Vallès est grisé. Il a le sentiment qu'il a pensé juste quand il se rebellait. C'est comme si cette foule, comme si la Révolution lui donnaient enfin raison.

« J'avançais, raconte-t-il, tout débraillé et tout fiévreux, heureux, je crois, de mon désordre, fier de ma redingote à " ressources " qui en était à son quatrième hiver, et rejetant mes longs cheveux en arrière à la façon des tribuns antiques. J'allais offrir mon bras à la République. »

Dans une telle atmosphère, quand craquent les institutions, quand la société est bouleversée par la Révolution, que les rues et les places se remplissent de manifestants, que le gouvernement qui s'installe n'est que provisoire, comment poursuivre ses études, retrouver les professeurs de la classe de rhétorique et composer des vers latins ?

D'ailleurs, les événements ne s'arrêtent pas à la porte du collège.

Les élèves ne parlent que des manifestations. Les professeurs sont troublés. La discipline se relâche.

Et voici que, le 26 février, la porte de la classe de rhétorique s'ouvre. Le docteur Guépin, nommé par le gouvernement provisoire commissaire de la République, entre. « Le proviseur et le censeur, avec des génuflexions de vicaires devant l'autel », le laissent passer.

Le commissaire s'adresse aux élèves avec les grands mots sonores de ce temps d'espérance. « La liberté cette vierge ! Nos pères ces géants ! La Patrie cette mère ! Jésus ce républicain ! »

Vallès écoute avec un peu de scepticisme tant ce discours lui paraît vague. Mais l'enthousiasme l'emporte, les jours exaltés se succèdent.

Le dimanche 27 février, on débaptise la place Royale et plante un arbre de la liberté. Vallès pousse des « hourras sauvages », chante *La Marseillaise* et le soir il fait partie des quelques centaines de manifestants, dont beaucoup de collégiens, qui arpentent en cortège les quais et les rues de Nantes agitant des drapeaux. Cette agitation inquiète les nouvelles autorités. Dans un *Appel aux ouvriers de Nantes,* elles prêchent le calme : « Des cris tumultueux, des clameurs nocturnes n'avancent en rien les choses, proclame-t-il. Ils ne peuvent qu'effrayer les citoyens timides qui accepteraient spontanément la République présentée sous les apparences réelles du calme, de la sagesse, de l'ordre et surtout du respect absolu de la propriété. »

Il s'agit pour les autorités de stabiliser la situation, d'empêcher toute dérive qui mettrait en cause l'ordre social. Et cette volonté se combine avec les illusions de ceux qui veulent « vivre dans le bleu », telle George Sand qui dans l'une des feuilles qui paraît à Nantes écrit, le 19 mars 1848 : « Une vie nouvelle commence ; nous allons nous connaître ; nous allons nous aimer, nous allons chercher ensemble et trouver la vérité sociale. »

Cet espoir que partage Jules Vallès n'est qu'illusion car il se brise sur les problèmes réels.

A Paris, le gouvernement provisoire est soumis à des tensions contradictoires, aux pressions de la rue et à la réalité des problèmes non résolus.

Les ouvriers sont là, armés, envahissant les salles de l'Hôtel de Ville, réclamant des moyens pour lutter contre le chômage qui frappe à Paris près de deux cent mille personnes. On décide la création d'Ateliers nationaux dans la capitale et dans plusieurs villes de province, dont Nantes.

Mais que faire accomplir à ces travailleurs payés deux francs par jour ?

L'opinion est scandalisée par cette mesure qui serait responsable du nouvel impôt de quarante-cinq centimes qui frappe les paysans comme la petite bourgeoisie et que le gouvernement institue car la crise financière menace.

Les banquiers veulent la fermeture des Ateliers nationaux. Le rentier craint le retour des assignats. De toutes parts, on se dresse contre les « anarchistes », qui continuent de manifester. On réclame des mesures d'ordre.

Or, le gouvernement provisoire a institué le suffrage universel, organisé les élections le 23 avril. Il y a donc un pouvoir représentatif, démocratique. Pourquoi s'insurger contre lui ?

Quand il décide la fermeture des Ateliers nationaux, n'est-ce pas le vœu de la nation ? N'est-ce pas là la loi de la République, la loi de la majorité contre ces ouvriers qui refusent l'application de la décision et élèvent des barricades ?

Deux Républiques sont face à face : la République sociale et la République conservatrice. Et c'est le fusil qui va choisir entre elles.

Mais les ouvriers qui se rebellent le 24 juin ne peuvent résister aux gardes mobiles du général Cavaignac qui dispose des pleins pouvoirs. Il y a près de dix mille victimes et les forces de la répression, « les bouchers bleus de Cavaignac », ont appliqué une justice brutale et expéditive.

Une espérance est morte, celle d'une République démocratique et sociale. Et c'est même le principe républicain qui est miné. « De la République il ne reste que le mot », dit le socialiste Louis Blanc et George Sand écrit : « Je suis navrée... Je ne crois plus à l'existence d'une République qui commence par tuer ses prolétaires. »

A Nantes, Jules Vallès a vibré au rythme des événements durant ces quatre mois qui séparent l'espoir de février du « sang » de juin. Chaque journée parisienne, chaque décision gouvernementale — le suffrage universel, la multiplication des bourses pour les élèves sans fortune — a été l'occasion de manifestations.

On apporte à la préfecture une adresse de félicitations et de remerciements au citoyen Carnot — le fils du grand Carnot de la Ire République — devenu ministre de l'Instruction publique et des Cultes.

Jules Vallès est à la tête de ce cortège. Il est coiffé d'un grand chapeau à cocarde. Il marche au premier rang, véritable meneur.

« J'exaspérais tout le monde, dira-t-il. J'en rendis sourds quelques-uns. Les tièdes me maudissaient, les convaincus reconnurent ma supériorité, et ma tournure légendaire, ma musique vocale sans précédent me désignèrent à l'attention. Pendant quatre mois... je fus chef de groupe dans l'armée des conscrits révolutionnaires. » Jules Vallès se situe à l'aile la plus radicale de cette jeunesse. Un élève du collège, Charles-Louis Chassin, de deux ans plus âgé que Vallès a fondé un Club républicain de la jeunesse de Bretagne et de Vendée. On n'y admet que des républicains résolus âgés de moins de vingt et un ans, non électeurs. On se réunit dans la salle du café Laveyssière à côté de la bibliothèque. On commence les séances par la lecture d'une dépêche. On suit les événements de Paris. Personne n'imagine au printemps que ces ouvriers que Cavaignac recrute dans la garde mobile seront une force de répression qu'on lancera contre les ouvriers des Ateliers nationaux. On célèbre l'abolition de l'esclavage. On se rassemble en cortège avec tous les Noirs et les sang-mêlé de Nantes et on défile malgré les huées des armateurs, des raffineurs et des officiers. On leur lance : « Vous n'êtes que des marchands d'esclaves. »

Et puis l'on se divise sous la pression de Jules Vallès qui veut aller au-delà de l'approbation des mesures du gouvernement. Il dépose une motion, en exige la discussion.

« L'amendement du petit Jules, rapporte Chassin, commençait par l'abolition radicale du baccalauréat lui-même, de tout examen, de tout diplôme, au nom du principe de l'égalité. Il contenait toutes sortes de choses contre les professeurs, les sous-maîtres ou pions ; contre la discipline scolaire et l'internat, “ cette geôle ”. Il proclamait le principe de la liberté absolue de l'enfance... Bientôt, ses idées ayant pris tant bien que mal la forme d'une pétition comminatoire, il entraîna ses partisans à l'aller notifier “ au pion de la sous-préfecture ”... — Remettez ! dit-il d'un ton aussi solennel que grincheux. Portez à votre maître !... La jeunesse attend qu'on lui accuse réception ! »

La scission que cette motion opère dans le Club républicain de la jeunesse est, bien que l'objet en soit différent et puisse paraître facile, le reflet de cette division qui à Paris oppose les deux Républiques qui le 23 juin s'affronteront les armes à la main.

A l'annonce de l'insurrection, Vallès et les autres jeunes du Club, réconciliés, se précipitent au bureau de recrutement que le maire de Nantes a ouvert pour les volontaires qui veulent aller défendre la

République... contre les insurgés de juin. Car à Nantes, évidemment, la majorité, même républicaine, est hostile comme toute la province aux ouvriers des Ateliers nationaux.

Naïvement, Vallès et son camarade Chassin n'ont pas compris. Ils veulent s'enrôler.

« — Et que voulez-vous aller faire à Paris ? nous demande-t-on avec une assez dédaigneuse curiosité, raconte Charles-Louis Chassin.

Je réponds au nom de tous, poursuit-il :

— Nous battre pour sauver la République !

— Laquelle ?

Je ne savais que dire...

— Il n'y en a qu'une, ajoute précipitamment le petit Jules Vallès, celle du Peuple... Vive le Peuple de Paris ! »

On l'insulte, lui et ses camarades. On maudit ces anarchistes de Paris et ceux qui les suivent à Nantes. On promet de châtier tous ces criminels.

« — Criminels vous-mêmes, réplique Vallès. »

Il entraîne les collégiens vers les quais de la Loire où embarquaient les volontaires. Il veut rassembler des ouvriers pour empêcher leur départ. Il crie : « A l'eau les blancs ! A l'eau les bleus !... Victoire aux rouges !... Vive l'insurrection parisienne ! »

Il a choisi son camp. Il n'est pas du côté de ceux que Tocqueville appelle les « propriétaires ». Le témoin et le penseur politique ajoute : « La propriété chez tous ceux qui en jouissaient était devenue une sorte de fraternité. » Et l'insurrection de juin fut dès lors « un combat de classes, une sorte de guerre civile ». Dans cet affrontement, Vallès, et ce n'est pas qu'affaire de jeunesse, ne se pose pas le problème du « droit, de la légalité ». Il accepte d'être avec ceux que Victor Hugo appelle la « populace, les gueux, les canailles » et qui commettent un « coup d'Etat populaire » en s'insurgeant, ceux qu'il faut donc, poursuit le poète, « réprimer ». « Ce sont là des journées lugubres, ajoute Hugo, la conscience satisfaite est triste, et l'accomplissement du devoir se complique d'un serrement de cœur. »

Vallès, impétueusement, est pour les insurgés de juin.

Ils sont les pauvres, les humiliés, les affamés. Ils sont vaincus et fusillés.

Il est avec eux, irréductiblement, parce que, même s'ils ont tort, ils sont, à ses yeux, porteurs de vérité.

Cet engagement qu'il fait à seize ans, on sent qu'il est celui de tout son être, qu'il est l'aboutissement de cette révolte venue de l'enfance.

Après de tels moments et un tel engagement, il est plus difficile encore qu'en février de reprendre calmement ses études.

Tant que Jules Vallès n'avait connu ni la libération que représente pour une personnalité l'expression de sa révolte ni l'exaltation que procure l'expression de la vérité, il pouvait jouer le jeu de la soumission, sa haine et sa rébellion contenues, dissimulées. Mais l'éruption a eu lieu, provoquée par la grande secousse sociale de février et de juin.

L'adolescent qui serrait seul les poings en répétant les dents serrées « assassins, assassins » a osé lancer aux autorités, à visage découvert, le mot de « criminels ».

Cette ivresse de l'audace, comment y renoncer à moins de mourir comme individu ?

Mais il faut payer le prix. Alors que son ami Charles-Louis Chassin — moins radical que lui — obtient le baccalauréat, Jules Vallès, pourtant excellent élève, échoue.

On imagine la satisfaction de ceux qui, proviseur et professeurs, durant ces quatre mois avaient suivi avec surprise et inquiétude puis colère les activités de ce jeune « anarchiste ». Le bon élève s'était révélé tout à coup comme un dangereux révolté. N'avait-il pas été jusqu'à réclamer la suppression des examens ? Il était bon qu'un jury lui inflige une leçon, qu'il sache que l'ordre n'a pas été rétabli en juin seulement dans les rues de Paris. Toute la société s'est à nouveau *ordonnée.* Et les examens ont repris. Mais à l'annonce de l'échec de leur fils, on devine ce que le professeur agrégé Vallez, ce que son épouse Julie ont dû ressentir.

Comment pourraient-ils en rester là ?

Aux parents aussi juin 1848 rend leur autorité.

Chapitre 7

« Cette année-là a été la plus dure » (septembre 1848-août 1849)

Durant ces quatre mois de désordre, les parents de Jules Vallès avaient subi. La mère dans l'incompréhension de ce qui arrivait. Pourquoi son fils rejoignait-il ces cortèges de pauvres, de gueux? Qu'avait-il à faire lui qui avait la chance d'être fils de professeur agrégé, élève du collège, lui qui fréquentait le théâtre avec Mme Devinol, avec ces crève-la-faim?

Le père avait d'autres inquiétudes que la répression de juin renforça. Qu'allait-on penser de lui si son fils apparaissait comme un dangereux révolutionnaire? Un partisan des pires criminels et des anarchistes? Ne lui ferait-on pas payer, à lui, ce que son fils avait publiquement dit de l'enseignement, des professeurs, des examens?

Il ressentait les proclamations et les engagements de son fils à la fois comme une rébellion contre son autorité paternelle et une menace directe sur sa carrière. Cet homme de quarante et un ans qui venait à peine d'atteindre le statut d'agrégé auquel il rêvait depuis vingt ans, cet homme qui échappait enfin à la pauvreté, cet ancien pion qui toute sa vie avait courbé l'échine devant les proviseurs, les professeurs et même les élèves, voilà que son propre fils s'acharnait à détruire la sécurité et la dignité auxquelles il accédait enfin.

Il y a de la rage et une sorte de terreur chez Jean-Louis Vallez, de la haine et en même temps le souci paternel de sauver son fils des erreurs dans lesquelles, selon lui, il s'enfonce. Déjà, son aventure avec Mme Devinol est inquiétante. Un gamin de seize ans n'a pas sans péril une liaison avec une femme mariée de vingt ans son aînée.

Et maintenant la révolution!

Durant les jours de février, l'excitation de son fils lorsqu'il rentrait des manifestations ou des réunions du Club républicain de la jeunesse lui était insupportable. Il apprenait que Jules était monté à la tribune. On l'avait accueilli par des cris de : « A bas le moutard ! » et ce fils avait répondu citant les jeunes héros de 1793 : « J'ai l'âge de Bara et de Viala, j'ai lu Jean-Jacques et je veux mourir comme Saint-Just. »

Il avait donné un coup de poing sur la tribune, secoué ses cheveux et on l'avait acclamé et porté en triomphe.

Comment reprendre en main un adolescent qui a goûté de cet alcool ? Il rentre chez lui « le feu au cerveau, la fièvre aux membres ». Jean-Louis Vallez l'entend toute la nuit rôder, déclamer ; il découvre des vers griffonnés qui le scandalisent. Jules Vallès écrit :

Sur des pavés sanglants plantons la guillotine
La déportation n'est qu'une girondine.

C'est toujours la même angoisse qui saisit le père, celle qui lui faisait crier à Saint-Etienne : « Tu veux me faire destituer, gredin ! » Et Jules Vallès se souvient d'avoir été cinglé comme un cheval de trois coups de cravache.

L'opposition entre le père et le fils, la peur du père sont encore plus fortes maintenant.

Quand Jules essaie d'expliquer ce qu'il ressent, qu'il exprime ses convictions révolutionnaires, son père s'emporte : « Un jour il m'a mis en joue avec son fusil chargé ; mais je n'ai pas bougé, raconte Jules Vallès. S'il m'avait tué, on en aurait parlé dans les journaux et il y aurait eu du monde à mon enterrement ! Une autre fois, on parlait de la tyrannie de famille, et je relevai la tête, au lieu de montrer mon derrière. Je fus frappé au visage ! Je ne puis pas rendre ce soufflet ni casser les dents de cet homme, parce que c'est mon père. »

Jean-Louis Vallez se rend compte qu'il ne peut plus traiter un garçon de seize ans qu'une femme a voulu séduire et que la foule a applaudi comme un fils de dix ans qu'on fouette à loisir. « J'ai eu trente martinets usés sur moi, se souvient l'adolescent, des fouets à chien rongés jusqu'à la mèche. » Sa mère pouvait l'envoyer « à vêpres tous les dimanches ». On pouvait faire à l'enfant des « peurs affreuses » et on « le menaçait de l'enfer ».

Tout cela est bien fini.

Les parents de Jules Vallès n'imaginent d'ailleurs pas à quel point la rupture est totale. Combien chacun de leurs gestes, tous leurs comportements choquent leur fils. Ces bas morceaux qu'on réserve à la bonne, ce vin aigri qu'on donne aux ouvriers venus pour quelques réparations, ce pourboire qu'on refuse au cocher ou qu'on compte chichement, toute cette mesquinerie, cette avarice — et les coups reçus injustement —, la révolution qu'a vécue Jules Vallès les rend insupportables.

« Tous ces souvenirs de gamin, dit-il, engagent ma vie d'homme, je serai révolutionnaire. »

Pour « sauver » leur fils, faire oublier ce qu'il a fait et dit durant les quatre mois de la révolution, pour le séparer de cette Mme Devinol, des mauvaises fréquentations nouées lors des cortèges sur les places et les quais de Nantes, et pour se protéger soi, dans sa carrière, Jean-Louis Vallez décide d'envoyer son fils à Paris.

Sacrifice financier certes, mais qu'on limitera au plus juste. Un beau-frère d'un professeur du collège de Nantes — Talbot — tient à Paris une pension, 198 *bis,* rue du Faubourg-Saint-Honoré. Là, chez ce Lemeignan logent les élèves qui, venus de province, veulent fréquenter la classe de rhétorique du lycée Bonaparte (le futur lycée Condorcet), l'une des plus célèbres de Paris. Lemeignan se laisse convaincre par Talbot. Il fera un rabais de trois cents francs puisque ce Jules Vallès est un bon élève. S'il décroche des prix aux concours, la réputation en jaillira sur la pension Lemeignan. Bonne publicité qui attirera de nouveaux élèves.

Quant à Jean-Louis Vallez, il rêve pour son fils — car ses mobiles ne sont pas que mesquins — de la carrière qu'il n'a pas connue, celle qu'il aurait voulu suivre. Il écrit une longue lettre à Mme Voilquin, la mère des amis de Jules Vallès à Saint-Etienne. Il s'explique : « Quel est mon but en envoyant Jules à Paris ? Le voici : c'est de lui aplanir le chemin de l'Ecole normale ; car après un peu de résistance de la part de mon garçon, après quelques petits combats, soutenus au mieux de part et d'autre, il s'est rendu à mes raisons et décidé pour une carrière universitaire. »

Jean-Louis Vallez s'illusionne. Il voudrait tant qu'il en soit ainsi. Pour le bien de son fils et pour lui-même. Il insiste auprès de Mme Voilquin, lui demande de parler « favorablement de l'Ecole normale, de la carrière de l'enseignement, ainsi abordée, en lui disant combien il serait beau et avantageux pour lui, Jules, d'être agrégé à vingt et un ou vingt-deux ans au plus, avec trois mille francs d'appointements ».

Le père projette son système de valeurs sur son fils. Il ne peut concevoir autre chose. Il veut le bien de Jules Vallès, manière de garantir sa propre sécurité et de se rassurer. Etant donné ce qu'il est, ce qu'il a vécu, ce qu'il pense, c'est le mieux qu'il peut vouloir pour son fils. Il ne s'en désintéresse pas. Il ne le rejette pas. Il veut le modeler à son image. Et pour cela il est prêt à ces dépenses qu'implique le départ de son fils à Paris.

Marché conclu avec Lemeignan. Jules Vallès quitte Nantes le 23 septembre 1848. Il a à peine plus de seize ans.

Le voyage entre Nantes et Paris était long. Le chemin de fer n'était pas achevé et on utilisait une malle-poste qui mettait trois jours et deux nuits pour atteindre la capitale. On traversait la campagne, on découvrait la réalité humaine des régions. « L'on s'arrêtait dans des villages bordés de peupliers ; les enfants criaient, les chiens jappaient, les paysannes fraîches et joyeuses vous souriaient au passage, les demoiselles timides mettaient le nez à la fenêtre, l'hôtel était sens dessus dessous, les fourneaux s'allumaient... »

Vallès est joyeux. Il est seul, il s'éloigne de sa prison familiale, enfin ! Il a la tête pleine des souvenirs de ce qu'il vient de vivre durant ces mois agités. Il aspire à jouer un rôle politique. Il a « un portefeuille d'aspirant ministre sous le bras, un Lamartine en poche, un volume de Mme Sand et une carcasse de poulet cuit dans l'autre... ».

Il dévore à belles dents. L'avenir semble lui appartenir.

Il est trop exalté, trop jeune encore, insuffisamment informé pour pressentir que la situation politique a, après l'insurrection de juin et sa répression, basculé. Que, malgré la République maintenue, la contre-révolution a commencé — juin lui a ouvert la porte — son travail de sape et de reconquête.

George Sand dont Vallès lit les livres sent bien ces menaces. Retirée dans sa propriété de Nohant, elle confie : « Je suis accablée d'une telle tristesse que je n'ai pas le courage d'écrire à mes amis, ni de m'occuper de quoi que ce soit. Je passe ma vie à errer dans mon jardin et à ruminer les malheurs du pays... Je ne puis prendre une plume et tracer trois lignes sans que les larmes me viennent et sans que mon cœur me serre à m'étouffer. »

Elle n'est pas la seule.

Les colonnes d'insurgés de juin déportés traversent Paris enchaînés. Ils se rendent au Havre d'où on les embarquera vers Belle-Isle et parfois l'Algérie. Lamennais écrit dans *Le Peuple constituant* : « Ce que nous voyons ce n'est certes pas la République, ce n'est même rien qui ait un nom. Paris est en état de siège, livré au pouvoir militaire... des transportations sans jugement, des proscriptions, des lois attentatoires au droit de réunion, l'esclavage et la ruine de la presse. Le peuple refoulé dans sa misère, plus profonde qu'elle ne le fut jamais. Non, encore une fois non, ce n'est certes pas la République mais autour de sa tombe sanglante, les saturnales de la Réaction. »

A peine arrivé à Paris, Vallès est plongé dans ce climat hostile à ceux qui ont cru à la Révolution de février. Il a fait connaissance avec Lemeignan. Il déteste d'emblée le bonhomme, vaniteux, « grossier avec les faibles, indélicat avec les pauvres ». « Il me parle haut et me fait sentir que je paie moins que les camarades. » Les vexations se multiplient et humilient d'autant plus Jules Vallès qu'il a goûté de la Révolution. Lemeignan critique les manières, les expressions de ce provincial, ricane en le traitant de « paysan ». « Où avez-vous été élevé ? Est-ce que vous avez gardé les vaches ? » Et Vallès de répondre : « Oui, monsieur, avec ma cousine. »

Avec un air de mépris et presque de pitié, Lemeignan rend à Vallès le bocal de cornichons que Mme Vallez lui a envoyé croyant ainsi bien le disposer à l'égard de son fils ! Détail certes, mais qui ulcère Vallès.

Ainsi, dès les premiers jours, l'opposition est radicale. Parce que aussi Vallès ne peut plus se plier au travail scolaire tel qu'on le conçoit. On critique ses devoirs. « Il ne faut pas mettre du vôtre, je vous dis ; il faut imiter les anciens. » Les pensionnaires de Lemeignan, les élèves du lycée Bonaparte que côtoie Vallès sont d'ailleurs encore plus conformistes que les enseignants.

Le lycée Bonaparte est en effet célèbre pour sa qualité. Professeurs et élèves réprésentent une élite. Le professeur de français, Nisard, est frère d'un académicien. Dansin, le professeur d'histoire — avec qui Vallès se lie d'amitié —, est un jeune normalien, chaleureux et d'esprit indépendant. Mais les élèves, eux, sont déjà des caricatures d'hommes illustres. « Les professeurs étaient, parole d'honneur, plus drôles. »

Il est vrai que le lycée Bonaparte compte parmi ses anciens Sainte-Beuve, Eugène Sue, Casimir Perier, Jules Janin, Alexandre Dumas fils. Et que, parmi les douze cents élèves, certains ont déjà un nom ; Jules de Goncourt, prix d'histoire au concours général ; Prévost-Paradol, premier discours français : Lefèvre-Pontalis... quelques autres encore. Et dans la grande cour de la pension Lemeignan on voit parfois Hippolyte Taine, un ex-pensionnaire, normalien illustre de la promotion 1848.

Presque tous regardent ce Jules Vallès avec curiosité. Il est étrangement vêtu. Il parle fort et cru. « J'ai l'air mastoc, on me trouve lourd quand je joue aux barres, on me blague comme un provincial. »

Mais il ne s'agit pas, en fait, de l'opposition entre rusticité provinciale et agilité parisienne. Ce sont deux sensibilités qui se heurtent, deux attitudes opposées quant à ce qu'on entend par culture. « Ah ! je me faisais une autre idée de ces forts en latin ! s'écrie Jules Vallès. Je trouvais la province plus gaie, moi ! Ils parlent toujours mais de la même chose, de celui qui a eu un prix, de celui-là qui a failli l'avoir... Je leur criais les noms de Hugo, de Barbier, de Balzac, d'Alphonse Karr ; ils me répondaient en me racontant l'histoire d'un certain Blandin qui avait remporté le prix de philosophie avec une dissertation... Je défendais déjà le moderne contre l'antiquité, le français nouveau contre les langues mortes, et je tombais sur la tragédie à bras raccourcis... »

Surtout, Vallès n'accepte plus ce « travail de cuistre qu'on fait assis, qui vous remplit les boyaux de bile et le cerveau de vent ».

La tempête de février 48 a fait entrer dans sa tête les rumeurs de la vie et des luttes sociales. Il préfère « flâner dans les rues pleines de femmes en cheveux ; elles sont si gaies et si jolies avec leurs grands sarraus d'atelier ». Il aime côtoyer la foule de « domestiques, en gilet rouge et de femmes de chambre, en coiffe, dont les rubans volent à la brise ». Peu lui importent les monuments et les musées. « Je n'aime, lance-t-il, que ce qui marche et qui reluit. »

Le dimanche après-midi, les jours de promenade, les pensionnaires se retrouvent sous surveillance dans l'allée dite du Sanglier — à cause d'une statue qui s'y trouve — aux Tuileries. Mais quand Vallès, avec l'accord du pion, peut s'échapper, il fréquente les cafés du Palais-Royal où il côtoie d'autres étudiants. On boit un peu, on joue aux dominos, on se bat parfois. Et le soir on retrouve le dortoir avec, humiliation particulière, pour Vallès l'obligation de rentrer avant les autres, à huit heures. Seul dans le dortoir, Vallès peut alors rêver, « la tête tournée vers la fenêtre d'où (il) aperçoit le champ du ciel ».

Plus tard, les dimanches de Vallès seront plus joyeux, puisqu'il renoue à Paris avec Charles-Louis Chassin, l'élève de Nantes qui animait le Club républicain de la jeunesse de Bretagne et de Vendée. Celui-ci obtient des parents de Vallès l'autorisation de faire sortir le dimanche son jeune cadet de deux ans. Grâce à lui, Vallès pénétrera un Paris qu'il ignorait.

Jusque-là, en effet, il ne connaissait que les rues qui entouraient la pension Lemeignan ou le lycée Bonaparte, les Tuileries et le quartier du Palais-Royal. Rive droite. Ce Paris-là le déçoit. « Je suis dans la grande Babylone ! Ce n'est que cela, Babylone ! Les gens y sont si petits ! Je n'ai entendu que parler latin ! » Pis : il a découvert le visage de la tragédie politique qui se noue jour après jour.

La répression s'aggrave. Les républicains, même ceux qui ont donné des gages en juin et ont été étrangers à l'insurrection ouvrière, sont menacés.

Dans la perspective de l'élection du président de la République au suffrage universel prévue par la nouvelle Constitution, on voit s'avancer Louis-Napoléon Bonaparte, dont on se moque d'abord. Lors de ses premières interventions à la Chambre des députés, il apparaît ridicule : « Il n'a dit que quelques mots insignifiants et est redescendu de la tribune au milieu d'un éclat de rire de stupéfaction. Un candidat au trône de César, vous voulez rire ! » Mais il avance ses pions. Il porte un nom « magique » comme dira Thiers qui estime que c'est un « crétin qu'on mènera ».

En fait, sa popularité s'accroît d'autant plus vite que personne n'a confiance dans cette République qui célèbre sa nouvelle Constitution dans une atmosphère glacée, place de la Concorde, avec comme proclamation : « Aimez-vous les uns les autres ! » Ce qui, après la répression de juin, ne manque pas de cynisme.

Vallès n'est pas dupe. Il a assisté à une séance de l'Assemblée. Il a aperçu les députés républicains : Proudhon, Marrast, Pierre Leroux. Et sa déception est immense. C'est donc cela ce régime ! A quoi riment ces débats ? A quoi servent ces députés ?

« Quoi ! les voilà ! Les fils de Robespierre et de Jean-Jacques, de Desmoulins et de Danton, ces épiciers à face ronde et à bedon pointu ! Leur parlement est agité comme une halle, triste comme un bout d'enterrement », s'exclame Vallès.

« Je sors de là, moi, garçon de seize ans, plein de colère et de pitié... Il faut aller trouver les conspirateurs, faire de la poudre, fondre des balles, puis tu viendras, à la tête de quelques déguenillés, les empoigner sur leurs bancs. S'ils ne veulent pas filer par la porte, tu les hisseras par les oreilles jusqu'aux fenêtres, et tu les tiendras suspendus au-dessus de la Seine par leur caleçon. Nous ne garderons que Proudhon, Pyat et Lagrange, et nous irons reprendre, à Vincennes (où ils sont enfermés), Raspail, Barbès et Blanqui. Tu porteras le drapeau rouge. Demain nous dresserons les tables de proscription ; non, les listes de morts... »

Cette violence qui se veut révolutionnaire n'est pas que l'effet de la jeunesse.

Vallès a vu : les canons qui ont servi en juin « les roues dans le sang », ces « canons qui toussent dans les faubourgs et vont en convalescents aux Tuileries ».

Il a vu, aux Tuileries, un ouvrier « en bourgeron bleu » qui derrière l'allée du Sanglier criait à deux mobiles : « " Graine d'assassins, Jeanne, range-toi que je le juge ! " Un des mobiles avait insulté Jeanne à son bras. Le sang sortait par les yeux de cet homme, c'était le sang de son père fusillé. Il contait cela en déboutonnant sa veste... Ils l'ont tué près de Charonne... parce qu'il sentait la poudre... C'est leur régiment, peut-être à ces deux-là... »

Les mobiles tiraient leur sabre, mais deux jeunes gens en redingote « qui semblaient des fils de bourgeois malheureux... ont sauté sur les mobiles avec l'ouvrier en bourgeron ».

Affrontement rapide, violent, puis la fuite quand les gardiens du jardin arrivent.

Vallès fasciné suit les deux jeunes gens jusqu'au quai. Ils semblent guetter. Et tout à coup voici que surgit un cortège. « Ils allaient par bandes de huit en ligne, les mains basses. Je vis que ces hommes avaient les poignets liés pris dans un bracelet de cordes, une corde d'un sou, avec un soldat le fusil chargé, à chaque bout de la ficelle ! On ne les craignait plus, on les avait renversés en juin à coups de canon, on les attachait maintenant par la patte. C'était une bande de transportés, un convoi en route pour les pontons. »

L'image de ces hommes entravés vêtus de guenilles « qui pendaient sur les torses gras de boue ou de sang caillé » frappe Jules Vallès comme une vision dantesque.

Ces prisonniers qui sortent des « casemates de Bicêtre ou du caveau des Tuileries où ils avaient leurs excréments pour litière et des cadavres pour oreiller », ce « tas de faubouriens et de déclassés », ce « troupeau » — un officier crie : « Piquez les flancs » — lui arrachent des larmes.

Des femmes sont là qui courent, un enfant dans les bras, jettent un nom ; les deux jeunes gens cherchent en vain un visage. Puis ils éclatent en sanglots. « Sans doute un des leurs, père ou frère, avait disparu dans l'horrible bataille, et ne l'ayant pas trouvé parmi les morts, ils cherchaient parmi les transportés. Mais la Seine charria, cette année-là, bien des cadavres de défigurés ; dans les cimetières on enterra des fusillés que nul n'aurait pu reconnaître, paquets d'os cassés ! dentelles de chair rouge ! »

Après cette émotion qui le bouleverse et le rend solidaire au plus intime de lui-même de ce « fumier de vaincus » qu'il vient de voir passer, comment accepter la pension Lemeignan, les humiliations que lui inflige le directeur ?

Celui-ci d'ailleurs va trop loin. Il hurle devant les élèves : « Je vais désormais vous sangler, entendez-vous ! » Vallès se tait mais regarde l'homme de telle manière qu'il « s'en est allé en grommelant, louche et vil comme un chien à qui on montre les cornes » ! Dans ce climat, comment réussir ? Vallès songe même à fuir « comme un évadé du bagne dans les profondeurs de Paris ». Lemeignan, averti, le menace des gendarmes. Vallès plie. Mais le jour du grand concours entre les lycées de Paris, il bâcle sa copie. Echoue, lui le fort en thèmes, qui paie sa pension au rabais parce qu'on a cru qu'il rapporterait des lauriers.

Cet échec lui laisse « le dégoût au cœur ». Rien ne va.

Le 10 décembre, Louis-Napoléon Bonaparte a été élu président de la République pour quatre années. Triomphe du parti de l'ordre qui veut en finir avec le souvenir de février. Ce ne sont que mesures répressives, multiplication de brochures qui dénoncent les « rouges ». On inonde le pays de ces textes qui affirment que le « rouge n'est pas un homme, c'est un rouge, il ne raisonne pas, il ne pense plus. Il n'a plus ni le sens du vrai, ni le sens du juste, ni celui du beau et du bien, c'est un être déchu et dégénéré ». Il porte des stigmates : « Une physionomie battue, abrutie, sans expression, des yeux ternes, mobiles, n'osant jamais regarder en face et fuyant comme ceux d'un cochon. »

Comment se ressent-il, Vallès, sinon rouge ? Lui que Lemeignan persécute plus encore car ses parents le laissent à la pension après le début des vacances et qu'on doit le nourrir. Chaque jour, vexation. Et pour finir rage de Lemeignan : « Quoi, dit-il en écumant, je viens d'apprendre que monsieur votre père gagne de l'argent, s'est fait huit mille cette année... je vous ai fait payer comme à un gueux, quand vous pouviez payer comme un riche. C'est de la malhonnêteté cela, monsieur, entendez-vous ? »

Vallès est accablé. Son pere pouvait lui éviter ces humiliations. « C'est pour trois cents francs que j'ai tant souffert... Cette année-là a été la plus dure, continue-t-il. J'ai été humilié pour de bon, sans gaieté pour faire la balance. »

En même temps qu'il subit cette épreuve personnelle, il souffre de l'échec des dernières manifestations des « démocs-socs » — les démocrates socialistes — qui le 13 juin 1849 à Paris tentent d'entraîner le peuple aux cris de : « Vive la Montagne ! » Les troupes sont là, aux Tuileries. Vallès les voit. Elles n'ont même pas à intervenir. Les faubourgs écrasés l'année précédente ne suivent pas. Et la province — une insurrection à Lyon — est matée à son tour. La loi sur l'état de siège peut être votée le 19 août. « Je vois l'horizon bête, la vie plate, l'avenir laid. » Accepter d'être professeur ? Pour ressembler un jour à ce clochard vu sur les bords de la Seine en train de laver un mouchoir et qui possède un dictionnaire. Ce « pauvre au livre » qu'a-t-il fait ? Giflé un censeur ? Ecrit un article qui lui a valu d'être destitué ? Faut-il choisir ce destin-là, une existence identique à celle du père, « les proviseurs bêtes, les élèves cruels, l'inspecteur lâche et le professeur toujours humilié, malheureux, menacé de disgrâce » ? A moins qu'il n'accepte — et comment n'y serait-il pas conduit ? — de punir à son tour, « condamner les moutards à la retenue, les priver d'air et de soleil. Devenir méchant et oublier qu'on a souffert ».

Vallès ose crier ce refus de la profession du père à sa mère venue le rejoindre à Paris.

Elle est là, ridicule une fois encore, parlant trop haut dans les restaurants, fière de son fils. « C'est que tu es beau garçon, sais-tu ? »

Malgré la gêne que ressent le fils devant les comportements caricaturaux de sa mère, le courant passe entre eux, en dépit aussi du souvenir des corrections reçues tout au long de l'enfance.

Leurs rapports se sont modifiés. Elle est une femme et il est presque un homme. « Où me mènes-tu dîner ? » demande-t-elle. Alors Vallès parle. Il veut rentrer dans une usine, apprendre un métier. Il ne veut pas devenir enseignant, ce « métier de chien savant ». Comme sa mère évoque le désespoir du père quand il apprendra, Vallès s'insurge : « C'est votre orgueil qui se révolte, mais c'est mon bonheur que vous tuez ! » Et il se dit prêt s'il le faut à ne plus voir ses parents.

Sa mère tout à coup s'effondre, pleure, demande pardon au fils, s'accuse pour le passé, sollicite seulement de son fils qu'il accepte d'aller jusqu'au bout du collège, au baccalauréat. Tout change dès lors entre la mère et le fils. Elle ne parle plus comme jadis. « Je t'ai bien fait souffrir avec mes ridicules, dit-elle. C'est toi qui me gronderas maintenant. Tu auras la bourse d'abord... Je suis une vieille femme... »

Julie Vallez est ainsi devenue pour son fils celle qu'il n'appellera plus que « mère ». Celle qui, en quelques « paroles touchantes », venait « d'effacer tant de paroles dures et de gestes cruels ». Il fallait Paris, le dépaysement qu'il provoquait, le père absent, la détermination de Vallès après cette année de douleur et de solitude pour que la rencontre entre la mère et le fils se fasse.

Et pour Jules Vallès, alors, l'horizon semble se dégager comme si cette entente, cet apaisement lui avaient été nécessaires pour qu'il reprenne confiance.

Il passe encore un mois à Paris. Il sort de ce quartier de la rive droite où il a vécu toute une année.

Charles-Louis Chassin qui habite une chambre au Quartier latin lui fait connaître un autre visage de la capitale. Il rencontre un journaliste jacobin, des ouvriers typographes, des ateliers où l'on respire l'odeur d'encre qui sent « aussi bon que l'odeur de fumier » ! Il parcourt des rues peuplées d'artisans, entre dans des crémeries où se côtoient la redingote et la blouse, lit des livres qui parlent des sans-culottes, des insurrections du peuple.

Vallès trouve ainsi à Paris ce qui lui avait manqué jusqu'alors : un milieu, une tradition, une idée de métier. Il faut « être prêt, lui dit le journaliste, à verser dans son écriture des gouttes de sang », « un journaliste doit être doublé d'un soldat ». L'imprimerie sert de lien avec le monde du travail manuel.

Vallès rêve de se situer là. Il vibre aux récits de la révolution, des combats de la Croix-Rousse ou du cloître Saint-Merri. Il a vu les prisonniers de juin.

« Et mon sang de fils de paysanne, de neveu d'ouvriers, bondissait dans mes veines de savant malgré moi. » Aux côtés de ces ouvriers parisiens avec qui il trinque, assis à la même table, il se sent enfin à sa place. La misère n'est plus une honte. Elle est un drapeau que l'on brandit de barricade en barricade à travers le temps, de 1793 à 1832 ou 1848. Et la misère, Vallès la connaît. « Il a toujours été question de pauvreté autour de moi ; mon père a été humilié parce qu'il était pauvre, je l'ai été aussi. »

Dès lors qu'il a établi ces liens avec le peuple de Paris, la rive gauche, le quartier des Ecoles, tout cela rendu possible parce qu'il n'est plus le pensionnaire de Lemeignan, il aime la capitale.

Et quand sa mère lui annonce qu'il faut rentrer à Nantes, qu'il a promis de poursuivre ses études jusqu'au baccalauréat, il se désole.

« Retourner là-bas ? s'interroge-t-il.

« A qui parlerai-je de République et de révolte ?

« Est-ce qu'on s'est jamais soulevé à Nantes ? »

Chapitre 8

« Bas les mains ! Ou gare à vous » (août 1849-mars 1851)

Cependant que, de gare en gare, on approchait de Nantes, Jules Vallès avait dans la tête « ces noms qui en ce temps-là préoccupaient (sa) vie et agitaient (ses rêves)... Auguste Blanqui et Pierre Joseph Proudhon », deux hommes qui symbolisaient, quelles que soient leurs oppositions, la révolution et le socialisme. Proudhon avait écrit quelques années auparavant (1840) : « *Qu'est-ce que la propriété ?* » et, député, avait été la cible des partisans de l'ordre. Et Vallès, tout au long du voyage de retour vers Nantes la soumise, se laissait aller à l'évocation de ces noms illustres, au souvenir des événements, à la déception. « Ah ! que la route est triste », dit-il accablé. Où est le temps des cortèges, où sont les camarades ? Les rues de la ville lui paraissent désertes. Sur le banc, comme il y a des années, les mêmes silhouettes. Comment ne pas se souvenir de l'élan de jadis, quand en février-mars (à peine plus d'un an) il parcourait avec Chassin les quais, répétant les vers composés pour l'occasion, tout chargés des réminiscences historiques de la Grande Révolution :

Et j'irai crânement au fort de la bataille
Découper mon linceul dans le coin d'un drapeau !

Mais il n'est plus question d'héroïsme.

Le père est là, « maigre, l'air chagrin, immobile ». Il juge et condamne son fils pour son échec scolaire. Il exprime son mépris, sa colère. Il est, dit-il, « un père déshonoré ». Il ordonne : Vallès fera sa classe de philosophie à Nantes et se présentera au baccalauréat en avril.

La vie de lycéen recommence, donc.

Le professeur de philosophie — Albert Lemoine — est sorti premier de l'Ecole normale et du concours d'agrégation. Il est bienveillant. Mais comment Vallès ne jugerait-il pas ridicule cet enseignement sur « les facultés de l'âme » : sept comme le disent les ouvrages officiels ou huit comme le prétend un éminent professeur de philosophie qui, ami de Jean-Louis Vallez, offre sa découverte de la huitième faculté en signe de reconnaissance aux Vallez, père et fils ?

Cela, plus les jalousies qu'on ressent à l'égard de ce jeune homme de près de dix-huit ans qui ne peut cacher son ennui et son orgueil, qui a déjà vécu à Paris, expliquent le nouvel échec de Vallès au baccalauréat à Rennes en avril 1850, suivi d'un autre au mois d'août.

Pour le professeur Vallez, ces échecs répétés sont une humiliation cruelle, comme la preuve de la trahison de son fils. De sa volonté de lui nuire.

Dans le petit monde universitaire de Nantes, parmi les lycéens, le professeur perd la face. On inscrit sur la porte de sa maison : « A la boule noire, Auberge des retoqués — Agrégation et baccalauréat. » Et la main de l'élève qui a tracé ses mots ajoute : « On porte tout de même des participes en ville. »

Ainsi les insuccès de Vallès au baccalauréat font-ils resurgir les nombreux échecs du père à l'agrégation. En même temps qu'on lui reproche — « porter des participes en ville » — d'avoir l'audace, lui le besogneux, de donner des leçons particulières en ville à vingt-cinq francs par mois !

C'est bien comme si, par la faute du fils, tout l'édifice de respectabilité construit année après année s'effondrait. Et le père éprouve sûrement un sentiment de panique. Son passé de misère reparaît. Ses propres angoisses reprennent force : il revit — par son fils — ses échecs au concours. Et il est d'autant plus violent que c'est d'un autre — ce fils rebelle — que dépend désormais sa peur ou sa tranquillité. Un autre qu'il voudrait plier, qu'il regarde « les lèvres serrées, le front plissé, l'œil cave », qu'il ne veut plus voir à table, qu'il menace cependant des gendarmes s'il songe à s'enfuir. La mère entre ces deux hommes qui se défient, qui se vouvoient ou s'ignorent, ne sait comment agir, ne comprend même plus. Elle se sent coupable. « Ton fils, dit Jean-Louis Vallez. Dis-lui de m'écrire ce qu'il compte faire ! »

Que pourrait vouloir devenir Jules Vallès ?

Tout le pousse à rompre avec les ambitions et le milieu de son père, ce monde enseignant pour lequel l'adolescent n'a que mépris.

Mais ce refus est moins que jamais révolte juvénile de candidat malchanceux.

Vallès sait au baccalauréat « traduire comme un ange ». Il est excellent élève. Mais il ne peut se soumettre à la rhétorique vide des « facultés de l'âme ». Il est en rupture avec l'ordre social et politique que l'enseignement reproduit. Comment pourrait-il en être autrement alors que le système politique, sous la présidence de Louis-Napoléon Bonaparte, n'a que la volonté d'étrangler ceux qui, comme Vallès, ont la révolte au cœur ? En outre cette politique de réaction s'incarne précisément dans la reprise en main de l'enseignement.

De Thiers à Mgr Dupanloup, à Frédéric Falloux (la loi Falloux sera votée le 15 mars 1850), il s'agit de « donner au clergé tout l'enseignement primaire » (Thiers) pour faire la police des esprits. « L'instruction est, suivant moi, précise encore Thiers, un commencement d'aisance et l'aisance n'est pas réservée à tous. Je suis hardi, très hardi, j'en conviens, mais, que voulez-vous, je considère les choses telles qu'elles existent : je ne puis consentir à laisser mettre du feu sous une marmite sans eau. » L'orientation est claire. Victor Hugo le dira à la tribune, condamnant cette foi Falloux qui, sous couvert de liberté de l'enseignement, est une « loi de peur et de haine » : « Tout ce qui a été trouvé, rêvé, déduit, illuminé, imaginé, inventé par les génies, le trésor de la civilisation, l'héritage séculaire des générations, le patrimoine commun des intelligences, vous le rejetez !... Si le cerveau de l'humanité était là devant vos yeux, à votre discrétion comme la page d'un livre, vous y feriez des ratures ! »

Comment Jules Vallès n'entendrait-il pas le réquisitoire de Hugo, lui qui a subi dans l'enseignement cette volonté de briser la personnalité et la spontanéité intellectuelle ?

Il lit les journaux au café des Mille-Colonnes. Ces feuilles venues de Paris sentent encore l'encre d'imprimerie et le font rêver.

Mais pas un jour qui n'apporte une preuve de la politique réactionnaire du pouvoir : interdiction du droit de grève, lois sur la presse, rétablissement en fait du suffrage censitaire pour tenter d'en finir avec « les démagogues ». Car les républicains sont encore présents. Aux élections d'avril 1850, le romancier Eugène Sue ne vient-il pas d'être élu sous le drapeau socialiste ? Scandale, peur dans les rangs du parti de l'Ordre. Et l'exaltation pour Jules Vallès.

A Nantes même, le 16 octobre 1850, lors du passage de

« transportés » vers les pontons de Belle-Isle, et malgré la troupe qui ferme les ponts, des femmes et des ouvriers en blouse qui ont préparé des couronnes de fleurs les jettent de la rive dans le fleuve, au moment du passage des bateaux, en chantant *La Marseillaise*. Les élections présidentielles doivent avoir lieu dans deux ans, en 1852, et Vallès, comme tous les républicains, vit cette période avec fébrilité. Louis-Napoléon Bonaparte a beau visiter la province, se faire acclamer au cri de « Vive l'Empereur ! » par les régiments sous les armes, rien n'est perdu, imagine-t-on. On oublie le génie de la conspiration de Louis-Napoléon, l'adhésion chaque jour plus forte des milieux financiers, son emprise croissante sur toute l'armée. Pourtant, en février 1851 encore, Frédéric Engels peut écrire à Karl Marx : « Quelle bête que ce Louis-Napoléon... Il n'y a vraiment rien à faire avec un aventurier de cet acabit. Il se laisse manœuvrer par des intrigants retors pendant quatre semaines, et la cinquième on peut être sûr qu'il flanquera par terre de la façon la plus idiote tout ce qu'il avait réussi à faire. »

Et Vallès fredonne comme tous les républicains le chant composé par Pierre Dupont :

C'est dans deux ans, deux ans à peine
Que le coq gaulois chantera
Tendez l'oreille dans la plaine
Entendez-vous ce qu'il dira ?
Il dit aux enfants de la terre
Qui sont courbés sous le fardeau
Voici la fin de la misère
Mangeurs de pain noir, buveurs d'eau !

Dans cette attente, ce climat, comment Jules Vallès pourrait-il se soumettre ?

Il a donné quelques leçons, vendu — au grand scandale de sa mère — ses livres de prix, et avec l'argent il s'est acheté un costume, une cravate et il peut payer ses consommations, ce café mélangé d'eau-de-vie — un *gloria* — qu'il sirote lentement, journal déployé devant lui, jouant à l'homme. Son père passe, l'insulte d'un mot : « Te voilà, fainéant ! » et continue son chemin, méprisant.

Que répondre à ce mot jeté dents serrées, sans un regard, à ce mot qui fait mal ? Vallès ne rentre pas chez lui, couche dans la rue, et à la question posée par son père, répond en quatre mots. Ils résument tout ce qu'il pense et ils expriment tous ses refus : « JE VEUX ETRE OUVRIER », écrit-il.

A la lecture de ce bout de papier, le père est furieux. « Tu te fous de moi, dis », lance-t-il en levant la main. « L'abîme est creusé » entre eux. La violence est à fleur de peau.

Ce fils incarne pour le père tout ce qu'il a rejeté : ses origines modestes ; il est la négation de toute sa vie d'effort pour s'élever, franchir les barrières sociales, échapper à la pauvreté ; c'est l'affirmation d'une révolte que toute sa vie il a refoulée, haïe et transmuée en effort individuel. Ce qu'il a nié, voici que son fils l'exalte.

« Je te casserai les bras et les jambes », lance le père. Mais la menace vient trop tard. Le fils de dix-huit ans est trop déterminé. « Eh bien non, vous ne casserez les bras et les jambes à personne, répond Vallès. Oh ! je ne vous frapperai pas ! Mais vous ne me toucherez point. C'est trop tard ; je suis trop grand. Bas les mains ! Ou gare à vous. »

L'opposition est telle que Vallès est persuadé que son père le fera arrêter.

« La prison demain, comme un criminel », prévoit-il. Il l'accepte. « Ma vie sera une vie de bataille. C'est le sort de celles qui commencent comme cela. Je le sens bien. »

Son père a-t-il renoncé à l'arrestation ? Vallès en effet, le lendemain, au cours d'une algarade entre son père et la famille d'un élève a pris sa défense, se battant en duel pour lui, étant blessé. Le père a-t-il reconnu qu'il a été « cruel » et le fils a-t-il découvert qu'on l'aimait malgré tout ?

Vallès le racontera quand il écrira la vie de *L'Enfant* qu'il a été. Mais le duel a-t-il réellement eu lieu ou bien l'écrivain Vallès a-t-il voulu marquer pour conclure son livre qu'il avait su dès ce moment-là que son père l'avait aimé, qu'en somme entre lui et son fils — comme à Paris l'année précédente entre Vallès et sa mère — les relations étaient désormais dégagées de toute haine ? On ne peut trancher, mais entre le père et le fils le malentendu n'est pas levé.

Jean-Louis Vallez ne fait certes pas arrêter son fils et décide de l'envoyer à Paris, mais ce qui s'est dénoué entre Julie Vallez et l'adolescent demeure inextricablement conflictuel entre les deux hommes.

Au moment de partir pour Paris, Vallès sait qu'il lui « restera toujours de (sa) vie d'enfant des trous de mélancolie et des plaies sensibles dans le cœur ».

Mais il est aguerri. « Malheur maintenant, malheur à qui me touche, eh oui, malheur à celui-là », s'écrie-t-il. Il « entre dans la vie d'homme, prêt à la lutte, plein de force, bien honnête ». Et il sait, dit-il, « voir le fond des âmes » car c'est le privilège de ceux qui ont souffert.

Le temps n'est plus à se lamenter. Ce 1er mars 1851 Vallès part pour Paris. Il va avoir dix-neuf ans.

« Il ne s'agit plus de pleurer ! dit-il. Il faut vivre. »

Chapitre 9

« Comme un bœuf qui tombe et s'abat sous le maillet... » (mars 1851-décembre 1851)

« Je suis LIBRE ! LIBRE ! LIBRE ! »

Une sorte d'exaltation a saisi Vallès quand le 1er mars 1851 il a quitté le domicile familial, 2, quai Richebourg à Nantes et qu'il a pris place dans la diligence Laffitte et Gaillard. On a chargé sa lourde malle sur laquelle sa mère avec le soin attentif d'une paysanne a cloué une grosse inscription en forme de croix : « Cette malle, souvenir de famille, appartient à... », de quoi ridiculiser Vallès. Mais d'abord, avec ses vingt-quatre sous en poche, ses dix-neuf ans, « ses épaules de lutteur, sa voix de cuivre, ses dents de chien, sa peau olivâtre, ses mains comme du citron et ses cheveux comme du bitume », il respire enfin.

Libre ! Qu'importe le reste ?

Et puis, insidieusement, alors qu'on a embarqué la diligence sur le chemin de fer, il se sent pris « d'une espèce de peur religieuse devant ce chemin que crève le front de cuivre de la locomotive et où court (sa) vie... ».

Sa sensibilité extrême se révèle. Il pense qu'il a une « tournure de sauvage, une timidité terrible, qui le rend malheureux et gauche ». Il se « croit inférieur à tous ceux qui passent » et, au fond, il n'est « sûr que de son courage ».

Il lui en faut. « Paris s'éveille » quand, « Robinson débarqué sur un rivage abandonné », il découvre qu'il n'a rien. Ni argent ni logis, à peine le nom de son camarade de Nantes Charles-Louis Chassin, qu'il faut rechercher dans les petites rues du Quartier latin, à la sortie des facultés, se fiant au hasard.

On comprend que Vallès ait eu la tentation de se précipiter aux

Messageries afin de repartir pour Nantes. Faiblesse d'un moment. Rue de Vaugirard, au numéro 4, au coin de la rue Monsieur-le-Prince, il retrouve enfin Chassin. Avec lui c'est tout le Quartier latin, ses crémeries, ses soupentes, ses hôtels pour étudiants démunis, qui s'ouvre à nouveau. Et Vallès, dans le petit réduit où il loge au numéro 6 de la rue Dauphine, à l'hôtel Saint-Joseph, se sent pour la première fois chez lui. Il exulte.

Mais c'est une « bohème » bien différente de celle mise en scène par Murger à laquelle il se mêle. On y a faim. La misère est trop lourde pour que la gaieté soit franche. Depuis 1830, la jeunesse, selon Vallès, s'est enrouée et encanaillée. Le Quartier latin, le domaine parisien de Vallès, lui paraît finalement dur à vivre. Il n'y rencontre pas de ces grisettes séduisantes que peignent les auteurs à la mode. Et si Vallès a de bonnes fortunes, c'est auprès d'une barbière de la rue Saint-Jacques ou de la fille d'un hôtelier — Alexandrine — qui passent sur le ridicule de l'accoutrement vestimentaire de Vallès pour ne voir que le jeune homme vigoureux et enthousiaste :

Je parlais fort ; les yeux me sortaient de la tête
J'étais assez bien fait mais assez mal couvert
J'avais un gilet jaune avec un habit vert.

Ce qui pèse sur le Quartier latin et la jeunesse des Ecoles c'est, au-delà de la misère, la situation politique menaçante dans laquelle s'enfonce le pays.

L'article 45 de la Constitution interdit en effet au président de la République de se représenter pour un second mandat de quatre ans. Or Louis-Napoléon Bonaparte, de plus en plus ouvertement, désire ne pas renoncer au pouvoir en 1852.

En mars 1851, précisément, un Comité pour sa réélection est créé. Et les rumeurs de coup d'Etat se renforcent. Des pétitions circulent. Daumier caricature l'agent électoral de Louis-Napoléon, Ratapoil, qui murmure à un paysan effrayé : « Si vous aimez votre femme, votre maison, votre champ, votre génisse et votre veau, signez, vous n'avez pas une minute à perdre. » Et on recueillit ainsi près de cent soixante mille signatures.

C'est dire l'isolement de ceux qui, comme Vallès et les étudiants du quartier des Ecoles, répètent après Victor Hugo : « Quoi, parce que nous avons eu Napoléon le Grand nous aurions Napoléon le Petit ? »

Les députés favorables à la réélection ne furent cependant pas assez nombreux pour obtenir la modification de la Constitution. La voie légale est donc fermée à Louis-Napoléon s'il veut prolonger ses fonctions à la présidence de la République. Et il le veut, prononçant ici et là — le 1er juin 1851 à Dijon — des discours de plus en plus clairs, poussé à l'action par ses besoins personnels — et ceux de son parti — d'argent. « Nous aimons mieux tomber dans le sang que dans la merde », répètent ses partisans conscients des dettes qui s'accumulent. Pour séduire, il utilise la démagogie, proposant le rétablissement intégral du suffrage universel. Gagnant ainsi des sympathies parmi les ouvriers. Ce président-là ne vaut-il pas mieux que Montalembert ou Falloux ? Faisant surtout appel à la peur, ses journalistes à gages dénoncent le « spectre rouge 1852 ». La Jacquerie est là, écrivent-ils. « Les prolétaires sont prêts, embusqués jusque dans le dernier village, la haine et l'envie dans le cœur ; ils vont déborder sur la société, égorger les riches, les bourgeois, tous ceux qui possèdent quelque chose, promener la torche partout, piller les propriétaires, écraser les petits enfants sur la pierre, replonger le monde dans la barbarie et le chaos... »

C'est ce climat qui entoure Vallès et ses jeunes camarades. Certes, la gaieté et la fraternité de ceux qui n'ont pas vingt ans l'emportent souvent.

Vallès s'est lié d'amitié avec Arthur Arnould qui, à dix-huit ans, vit en ménage comme un bourgeois, et offre le pot-au-feu du dimanche, et dont le père est professeur en Sorbonne. Il côtoie Arthur Ranc, à peine plus âgé, lui aussi républicain déterminé, et naturellement Chassin ; d'autres encore. On chante, on boit, on dîne, on discute sans fin. On parle de lancer un journal. « Nous sommes un siècle à nous cinq », dit Vallès avant d'entonner de sa voix forte *La Marseillaise* ou *La Carmagnole* ou encore de chanter en chœur :

Notre avenir doit éclore
Au soleil de nos vingt ans
Aimons et chantons encore
La jeunesse n'a qu'un temps.

L'argent manque toujours, mais on connaît tous les monts-de-piété de Paris et on y met en gage tout ce que l'on possède — et même le manteau à longs poils de Vallès qui a appartenu à son père — et l'on dîne ensemble et l'on va au théâtre. « Ah ! les bonnes heures, les belles soirées ! — avec le soleil, la brise, les colères jeunes, les rires fous ; avec le tabouret qui boite et le café qui embaume », se souvient Vallès.

Ce qui unit tous ces jeunes hommes, ce sont les mêmes convictions républicaines.

On est radicalement hostile à Louis-Napoléon Bonaparte. On hait tout ce qu'il incarne. Mais une fois dit cela qui soude les uns aux autres dans ce petit groupe, on s'oppose.

Vallès est, instinctivement, de toutes les fibres de son corps pour les plus pauvres et pour la violence. « J'ai dix ans de colère dans les nerfs, dit-il, du sang de paysan dans les veines, l'instinct de révolte... J'ai à faire sortir les coups que j'ai reçus... Ne me touchez pas ! Prenez garde ! »

Il a surtout été marqué par février et juin 48 et dans le « noyau *d'avancés* » que constitue son groupe d'amis, il est à part. « J'aime ceux qui souffrent... Je lis les livres de misère, dit-il. Ce qui a pris possession du grand coin de mon cœur, c'est la foi politique, le feu républicain. »

Mais, d'un même élan, il déteste tout ce qui rappelle une « religion à rebours ». Robespierre pour lui n'est qu'un « pion », Jean-Jacques un « pisse-froid » et il préfère Voltaire. Au café du Vote universel, au coin de la place Saint-Michel, contre la fontaine « où il y a des gens qu'on dit avoir été chefs de barricades à Saint-Merri » et d'autres déportés en juin 1848, on se dispute encore. Vallès approuve ceux qui dénoncent les « calotins de la démocratie... les séminaristes rouges ». Il craint de retrouver dans les rangs de la révolution des « proviseurs rouges » faisant passer un « bachot jacobin ».

C'est bien la veine libertaire qui s'exprime chez Vallès. On comprend qu'il s'enthousiasme à la lecture du journal de Proudhon *La Voix du peuple,* qu'il répète : « Vous croyez qu'il faut de la discipline... la discipline, toujours la discipline... Mais c'est l'indiscipline qui est l'âme des combats du peuple ! Ah ! bourgeois... »

Il y a donc quelque chose de fort, de tumultueux et de puéril chez Vallès. Et qu'il se retrouve souvent « seul, seul de son opinion » n'étonne pas. Quand on l'interroge : « Qu'es-tu donc en politique ? », il répond provocant : « Je suis pour la guillotine. » Chassin, son ami, s'oppose souvent à lui et leurs débats illustrent deux sensibilités qui dans cette période de veille de coup d'Etat séparent les adversaires de Louis-Napoléon Bonaparte. Chassin prêche ainsi devant ses camarades — un Comité des jeunes qu'il a constitué avec Vallès — pour « l'oubli des divisions historiques... Soyons dans le présent et socialistes et républicains ». Mais raconte-t-il : « Mes grandes phrases de politique fraternelle et active exaspéraient Vallès. Il ne connaissait qu'un seul fait dans l'histoire contemporaine : le fratricide de juin 1848 ! Venger juin, il ne parlait que de cela. Notre horreur de Bonaparte complice de l'insurrection fatale était tempérée chez lui par la haine de Cavaignac et de tous les généraux, officiers, et représentants républicains qui avaient été, comme il hurlait sans cesse, les bourreaux de Paris. »

Ces discussions au Comité des jeunes sont violentes. Vallès enrage. « On faillit le jeter dehors », dit Chassin.

Par cette indignation qui, aux yeux de certains de ses camarades, le fait passer pour un Marat, un « maratiste », Vallès exprime en fait sa sensibilité d'écorché, sa passion pour la justice, sa solidarité avec les humbles, toujours victimes. Et d'abord de ceux qui se nomment réalistes et qui ne sont à ses yeux que des indifférents ou des profiteurs de la révolte des pauvres, jamais assez courageux pour combattre et mourir avec eux.

Vallès au contraire est un intransigeant. Il dénonce Béranger, ce poète-chansonnier que tous vénèrent. Pour Vallès il suffit pour le condamner qu'il ait chanté Napoléon. « Il a léché le bronze de la colonne... Ce poète en redingote longue baise les pans de la redingote grise. Deux redingotes sur lesquelles je crache. Tiens, imbécile, tiens, lèche-éperons. »

Intraitable ce jeune Vallès ! Il tient en grande estime le poète républicain Joseph Boulmier qui vit « dans un hôtel plébéien de la rue Jacob » ; il aspire même à suivre la trace de ce révolutionnaire avec lequel il fait des joutes poétiques dans les crémeries du Quartier latin. Mais il suffit que passe un souffle religieux dans les poésies de son camarade pour que Vallès s'insurge :

Il ne faut pas mêler les vieux débris d'hosties
au pain de nos rébellions
Il ne faut pas mêler le vin des sacristies
au sang des révolutions,

lance-t-il.

Tout ce qui lui paraît esprit de soumission, de révérence, et même d'admiration excessive ou d'imitation, est suspect à Vallès. De même, il traque en lui tout penchant à l'aveuglement. La lucidité aiguë est à ses yeux la vertu première. Il ne veut pas être un « moinillon de la révolte, un petit esclave, *perinde ac cadaver,* de la Révolution ». Il ne sait pas trop pourquoi il frissonne aux premiers mots de rébellion et il ne cherche pas à savoir ce qu'il adviendra après le combat. Mais sa place est du côté où l'on criera : « Vive la République démocratique et sociale ! » Là sont les humiliés, les suppliciés injustement, les affamés.

L'adhésion de Vallès à la révolte est donc charnelle d'abord. Il ne supporte ni l'injustice ni l'humiliation. Il n'oubliera jamais ce qu'il a vécu. Sa fidélité au camp de la révolution est définitive. Quoi qu'il advienne et quelles que soient les divergences qu'il peut avoir avec ce côté-là de la barricade. « J'ai assez des cruautés que j'ai vues, écrit-il, des bêtises auxquelles j'ai assisté, des tristesses qui ont passé près de moi pour savoir que le monde est mal fait et je le lui dirai au premier jour, à coups de fusil... Pas d'enthousiasme de commande, non ! Mais la fièvre du bien et l'amour du combat ! » Vallès est un irrécupérable.

On comprend dès lors qu'il supporte mal sa situation de jeune étudiant en redingote. Il se sent, malgré lui, isolé de ces pauvres auprès de qui il veut être. La culture — et surtout cette culture classique faite de citations et de références à l'Antiquité — est une barrière, un moyen de maintenir l'ordre injuste du monde. Le professeur est un chien de garde.

Vallès a de ce fait la nostalgie — naïve — d'un travail manuel. L'effort physique lui permettrait de gagner « son pain cuit ». Il serait libre, croit-il. Il deviendrait l'un de ces hommes en blouse qu'on fusille et entre lesquels il imagine qu'existe une solidarité fraternelle. Il n'est jamais aussi heureux que quand l'une de ses maîtresses lui dit : « Tiens, sais-tu pourquoi je t'aime ? Je t'aime parce que tu aurais fait un beau bouvier ! »

Puisqu'il lui est impossible de rejoindre le monde des paysans, il souhaite — ne l'a-t-il pas déjà écrit à son père ? — devenir ouvrier.

Il se rend chez un imprimeur, sollicite une place. On se moque de lui. Que n'est-il venu à douze ans. Et quand on apprend que, à cet âge-là, il fréquentait le collège, on y trouve une nouvelle raison de lui refuser l'embauche. Et la réponse fait écho aux préoccupations politiques du moment : « Par ce temps de révolution, dit l'imprimeur, nous n'aimons pas les déclassés qui sautent du collège dans l'atelier. Ils gâtent les autres. Puis cela indique un caractère mal fait ou qu'on a déjà commis des fautes... »

Il faut éviter la contagion des idées, empêcher l'union des

ouvriers et des jeunes étudiants, trop fréquente lors des journées révolutionnaires de ce temps.

« Croyez-moi, conclut l'imprimeur, restez dans le milieu où vous avez vécu et faites comme tout le monde. »

Vallès n'est pas comme tout le monde. Cette expression seule lui fait horreur si elle signifie être conformiste, se plier aux règles.

Il s'obstine. En vain. Fréquente les bistrots d'ouvriers. Pourquoi ne pas choisir d'être ébéniste ou savetier ? Mais un vieil ouvrier le déniaise : « Au bout de la vie en blouse, explique-t-il, c'est la vie en guenilles... Tous les ouvriers finissent à la charité... Allons, prenez votre parti de la redingote pauvre. » Et si Vallès tient à exprimer sa solidarité avec les ouvriers : « Vous resterez debout au milieu des redingotes comme un défenseur de la blouse. Jeune homme, il y a une place à prendre ! » Une phrase qui, quand elle s'adresse à un Vallès, peut décider d'une vie. Il ne lui reste plus qu'à rentrer « parmi les bacheliers pauvres ».

En fait, bachelier, il ne l'est toujours pas. Moins que jamais il peut préparer cet examen. Tout le sollicite. Les cabinets de lecture — celui de la rue Casimir-Delavigne, où il découvre tout un milieu de poètes, de journalistes, d'écrivains en herbe, d'originaux et où il dévore tout ce qui se publie. Les femmes, les rues du Quartier latin, la situation politique.

Il va donc échouer une nouvelle fois à l'examen, au mois d'avril 1851. Mais cela ne compte guère, emporté qu'il est par les événements.

Car Vallès en quelques mois s'est taillé une réputation parmi les étudiants républicains.

Il est physiquement courageux, exalté. Il a envie d'en découdre. On connaît sa silhouette et sa « voix qui casse les vitres ». Aux côtés de Charles-Louis Chassin et d'Arnould ou de Ranc, tous les jeudis, il se rend au Collège de France. Là, Michelet donne son cours qui, depuis 1838, date de son élection à cette chaire, est devenu, pour toute la jeunesse républicaine et révolutionnaire, une leçon politique hebdomadaire qui enfièvre tout le Quartier latin.

Michelet est anticlérical et en ces temps de loi Falloux et de réaction il y faut du courage.

Cabotin, il a sa claque d'idolâtres et Vallès, toujours lucide, porte sur cette mise en scène d'orateur un regard critique. Mais Michelet « a contre les prêtres des gestes qui arrachent le morceau ; il égratigne le ciel de sa main blanche ». Et Vallès, peut-être avec un peu de retard, applaudit, lui aussi, à tout rompre.

Ces jeudis scindent la semaine. On essaie de repérer parmi l'assistance les « jésuites » qui espionnent les leçons du maître et les déforment. On les entoure quand on croit les avoir découverts, on les insulte : « Rat d'église, punaise de sacristie, mange-bon-dieu ! tête de cierge, on sait bien où sont les cafards, à bas les calotins ! »

On mesure, compte tenu de l'écho de ce cours et du symbole qu'est devenu Michelet, l'émotion que provoque l'interdiction faite le 14 mars à l'historien d'enseigner.

Dans tout le Quartier latin, c'est l'effervescence. On décide d'une manifestation. Vallès rédige une protestation qu'on ira porter aux députés. Rassemblement mercredi place du Panthéon. Mais il pleut à verse quand le maigre cortège s'ébranle. Deux députés républicains, Crémieux et Versigny, devant la Chambre accepteront la pétition, mais tout cela semble à Vallès dérisoire. Il mesure la faiblesse du mouvement, le ridicule de ces vieux conspirateurs membres des sociétés secrètes du Quartier latin qui donnent leurs conseils. Et pourtant il faut une revanche à cette manifestation manquée et une autre est décidée, mieux préparée, fixée au 20 mars 1851.

« Noire de monde, la place, cette fois ! » De la place du Panthéon où le rassemblement a lieu, à une heure, on se dirige vers la cour de la Sorbonne. Charles-Louis Chassin dirige le cortège avec à ses côtés Vallès, Ranc, Arnould et quelques conspirateurs membres des sociétés secrètes. Les Saint-Vincent-de-Paul (les étudiants cléricaux) occupent le grand escalier de la Sorbonne, applaudissent les policiers en civil qui tentent d'arrêter des étudiants aux cheveux longs — Arnould est de ceux-là — qui portent en signe de provocation et de ralliement un béret rouge. Tumulte, bagarres. Vallès est au premier pour faire le coup de poing contre les cléricaux. On se disperse, on hésite. Les sergents de ville et la gendarmerie mobile coupent les rues du quartier, vers Vavin et Montparnasse. Vallès est partisan de l'affrontement, d'autres préfèrent se rendre chez Michelet afin de l'ovationner. Bientôt Vallès est seul dans le Quartier latin désert. « Ah ! il en coûte de se séparer des foules. » Il aime la fraternité de la manifestation, l'excitation et l'incertitude du combat, l'angoisse qu'il faut surmonter. Il a alors pleinement l'impression d'être libre. Les choses sont claires. La frontière tracée. D'un côté les manifestants, de l'autre les sergents de ville.

Des cris, tout à coup des manifestants qui détalent.

« On arrête, on arrête, on cerne, on cerne. » Un sergent de ville qui désigne un étudiant : « Pilez-moi cet homme-là. » Et le jeune homme, un camarade de Vallès, se retrouve la tête en sang cependant que passent dans les rues du Quartier latin, entre deux haies de sergents de ville, les camarades arrêtés. Ils sont soixante-dix, mais seul Charles-Louis Chassin sera emprisonné à Mazas.

Cette manifestation, d'autres qui se succèdent durant tout le printemps de 1851, alors que Louis-Napoléon Bonaparte avance ses pions et prépare de plus en plus ouvertement un coup d'Etat, achèvent de déterminer le caractère et les choix de Vallès. Il est contre cet « ordre » que défendent en « pilant » des étudiants les sergents de ville. Contre les « cléricaux » et pour Michelet. Il se sent membre d'une « fraternité », celle de ces jeunes gens de son âge — Chassin, Ranc, Arnould, Delescluzes, Delvau, Rambert — qui se sont engagés dans l'action politique et ont formé ce Comité des jeunes. Le Quartier latin est leur « pays » ; la politique et la haine de Louis-Napoléon leur passion. Comment pourraient-ils se reconnaître en effet dans ceux pour qui Michelet — le maître qu'ils admirent et pour la défense duquel ils se font rouer de coups et emprisonner — n'est qu'un « Pasquin du professorat, qui se croit un homme politique parce qu'il a le rictus de Marat, un historien parce qu'il a déshabillé Vico, un poète parce que quelques badauds ont pris pour de l'extase ce qui n'était chez lui qu'un ramollissement du cervelet » ? Ces lignes publiées dans *La Patrie* au lendemain d'une manifestation dure mais exaltante, comment ne confirmeraient-elles pas pour Vallès et ses camarades qu'ils appartiennent à un univers différent ? Qu'ils doivent rejeter ce monde arrogant, injuste et trivial ? Dès lors, ils se lancent avec un activisme brouillon, désordonné et naïf dans les projets les plus fous.

C'est ainsi que Vallès propose au Comité des jeunes d'enlever Louis-Napoléon Bonaparte avant qu'il n'ait mis la dernière main à sa « conspiration impérialiste ». Le président ne se promenait-il pas, presque seul, dans les allées du bois de Boulogne ? « Sauter sur lui, le bâillonner, le jeter ficelé au fond d'un fiacre : c'était chose facile. A quatre on faisait la besogne ; les autres se chargeaient des domestiques et des agents s'il en venait. »

On discute le plan jusqu'à quatre heures du matin. On consulte un député de la Montagne, Charles Lagrange. Vallès le rencontre à la Chambre des députés. Il déconseille l'opération. « Si vous manquiez le coup, vous relèveriez le prestige de ce misérable qui va demain sombrer dans le ridicule. »

Personne, en effet, parmi les adversaires de Louis-Napoléon ne peut prendre encore l'homme au sérieux. Quand Vallès répond à Lagrange que la menace est réelle, que demain le président peut « empoigner » les députés, il n'est pas entendu.

Les hommes raisonnables de la Montagne imaginent que Louis-Napoléon, puisque l'Assemblée a refusé la révision constitutionnelle — permettant sa réélection —, va s'incliner devant la loi. On laisse donc Louis-Napoléon préparer l'opinion. On fête la prise de la Bastille le 14 juillet 1851, le Comité des jeunes envisage la possibilité d'assassiner le prince-président, mais en fait la Montagne — les parlementaires — tergiverse et surtout sent qu'elle est impuissante. Vallès et ses camarades sont plus lucides. « La République sera assassinée un de ces matins au saut du lit, dit-il. Les symptômes sont menaçants. » En août et septembre, les premières réunions de préparation au coup d'Etat ont lieu à l'Elysée. Elles sont secrètes, mais l'atmosphère change dans les milieux politiques. Les séances de l'Assemblée deviennent orageuses. Les députés s'affrontent en séance et dans les couloirs. Louis-Napoléon habilement s'avance obstinément dans les deux directions qu'il a choisies. En évoquant le rétablissement du suffrage universel, il gagne de plus en plus des sympathies dans les milieux ouvriers. Et en même temps, dans son message du 4 novembre, il agite plus que jamais le spectre rouge : « Une vaste conspiration démagogique s'organise en France et en Europe, dit-il. Tout ce que les partis renferment d'insensé, d'incorrigible, s'est donné rendez-vous en 1852 non pour bâtir mais pour renverser. »

Et cette propagande porte loin puisqu'une partie des royalistes jusque-là hostiles se rallient : « Le prince Louis-Napoléon est, écrit ainsi un journal qui les représente, le lien providentiel entre la République et la monarchie. »

Vallès vit au rythme de ces événements. Il ressent physiquement la tension du moment. Plus rien ne compte que l'échéance qu'il sent venir et pour laquelle il est prêt à mourir. Il a dix-neuf ans et demi. Il se prépare avec ses camarades « à sauter dans la rue et appeler aux armes si Napoléon fait le coup ». Engagement total où il est prêt à jouer sa vie. « Nous sentons venir le froid du danger et nous avons le frisson », dit-il. Or, la Montagne parle, débat, attend : « Ne vous effrayez pas, répète l'un de ses membres — Martin Nadaud —, préparons-nous à faire notre devoir... Nous devrons opposer la force à la force car vous verrez alors toute la population de Paris dans la rue. »

« Le front chagrin, la poitrine serrée », Vallès attend. Il neige en cette fin novembre. Entre les différents camarades du Comité des jeunes les disputes ont cessé. « Comme s'ils allaient être tout à coup appelés à se joindre contre le malheur. »

Et l'angoisse née de la lucidité ronge Vallès. Il sent que, si le coup d'Etat l'emporte, sa vie bascule. Et il ne se fait guère d'illusion. « Le fla-fla des phrases que signifie-t-il à côté du clic-clac des sabres ? »

Le lundi 1er décembre 1851, il y avait comme d'habitude réception à l'Elysée et l'on dansait. George Sand qui passait au petit matin du 2 sous les fenêtres du palais dit à sa fille : « Ce n'est pas encore pour demain. »

Mais soixante mille soldats s'entassaient, en alerte, dans les casernes et les forts de la capitale. A l'Imprimerie nationale cernée par la troupe, les ouvriers étaient contraints d'imprimer, bout par bout afin de leur rendre le texte complet inintelligible, les affiches annonçant le coup de force de Louis-Napoléon, et le préfet de police Maupas convoquait quarante commissaires de police afin de leur donner la liste des soixante-huit personnes à arrêter à l'aube.

Quelques heures plus tard, les premiers placards étaient collés dans Paris. Le président dénonçait l'Assemblée, la dissolvait, rétablissait le suffrage universel et s'adressait aux soldats : « Je veux que l'armée fasse entendre sa voix... vous voterez librement comme citoyens. » C'était bien le coup d'Etat.

Ranc « casse » la porte de Vallès, hurle son nom, « c'est comme un cri de terreur ». Vallès ouvre. Ranc est « pâle et bouleversé ». « Le coup d'Etat ! » crie-t-il. « Il me passe, dira Vallès, un frisson dans les cheveux. »

Vallès prend un pistolet et de la poudre. Le moment est venu du combat.

Mais en même temps qu'il court avec Ranc chez Arnould, qu'il voit les attroupements paisibles devant les affiches, un pressentiment déchire Vallès. « On ne se battra pas. » « L'indifférence publique » va laisser faire.

Il faudrait qu'à midi des barricades soient dressées, mais rien n'arrive, sinon les conciliabules entre quelques étudiants. Le mot d'ordre de la résistance qu'on leur transmet est : « Ne pas se lever ; attendre, laisser se fatiguer la troupe. »

Vallès s'emporte. Il faudrait se battre tout de suite, lancer l'appel aux armes. Mais chacun craint d'être seul et à onze heures, ce

2 décembre, Louis-Napoléon peut sortir à cheval, parcourir les Champs-Elysées, traverser la Seine, passer devant le Palais-Bourbon. Place de la Concorde on l'a même acclamé au cri de : « Vive l'Empereur ! »

Partout, les ouvriers se montrent passifs ou même satisfaits du rétablissement du suffrage universel. Et pourtant Vallès et quelques centaines d'étudiants s'obstinent, élèvent des barricades, s'égaillent quand arrivent les soldats, puis se regroupent. Dès l'après-midi du 2 décembre, un millier d'étudiants sont rassemblés rue Saint-Sulpice. Le lendemain, on signale des groupes d'ouvriers en blouse qui chantent *La Marseillaise*. Un Comité de résistance avec Victor Hugo, Schœlcher, Carnot, Jules Favre s'est constitué dès le 2 et tente d'organiser la résistance. Le député Baudin, au carrefour de la rue du Faubourg-Saint-Antoine et des rues Sainte-Marguerite et Cotte, monte sur la barricade inachevée et, pour répondre aux ouvriers qui ont crié en le voyant : « A bas les vingt-cinq francs » — montant de l'indemnité parlementaire —, leur lance avant de se faire tuer : « Vous allez voir comment on meurt pour vingt-cinq francs. »

Vallès court en tous sens pour appeler au combat. Le « ciel était gris, le pavé sale ». Il veut, avec quelques autres, s'emparer de la mairie, place Saint-Sulpice. Groupe impuissant que la pluie disperse.

« Venez avec nous », crie Vallès aux ouvriers. Et l'un d'eux le toisant répond : « Jeune bourgeois, est-ce votre père ou votre oncle qui nous a fusillés et déportés en juin ? »

Juin 48 dont le souvenir est une plaie vive, condamnant « l'assemblée des déporteurs et des fusillards ». Paysans et ouvriers défendraient-ils leurs assassins ?

Cependant, cette résistance si faible à Paris suffit à inquiéter les hommes du coup d'Etat.

Le jeudi 4 décembre, alors qu'il n'y a dans Paris que moins de cent barricades tenues tout au plus par un millier d'hommes, trente mille soldats s'ébranlent et, sur les boulevards, durant près de dix minutes, ils ouvrent un feu de peloton qui couche sur le pavé au moins trois cents morts.

Ce jour-là, il y eut peut-être dans la capitale plus de deux mille morts. On fusilla au Champ-de-Mars. Les ordres étaient clairs : pas de prisonniers. Puis « l'armée entière s'établit gaiement pour la nuit autour des feux de bivouac », notent les témoins, et la « fraternisation » avec les prostituées du boulevard fut encouragée par les officiers. L'ordre régnait. « La stupeur glaça Paris », écrit Victor Hugo.

Vallès lui aussi est glacé.

Dans ce Paris où les patrouilles de soldats se croisent en lançant leur « Qui Vive ? » et l'on répond « France », il erre. Il va jusqu'à la Seine, se heurte à un barrage de soldats, n'ose pas crier comme il le veut : « A bas Napoléon » afin de se faire tuer lui aussi. Il balbutie, s'éloigne, « le cerveau éteint, le cœur troué, chancelant comme un bœuf qui tombe et s'abat sous le maillet dans le sang fumant de l'abattoir » !

Autour de lui c'est le même désespoir.

« Nous sortions en 1850 du lycée ; en 1851, nous étions déjà vaincus », dit-il.

Vallès a été un opposant déterminé. Le 2 décembre, c'est tout son avenir qui lui paraît brisé, sa vie perdue. Il s'agit de bien plus que d'une défaite politique. C'est, après l'espoir né de la Révolution de février 1848, « un coup de maillet ».

Car Vallès sait que le régime qui s'installe va durer. Il compte sur ses doigts : dans dix ans quel âge aura-t-il ? « Faisons-nous fusiller, a même crié l'un de ses camarades, car nous allons mourir de faim ! »

Il a depuis le 2 décembre hurlé à tous les coins de rue au risque de sa vie : « Vive la République ! A bas le dictateur ! » Et le prince-président l'a emporté.

Le 4 décembre au soir, Vallès retrouve ses camarades.

On dîne. On coupe le jambon avec des « tronçons de scie qu'on avait emmanchés comme des poignards et qu'on devait croiser contre le coupe-chou des soldats ».

Cette détermination, ce courage, ce désespoir n'ont servi à rien. Toute la révolte accumulée depuis l'enfance n'a pas suffi. Il faut se coucher. « Le 5 on se leva tard ; c'était fini. »

Vallès n'a pas vingt ans.

Chapitre 10

« La fièvre d'ignominie qui était alors dans l'air... » (décembre 1851-mars 1852)

L'étonnant, c'est qu'après ces jours où l'on a joué sa vie, quand ce qu'on craignait le plus, ce coup d'Etat, l'a emporté, il faut continuer de vivre et que la vie, comme si de rien n'était, se poursuit. C'est cela d'abord qui écrase Vallès de « douleur et de honte ».

On enterre les morts de ces premiers jours de décembre.

La rente gagne plus de neuf points en quinze jours. Ce n'est dans les journaux qu'un cri unanime : « Louis-Napoléon nous a sauvés. » Des barbares, des violeurs. Car une « grande peur » a secoué la France puisque dans de très nombreux départements des républicains, qu'on a présentés comme des assassins et des pillards, ont résisté et qu'il a fallu dans trente-deux départements décréter l'état de siège. Mais de Manosque à Lyon, de Draguignan à Nîmes, la répression s'abat, dure, systématique.

Dans chaque ville, les « honnêtes gens » — comme à Crest — peuvent dire : « Toute cette écume qui fermentait depuis dix-huit mois dans les bas-fonds du communisme de notre pays est montée à la surface et à voir ces figures patibulaires, cette irruption sauvage, nos concitoyens ont compris de quel péril immense le président les a sauvés... Le canon a purgé cette ville des barbares. » Le blé, les fonds français à la Bourse de Londres, tout monte comme la rente. Le 8 décembre, dans une proclamation, le prince-président peut affirmer : « Les troubles sont apaisés. Quelle que soit la décision du peuple, la société est sauvée. La première partie de ma tâche est accomplie. »

Il s'agit maintenant pour le pouvoir de préparer le plébiscite. La machine à intimider, à réduire au silence et à séduire s'est mise à tourner. Comme le dit Victor Hugo, décrivant ces méthodes : « Ventre contre terre, la face dans la boue... Vous étendez le bras droit et vous signez tous ce papier. Si quelqu'un bouge ou parle, voici la gueule de mon pistolet. Du reste, vous êtes libres... »

Que faire ?

Vallès et ses camarades errent, sans but, désemparés. « On se revoit — mais en osant à peine se parler et lever les yeux. On dirait que nous avons commis une mauvaise action en nous laissant vaincre. »

La sensation d'isolement est la plus dure. Celle aussi que « la terreur règne à Paris », qu'il n'y a plus rien à faire. Sentiment partagé par les observateurs. Frédéric Engels écrit ainsi : « De toute cette affaire une chose ressort assez clairement, c'est que les rouges ont abdiqué, complètement abdiqué... Les mois qui viennent nous apprendront si l'apathie est telle en France qu'il faudrait des années de répit pour que les rouges puissent renouveler 1848. »

C'est ce que Vallès craint.

Lui et ses camarades s'interrogent : « Qu'allons-nous devenir ?» Les journaux sont censurés. Les feuilles républicaines interdites. On destitue ceux qui, dans l'administration ou l'enseignement, ont osé crier : « A bas le dictateur ! » La délation est générale et charrie les vengeances politiques et les rancœurs privées. Le 9 décembre pourtant, au lendemain de la proclamation triomphante de Louis-Napoléon, Vallès et près de deux mille étudiants se retrouvent pour écouter le cours — le premier et ce sera le dernier ! — de Jules Simon. On acclame la Constitution. On hurle : « A bas Badinguet ! » Mais Jules Simon annonce à la fois qu'il ne votera pas une loi qui révolte sa conscience et en même temps que ce n'est pas lui qui fait cette déclaration mais qu'il se contente, en professeur de morale, de citer un texte de Platon ! Mépris de Vallès qui hurle pour marquer sa déception : « A bas Platon ! » Le plus courageux des professeurs n'est encore, à ses yeux, qu'un pleutre qui refuse de prendre ses responsabilités et se cache derrière le « divin Platon ». Amertume de Vallès. Désespoir. Angoisse.

De Nantes une lettre du père est arrivée. Jean-Louis Vallez ordonne à son fils de rentrer aussitôt. Le bruit court en effet au collège et en ville que Vallès a été blessé sur les barricades et s'il ne se présente pas pour démentir la rumeur, le père craint d'être destitué.

« IL NE S'AGIT PLUS DE PLEURER ! IL FAUT VIVRE »

Vallès est malade. Des événements. Malade à l'idée de retrouver la maison familiale. Malade réellement : un rhumatisme lui serre l'épaule gauche, un autre l'empêche de bouger le bras droit. Sans doute l'humidité des nuits de décembre, passées à courir dans les rues envahies par la troupe. Mais cette paralysie est symbolique. Vallès n'a plus de bras, plus de main. Il est lié. Malade aussi des cent francs qu'il doit au père d'Alexandrine. Il supplie qu'on les lui envoie. Il ne reçoit de Nantes que cinquante francs. Il est vaincu et humilié. Avec « comme de la boue dans le cœur ». Dans les heures qui entourent son départ tombent les résultats du plébiscite. La terreur, les pressions et l'adhésion se sont conjuguées pour assurer un triomphe à Louis-Napoléon Bonaparte. 7 499 216 oui contre 646 737 non, 36 000 nuls et 1 500 000 abstentions. Le prince-président est absous. Il peut généraliser la répression pour extirper toute velléité de résistance et mettre en place un nouvel Etat.

Vallès, tordu par les rhumatismes, rentre à Nantes. Il écrit quelques vers qu'il intitule « Bas les cœurs » :

Pour mon compte je n'ai plus le cœur à l'ouvrage
Je n'aiguiserai plus le glaive des héros
J'entends de mon orgueil mourir la voix sauvage
Comme un mugissement dans le cou des taureaux.

Abattoir, coup de maillet : il a la sensation terrible d'être contraint de s'agenouiller, de renoncer.

Par les champs où germait notre foi plébéienne
Les soldats ont semé les entrailles des forts
Le courage et le droit font voile vers Cayenne...
Les esclaves sont nés et les hommes sont morts.

Mais, pour son père, Jules Vallès est encore trop vivant.

Vallès est pourtant physiquement si mal en point que tous les soupçons, craint Jean-Louis Vallez, vont se trouver confirmés. « Mais avec ce bras mort, crie-t-il, tu as l'air d'avoir été blessé comme on le dit. » Il insulte son fils. La panique le prend. Si on le destituait ! Il répète, comme si une idée germait en lui qui laverait toute complicité de sa part, en ferait au contraire un zélé partisan de l'ordre nouveau : « Tu sais que tu n'as pas vingt et un ans et que j'ai le droit de te faire arrêter. »

Les inquiétudes de Jean-Louis Vallez ne sont pas imaginaires.

Des commissions militaires et des commissions départementales se mettent en place, chargées de sévir. Durement. Les autorités religieuses donnent leur bénédiction à la répression et se félicitent de l'ordre moral qui s'établit. Le pape Pie IX n'a-t-il pas salué le coup d'Etat du 2 décembre par ces mots : « Le ciel vient d'acquitter la dette de l'Eglise envers la France. » Dans ces conditions, « la peur courbe toutes les têtes. La peur des fonctionnaires nouveaux et des bonapartistes terrorisants ! Ils promènent la faux dans les collèges et jettent sur le pavé quiconque a couleur républicaine ».

Le père de Vallès est le moins apte des hommes à résister à une telle pression. Toute une vie exemplaire de soumission pour être pris en faute à près de quarante-cinq ans, à cause de ce fils rebelle, de ce fils fou, puisqu'il ne comprend pas quel est l'ordre implacable de la société.

La mère elle-même, pourtant désormais acquise à la cause de son fils, toute de tendresse trouve Jules « criminel ». Et fou. Car n'est-on pas fou quand on ne comprend pas à ce point où se trouvent son intérêt et l'intérêt de sa famille ?

Vallès sent tout cela. Il jugera plus tard, presque avec compréhension, ce père qui « n'est pas un méchant homme... Mais la frayeur de perdre sa place — que serait-il devenu ? — la colère de me voir lui répondre comme un écolier rebelle — il se vantait de les mater tous —, la fièvre d'ignominie qui était alors dans l'air !... Tout cela avait affolé cet homme qui avait déjà, de par son métier, l'âme malade et appauvrie ».

Solution pour le père ? D'abord il a le pouvoir. La loi du 20 juin 1838 lui confère tous les droits sur ce fils dès lors qu'il a moins de vingt et un ans. Le faire arrêter ? Il y pense. Il en répète la menace. Mais ce serait avouer qu'il y a eu action politique raisonnée et donc le danger resterait suspendu pour lui d'un renvoi du collège.

Par contre, décréter que ce fils est fou, malade dans sa raison, règle et exprime tout.

Fou, Jules Vallès aux yeux de ses parents.

Fou : s'il l'est, comment tenir dès lors ce jeune homme responsable de ses actes et comment donc en faire porter les conséquences au père ?

La folie du fils innocente le père. Solution sordide, mais à la mesure de la lâcheté sociale de Jean-Louis Vallez, de ses abdications successives, solution qui dit aussi combien, après le plébiscite triomphant, les opposants ne peuvent être que des criminels ou des malades mentaux !

La solution trouvée, l'exécution est rondement menée. Et toute une bonne société locale se montre complice. On rend service à un professeur encombré d'un fils dangereux qui menace de ruiner sa carrière. On se rassure collectivement. Et on se venge. On trouve dans cette décision comme la preuve décisive qu'on a eu raison de choisir la vie soumise du chien de garde. Jules Vallès est à ce point physiquement et moralement brisé qu'il va accepter cette décision. L'eût-il refusée qu'on eût employé la force pour le contraindre à obéir.

Car la détermination de Jean-Louis Vallez est totale. Il agit poussé certes par la panique, mais en homme qui sait utiliser la loi et des complices qui sont comme lui des notables locaux. Ils accomplissent méthodiquement les actes nécessaires pour respecter minutieusement la lettre des textes.

Jules Vallès sera donc interné légalement sans qu'à aucun moment la procédure ait été violée.

Crime parfait. On condamne à l'enfermement psychiatrique un fils de vingt ans parce que c'est un rebelle.

Premier acte : le 31 décembre, Jean-Louis Vallez rédige une demande d'admission de son fils à l'asile d'aliénés Saint-Jacques dans le cadre d'une application de la loi du 30 juin 1838 qui prévoit le « placement volontaire » d'un malade mental par sa famille.

On imagine l'atmosphère chez les Vallez. Le fils prostré, souffrant de sa crise aiguë de rhumatisme. La mère désolée mais sûre qu'on agit pour le bien de ce fils, ce pauvre fils. Et le père, fébrile et organisé. Car il ne peut agir ainsi que s'il s'est assuré des appuis médicaux nécessaires. Il a donc rendu des visites, expliqué, emporté l'adhésion. D'abord du médecin de famille, le docteur Jean-François Lequerré, ancien chirurgien de la marine, membre résident de la Société académique de Nantes. Un notable qui dès le 27 décembre établit un certificat attestant que Jules Vallès est « atteint d'aliénation mentale » et manifeste des signes clairs d' « exaltation ».

Ce 31 décembre, Vallès est conduit à l'asile Saint-Jacques.

C'est bien « l'abattoir ».

Le docteur Camille Bauchet, médecin-chef, a un passé estimable. C'est un aliéniste qui a défendu ses malades contre les excès. Il a ainsi interdit de les enchaîner. Il a même, dans un article paru en 1848, affirmé que la folie était provoquée par l'organisation actuelle de la société. Il est allé jusqu'à préconiser l'organisation de l'asile d'une manière communautaire afin que le malade s'y trouve rassuré, hors des conflits de rivalité.

Le docteur Bauchet a donc beaucoup à se faire pardonner par le nouveau régime. C'est un rallié, qui comprend les raisons de Jean-Louis Vallez et qui trouve même, peut-être dans le comportement du fils, la preuve de la responsabilité de la société. Mais la folie n'en est pas moins réelle puisque Jules Vallès s'est rebellé !

Le 2 janvier 1852, le docteur Bauchet délivre « un certificat immédiat » — exigé par la procédure — qui autorise et justifie l'admission à l'asile.

Vallès y est décrit comme « affecté d'aliénation mentale caractérisée par la croyance à des tourments imaginaires avec tendances suicidaires prononcées et complication d'une affection organique cérébrale. Cet état exige des soins spéciaux et la séquestration dans une maison d'aliénés ».

Le 15 janvier, nouvel examen, obligatoire lui aussi selon la procédure et conclusion confirmée : Vallès est « affecté d'aliénation mentale caractérisée par une faiblesse d'intelligence avec lésion organique du cerveau et de désordres instinctifs dans ses actions ».

Fou, Jules Vallès, selon son père, les médecins et la loi !

Le voilà, jour après jour, livré aux infirmiers, au silence crevé par les cris et les hurlements des aliénés.

Le voilà dans cette promiscuité humiliante avec des déments dont les grimaces et les gestes épouvantent.

Il n'a pas vingt ans. Il peut penser qu'il ne sortira plus de cet asile tant son enfermement facilite la vie de son père. Et on devine la blessure inguérissable que représente cette trahison du père qui se fait instrument de répression contre son propre fils et incarne — et avec quelle sauvage mesquinerie — l'ordre social.

Coup d'Etat du 2 décembre : Louis-Napoléon Bonaparte fait régner la terreur à Paris. A Nantes, Jean-Louis Vallez fait enfermer son fils, le vaincu du Quartier latin.

Cet acte dans sa symbolique tragique soude définitivement chez Vallès révolte individuelle contre l'oppression familiale et sentiment révolutionnaire.

Le père est dictateur. Il fait sa police et maintient l'ordre. La loi est à son service et il en est l'exécuteur.

Quand le fils peut échapper aux soldats et aux sergents de ville, le père intervient. Et le fils est condamné à un enfermement pire que celui de la prison. Car l'asile est la négation intime de l'être et de sa dignité. La révolte est réduite à l'état de maladie honteuse.

Pour Vallès, ce fut l'enfer.

Deux fois il tente de se suicider en se jetant tête en avant de toutes ses forces contre les murs. On l'entrave. On y voit la preuve de sa folie. La chaîne se ferme. Le diagnostic confirme à nouveau « les tourments imaginaires », la « tendance au suicide » et la nécessité de l'internement.

Chaque jour une nouvelle horreur. Voix brisées qui hurlent leur détresse et leur souffrance ; grimaces qui révèlent les terreurs ou les désirs.

« Une nuit, raconte Vallès, je me réveillai en sursaut à moitié asphyxié ; un des fous, dont la folie consistait à se croire chien, se tenait accroupi devant moi, me léchant le visage. Comme je tentais de me dégager, il me fendit le crâne d'un coup de sabot. »

On transporte Jules Vallès à l'infirmerie. L'horreur y est moins pesante, la surveillance plus lâche. Un infirmier accepte de transmettre un courrier de Vallès — un appel au secours — à ses amis du Quartier latin, Arthur Arnould, Arthur Ranc qui d'ailleurs s'inquiètent de son silence.

Arnould — le père est professeur de faculté — sera le plus actif. C'est lui qui reçoit le mot de Vallès, tracé à la hâte sur du papier grossier. Il se précipite chez Ranc et tous deux écrivent aussitôt au père de Jules Vallès, le menaçant de faire éclater le scandale. Et Jean-Louis Vallez répond par retour du courrier, les rassure, annonce la sortie prochaine de son fils.

Cède-t-il si facilement parce qu'il a peur à nouveau pour sa carrière qu'un scandale briserait ? Ou bien la lettre de Ranc et d'Arnould réveille-t-elle en lui des remords ? L'aide-t-elle à prendre conscience de ce qu'il a fait, à sortir de sa panique ? Tout cela joue sans doute comme aussi le fait que la répression politique, après deux mois, entre dans une phase moins désordonnée et que Jean-Louis Vallez peut estimer que le plus fort du danger est passé pour lui. Et pour son fils.

Car rien ne dit qu'il n'y ait pas eu aussi — prétexte qu'une conscience paternelle se donne mais avec une racine de sincérité — chez Jean-Louis Vallez et chez Bauchet, le médecin-chef de l'asile, la volonté de protéger Jules Vallès, de le mettre, malgré lui, à l'abri des poursuites judiciaires.

La lettre d'Arnould et de Ranc vient à point nommé obliger ces deux hommes, le père et le médecin, à regarder en face ce qu'ils ont fait. Et à en mesurer, l'un et l'autre, la gravité, peut-être même à en avoir honte.

Dès le mois de février, le docteur Bauchet note une « amélioration » sensible de Vallès. Et, le 2 mars 1852, il conclut à la « guérison miraculeuse de la maladie », ce qui entraîne la mise en liberté et la sortie ce même jour.

On ne peut mieux se renier.

Jules Vallès est libre.

Mais le saccage accompli dans sa vie et dans celle de ses proches par ces deux mois d'internement est définitif.

Vallès a vu l'autre côté du miroir. Celui de la famille. Celui de la société. Celui de la raison. Il a déchiré toutes les hypocrisies. Celles des sentiments, de l'ordre social, du comportement. Le père fait interner son fils ; le président démagogue viole ses serments et fusille la foule sur les boulevards ; le héros prêche la prudence et la lâcheté ; lui-même, Vallès, n'a pas osé crier seul devant les sentinelles : « A bas le dictateur ! », il s'est enfui, perdu dans les ruelles, balbutiant et honteux ; et l'homme devenu fou agit comme un chien ! Quelles leçons implacables !

Vallès est libre, mais il doit rentrer dans sa famille, quai Richebourg.

Il dira, comme s'il parlait d'un autre, n'osant même pas évoquer directement cet épisode de l'internement : « Au bout de deux mois on l'a délivré, mais sa sœur a été tellement émue d'entendre dire que son frère était fou qu'elle est tombée malade et va, dit-on, en mourir. »

La famille est à la fois déchirée, écrasée de culpabilité diffuse et de désespoir.

Libre, Vallès ? « La vie va s'écouler sournoise et horrible. »

Chapitre 11

« Je me sens trop de force ! Mourir, allons donc ! » (mars-octobre 1852)

C'est l'année de ses vingt ans.

Il a dans le cœur, après ce qu'il vient de vivre, encore plein de passion et de haine. Un désespoir aussi, presque nauséeux, devant cette ville de Nantes qui sent l'eau morte, devant ce quai Richebourg « si long, si vide, si triste », devant cette indifférence à la misère, cet égoïsme qui s'affiche, tranquille. « Il y a un estropié qui criait l'autre jour sous une fenêtre : " Ma femme a faim, ma femme a faim. " Et cela ne fait pas plus dans cette rue que le hennissement d'une bête dans un pré ou le cri d'un geai dans un arbre. »

Que reste-t-il au pauvre sinon à crier sa misère en implorant la charité ? Le prince-président a établi sa dictature. Une loi sur la presse bâillonne les journaux, les soumet à l'autorisation préalable. Et les tribunaux militaires condamnent à mort. On guillotine sur les places publiques, à Belley, à Béziers, dans d'autres villes, avec partout grand renfort de troupes. Victor Hugo qui a choisi l'exil peut dire, commentant l'une de ces exécutions : « Faire cela après la lutte, froidement, inutilement comme un oubli qu'on répare, comme un devoir qu'on accomplit, c'est effrayant, c'est complet ; on a un air d'être dans son droit qui déconcerte les consciences et fait frémir les honnêtes gens. »

Et comme pour bien marquer qu'il est légitime de tuer ceux qui se sont engagés dans le camp des « rouges », une femme est acquittée, le 20 février 1852, pour avoir tué à coups de couteau son mari, parce que, disait-elle, il lui a avoué qu'il appartenait à une société secrète et qu'il a prononcé le serment de « tout sacrifier pour la cause du peuple que les rouges soutiennent ». Cela vaut d'être assassiné !

Vallès a vingt ans ces mois-là. Le lieu où il vit, le climat du moment lui font horreur.

« Je tourne et retourne, dit-il, dans le cercle bête où s'est écoulée une partie de ma jeunesse. » Il revoit le collège « lugubre ». Son père exige de lui qu'il « abatte un devoir grec ou latin tous les jours ». Lui, « l'échappé des barricades », voilà qu'il est contraint de se plier à cette « farce ».

La rage le dévore. Et son père sent bien que rien ne peut briser ce fils, ni l'asile d'aliénés ni les humiliations, rien. Pas plus les coups donnés à l'enfant hier que la contrainte et la menace aujourd'hui. « Toujours démoc-soc, n'est-ce pas ? lui crie Jean-Louis Vallez. Va-t'en dire au proviseur que tu veux te faire savetier, te remêler à la canaille ! Arrive en blouse au collège, devant ma classe ! C'est ce que tu veux peut-être ! »

Ce que Jules Vallès veut, c'est partir. Retrouver Paris. A Nantes, dans sa famille, il agonise. « Où est donc la vie ? La vie ! » Pis, cette ville de province, conformiste, n'a pas la « consolation des souvenirs de la République, la gloire des cicatrices ». Il ne reconnaît pas le « peuple » dans « ces meneurs de bateaux, ces porteurs de cottes, ces Bas-Bretons en veste de toile crottée, ces paysans du voisinage en habit de drap vert ». « Le peuple ! Où est donc le peuple ici ? »

Pour Vallès, ce qui constitue le peuple, c'est, à l'évidence, la prise de conscience, c'est-à-dire l'esprit de révolte. A Nantes, il ne rencontre d'abord que des gens soumis, qui ont « abdiqué ». Et cela lui est d'autant plus difficile à supporter qu'il sent en lui le désir de « sortir de son silence et de son obscurité ». Il se « sent trop de force » pour se soumettre. « J'ai encore à faire avant de mourir », dit-il.

Pèse sur lui une sorte de responsabilité par rapport à ce qu'il doit devenir, parce que les autres attendent de lui un destin exceptionnel. Des anciens du collège rencontrés dans les rues de Nantes l'interrogent. Est-il vrai qu'il « s'en est mêlé », à la résistance de décembre à Paris ? « Que fais-tu ? Va-t-on un de ces jours entendre parler de toi ? »

C'est comme une obligation morale, un devoir qu'on l'oblige à porter, qui l'angoisse. « Un matin, pense-t-il, je disparaîtrai pour n'avoir à rougir devant personne de n'être rien. » Mais en même temps ce regard des autres sur lui, leur attente sont comme une poussée qu'on lui donne, une nouvelle raison d'agir.

D'ailleurs il est moins seul. Il a renoué avec un camarade de collège, Poupart-Davyl, révolté lui aussi contre l'éducation reçue. Vallès est censé préparer Poupart-Davyl au baccalauréat. En fait, ils passent leur temps au café Molière, « le café de la jeunesse dorée, là où se trouvent toutes les têtes brûlées de la ville. Des garçons qui mangent leur fortune ». Et Vallès découvre à ce contact le monde des « viveurs » où l'on méprise la pauvreté, « point les pauvres ». Il cherche querelle. Il aime cette ambiance violente — on se bat en duel —, ce sentiment de côtoyer l'abîme. Cette manière aussi de contester l'ordre social. Et il prend goût ainsi au monde des marginaux, point nécessairement révolutionnaires, mais vivant de manière anarchique. Tout ne vaut-il pas mieux que la soumission ?

Seulement jusqu'à vingt et un ans, il est soumis à la « loi infâme qui met le fils sous le talon du père ». Et Jean-Louis Vallez sur ce point est intraitable même si entre lui et son fils une sorte de marché a été passé.

Vallès l'explique dans une lettre du 26 mars 1852 adressée à son ami Arthur Arnould. Il est redevable à ce camarade — et à Ranc — de sa sortie de l'asile d'aliénés. Maintenant il fait encore appel à lui pour obtenir du père d'Arnould le coup de pouce qui permettrait à Vallès d'obtenir le baccalauréat. Le père d'Arnould est professeur de faculté à Poitiers. C'est là que Vallès s'inscrit pour la session d'avril du baccalauréat. Il écrit à Arnould : « Je travaille nuit et jour à mon baccalauréat. Mon père a peur que je ne fasse quelque mauvais coup, dont il se ressentirait peut-être. Il me déteste mais il me craint, c'est le mot. Aussi me laissera-t-il partir si je suis reçu. » Et Vallès insiste. Il a envoyé ses pièces d'inscription à Poitiers. « Je ne doute pas de la protection de M. Arnould », dit-il, mais il répète : « Songe à l'importance du service que tu me rendrais en contribuant par l'appui bienveillant de ton père à ma prochaine réception. »

Dans une nouvelle lettre du 20 avril, quelques jours avant l'examen, il écrit encore à Arnould : « J'ai besoin de la bienveillance de mes juges. Prie ton père... »

S'il échoue, quelles possibilités s'offrent à lui ? Il les passe en revue, et revient l'idée, qu'il reste à Nantes ou choisisse de porter une « blouse d'ouvrier », de faire de « l'art, de la littérature », de « faire un drame, un roman, un traité sur l'instruction et de porter cela avec mes vingt et un ans à Paris, au bureau du *Siècle* ou de *La Presse* et gagner ma place au banquet commun ».

Dernière issue : s'embarquer pour l'Amérique, « quitter la

France avec son empereur (Louis-Napoléon ne l'est pas encore, mais Vallès anticipe l'événement prévisible après le coup d'Etat du 2 décembre) et ses geôliers, et aller demander à New York du pain et la liberté » ! Et là, avec du courage et de l'énergie, être « admis dans un journal révolutionnaire ».

Vallès à la veille de ce baccalauréat dont dépend son droit à la liberté a donc déjà choisi sa route : être quelqu'un, « par besoin d'action ou par orgueil » et le devenir par la plume. L'écriture — théâtrale, romanesque ou journalistique — apparaît à Vallès comme l'instrument de sa notoriété et de sa liberté.

Or, en quelques semaines, la vie de Jules Vallès, jusque-là nouée, va se délier.

Il a travaillé de manière « opiniâtre » pour l'examen. Mais, il l'avoue dans sa dernière lettre à Arnould, il a « bien besoin de la bienveillance de ses juges » car « à vrai dire (il) ne sait rien ». Il s'attend donc à être « refusé ».

Et pourtant il est reçu à la fin du mois d'avril. Même si son passé de « révolutionnaire » est moins connu à Poitiers qu'à Rennes, eût-il pu être admis sans l'intervention du professeur Arnould alors que dans toute l'Université se développe un climat de persécution ? A Poitiers même, au moment où Vallès affronte les épreuves du baccalauréat, le jeune Hippolyte Taine vient d'être dénoncé par des parents d'élèves pour le contenu de ses cours et déplacé d'office à Besançon — où il démissionnera de l'enseignement.

Le voudrait-il que Jules Vallès ne pourrait trouver place dans cette Université-là, régie par l'ordre moral et politique le plus soupçonneux. Ce sont les instituteurs qui, par exemple, ont été les plus durement condamnés par les tribunaux militaires lorsqu'ils ont été jugés pour leur participation à la résistance républicaine en décembre. L'enseignant doit être un gendarme de l'esprit.

Reçu, Vallès rentre à Nantes. Sans triompher mais avec la volonté farouche d'exiger ce qu'on lui a promis : le départ pour Paris.

D'ailleurs, l'attitude de Jean-Louis Vallez a changé à l'égard de son fils. Jules Vallès l'a écrit à Arnould dès la fin mars : « L'homme est doux comme un mouton maintenant, a-t-il dit parlant de son père. Il comprend que la lutte est inutile et il n'ose pas me briser. J'ai combattu de manière à vaincre. »

En fait, cette douceur nouvelle du père s'explique par une autre raison.

Au Puy, la vieille mademoiselle Balandreau, témoin des punitions de Vallès, de son malheur d'enfant battu, confidente du jeune écolier, vient de mourir. Et elle lègue son mobilier et treize mille francs à Jules Vallès. Vallès oublie d'abord l'héritage pour pleurer cette vieille femme, surgie de ses souvenirs puisqu'elle n'avait plus donné de ses nouvelles. Il sanglote « toute une journée comme un enfant ».

Pourtant, son père ne s'intéresse pas à sa peine, mais à l'héritage. Que Jules Vallès lui abandonne la succession Balandreau et on le laisse partir à Paris immédiatement. On lui versera quarante francs par mois plus cinq cents d'un coup pour s'habiller et s'installer. Et l'on paiera un remplaçant qui évitera à Vallès le service militaire. L'avenir enfin s'entrouvre pour lui. On a vendu à Vallès sa liberté.

Elle est là, si proche, dans quelques jours il va partir. Il a envie de hurler : « Ouvrez-moi la porte. Que je sorte pour ne jamais revenir !... Adieu ! Adieu ! »

Mais entre un fils et ses parents, les rapports ne sont jamais ceux que l'on croit. Tout est toujours plus complexe.

Voici que le père dit en tremblant : « Tu vas donc me quitter en me haïssant ? » Et Jules Vallès étouffe mal des sanglots. Son père pleure à son tour.

Dès lors le fils, ému, a « tout pardonné ».

Il passe avec ses parents sa dernière soirée. Il leur offre le spectacle et ils se rendent au théâtre, lui au milieu d'eux, leur donnant le bras.

Retournement décisif. Fin de l'adolescence, âge d'homme. Vallès a juste vingt ans.

La scène qu'il vit dans cette rue de Nantes, à la veille de son départ pour Paris, lui fait sans doute comprendre à quel point les rapports familiaux qu'il a subis ont été déterminés par la pression sociale à laquelle son père et sa mère s'étaient soumis, abdiquant leur personnalité pour devenir des petits-bourgeois.

Cette compréhension qu'a Vallès de ses parents lui donne la clé pour deviner qui sont les autres, pourquoi ils agissent et comment, au fond, les bourreaux mêmes peuvent n'être que des victimes.

Dès ses vingt ans, Vallès ne hait pas les hommes, mais cette machine sociale qui les rend haïssables. Ce ne sont pas les hommes qu'il veut détruire, mais l'ordre auquel ils se soumettent. Il rêve dès ce moment-là à un monde où personne ne serait contraint d'« abdiquer ». Car ceux qui abdiquent deviennent des bourreaux.

Dernière soirée à Nantes entre sa mère et son père. Elle l'a battu chaque jour de son enfance. Le père l'a cinglé de sa ceinture et l'a fait enfermer parmi les fous.

Et pourtant, la mère et le père appuient leurs bras à ceux de leur fils. Et l'amour, lourd de nostalgie et de regret, passe entre ces trois êtres liés charnellement les uns aux autres et qui se sont cependant déchirés. « Il me semblait que c'était moi le père, dira-t-il, et que je conduisais deux grands enfants qui m'avaient sans doute fait souffrir, mais qui m'aimaient bien tout de même. »

La lucidité rend généreux.

Chapitre 12

« Il n'y a plus de mêlée, il y a l'odeur de la vie servile » (octobre 1852-septembre 1853)

Paris, ce n'est pas pour Jules Vallès l'inconnu. Il y a son quartier : celui des rues étroites qui de la place du Panthéon descendent vers la Seine, entourent le jardin du Luxembourg vers l'Odéon. Ses camarades, Ranc, Arnould, Poupart-Davyl, Chassin y habitent — et même il y retrouve le souvenir d'un amour, celui d'Alexandrine. Il a souffert, à Nantes, du silence de la jeune fille. Il l'a presque oubliée, pris dans cette année de « colères de province ». « En remettant le pied sur le sol de Paris, (il a) de nouveau pourtant un petit battement de cœur. » Mais une visite à Alexandrine suffit. On l'a oublié. Il paie les vingt-cinq francs qu'il doit aux parents hôteliers. « Le compte est réglé. »

C'est que, Vallès en prend conscience en revoyant Alexandrine, le temps a passé.

Il a suffi de ces quelques mois — depuis décembre 1851 — pour que s'effacent les sentiments, pour que Vallès lui-même n'éprouve pas, à se retrouver à Paris, l'ivresse de jadis.

Il a loué une chambre dans un petit hôtel de la rue des Cordiers, l'hôtel Jean-Jacques Rousseau. Vallès a « lu son Balzac ». Il imagine, à tort, que c'est dans ce même hôtel que Lucien de Rubempré, le héros balzacien des *Illusions perdues,* a séjourné. Erreur, rêverie significative des ambitions de ce jeune homme de province qu'est Vallès et qui comme Rubempré veut devenir journaliste et homme de lettres. Mais Vallès n'est jamais dupe longtemps de ses rêves. Et la réalité le détrompe vite : « Ma fenêtre donne sur un mur, dit-il. Je ne puis pas regarder Paris et le menacer de mon poing comme Rastignac ! Je ne vois pas Paris ! »

Il sait bien qu'entre le jeune homme sorti à peine du collège qu'il était encore en 1851 et celui d'aujourd'hui qui a reçu « le coup de maillet » du 2 décembre et connu l'enfermement à l'asile d'aliénés de Nantes, la différence est grande. « Je suis plus vieux », dit-il d'abord, mais il y a plus grave. Il se sent, alors qu'il est à Paris, qu'il a tant voulu y vivre, « à peine libre ». C'est que pèse sur lui la certitude que le temps n'est plus aux hésitations. Vallès « entre dans la vie. Maintenant, c'est pour de bon, mon garçon ».

Mais, au fil des heures, l'enthousiasme renaît. Il est seul. Il a de l'argent. Un peu, mais de quoi lancer avec superbe dans un restaurant coquet et accueillant de la rue Taranne : « Garçon, payez-vous. » Et puis il est heureux de marcher dans Paris, de s'accorder ce premier jour de solitude, pour « boire l'air et le soleil » de cet automne 1852.

Il traverse la Seine, il se regarde dans une glace. Il a un peu plus de vingt ans. L'habit, pour une fois, ne le ridiculise pas. C'est lui, ce « garçon brun, large d'épaules, mince de taille qui a l'air heureux et fort ». Ce visage vigoureux au « teint de cuivre et aux yeux noirs », c'est le sien. Il se sent bien. « L'égoïsme l'empoigne. » A demain les camarades, les projets, les soucis pour le salut de la patrie.

Il parcourt les Tuileries où collégien on le conduisait en promenade, retrouve cette allée du Sanglier où il a vu rosser deux gardes mobiles, à quelques pas des quais de la Seine, où il a regardé passer le cortège des déportés de juin 48.

Mais il chasse ses souvenirs. Il observe ces jeunes femmes aux « reins souples, le corsage plein et la peau dorée ».

Toute la sensualité vigoureuse de Vallès s'enflamme. C'est cela la liberté et Paris. « Il n'y a ni ces hanches ni ces remous en province. Au Quartier latin non plus. »

Il éprouve une sensation de joie et de force qui emporte la grisaille des premières impressions. Il rentre à l'hôtel lentement après dîner et renforce sa résolution : « Quelques jupons éclairaient de blanc les trottoirs, dit-il, (mon) ombre s'allonge aux rayons de la lune et emplit toute la chaussée... Il s'agit, conclut-il, de me faire une place aussi large au soleil. »

Ce ne sera pas facile, quelle que soit l'énergie de Jules Vallès. Et il le sait, le redécouvre vite, une fois passé la griserie d'une journée de vagabondage dans Paris qui a pris, ce jour-là, la couleur du corsage des jeunes femmes qui se laissent lutiner par leurs galants dans le jardin des Tuileries.

Les rues sont pleines d'agents et de soldats. Pour qui a le cœur républicain, malgré le soleil et les bouquetières, « le cigare blond qui lance de la fumée bleue » et qu'on peut toujours acheter pour trois sous, Paris est « écrasé et mort ».

Quand, dans le restaurant de la rue Taranne, Vallès retrouve ses camarades, il les sent transformés : « Leur poignée de main a été chaude, mais leur conversation est gelée. » On lui envoie des coups de genou sous la table. On lui fait comprendre qu'on craint ce qu'il peut dire. Et il mesure que la hantise des mouchards pèse sur chaque instant.

« La police avait une épée et tuait en plein jour au coup d'Etat ; maintenant, c'est autre chose. On ne peut pas parler, on ne peut pas se taire... Les mots sont saisis au vol... Les gestes et le silence sont mouchardés. » Le coup d'Etat de décembre a créé un climat « d'espionnage et de terreur ».

D'autant plus étouffant que, à l'exception d'une minorité de « réfractaires », tout le pays a basculé.

Les affaires tournent sur un rythme qui s'accélère jour après jour. Fondations de banques — ainsi le Crédit mobilier — et spéculations sur les terrains se multiplient. Proudhon peut écrire le 4 septembre 1852 : « Les tissus, les fers, les grains, les liquides, les sucres, les soies, tout est en voie de monopole. »

Les journaux sont bâillonnés, surveillés. A Paris, on ne compte plus que onze titres. En province leur nombre est passé de soixante à vingt-quatre.

Vallès est saisi à la gorge par cette atmosphère qui le révolte et qui met en cause son avenir. N'envisageait-il pas de faire carrière dans le journalisme ?

Car il a la tête pleine de modèles balzaciens. Quand sa mère l'interroge : « Qu'irais-tu faire à Paris, Seigneur ? » il répond : « J'écrirai dans les journaux ! » Et à Nantes, lisant avec avidité les feuilles de Paris : « Il se disait qu'il aurait un jour son nom accolé à ces noms, qu'il croyait tous célèbres. » Maintenant, on se passe sous le manteau un manuscrit du poète-chansonnier Charles Gille intitulé *Les Gentillesses de la loi* et où l'on peut lire ces vers :

On n'embauch' plus d'Auvergnats
Pour fair' l'métier d'presse
On y pose avec adresse
Un mouchard et deux cad'nas.

Quant aux journaux qui restent, ils prospèrent, tombés entre les mains de manieurs d'argent. Le banquier Mirès investit dans *Le Constitutionnel* et plus tard Morny lui succédera. Celui-ci, demi-frère de Louis-Napoléon Bonaparte, est depuis 1842 député du Puy-de-Dôme. Il symbolise la « Fête impériale », les appétits et les passe-droits.

Car dès le lendemain du coup d'Etat commence le temps des dévoreurs : de bénéfices, de places, de plaisirs. C'en est fini des hypocrisies ou des craintes. « Tous les intérêts sociaux étaient en péril — avant le 2 décembre, écrit Veuillot dans *L'Univers* — et maintenant ils sont protégés. »

Dès le 7 novembre 1852 — quelques jours à peine après le retour de Vallès à Paris — un sénatus-consulte dispose dans son article premier : « La dignité impériale est rétablie, Louis-Napoléon Bonaparte est empereur des Français, sous le nom de Napoléon III. » Et le plébiscite, les 21 et 22 novembre, est triomphal, à nouveau. L'Empire est rétabli le 2 décembre. Le suffrage universel ainsi domestiqué — perverti —, on peut étaler sa richesse et satisfaire ses appétits, à l'ombre des sabres et des mouchards.

Un luxe tapageur, insolent envahit Paris. Louis Bonaparte a restauré le goût des grands bals des Tuileries. Les équipages vont et viennent sur les Champs-Elysées. Cuirs souples, uniformes, pierreries, cristal : le temps est bien à la fête.

Le député Baudin s'était fait tuer sur une barricade en décembre 51 pour « vingt-cinq francs par jour » — une indemnité parlementaire de neuf mille francs par an — les sénateurs touchent désormais trente mille francs et les ministres cent mille francs.

L'empereur se voit attribuer seize millions.

Heureuse Constitution. Heureux temps.

Vallès a quarante francs par mois. La rage du vaincu et du révolté au cœur. Le sentiment de l'impuissance devant ce luxe qui s'étale et cette soumission du pays générale.

Il faut chuchoter dans les cafés, et point trop sous peine d'être pris pour un conspirateur. Vallès ne songe-t-il pas d'ailleurs « à faire le coup », à tuer l'empereur ? Il se confie à ses camarades. On le dissuade. Ranc lui murmure : « Ne tente plus de démarche, ne bouge pas. » On lui laisse entendre qu'un complot se prépare, qu'on l'avertira. De vieux révolutionnaires le conseillent : « Réfléchissez pendant dix ans ! Il y sera encore dans dix ans, allez ! » C'est bien cela qui désespère Vallès.

Il va falloir se taire pendant toutes ces années ! Il « avait pris goût à la vie ». Et il découvre « qu'il n'y a qu'à se tapir comme une bête dans un trou ou bien à sortir pour lécher la botte du vainqueur ».

Vallès vit ainsi cette condition du jeune intellectuel révolutionnaire auquel un régime d'ordre vainqueur ne laisse aucune issue.

« Je le sens..., écrit-il, c'est la boue... c'est la nuit ! » Il s'est libéré du joug paternel croyant qu'il allait pouvoir se jeter dans « la mêlée » de la vie, dans le combat pour ses idées. La chape est retombée. « Il n'y a plus de mêlée, il y a l'odeur de la vie servile et ceux qui ont des voix de stentor doivent se mettre une pratique de polichinelle dans la bouche. »

Il erre. Il boit des absinthes avec Arnould, Ranc, Chassin, Poupart-Davyl. « C'est à se faire sauter le caisson si l'on ne se sent pas le courage d'être un lâche », pense-t-il.

On cherche querelle aux civils faute de « pouvoir se mettre en ligne contre les soldats ». On s'en prend aux « heureux qui sont contents de ce qui se passe et qui s'amusent ». On a l'air de fous.

Mais, en fait, ce qui enrage cette petite bande de camarades qui cherchent la violence dans les restaurants des Halles où ils passent les nuits, où ils « sifflent du vin blanc et gobent des huîtres », c'est « la nostalgie des grands bruits des foules républicaines ». On hurle de ne pouvoir crier : « Vive la République ! » Le vin brûle et « fait bouillir dans les veines le sang caillé de décembre ».

Vallès, en quelques jours de cette vie-là, a dilapidé les cinq cents francs que son père lui avait attribués pour s'installer. Il n'a plus que ses quarante francs par mois. Il refuse de faire des dettes, de vivre à crédit dans une pension du Quartier latin. Il ne veut pas côtoyer ces « fils de bourgeois qui n'ont ni passion ni drapeau. Je les méprise, dit-il, et je veux les fuir ».

Il ne lui reste plus dès lors qu'à se mettre « en route pour la vie de pauvreté et de travail ! ». Mais le projet d'écrire demeure, fort comme une révolte inextinguible. Il s'est enrichi encore de toutes ses colères rentrées, de son désespoir, de son énergie vitale.

Vallès lance : « Tu ne peux charger ton fusil ! Prépare un beau livre. »

L'écriture est aussi devenue une arme !

Cependant il faut vivre. Vallès qui, pour obéir aux recommandations impérieuses de son père, a pris le 7 janvier 1853 ses premières inscriptions à la faculté de droit ne fréquente guère les cours. Il y rencontre quelques étudiants, républicains comme lui — Charles

Dacosta, Charles Longuet — avec qui il se lie. Il y découvre un monde intellectuel qu'il ignorait — les lois, les règlements, les constitutions — qui ne le séduit pas. Mais cela élargit son champ de connaissances. Il lit, par exemple *Le Spéculateur à la Bourse,* ce livre anonyme de Proudhon qui paraît ces semaines-là ; il mesure qu'à travers les actes législatifs, les décrets, les lois, une modification de la société s'opère. Le décret qui a autorisé, par exemple, la création des Sociétés de crédit foncier va légitimer la spéculation. Bientôt (le 1er juillet 1853), le baron Haussmann sera nommé préfet de la Seine, et Paris va se transformer en un immense chantier où disparaîtront les ruelles chères à Vallès, propices aux barricades. Elles seront remplacées par les vastes saignées des boulevards commodes aux feux de salve, au mouvement de l'artillerie. Et ce remodelage de Paris permet la constitution d'immenses fortunes. « Le temps des beaux parleurs est bien passé, écrit *Le Salut public,* celui des affaires utiles et sérieuses commence. »

Vallès, lui, logé 29, rue Saint-Sulpice, dans une chambre si réduite qu'il peut à peine y tenir couché — et pourtant il y accueillera Poupart-Davyl durant plusieurs mois —, court après les répétitions, les places de professeur au rabais, de pion où on le nourrit d'un œuf les jours fastes et où on ne lui verse même pas les modestes quinze francs promis.

Pour cela, il lange les enfants, leur apprend à lire. Mais on se méfie de lui. Il a le visage trop énergique. Il est bachelier : qu'a-t-on besoin d'un diplômé pour ces tâches élémentaires ? On lui explique : « Il ne faut pas de gens fiers ici. »

Parfois on le trouve trop jeune. Il lui faudrait la licence. Des professeurs qui ont refusé de prêter serment à l'Empire occupent les places et Vallès, par respect pour eux et par solidarité, refuse de leur faire concurrence quand on lui propose de les remplacer. Même si, la faim aidant, il « regrette presque » ce qu'il a fait. « On est lâche. »

Mais, en fait, il ne cède pas. Il n'est pas de ceux qui murmurent : « On s'y fait, on finit par aimer cette vie-là », celle de « professeur libre » qui signifie « petite salle qui empeste... dîner au raisiné, les créanciers interrompant la classe... les appointements refusés, rognés, volés ».

Quand l'un des « placeurs » lui dit : « Si vous pouvez ne pas mettre les pieds dans cette galère, ne les mettez pas », Vallès y est déjà décidé, « il va chercher ailleurs le pain dont il a besoin ».

Mais c'est une autre course qui commence dans ces interstices de la société parisienne. Vallès n'appartient pas au monde des « blouses », ce prolétariat où il ne peut entrer. Pas de travail manuel pour lui. Il cherche ces petits métiers après lesquels courent les bacheliers sans emploi, les hommes de lettres besogneux, tous ceux qui doivent paraître à l'aise, s'ils ne veulent pas mourir de faim, de là la « chasse aux habits » à laquelle se livre Vallès. Il est un pauvre sans pouvoir, sous peine de total déclassement, avouer cette pauvreté.

Vallès cache ainsi, quand il a une « bonne fortune » avec une jeune femme de la bourgeoisie, son adresse. Il ment. Et quand cette mère d'un enfant auquel il donne des leçons le retrouve, découvre ce logis misérable, les leçons et la liaison cessent. Humiliation, souffrance pour Vallès.

Il emprunte, pour se faire couper un habit chez le grand tailleur Caumont. Ainsi vêtu, il est « fier et libre à nouveau ». Il peut donner des leçons, mais il doit encore se cacher pour dévorer debout dans une entrée son pain et sa saucisse car il lui faut épargner sur tout s'il veut pouvoir rembourser son tailleur. Une autre jeune femme le surprend. Nouvelle humiliation, nouvelle rupture. Il lui faut chercher de nouvelles leçons. Paraître, et cela le blesse au plus profond de lui-même.

« Je dois tout sacrifier à mes habits, comme une fille ! dit-il. Je me maquille pour mes leçons. J'en ai le cœur qui se soulève. »

La révolte n'est ainsi pas près de s'éteindre au cœur de Vallès. Même quand les répétitions se multiplient, qu'il gagne donc suffisamment, il se sent entravé par les concessions qu'on exige de lui. Toute contrainte lui pèse, toute concession l'humilie. Il n'aime pas ces « quartiers riches » où il donne ses leçons. « Montrez-vous donc, lui conseille-t-on. Faites des visites, promenez vos chevaux. Vous devenez ours. On ne veut pas d'ours dans le milieu où vous embauchez vos élèves. »

Il ressent cela comme une exigence impossible. Que deviendrait sa liberté ? Il garde son « air de sanglier ». On ne peut le domestiquer. Il ne sera jamais le chien de la fable qui accepte le collier pour la pâtée. Et sa détermination vient aussi de ce que sa propre souffrance n'est pas l'essentiel.

« Je ne souffre pas de mon mal, dit-il, mais je souffre du mal qui m'entoure, je souffre de voir autour de moi toujours la faim et la douleur. J'en souffre jusqu'à en pleurer. Moi, le pauvre, je fais aux pauvres mes voisins l'aumône de larmes que je cache devant eux et que je laisse couler chez moi. »

Fier, solidaire des plus humbles, intransigeant, écorché vif, Vallès fait bien partie de ceux qui sont condamnés pour toute leur vie à la révolte. Et qui ont choisi d'assumer ce destin. En acceptent lucidement tous les risques.

Parfois un événement lui rend l'espoir. Le régime semble rencontrer des résistances plus fortes qu'on ne l'imaginait dans le cercle de Vallès et de ses camarades. Des candidats républicains seront élus en 1852. Certes, il y a parmi eux le général Cavaignac, l'homme de juin 1848, mais enfin ils refusent de prêter serment à l'empereur. Et les journaux aux ordres s'inquiètent déjà. Malgré la répression, malgré le poids menaçant de l'armée, l'engagement déterminé de l'Eglise aux côtés du régime (« mes prêtres marchent comme un régiment », disait l'archevêque de Rouen, Mgr de Bonnechose), malgré la servilité de la presse, l'appui sans faille de la bourgeoisie et celui de la paysannerie, des manifestations républicaines se produisent. On salue à leur passage les déportés en Algérie, on fait fête aux graciés. Et le 25 mars 1853, lors des obsèques de Mme Raspail, la veuve du révolutionnaire, la foule se rassemble. Karl Marx peut écrire à un correspondant américain : « La présence inattendue de vingt mille prolétaires en tenue du dimanche a fait sur les bonapartistes l'effet d'une bombe. Comme tu vois, le lion prolétaire n'est pas mort. »

Ne pouvait-on le réveiller par un acte spectaculaire ?

Jules Vallès avait songé au régicide. Dans les organisations clandestines républicaines on y pensait aussi et, tout le printemps 1853, on y fit allusion autour de Vallès.

Lui-même avait peu à peu renoncé à l'entreprise. Non par lâcheté ou abandon.

A ceux qui comme Arthur Ranc le toisent dans ses nouveaux habits et lui lancent : « Tu n'as plus l'air d'un républicain », il se justifie.

Certes, parce qu'il a voulu écrire ce livre qu'il porte en lui, il a sollicité des appuis. Ne peut-on l'aider à collaborer à des revues ? Il cherche dans son entourage qui peut le recommander, le présenter aux directeurs de revues et de journaux. Au Puy, la famille Vallez avait obtenu l'aide de Charles Calemard de La Fayette, un poète, traducteur de Dante, un lettré connu et publié à Paris. Vallès n'hésite pas. Il est fier, mais quand sa vie est en jeu — on l'a vu au moment du baccalauréat — il sollicite sans timidité, oubliant son orgueil ou sa susceptibilité. Il a l'instinct rural de la survie. La volonté de s'en sortir. « Pauvre, ignoré, j'ai besoin d'un appui, écrit-il à Calemard de la Fayette. Daignerez-vous me l'accorder en répondant à votre jeune compatriote par un mot d'encouragement, une parole d'espoir ? Votre nid est sur les hautes branches, le mien se cache dans les buissons ; je chanterai longtemps sans être entendu. Aidez-moi à voler plus haut et je vous devrai peut-être mon avenir, je n'ose pas dire ma gloire. »

L'appel a-t-il été entendu ? Il révèle en tout cas la détermination et l'ambition de Vallès. Il écrit d'ailleurs : des poèmes, des textes pour les affiches de quelques saltimbanques avec qui il s'est lié, un premier article qu'il signe du nom de sa mère, Pascal. Rien cependant qui ouvre l'avenir. Pire, il sent qu'il n'est pas prêt pour ce livre qu'il ambitionne. Sa « tête est gonflée de grec ». Comment dire dans ces conditions le monde réel ?

A Ranc qui l'interroge : est-il toujours décidé à entrer dans une conspiration ? — « Tes relations de *high life* te retiendront-elles ? Auras-tu le courage de quitter les bonheurs qui t'arrivent pour les dangers que je t'offre ? » — Vallès répond qu'il aime le danger, qu'il a gardé au fond de lui-même la « haine inguérissable du 2 décembre ». Que pèsent en face de cela les bonnes fortunes qu'il rencontre chez les mères d'élèves des « quartiers riches » ? Il souffre, explique-t-il encore, de la « vie sourde et vile de l'Empire ». Il y étouffe. Il ne cesse de remâcher des « mots de conspiration contre Bonaparte ».

Or précisément Ranc a un projet. « On est prêt », précise-t-il à Vallès.

Ce ne sera dans l'histoire des premiers mois de l'Empire qu'une conspiration de plus. De celles où de jeunes hommes risquent leur liberté et leur vie, sans réelle possibilité de réussite. Les mouchards font bien leur travail et ces Sociétés secrètes, « nouvelles charbonneries », « Marianne », sont en fait des formes très archaïques d'organisation. Vallès lui-même a, en quelques mois, changé. Il « ne croit plus aussi fort que jadis à l'efficacité du régicide. C'est le mal social qu'il faudrait tuer ».

Il se montre donc incrédule auprès de Ranc, mais il s'engagera à ses côtés. Pour ne pas paraître « un hésitant ou un déserteur auprès des camarades de 1851 ». Et, s'il le faut, il appellera aux armes une fois l'empereur abattu. Car c'est de cela qu'il est question.

Napoléon III doit se rendre à l'Opéra-Comique le 5 juillet. « On l'attendra à la porte. Feu ! Vive la République ! » Outre Ranc sont notamment du complot Poupart-Davyl et un jeune homme, fils d'un millionnaire, Collineau.

L'entreprise échouera comme il était prévisible. Maladresse d'un « initié » laissant tomber son pistolet devant des agents ou plus probablement perspicacité des mouchards ? Le complot est éventé. Ranc arrêté. Les rescapés se retrouvent dans la crémerie de la rue des Cordiers. Un commissaire, écharpe tricolore, s'y présente : « Au nom de la loi, que personne ne sorte ! » Il arrête Vallès et Poupart-Davyl.

Comment Vallès avec la vie que déjà il a tracée aurait-il pu échapper un jour à la prison politique ?

Il crâne devant le juge d'instruction : « Vous mangerez longtemps des lentilles d'ici si vous voulez faire le héros comme cela ! » lui rétorque-t-on. On perquisitionne chez lui au 29, rue Saint-Sulpice. Et le 21 juillet il est écroué à la prison de Mazas. C'est la prison des politiques. Un bâtiment récent, construit entre 1840 et 1849 par les architectes Gilbert et Leconte, a remplacé l'ancienne prison de la Force. Il dresse ses hauts murs boulevard Diderot. Le plan de la prison inaugure un système d'isolement et de surveillance — par des œilletons — des petites cellules où les détenus sont seuls. Et cette solitude frappe Vallès.

Le régistre d'écrou le présente comme « étudiant en droit, né au Puy, placé dans la cellule 21 ». Malgré la sécheresse de la description on se représente bien ce jeune homme de vingt et un ans, de un mètre soixante-huit, « au nez fort, à la bouche grande, au front large, au teint pâle, aux cheveux et aux yeux châtains, qui comme signes particuliers garde une cicatrice à la lèvre inférieure à gauche et une au pouce gauche ».

Prisonnier, Vallès se conduit en homme fier. Il renvoie l'aumônier, assure l'inspecteur qu'il se trouve fort bien à Mazas. Thiers et d'autres personnages illustres n'y ont-ils pas séjourné depuis 1851 ? Mais, placé au secret, comme ses camarades Poupart-Davyl, Ranc, Arnould ou Collineau, il ne sait comment « égorger l'ennui ». Pas de mauvais traitements certes, mais des humiliations, la solitude qui transforme et vainc les prisonniers, leur donne cet « air d'effarement ».

La prison marque à ce point Vallès qu'il jure « qu'il n'y enverrait jamais, jamais, un adversaire et jamais même un ennemi ».

Il ne passe qu'un peu plus d'un mois à Mazas puisqu'il est libéré le 30 août 1853, mais l'expérience est pour lui décisive. Elle va le hanter. Il est allé jusqu'au bout de sa conviction. Il a su résister à l'intimidation : il n'a livré aucun détail, aucun nom. « Le juge d'instruction en est pour ses airs de menace. » L'affaire dans laquelle il est impliqué est certes mineure, presque dérisoire. Les accusations ne tiennent guère. Et le régime est fort. On va donc libérer ces jeunes gens qui comme Vallès ont tout juste vingt et un ans. Arthur Ranc restera seul en prison.

Mais Jules Vallès est désormais fiché, marqué, connu. Son nom a été cité dans les journaux. On a rappelé son passé de républicain, sa participation à la résistance au coup d'Etat de 1851. Dans les « quartiers riches » où il donnait ses leçons, cela suffit à le condamner. Les visages et les portes se ferment quand il se présente. La prison politique en a fait socialement, officiellement, un opposant, un ennemi de l'ordre. Un suspect à vie. Vallès le sait. « Je suis de la canaille, à présent », dit-il.

Cela signifie pour Vallès à nouveau la plus dure des situations : la chasse aux quelques francs nécessaires pour compléter les quarante francs que son père lui envoie chaque mois. Le coût de la vie augmente vite. On ne peut pas vivre avec cette somme. Que faire ? Où se loger ? Vallès a le sentiment qu'il glisse, à la dérive.

Maigre, fier, il rend visite à Ranc, toujours emprisonné à Mazas et condamné à un an de prison et à cinq ans de privation de droits civiques. Sur le chemin de Mazas il retrouve ses camarades, Poupart, Arnould, d'autres, tel Nadar. On boit silencieusement dans les mêmes crémeries du Quartier latin. Vallès fréquente quelques cours à la faculté de droit, écrit. Mais le désespoir l'assaille. Les nouvelles qu'il reçoit de Nantes sont sinistres. Sa sœur Marie-Louise est à son tour internée à l'asile de Saint-Jacques, par le même docteur Bauchet. Toute l'horreur du passé remonte. Mais Vallès ne réagit pas. Sa sœur est sans doute réellement atteinte. Victime des déchirements familiaux.

Le père, en effet, entraîné à nouveau dans une aventure extra-conjugale, a dû affronter le scandale. Julie Vallez est allée hurler devant le collège. Et le père demande son changement de poste dans l'une de ces lettres humbles à l'administration dont il est coutumier : « Des motifs bien douloureux pour moi, écrit-il, de cruels malheurs domestiques… me mettent dans la nécessité, comme père de famille, de chercher à m'éloigner de Nantes. »

Il sera affecté au lycée de Rouen.

Il craint aussi les conséquences de l'arrestation de son fils. Certes, il a prêté serment à l'Empire, mais on continue de destituer tous les fonctionnaires suspects et d'abord les enseignants que contrôlent à la fois les autorités préfectorales et ecclésiastiques. Ce professeur qui viole la morale conjugale et dont le fils complote contre l'empereur, comment ne se sentirait-il pas menacé ? Il redouble de servilité et de sévérité à l'égard des élèves. L'inquiétude qui le ronge perce dans les lettres qu'il adresse à Mme Voilquin, l'amie de la famille qui, précisément, quitte Saint-Etienne, pour s'installer à Paris. Il lui décrit l'état de Marie-Louise « affligeant de souffrance et d'hypocondrie ». Il lui demande de tenter de conseiller Jules Vallès.

Celui-ci, à la fin de l'été 1853, a fait un bref séjour à Nantes avant que son père ne gagne son nouveau poste à Rouen. Nécessité fait loi. Vallès est épuisé, affamé. Il a besoin d'une halte. Il promet de ne plus conspirer. La prison lui a servi de leçon. Il va suivre régulièrement les cours de droit, dit-il. Lassitude de Jules Vallès ? Instant de faiblesse, désir de s'intégrer, et en même temps souci de ne pas heurter ses parents déjà blessés ? Tout cela à la fois.

Jean-Louis Vallez, en tout cas, espère que son fils, cette fois-ci, a pris le bon chemin. Et dans une lettre à Mme Voilquin il lui fait part de ses souhaits.

« Etant à Paris, vous pourriez, mieux que personne, lui écrit-il, et par votre savoir-faire, et grâce à l'attachement que Jules a conservé pour vous, le préserver de bien des dangers, de bien des faux pas, sur le pavé si glissant de Paris. Votre influence, encore plus que celle de sa mère, que je vais envoyer aussi à Paris — car je ne puis pas permettre que Jules y retourne seul —, pourrait le maintenir dans la bonne voie où il me semble décidément entrer ; le placer dans un milieu salutaire, et par là le pousser vers un avenir avantageux, au moins rassurant. Et puis, quel bonheur pour ma femme si elle vous retrouvait à Paris où elle a peur de se perdre. »

En fait, le père de Vallès cherche à régler ainsi son problème personnel. Il ne peut renoncer à sa liaison et choisit de se séparer de sa femme. Seule solution, dit un de ses collègues à Jules Vallès : « Votre mère n'aurait pas fait de scandale, tout en agonisant de douleur, mais l'Université a ses mouchards et, tôt ou tard, c'était non plus la disgrâce mais la destitution. » Et la mère de Vallès aurait proposé la première « le sacrifice ». Famille disloquée. Jeune sœur internée. Mère désespérée. Le tableau ne peut être plus noir. Et pourtant ces êtres s'aimaient. Ces êtres étaient de bonne trempe. Vallès écoute, au comble de l'émotion, le portrait que ce collègue trace de son père. Jean-Louis Vallez, dit le jeune professeur, « avait une nature d'irrégulier et le hasard l'a mis dans un métier de forçat, en lui donnant pour compagne votre mère, trop paysanne pour une âme haute et meurtrie ».

Chaque mot blesse et émeut Vallès. Cette destruction de la famille est sa propre torture. Une pièce de plus qu'il verse au procès d'accusation qu'il dresse contre la société. Sa mère lui écrit, « mots tracés par la main honnête de la pauvre femme ». « Oui, mon fils, dit-elle, ton père et moi nous sommes séparés comme si la mort avait passé par là. Je te demanderai même comme une grâce de ne plus prononcer son nom dans tes lettres ; fais-moi cette charité au nom de ma douleur. »

Vallès tremble, cache sa peine. On se moquerait de lui si l'on savait ce qu'il ressent, lui qui tant de fois s'est dressé en procureur contre la famille et son oppression.

Mais il est persuadé désormais qu'au-delà de la responsabilité de chacun, la machine sociale humilie, plie, déforme, broie. « A mes yeux, écrit-il, ma mère est malheureuse sans que mon père soit criminel. Je resterai muet entre ces deux victimes. »

Tout en effet est dit.

III

« COMME LE TEMPS A ÉTÉ RONGÉ SANS BRUIT ! »

(Octobre 1853-Janvier 1868)

Chapitre 13

« Fais de la copie pour le pognon » (octobre 1853-1857)

Ce 29 janvier 1854, une foule d'ouvriers montaient du faubourg Saint-Antoine vers le cimetière du Père-Lachaise. On portait en terre Lamennais, prêtre hérétique, député de la Montagne avant le coup d'Etat et qui en juillet 1848, lorsque son journal, *Le Peuple constitutionnel,* avait été saisi, avait écrit : « Il faut aujourd'hui de l'or, beaucoup d'or, pour jouir du droit de parler : nous ne sommes pas assez riches. Silence au pauvre ! »

La police chargea à plusieurs reprises la foule et deux escadrons de cavalerie, sabre au clair, gardaient les grilles du cimetière. Tandis qu'on plantait sur la fosse un bâton portant un papier avec l'inscription « La Mennais », les matraques s'abattaient sur les manifestants qui criaient : « Vive la République, à bas les voleurs de cadavres ! »

Jules Vallès subit avec d'autant plus de désespoir ces événements, cet écrasement de toute référence républicaine, cette volonté d'étouffer jusque dans un ultime cortège la moindre manifestation que, dans ces mois-là, la misère plus que jamais le serre à la gorge.

Certes, son père continue de lui verser les mensualités promises. Mais il suffit de quelques jours de retard pour que le précaire équilibre soit rompu. Les logeurs lui réclament le versement de la quinzaine. Il ne peut plus payer sa gargote. Il en est à penser arracher des carottes dans un champ de banlieue. On le chasse de son garni. Il laisse dans ces soupentes « jetées aux ordures, cachées derrière une malle, gardées par le logeur, des pages qui avaient peut-être leur amère éloquence ».

Pour gagner quelques sous, il a fait le déménageur. Mais ses gestes sont maladroits, ses mains lisses. Qu'un objet disparaisse et c'est lui qu'on soupçonne.

Il a voulu, place de Grève, se faire embaucher comme maçon : son aspect bourgeois, là aussi, l'a fait remarquer. On l'a pris pour un escroc qui cherchait à se dissimuler. Une redingote n'a pas sa place parmi les blouses.

Il collabore alors — il est payé à la ligne — à la rédaction d'articles de dictionnaire. Sa culture classique et son talent le servent. Il invente des citations. Il gagne quelques sous. Ou bien il est payé pour fournir des calembours, des histoires drôles, des vers satiriques : petits gains, tâches humiliantes et incertaines, qui ne le rassurent pas et pis, le désespèrent. Même échec quand il songe à faire du « commerce ». « Mais tout est contre toi, malheureux, lui dit-on, tes yeux noirs, ta voix de stentor, ton air d'insurgé, de lutteur. »

Que peut-il réussir à vendre avec cette tête-là ? Et il ne connaît rien non plus des règles de la correspondance commerciale. Il peut versifier en latin. Il ne sait pas écrire une lettre de commande. « Comment devient-on bête ? lance-t-il. Comment oublier tout ce que l'on a appris ? Criez-le-moi, vous qui n'avez pas fait vos classes et qui gagnez le pain quotidien ! »

Il fréquente les cabinets de lecture, ouverts dans les rues proches du jardin du Luxembourg, celui de Mlle Boudin, 10, rue Racine, ceux de Mmes Cau et Foucault eux aussi situés dans le quartier de l'Odéon. Mais il faut s'abonner et il contracte des dettes.

Parfois il a si piètre figure que l'une de ces vieilles libraires lui offre un bol de lait chaud.

Il passe ainsi sa vie, un large chapeau effrangé sur la tête, à feuilleter les livres aux étalages des libraires ou bien à lire encore dans les bibliothèques. Il éprouve à la fois du dégoût et de l'effroi devant ces « gamins de soixante ans » qui lisent. « Pas une tête de révolté dans le tas ! pas un front de penseur, pas un geste contre la routine, pas un coup de gueule contre la tradition. »

Il s'indigne. Qu'est-ce donc que ces livres, que la littérature ? « Littérateurs, professeurs, poètes comiques, poètes tragiques, tous mentent ! Ah ! je suis empoigné et envahi par le dégoût. »

Et il rôde dans « deux ou trois rues du Quartier latin, toujours les mêmes, cherchant l'ombre ».

Il a plus vive encore la nostalgie de son pays — « ah ! j'aurais besoin d'air, d'air clair et d'un peu de vin pur » — et il imagine aussi, comme un monde inaccessible, la vie des « plébéiens » dont il croit percevoir la « simplicité, les gestes ronds, les éclats de gaieté franche ».

Le milieu où il « promène son existence inutile » lui paraît au contraire « grimaçant et tendu ». Et l'angoisse le prend quand il pense à son avenir puisqu'un « bachelier ne peut pas faire n'importe quoi », qu'on le rejette et que le régime politique le réduit à l'impuissance.

Il a peur, réellement, quand il croise l'un de ces déclassés faméliques qui demande l'aumône et qui murmure : « Monsieur, je suis bachelier, je n'ai pas de logement et je n'ai pas mangé depuis deux jours... »

Est-ce ce qui l'attend ?

A cette rencontre, dit-il, « j'ai ressenti de l'épouvante ».

A ce mot, si fort, qui dit l'angoisse qu'on ne peut maîtriser et qui glace, on mesure les tensions qui le déchirent.

Il est, dans ces mois de 1854-1855, désespéré. Son père, par l'intermédiaire de Mme Voilquin, fait pression sur lui pour qu'il fréquente avec sérieux l'école de droit. Il lui paie ses inscriptions, exerce une sorte de chantage moral — et matériel — qui accable Jules Vallès.

Le 14 juillet 1854, alors qu'il est attendu chez elle par Mme Voilquin, Jules Vallès se dérobe. Il n'ose pas se présenter devant la mère de ses amis. « Ma mère a dû vous dire trop de mal de son fils, écrit-il à Mme Voilquin... Mon père vous écrit de son côté que je suis un enfant dénaturé, un homme perdu. » Il craint que Mme Voilquin ne les ait crus.

« Si j'ai été coupable, il y a dans le monde de la jeunesse, sur cent individus qui m'entourent, quatre-vingt-dix hommes autant et plus coupables que moi », dit-il encore.

Mais ce qui passe dans la lettre, c'est d'abord « la position affreuse » dans laquelle se trouve Jules Vallès. « D'un côté je suis calomnié, mal jugé, condamné, explique-t-il — de l'autre je suis le plus malheureux des hommes... J'ai passé des journées entières sans manger, des nuits sans reposer !... J'ai demandé quelques sous à mon père. Son cœur s'est fermé. Il me répond qu'il consent à payer ma sixième inscription (à la faculté)... Je ne pourrai point, pauvre, malade comme il le sait, poursuivre mes études. »

Malade il l'est : psychologiquement, d'abandon, de solitude affective, de désespoir, d'incertitude quant à son avenir. Physiquement aussi parce qu'il a « à conspirer contre la misère ; et la misère c'est un rude ennemi ! Il y en a deux, celle que l'on devrait appeler pauvreté, celle qui boit, dort et mange mal, et celle qui n'a rien, rien... celle qui mène au crime les faibles ».

Il a connu celle-là, il a connu l'épuisement qu'elle provoque ; il l'a cachée sous « un habit noir ». Parce qu'il lui fallait faire illusion, garder ses « relations », mais le peut-il encore, « exténué, brisé par la fatigue » ? Et il jette un cri : « Vous me sauverez. »

On ressent à ces phrases toute la détresse du fier Jules Vallès. S'il lance cet appel à l'aide, c'est vraiment qu'il est exténué. Mais pour son père seuls comptent les cours de droit.

Il l'écrit à Mme Voilquin : « Je suis à peu près sûr que ce malheureux enfant n'a pas du tout suivi les cours : je n'ai pas recu un seul bulletin de la faculté. »

Malheureux ; ce mot sous la plume de Jean-Louis Vallez signifie : déraisonnable et non désespéré. Jules Vallès devrait devenir un étudiant comme les autres. Ce qui inquiète le père ce sont « les honteuses débauches » dans lesquelles son fils peut se perdre. Aucune intelligence de la situation réelle de Jules Vallès, des raisons de son abattement. C'est de la part du père l'incompréhension totale du fils et de ses mobiles.

Jean-Louis Vallez, même quand il admet que Jules est « physiquement malade », se lamente surtout des dettes laissées chez le tailleur Caumont, chez les restaurateurs.

L'annonce d'un nouvel échec de Vallès aux examens de droit l'accable. Il ne s'interroge ni sur la personnalité de son fils ni sur ses propres responsabilités. « Que n'ai-je fait (pour lui) ! écrit-il. Que de sacrifices, que de tentatives... Eh bien, voyez à quoi tout cela aboutit, à quoi cela sert de se porter caution pour un être paresseux, lâche, hypocrite ! »

Tel est le jugement porté sur Vallès par son père. Et Jean-Louis Vallez ajoute : « Qu'est devenue, mon Dieu, cette intelligence assez belle, cette nature en somme assez riche ? Pendant son séjour ici, nous avions établi des conditions bien positives, aussi avantageuses pour lui qu'onéreuses pour moi... Que ne suis-je mort... »

Ce père, on le sent ulcéré, humilié dans tout son être par les échecs de Vallès, remis en cause dans sa fonction et son statut de professeur. Il est accusateur. Ce fils le tue...

Il n'entend plus l'appel de son fils : « Que ferai-je si mon père ne m'aide pas un peu, je n'ose y penser », répète Jules Vallès à Mme Voilquin. Et Vallès ajoute : « Défendez-moi, cela vous portera bonheur. »

Mme Voilquin, émue par la détresse de Jules Vallès, se fera son porte-parole. Mais les ponts sont coupés entre Jean-Louis Vallez et Jules, même si le père continue de verser régulièrement les quarante francs mensuels à son fils.

Les blessures que les deux hommes se sont infligées — malgré eux, emportés l'un et l'autre par le mouvement de leurs vies — ne peuvent plus être cicatrisées.

Et comment ce père, à la fois si traditionaliste, si enfermé dans sa vision étroite du monde, si avare, pourrait-il ne pas être ulcéré, ne pas avoir le sentiment d'avoir été trahi quand l'un des restaurateurs auxquels Jules Vallès doit de l'argent fera, pour une dette de quelques dizaines de francs, citer devant les tribunaux la famille Vallez ?

Le père est atteint dans sa bourse, son honneur et l'image qu'il se fait de ce que doit être une vie. Il ne pardonnera pas.

Il faut donc que Jules Vallès trouve en lui seul la force de résister à cette malédiction paternelle qui vient comme un poids écrasant s'ajouter aux difficultés de son existence quotidienne.

Il va donc de garni en garni. Il habite rue de Gramont, ou rue Saint-Jacques, près du Luxembourg. Il continue de fréquenter les cabinets de lecture. Il hante les cafés littéraires, le café des Variétés, boulevard Montmartre, le café de Madrid situé sur les boulevards, où « la petite littérature française prenait l'absinthe ».

On le rencontre aussi au café Voltaire. Il devient secrétaire de Gustave Planche, un critique littéraire intransigeant qui refuse toute compromission et de sa plume en or dénonce les mauvais livres même quand ce sont des célébrités qui les écrivent. Aux côtés de Planche, Vallès s'enfonce un peu plus dans la marginalité, la contestation bruyante de toutes les valeurs officielles. Et son regard déjà acéré s'aiguise encore, impitoyable.

L'alcool aidant, assis à l'une de ces terrasses de café, où tant de jeunes gens gesticulent et parlent haut, la gaieté pourtant le prend parfois, entraînante, irrésistible malgré les difficultés. « L'ironie, dit-il, me sortait par la peau. » Il ajoute : « Petit-fils de paysans, d'ouvriers, qui avaient la parole grasse, j'avais la gueule bien fendue, le rire large, un fonds de gaieté que n'avait pu assassiner la gravité de parvenu à laquelle se condamnaient mon père et ma mère qui avaient passé à la bourgeoisie, et dans le mauvais coin. »

Il ne sera jamais de cette bourgeoisie. Enseignant au rabais, seulement bachelier, il doit affronter de plus l'obstacle de ses opinions politiques. Il est, dans ces conditions, condamné à des travaux incertains, peu payés et dans lesquels d'ailleurs il ne réussit pas. Le voici « teneur de copie ». Pour trente francs par mois, il recopie les textes des articles des « écrivains » qui passent ensuite entre les mains des correcteurs et des typographes. Mais il est distrait, humilié — lui qui ambitionne d'écrire — de n'être que cela. Il parle trop haut. On lui crie : « Pas si fort, le teneur de copie ! » Il voit passer Nadar, Guéroult, les « écrivains » qui l'ignorent. Il oublie des membres de phrase. « Si c'est un crétin, qu'on le jette dehors », lance-t-on.

Il lui reste à essayer d'écrire lui-même dans les journaux. Il en est de toutes sortes. Les grands — *Le Figaro* —, les respectables, politiquement conformistes — *Le Constitutionnel, Les Débats, La Presse* —, et puis, autour de ces grands navires, toute une flottille de publications : littéraires, publicitaires, à la navigation tourmentée. Elles disparaissent, renaissent, ne paient pas les jeunes gens qui donnent leurs articles. Vallès essaie d'abord d'entrer dans des revues comme *La Revue des Deux Mondes* animée par Buloz (12 000 exemplaires) ou bien *La Revue de l'artiste*. En vain, bien qu'il fût le secrétaire de Gustave Planche et que Calemard de La Fayette le recommandât.

Puis il approche des journaux autographiés dans lesquels se juxtaposent articles de critiques théâtrales et slogans publicitaires. Monde étrange : il y retrouve Chassin. Ici se côtoient les jeunes bacheliers pauvres, les gagne-petit qui écrivent et vendent leurs journaux eux-mêmes. Monde où les déclassés sont nombreux. « On devient journaliste, écrit avec un peu d'excès un observateur des temps, parce qu'on a manqué sa thèse, parce que le baron Haussmann a pris un arrêté qui défend à ses employés d'écrire dans les journaux, parce que l'on est une épave du professorat ou de la magistrature. »

Quelques grands — Girardin, Villemessant, Scholl, Sarcey — sont des personnages installés à la tête de journaux (*Le Figaro*) ou se sont forgé une réputation de grands critiques, ainsi Sarcey, qui est professeur. D'autres comme Georges Cavalié — dit Pipe-en-bois — ou Fontan Crusoé sont montés de leur province et, personnages balzaciens, fondent de petits journaux ou animent les cabales littéraires.

Vallès, lui, doit d'abord survivre.

Le voici rédacteur aux *Cent Mille Paletots.* On paie ses papiers, qui se terminent sur une phrase publicitaire, avec un vêtement.

Il travaille au *Journal de la cordonnerie* et reçoit en salaire une paire de chaussures... Puis il entre à *La Nymphe,* journal des baigneurs. Il doit, dans les établissements de bain, réclamer cette publication à grands cris afin qu'on s'y abonne...

Il essaie de collaborer au *Journal des demoiselles,* à *La Gazette du grand monde,* au *Pierrot.*

Il vit mal cette situation. Non seulement parce qu'il est à peine rémunéré, mais parce que l'avenir qui se dessine pour lui l'effraie. Il reçoit un jour les confidences désabusées d'un vieux pigiste, familier de ces journaux. Et il apprend quelques semaines plus tard que l'homme est mort laissant un mot rapidement tracé : « Je me tue par fatigue et par dégoût. »

C'est précisément ce que ressent Jules Vallès.

D'ailleurs est-il capable d'écrire dans ces journaux-là ?

Quand il propose des sujets de nouvelles au *Journal des demoiselles,* même ceux qui lui semblent les plus anodins sont encore trop chargés — malgré lui — d'esprit de contestation, trop lucides. Et on lui répond : « Vous voulez donc appeler aux armes, exciter les pauvres contre les riches ? »

Il ne le veut pas, mais il ne sait pas faire autrement.

Quand il rédige pour un nouveau journal un article sur « la jeunesse des écoles », le rédacteur en chef tremble : « Que les mouchards ne vous voient point... Il y a dans vos trois cents lignes trois ans de prison. Vous comprenez que je ne peux prendre un article qui a tant de choses dans le ventre ! Je vous le paierai et de grand cœur mais je ne vous le publierai pas... » Quand il prépare une enquête, critique, sur les grands universitaires, son père averti par hasard lui écrit avec amertume : « Tu veux donc me faire destituer... C'est ainsi que tu nous récompenses de t'avoir fait donner de l'éducation ? » Vallès renonce à son projet.

Accablé. Désespéré. On lui dit : « Il faut attendre un nouveau régime », voilà son avenir. Il prend conscience de ses contradictions. « Ce que je fais de personnel est dangereux, ce que je fais sur le patron des autres est bête. » Et quand il écrit des articles de complaisance, il a de plus honte : « Ces articles, dit-il, je les cache comme des excréments. »

Cette attitude est un révélateur de la personnalité de Vallès. Ce n'est pas une morale explicite qui interdit à Vallès d'écrire, mais la nature même de sa personnalité, comme si le potentiel de révolte était tel, comme si la volonté d'affirmer son identité était si forte qu'il ne pouvait, sans une souffrance presque physique, exprimer que lui-même et ce qu'il pense.

Orgueil ? Vallès tient par tout son instinct à son intégrité intellectuelle. Il ne veut et ne peut se plier. Il veut être, lui, exceptionnel, différent. Il s'exclame : « Mon père ! pourquoi avez-vous commis le crime de ne pas me laisser devenir ouvrier !... » Car être physiquement contraint n'est rien dès lors que la personnalité psychique reste libre et peut même se sentir grandie par cette humiliation, par ce choix délibéré d'être insoumis. « De quel droit, poursuit Vallès, m'avez-vous enchaîné à cette carrière de lâches ? »

Car tels lui apparaissent ces journalistes qui jonglent avec leurs idées et les mots.

L'écriture est trop essentielle à Vallès, trop consubstantielle à sa personne pour qu'il puisse la galvauder. Ce qu'il signe, il l'écrit avec son sang. Il n'a que mépris pour ces « jeunes » qui n'ont pas « le droit ni le courage ni l'envie de crier ce qu'ils pensent ». Ils répètent à Vallès au nom du réalisme : « Laisse donc ta sacrée politique de côté et fais de la copie pour le pognon. » Il faut vivre. « Soit, conclut Vallès, je travaillerai pour le pognon. Je laisserai aller ma prose qui sera tout simplement une traînée d'encre, mais par exemple, je ne signerai pas. »

Il prendra, comme il le dit, « un masque de carton », et dans *Le présent,* sous le pseudonyme de Max, il travaillera « sans responsabilité ». « J'en livre, dira-t-il, pour l'argent qu'on me donne. » Il ne relit même pas sa copie. Mais cette insignifiance, fût-elle dissimulée, l'humilie et le révolte.

A une ou deux reprises, il essaie de la briser, veut signer de son nom. Il saisit l'occasion de la mort de Cavaignac (en novembre 1857) pour s'exprimer, rappeler les journées de juin 1848, écrasées par ce général républicain et réactionnaire. Il a parlé trop clair. « On tuerait la revue, si elle imprimait ton appel à la révolte », lui dit-on.

Dégoût de Vallès pour tant de lâcheté. Certitude qu'il lui faudra attendre des années « ce nouveau régime » où il sera libre d'écrire ce que bon lui semble.

Car l'Empire paraît inébranlable.

Au printemps et dans l'été de 1855 des projets d'attentats contre l'empereur — comme toujours maladroits et plus ou moins contrôlés par les mouchards — ont à nouveau échoué.

Quand la société secrète « La Marianne » joue son va-tout près d'Angers, utilisant le malaise né de la cherté des vivres, rassemblant plusieurs centaines de carriers qui après s'être emparés de la gendarmerie de Trélazé marchent sur Angers, la troupe bien renseignée est au rendez-vous. Elle arrête, disperse. Et les condamnations à la déportation en Guyane pleuvent.

Que faire ? Que faire ? L'Empire est là, glorieux, puissant, entreprenant, insolent.

Haussmann commence à faire défoncer les rues de Paris et restructure la capitale. L'Exposition universelle, en 1855, affirme le rayonnement de ce Paris de Napoléon III. Le luxe outrancier s'étale. Le Palais de l'industrie dresse ses colonnes et ses voûtes de fer. L'Empire paraît à son apogée. Victoire militaire dans la guerre de Crimée — entrée des troupes à Sébastopol, congrès de tous les belligérants à Paris —, naissance du prince impérial (mars 1856), lois et succès économiques. Tout concourt à donner une impression de puissance et de réussite. L'ordre règne et la richesse s'affiche.

Attaquer ce régime, c'est comme vouloir griffer une vitre.

Alors la violence fuse dans toutes les autres directions. Vallès est parmi les perturbateurs qui troublent le premier cours de Sainte-Beuve. A la terrasse des cafés, il parle dru et fort, cherchant querelle. Il a une réputation de champion de la « savate », sachant donner haut le coup de pied. Il déclame des vers où s'exprime sa révolte :

Moi j'insultais de Dieu l'impuissante colère
Et, seul, dans mon cœur d'homme, aux refrains du tonnerre,
J'entonnais triomphant l'hosanna de l'Orgueil.

Cette fierté sourcilleuse, provocante, comment la prouver sinon en défiant les autres ? En mettant aussitôt sa vie en jeu ?

En août 1856, Vallès s'oppose violemment à Barillot qui est gérant de *La Tribune des poètes.* On se provoque en duel. Les témoins sont retenus. Puis, au dernier moment, l'adversaire et les témoins se dérobent. Mais l'incident dit clairement que Vallès veut lancer sa vie comme un défi. Qu'au moins, puisque partout c'est la lâcheté, la médiocrité et les petits calculs prudents, il fasse preuve de courage physique. Il a besoin d'un « acte fondateur » qui lui prouve et prouve aux autres quelle est sa trempe.

« Je n'ai pas encore été moi sous la calotte du ciel, dit-il. J'ai toujours étouffé dans des habits trop étroits et faits pour d'autres ou dans des traditions qui me révoltaient ou m'accablaient. Au coup d'Etat j'ai avalé plus de boue que je n'ai mâché de poudre. Au lycée, au Quartier latin, dans les crémeries, les caboulots ou les garnis, partout j'ai eu contre moi tout le monde ; et cependant j'étreignais mon geste, j'étranglais ma voix, j'énervais mes colères... »

Cela ne peut plus durer, quelque chose doit se produire.

Vallès habite toujours avec Poupart-Davyl, un ami nantais, dans une mansarde exiguë, proche du Luxembourg.

Ce sont deux jeunes hommes au caractère entier, que la faim, la misère, et l'angoisse tenaillent. Bien que proches, ils sont différents : « Je crois à celui d'En Haut, dit Poupart-Davyl, tu crois à ceux d'en bas. »

Les disputes naissent, d'autant plus violentes que chacun met dans les mots toute la rage de ses frustrations et que la promiscuité avive les colères. Car les deux hommes ont une compagne qui partage la soupente avec eux : « La misère — la gueuse ! Elle nous fait nous heurter et nous blesser à chaque minute, devant les grabats, les chenets, la table boiteuse. »

Ils en arrivent ainsi, sans même s'en rendre compte, « presque à la haine ». Qui n'est que la violence et l'énergie qu'ils ne peuvent déployer hors d'eux-mêmes, dans la vie sociale et professionnelle et qu'ils retournent contre eux. « Nous avons l'un contre l'autre toute l'amertume du bagne où nous tirons la même chaîne », dira Vallès.

Un soir, Poupart-Davyl soufflette Vallès. « Leur appartement était trop petit pour ces deux volontés, l'une bretonne, l'autre auvergnate. » Ils vont se battre en duel.

Ceux qui tentent de dissuader Vallès ne se rendent pas compte qu'ils ne font qu'accroître sa résolution. Ce duel, c'est pour lui, de manière enfantine, excessive, son « premier matin d'orgueil dans sa vie toujours jusqu'ici humiliée et souffrante ».

Il est lucide, sachant bien que le public devant lequel il va offrir sa vie est « fait de niais », que « c'est pour eux, pour leur paraître brave » qu'il va en « appeler au hasard des armes ». Mais qu'importe ! En Vallès se nouent à la fois une pulsion suicidaire, une révolte qui ne peut s'exprimer et le désir si fort depuis des années de vivre un destin exceptionnel. Et comment prouver qu'il existe sinon par des actes hors du commun, tels que celui-ci qui s'organise : se battre en duel contre son plus proche ami ?

Il y a aussi le calcul cynique : « J'ai besoin, dit Vallès, de déblayer le terrain, de me faire de la place pour avancer ; j'ai besoin de donner d'un coup ma mesure et de m'assurer pour dix ans le respect des lâches. »

Il veut prouver — se prouver — qu'il est « l'homme qui poursuit son but aveuglément, et qui pour l'atteindre est plus heureux que mécontent d'être le héros d'une sanglante tragédie ».

On voit combien est présente chez Vallès la part presque infantile de pose, la volonté provocatrice d'attirer l'attention, même au risque de sa vie. Il veut se faire « une réputation » avec son duel. Ce « sera sa première gloire ». Il s'en moque, dit-il pourtant. Voire. Le regard des autres le pousse en fait à agir. Ce duel sera aussi « le premier outil dur et menaçant » qu'il arrachera à son « établi de révolté ».

Dans ces conditions le duel ne peut qu'avoir lieu.

Vallès, dédoublé, vit cette mise en scène comme un spectateur : il achète un « gros cigare ». Poupart doit se procurer les pistolets. On prend le train avec les témoins jusqu'à la gare de Sceaux, puis on marche dans la campagne. Les conventions du duel ont été établies. On ira jusqu'au bout, on tirera à volonté.

Les premières balles sont échangées sans résultat. On continue. Et Vallès brisera le bras de Poupart-Davyl.

En fait, l'un et l'autre des combattants ont cherché la mort, comme un suicide — et Vallès a songé déjà à en finir avec sa vie. « Pendant que nous marchions l'un sur l'autre dans cette prairie pleine de fleurs, écrira Vallès, pendant toute cette journée d'acharnement sauvage, le spectre de la misère s'est dressé devant ses yeux comme devant les miens ! Le SPECTRE, toujours le SPECTRE ! »

Les deux hommes se sont réconciliés, maintenant que l'acte est accompli. On vante le sang-froid de Vallès. Mais qu'est-ce donc pour lui que ce duel ? Bien moins difficile à engager, à vivre que de se maintenir dans « sa résolution de rester un insoumis, et un irrégulier, de ne pas céder à l'Empire, de ne pas même céder aux traditions républicaines, (qu'il) regarde comme des routines ou des envers de religion. Ils ne savent pas combien cette vie d'isolé m'a demandé d'efforts et de courage, m'a arraché de soupirs ou de hurlements cachés ! Ils ne le savent pas !... ».

Et il est satisfait d'avoir montré à des témoins que des « écrasés » peuvent « se redresser ainsi ». « Joie suprême que paient trois minutes de tir. C'est pour rien. »

Seulement, une fois l'exaltation retombée, la preuve faite de son courage, la vie quotidienne redevient ce marécage où l'on s'enfonce. Vallès perçoit qu'après les félicitations qu'on lui adresse ce duel lui a donné une réputation de dangereux qui éloigne de lui tout le monde ou à peu près. « Ils calomnient jusqu'à mon courage », dit-il. Dès lors la solitude est encore plus oppressante.

« J'ai vécu et je vis comme un loup », écrira-t-il.

Il va avoir vingt-cinq ans. Il vient de faire la preuve de son énergie et de sa démesure aussi. De sa hargne en même temps que de son entêtement à vivre. S'il vit « comme un loup », ce n'est pas seulement parce qu'on le rejette ou le fuit, mais parce que lui-même se veut seul en lutte contre la société et le régime politique, les mœurs faites de servilité et de lâcheté. Il est en guerre solitaire contre ce système. Et cela implique du mépris et de la lucidité. Et donc aussi du cynisme. Il regarde ce Paris qui se transforme, ces fortunes qui se font rapidement sur les décombres des vieux quartiers et bénéficient de la complicité des princes et ministres de l'Empire. Il ne peut que partager le sentiment de Victor Hugo qui écrit : « Je ne sais quelle gangrène de prospérité matérielle menace de faire tomber l'honnêteté publique en pourriture... Ma foi, vivons, faisons des affaires, tripotons dans les actions de zinc ou de chemin de fer, gagnons de l'argent ; c'est ignoble, mais c'est excellent. » Vallès n'a pas la gloire du poète qui rend patient. Il n'est pas en exil. Son existence commence et il a une faim de « loup ».

Cette énergie de révolte qu'enfant il avait vue naître sous la trique, puis qu'il avait mise au service de la résistance au coup d'Etat, cette volonté d'être soi-même, toujours, face à son père, à un pion ou à un adversaire armé d'un pistolet, il songe à les utiliser pour s'imposer dans la société. Puisqu'on ne peut détruire ce système, comprenons-en les lois, dévoilons son principe central et dominons-le.

Tel est le rêve, balzacien s'il en fut, de Jules Vallès autour de sa vingt-cinquième année !

Il met son talent d'imagination et d'écriture au service d'un industriel, Saucebel, qui est entrepreneur d'engrais naturel et est associé à un industriel-imprimeur de Fougères, Jumelais. Vallès doit « faire valoir l'entreprise dans des tirades que Saucebel m'a prié de saupoudrer de latin et de citations historiques, afin que nous ayons l'air sérieux et instruits ». Pour cette tâche, Vallès reçoit cent cinquante francs par mois et le déjeuner en plus. Le luxe, par rapport aux maigres sommes rapportées par les répétitions. Mais surtout la sensation pour Vallès d'être enfin en prise avec la mécanique sociale. Il lit le *Manuel du spéculateur* de Proudhon dont la troisième édition vient de sortir. Il croit, avec une fougue naïve et enfantine, pénétrer le monde des grandes affaires, celui de la Bourse et de l'argent qui roule. « Cela me flatte très fort, écrit-il, de remuer des millions du bout de la langue, de causer fortune comme un homme qui a crédit chez Rothschild et qui aide à faire des emprunts d'Etat. » Vallès ne se rend pas compte que sa démarche, qu'il croit technique, reste littéraire. Qu'il procède en fait comme un journaliste, extérieur au sujet qu'il décrit, et que le domaine des affaires n'est pas pour lui — quoi qu'il en pense, quoi qu'il rêve — un monde où il faut pénétrer, mais un univers et des hommes à décrire.

Il joue un rôle comme il l'a joué lors du duel avec Poupart-Davyl. Et dans cette pièce aussi il ne s'arrête pas en chemin. « Tous les jours, écrit-il, je vais à la coulisse et je rôde autour de la corbeille. J'observe les joueurs, je les regarde se ruiner. On dirait une pièce de théâtre. Mais je n'étudie pas le jeu des opérations. Je m'en tiens à la philosophie de Proudhon... Je tiens quelquefois au café Garen, avec les bulletiniers de la Bourse, des conversations qui me font passer pour un pamphlétaire financier du plus vigoureux acabit et du plus bel avenir. C'est ma manie du pauvrisme qui me donne cette verve et ce diable au corps dont quelques-uns sont frappés. Je me fais le Diogène et l'Aristophane des millionnaires classiques, au nom des irréguliers de la fortune et de la misère. »

Saucebel, séduit par l'enthousiasme de Vallès, lui propose d'écrire un livre. Pourquoi ne colorerait-il pas, dans son style à lui, vigoureux, imagé, un ouvrage technique sur la Bourse ? Un employé d'un agent de change apporte à Saucebel et Vallès les chapitres techniques qu'il a écrits, des descriptifs, précis, plats. « Voilà l'ouvrage tout mâché, dit Saucebel à Vallès. Vous n'avez qu'à fourrer vos adjectifs là-dedans, à donner du ton, de la couleur, du teint, et à y mettre le diable au corps. Ce sera du Proudhon pittoresque... »

Ce travail de réécriture, Vallès le fait avec la hâte et l'enthousiasme de qui a le sentiment d'être au cœur même du principe social, de le comprendre et de le maîtriser puisqu'on l'écrit. Travail de réécriture d'un monde qui est volonté de domination de ce monde. « Je mets des adjectifs écarlates... Je renforce les phrases molles, je dramatise les passages plats. » Et, ajoute Vallès, « j'ai fourré des accents d'insurgé dans ce manuel de boursier ».

Et puis il y a au bout, pour la première fois, la perspective concrète d'un livre. Le 27 janvier 1857, Vallès écrit à Saucebel une lettre dans laquelle il évoque la couverture, les épreuves, les avances qu'il a faites à l'imprimeur : « Ce livre est un grelot », conclut-il.

Car Vallès a choisi un titre qui est le principe même de la société :

L'Argent. La couverture qu'il prépare déjà en ce début de l'année 1857 portera au-dessous du titre une pièce symbolique de cinq francs, en grandeur nature, avec cette inscription : « J'en vaux cinq au contrôle et cent dans la coulisse. » C'est dire que cet *Argent* s'adresse aux « rentiers, agioteurs, millionnaires ». Et Vallès, en une ligne, cache son nom et dévoile son identité puisque le livre, qu'il ne signera pas, est pourtant écrit, dit la couverture, « par un homme de lettres devenu homme de bourse ».

On devine Vallès fébrile. Il tient enfin ce livre. Il n'a que vingt-cinq ans. Mais en même temps, malgré les « accents d'insurgé » qu'il a placés ici et là dans les chapitres, il sent que quelque chose manque, qui rendrait plus éclatante sa conversion d'écrivain en boursier, comme une sorte de manifeste cynique dans lequel il proclamerait les raisons de son ralliement. Et qui serait, en fait, sa marque d'écrivain à une œuvre simplement réécrite.

Ainsi naît la préface qu'avec un coup de génie, un sens aigu de l'actualité, Vallès intitule « Lettre à Monsieur Jules Mirès ». Ce financier israélite, né à Bordeaux, est devenu une sorte de personnage emblématique de la fortune et de ses liens avec le pouvoir. A ses origines, il n'est qu'un courtier d'affaires, journaliste, se servant peut-être de la presse comme d'un moyen de chantage. Bientôt il disposera de plus de trois cent cinquante millions de capitaux, contrôlant des journaux comme *Le Pays, Le Constitutionnel* ou *Le Journal des chemins de fer, La Presse, Le Siècle.* Proudhon peut écrire de lui : « Il serait plaisant de voir M. Mirès, qui tient l'Empire par *Le Pays* et *Le Constitutionnel,* mettre avec *Le Siècle* la République dans sa poche. »

L'homme accède à la gloire : on le décore de la Légion d'honneur ; il marie sa fille au prince Alphonse de Polignac et il draine vers lui des sommes fabuleuses en participant aux grands travaux portuaires de Marseille. Homme de presse et financier, c'est bien un affairiste moderne qui gratifie journalistes et écrivains complaisants par des cadeaux en actions.

En s'adressant à lui, Vallès ne peut qu'attirer l'attention.

Il écrit donc sans précaution, vif, et cette lettre, qui se veut justification insolente de son choix — écrire *L'Argent* —, est en fait, presque malgré lui sans doute, l'acte d'accusation le plus dur qui ait été dressé contre la société de l'Empire. Cette apologie de la fortune se transforme en réquisitoire, tant il est vrai que le cynisme a les vertus de l'acide et décape les hypocrisies. Il met à vif.

« J'ai fait de la littérature, écrit Vallès, j'ai perdu à ce métier-là deux viscères, le cœur et l'estomac ; l'estomac, c'est dur. Enfin la raison est venue, je suis descendu du Panthéon jusqu'à la Bourse. »

La Bourse : c'est là que s'agite maintenant « l'avenir de la France ». « La Bourse est l'hôtel de ville de la République moderne. » Il vaut donc mieux être « un bon boursier qu'un mauvais écrivain ». Une sorte de rage froide, lucide, corrosive pousse la plume de Vallès. « Vive l'argent ! » lance-t-il. « Enrichissons-nous. » Que les pauvres courent à la Bourse eux aussi. Pour lui son choix est fait : « La misère a fait son temps, je passe du côté des riches. » Les riches, il les encense et ces compliments en fait les fusillent, car en même temps Vallès reprend le cri de Lamennais : « Silence au pauvre », cette pauvreté qui « épuise les forts et corrompt les faibles ». L'argent, la fortune sont les seuls moyens d'être libre. « Les faiseurs de livres, les avocats, les professeurs, les médecins » sont « esclaves de quelqu'un ou serviteurs de quelque chose ». « Le boursier est digne et libre. »

Naïveté sans ironie mais chargée d'amertume. Pessimisme, quand Vallès ajoute que commence l'ère de « l'égoïsme civilisé », que le temps des génies est mort, que la philosophie n'est plus rien, puisque l'éclectisme de M. Cousin règne, que « la poésie est morte sous le ridicule ». « M. Hugo a tenu les cordons du poêle. » Quant à la politique ! Vallès ricane. « Nous sommes là une génération toute neuve que Février surprit au seuil de l'âge mûr, esprits honnêtes, âmes ardentes ! Nous descendîmes au champ de foire, la parade était sublime… Puis un beau jour nous nous trouvâmes tout bêtes, les uns sur le rocher de l'exil, d'autres sur la paille des cachots, les plus heureux en face de l'ennui mortel. » Comment après cela suivre dans les rues « ces mouchoirs de couleur appelés drapeaux » ?

Il faut donc « vivre en prose puisque ainsi maintenant va le monde ». « Faisons de l'argent morbleu ! Gagnons de quoi venger le passé triste, de quoi faire le lendemain joyeux, de quoi acheter l'amour, des chevaux et des hommes. »

Ce manifeste, écrit au printemps de 1857, par sa violence même, son refus des faux-semblants, est un cri de révolte rendu encore plus aigu parce qu'il se présente comme une abdication devant la nouvelle loi, celle de la Bourse.

Vallès ne peut trouver un équilibre intime entre son désir de survivre, de réussir à s'imposer dans la vie sociale et son refus de cette société dans laquelle il veut faire sa place, qu'en déchirant tous les voiles, toutes les justifications.

Le cynisme et l'excès sont psychologiquement ce qui lui fait accepter son reniement, le justifie. En même temps, il sait bien, au fond de lui, que cette vérité du monde qu'il crie est inacceptable. Qu'en somme la forme, le style de son reniement sont une preuve de sa fidélité à ce qu'il est.

Il est des manières de faire acte de reddition qui valent des résistances à outrance parce que ceux auxquels on se soumet ne peuvent accepter ce ralliement qui est un réquisitoire.

Vallès a réussi psychologiquement et littérairement son coup.

Le livre est à l'impression, le livre va être publié dans les semaines qui viennent, sa sortie coïncidant à quelques jours près avec le vingt-cinquième anniversaire de Vallès.

Mais comme si, par l'une de ces concordances qui prennent valeur de symbole, l'acte de naissance sociale que cette publication signifiera pour Vallès représentait aussi l'émancipation véritable de Vallès, par rapport à son enfance et à sa révolte frontale contre la société et le régime, le 18 avril 1857, à six heures et demie du matin, meurt à Rouen, au 17 de la rue Beauvoisine, le père, Jean-Louis Vallez.

Pour que le fils s'envole, il faut que le père meure.

Ce premier livre, *L'Argent,* est comme la pierre tombale qui recouvre le corps du père.

Jean-Louis Vallez n'avait que cinquante ans. Il est mort seul, loin des siens. Sa femme et son fils n'arriveront que la veille de l'enterrement.

L'émotion de Vallès est intense. Il s'enferme dans la chambre où repose le corps. Le passé le prend à la gorge : l'incompréhension entre eux ; la longue lutte qui les avait séparés ; le désir de mort que le père avait fait naître chez le fils. « Vous ne vous doutiez pas de mon supplice », dit Vallès. Mais tous ces reproches sont balayés par l'amour, l'intelligence, qu'a Vallès de la vie de ce père « qui a de la vertu et de la douleur plein le visage ».

Toutes les humiliations subies par ce « pauvre universitaire » semblent inscrites dans ces traits. « Je comprends qu'il ait eu des colères qui retombèrent sur moi, murmure Vallès... Je me plains d'avoir souffert ! Non, c'est lui qui a été la victime et l'hostie. »

Les sanglots montent à la gorge et sont pleins du sel de la révolte car cet homme, pour son fils, a été « usé par la vie ». « Il me semble, dit Vallès, qu'on emporte un assassiné. » Et quand il dit : « Adieu, mon père ! Et avant de vous quitter, je vous demande encore une fois pardon ! », il y a de « la rage » dans son âme.

Et, dès lors, ce choc émotif provoqué par la mort du père, cette conviction que cet homme humilié a toute sa vie senti sur lui le « coup de pouce des bourreaux en toge », que sa soumission n'a servi à rien, exaltent encore chez Vallès la volonté de se battre, le refus de se plier. « Je veux avoir lutté, dit-il, avoir mérité mes blessures, avoir défié le péril et il faudra que les croque-morts se lavent les mains après l'opération, parce que je saignerai de toutes parts... Si la vie des résignés ne dure pas plus que celle des rebelles, autant être un rebelle au nom d'une idée et d'un drapeau ! »

Ce refus, *L'Argent,* qui paraît en juillet 1857, l'exprime, on l'a vu, malgré les apparences.

C'est un petit livre à la couverture jaune, qui doit rappeler la couleur de l'or, qui a été imprimé à Fougères chez Jumelais, l'associé de l'industriel Saucebel, et dont l'éditeur est Ledoyen, un libraire installé, au Palais-Royal, galerie d'Orléans, au numéro 31.

L'auteur est donc cet anonyme « homme de lettres devenu homme de Bourse » et le petit milieu littéraire et journalistique s'interroge sur son identité. Le scandale affleure et c'est cette rumeur que recherchait Vallès.

Il est rentré à Paris avec sa mère, qu'il doit prendre en charge puisqu'elle est sans ressources, la mort prématurée de son mari n'ayant pas donné droit automatique à pension. Vallès encore plus cerné par le besoin attend donc du livre le succès. Et il est vrai qu'il lui procure une gloire ambiguë. « Le bouquin a paru, écrit-il, de tous côtés on en parle — pour m'insulter. » Très vite, à la suite d'indiscrétions, on a identifié l'auteur et l'amertume comme le cynisme qui suintent de chaque phrase de la *Lettre à Mirès* sont vite perçus comme scandaleux.

« Il y a là, écrivait le critique Firmin Maillard, de la fièvre, de l'anarchie, un sans-façon brutal, des paradoxes odieux, une ironie froide et calculée, des désillusions malsaines... Cela navre, cela écœure et cela se fait lire parce que cela a le diable au corps, ce je-ne-sais-quoi qui attache, retient et ne vous lâche qu'à la dernière ligne longtemps après que vous vous êtes écrié : assez ! Assez ! Pourquoi faut-il qu'un écrivain trempé de la sorte se fourvoie ainsi dès le commencement de sa carrière ? »

Mais Vallès ne pouvait adopter un autre ton : pour des raisons de sensibilité profonde et aussi parce qu'il voulait l'éclat, un coup de feu littéraire aussi bruyant pour sa réputation que le duel qui l'avait opposé à Poupart-Davyl.

On saisit cependant, aux critiques que suscite le livre, combien le style de Vallès, sa manière crue de dire la réalité dérangent, « écœurent » tous les conformistes, ceux qui veulent envelopper le monde des voiles de la bonne conscience et de l'hypocrisie.

Là (dans la *Revue de l'instruction publique*) on dénonce les « idées excentriques où l'auteur se grise avec ses mots... L'enfant qui a voulu tout simplement jouer au paradoxe ». Ailleurs (au *Figaro*), on parle de ce « livre passablement vif ».

En fait, avec cet ouvrage sulfureux, Vallès s'est fait connaître du monde littéraire et journalistique.

Il écrit désormais régulièrement ses chroniques dans *Présent* — sous le pseudonyme de Max ; le patron du *Figaro* Villemessant songe à lui pour des articles sur la Bourse. Et Vallès s'adapte, trouve immédiatement le ton du chroniqueur pour saluer, par exemple, la mort de son ami le critique Gustave Planche, qui appartient, dit-il, « à la race des poètes tués par la faim ». Il va écrire dans la *Revue européenne,* dans la *Chronique parisienne,* fondée par Henri Rochefort.

Mais toutes ces collaborations qui lui donnent une petite notoriété ne l'aident que peu à vivre. Sa mère loge avec lui. Par arrêté du 24 septembre 1857, elle reçoit un secours extraordinaire de deux cents francs. Somme dérisoire. Et Mme Vallez entreprend à nouveau des démarches pour obtenir une pension annuelle. Pour l'heure c'est son fils qui la fait vivre. Il écrit donc. Il est « forcé de barbouiller d'encre les ailes de sa jeunesse pour dire quelque chose en ce temps de disette et d'abandon ». L'amertume, la misère et la révolte sont toujours là.

Que faire ? Serrer les poings. Se battre.

« Il faut être de son temps, il faut hurler avec les loups. »

Chapitre 14

« Je vais mentir à tous mes serments d'insoumis » (1857-27 novembre 1862)

L'Argent avait donné à Vallès une réputation. L'anonymat percé, les directeurs de revues et de journaux les plus audacieux avaient jaugé la vivacité du style et les qualités potentielles de ce jeune homme de vingt-cinq ans qui réussissait, en quelques pages, à faire parler d'un livre et surtout à saisir la réalité de l'époque, ce règne de la Bourse.

Pour Vallès, qui depuis des mois traînait une « vie de crapaud » dans les marécages des petits journaux publicitaires ou comme tireur de lignes pour les dictionnaires et les encyclopédies qui paient un demi-sou les cent lettres, cette réussite de *L'Argent* est un billet d'entrée dans le monde du vrai journalisme. Et la proposition que lui fait Villemessant, le directeur du *Figaro,* de tenir une chronique de la Bourse est un signe. Car *Le Figaro,* bihebdomadaire qui tire à plus de dix mille exemplaires, est la publication qui rend le mieux compte de l'air du temps. Mondain et anticonformiste, prudent et piquant, jeune, voltairien dans le ton et l'orientation, le journal vise à séduire par une mise en pages mouvante, par la multiplication d'échos, de rubriques données à de jeunes journalistes de talent, auxquels on accorde le nombre de colonnes qu'il faut.

On comprend la fébrilité de Vallès quand paraissent ses articles dans *Le Figaro,* même s'il ne s'agit que de commentaires boursiers dont très vite le directeur va comprendre qu'ils contiennent bien plus de dérision et de fantaisie que de renseignements pour les boursicoteurs. Mais, même s'il va rapidement en interrompre la publication, Villemessant a pu apprécier Vallès et celui-ci peut dire avec fierté : « Mon premier article vient de paraître dans le journal qui fait et défait les réputations à Paris. »

Vallès peut croire ainsi qu'il va gagner son pari et échapper enfin à la misère. Et il veut de toutes ses forces vaincre, s'intégrer dans cette société où il faut faire preuve d'un « individualisme sans cœur ». Tel est le prix et la lucidité mariée au cynisme servent d'autojustification, d'absolution à ce qu'une autre partie du moi pourrait appeler un reniement.

En fait, Vallès ne peut plus continuer comme avant. Il regarde le temps qui s'est écoulé si vite avec une sorte d'horreur et de terreur. « Les années se sont écroulées sur les années, dit-il. Les années ont paru courtes parce qu'elles étaient creuses et vides. Les journées étaient longues parce qu'elles avaient chacune leurs intrigues de famine et leur tas de petites hontes. » Maintenant, il a « besoin d'étirer ses membres ». Il n'y a point d'autre voie que celle de l'acceptation de fait, même si le refus demeure au cœur, des lois nouvelles. Celles qui font de soixante agents de change les maîtres du futur. Sur leurs carnets, en chiffres sûrs, dit Vallès, se dessine le visage de la nation. Car « l'argent pèse plus que le fer dans la balance de l'avenir ».

L'absence d'ouverture politique ne peut que pousser Vallès dans cette voie.

En effet, l'Empire semble capable de résister à tout. Aux élections de 1857, ses candidats ont recueilli 90 pour 100 des votants même si le nombre des abstentions reste élevé (35 pour 100) et si à Paris les républicains emportent cinq sièges sur dix.

Mais la machine politique du gouvernement est capable de tout broyer. Un poète, Ponsard, candidat d'opposition à Vienne parce qu'« on n'entend plus parler de tous côtés que d'autorité, de religion, de morale et de famille », dit comment se sont déroulées les élections. « Les maires, commissaires de police et gardes champêtres, écrit-il, ont fait voter le bétail rustique comme ils ont voulu. On a arrêté les porteurs de bulletins et déchiré mes affiches ; on a pris mes bulletins dans la main et jusque dans les maisons des paysans en leur faisant toutes sortes de menaces ; on a promis aux maires des foires, des églises, des chemins et des secours pour les inondés de l'an passé. »

Si les républicains Emile Ollivier, Jules Favre, Darimon, Picard, Hénon font désormais partie du corps législatif, que peuvent-ils ? D'ailleurs le faible jeu démocratique toléré peut être interrompu sur décision du prince.

Quand, le 14 janvier 1858, un Italien, Felice Orsini, commet un attentat meurtrier contre l'empereur, une loi de sûreté générale vient aussitôt permettre d'arrêter, de déporter ou d'exiler, sans procès, quiconque a déjà fait l'objet de condamnations politiques depuis 1848.

Vallès, s'il n'a pas été condamné, a été emprisonné. Ce retour à la répression l'inquiète, au moment où précisément il semble ne plus se soucier de politique. Il veut passer un accord avec la société, réussir à rester lui-même tout en échappant à la faim.

Mais il a bien conscience des concessions qu'il faut accepter : « Peut-on encore se faire lire, écrit-il, sans avoir jeté dans son écriture un grain de scandale, une goutte de fiel pour faire mordre sa plume ? » Poser la question, c'est y répondre. Et dans les cinq articles qu'il consacre à la Bourse, il multiplie les effets d'esbroufe, tant pour faire croire qu'il connaît les variations du cours des actions que par souci de scandale. « Avis à ces messieurs ! Le temps presse, j'ai vingt mille à vendre », lance-t-il. Mais très vite cela sonne creux et il en est à écrire dans la dernière chronique : « Affreux métier que le métier de millionnaire. » Il vante la liberté de « Mademoiselle Mimi » qui peut « trotter à travers champs » et plaindre ces « malheureux millionnaires, prisonniers dans leurs caisses, entassant des colonnes de chiffres... ».

Ces platitudes révèlent un Vallès mal à l'aise qui ne peut rester dans le rôle qu'il a accepté. Et qui trouve, une fois encore, dans la violence physique une compensation.

Il va ainsi se battre en duel avec un boursier, Lange, qui s'est estimé diffamé. Rochefort est l'un des témoins de Vallès dans ce second duel au cours duquel Vallès sera blessé.

Nouveau trait fort pour un portrait-charge de Vallès que le petit milieu journalistique et littéraire commence à dessiner. Ce « Max » — c'est ainsi que Vallès signe ses articles boursiers dans *Le Figaro* — est décidément un homme violent, un fauteur de scandale, un provocateur auquel on ne peut dénier le courage. Mais cet excès déconcerte et déplaît.

Et ne favorise guère l'établissement de relations complices et cordiales comme on en lie dans ce milieu.

La mère de Jules Vallès qui vit avec lui, à Paris, 55, rue d'Enfer, est une fois de plus inquiète de l'évolution de Vallès. Sa notoriété ne la touche pas, mais les colères, l'exaltation de son fils lui sont incompréhensibles. De plus, l'argent est toujours aussi rare. Vallès travaille peu. Elle est sans ressources et les lettres qu'elle adresse aux autorités universitaires sont désespérées. Le 1er avril 1858, elle insiste à nouveau pour obtenir une pension annuelle. « Mon fils, écrit-elle, près duquel, à la mort de mon mari, j'étais venu m'établir et dont le travail était depuis lors notre unique moyen d'existence, est depuis quelque temps, et par suite de travaux excessifs et de privations en tout genre, sujet à des accès d'aliénation mentale dont la fréquence me fait craindre, pour un avenir peu lointain, un complet état de démence. »

Prétexte de la mère afin d'émouvoir et de peindre au plus près sa situation ? En fait, hélas, mesure de l'incommunicabilité entre la mère et ce fils, paradoxal, violent et qui peut dans ces excès paraître extravagant.

La mère reprend ainsi le diagnostic du père qui avait fait interner Jules Vallès à Nantes. Mais ce jugement maternel donne une idée de la manière dont Vallès peut être perçu.

Mme Vallez ajoute : « Ma fille, depuis quelques années dans une maison d'aliénés à Nantes, est sur le point de m'être renvoyée faute de ne pouvoir payer sa pension. Pour comble de malheur, et tant le sort prend à tâche de me poursuivre de ses rigueurs, les quelques économies que la modeste position de mon mari nous avait permis de faire et qui, malgré leur bien grande modicité, m'eussent été d'une urgente nécessité dans le besoin extrême où je me trouve, viennent de m'être enlevées par la faillite de la maison où je les avais placées. Me voici donc seule et sans ressources, mes deux enfants à ma charge : ma fille folle, et mon fils dans l'impossibilité de travailler, tous les jours sous le coup d'un pareil malheur... »

Tableau on ne peut plus sombre ; et il est vrai que Marie-Louise Vallez est internée ! Bientôt la jeune fille sera transférée à l'asile de Montredon proche du Puy. Destin tragique qui est, bien qu'il n'en parle pas, une plaie vive au cœur de Vallès, une source d'angoisse, une cause de sa fragilité. Marie-Louise Vallez mourra d'ailleurs, toujours internée à Montredon, le 17 août 1859.

Depuis un an déjà, sa mère a obtenu une pension annuelle de deux cents francs et s'est installée au Puy.

Jules Vallès ira lui rendre visite, ému par le paysage retrouvé, les souvenirs qui s'accrochent aux sommets des montagnes, l'identification qu'il établit entre son destin et cette région.

« Ma vie, dit-il, a été labourée et mâchée par le malheur comme cet ourlet de terre griffée et saignante. »

Quand il longe le mur du collège du Puy, l'émotion l'étreint mêlée à la colère. Il se retient en effet de céder à la nostalgie. Il lui faut cette brutalité et cette violence pour ne pas laisser éclater sa tristesse : son père est mort. Sa mère ne comprend pas cette raideur : « Comme tu as l'air dur », dit-elle. Il le faut sinon Vallès s'effondrerait. « C'est là-dedans que mon père était maître d'études, à vingt-deux ans, marié, déjà père, pense Vallès. C'est là qu'il fut humilié pendant des années ; c'est là que je l'ai vu essuyer en cachette des larmes de honte quand le proviseur lui parlait comme à un chien ; c'est là que j'ai senti peser sur mes petites épaules le fardeau de sa grande douleur. »

Il vaut mieux repartir vers Paris, saluer au passage la Croix-Rousse, le quartier des insurrections lyonnaises, là où les canuts en « blouses bleues portèrent pour la première fois, sur des fusils en croix, le berceau de la guerre sociale ». Mais c'était en 1831.

Que peut-on aujourd'hui ?

Ce sont de belles années pour l'Empire et pour Napoléon III. La misère des humbles, ce prolétariat urbain, frappé par toutes les épidémies (variole, choléra, typhus) dont la mortalité s'accroît et qui trouve dans l'absinthe l'oubli de sa condition, qui s'en soucie ?

La spéculation immobilière est telle que le prolétariat vit dans des « logements incommodes, étroits, sans lumière qui — écrivait en 1857 un propriétaire — ont atteint aujourd'hui des prix ruineux pour ceux qui les occupent ; les uns s'enfuient dans les faubourgs, dans les campagnes ; les autres subissent une augmentation déraisonnable et, pour avoir le logement, diminuent l'alimentation, l'habillement et toutes ces nécessités qui sont la santé et la vie ». Ces logements n'ont aucune commodité : l'eau fait défaut ; les cabinets d'aisances sont communs à huit ou dix familles ; pour seul moyen de chauffage, on dispose de petits poêles de fonte où l'on brûle du bois.

Dans ces conditions, la mortalité atteint des sommets en pleine période dite de prospérité.

Certes, la prospérité existe : pour les nantis, ceux qui profitent du mouvement de l'industrie, de la Bourse, des spéculations sur les terrains ou les chemins de fer, des nouvelles formes de société commerciale, pour tous ceux qu'irrigue l'argent, cet argent dont Vallès, lucide et perspicace, a fait le centre de son premier livre.

L'Empire est fort de tout cela : des fortunes qui se font et des cinq cent mille débits de boisson que compte la France. A Lille, il y a mille six cents de ces *assommoirs,* et le républicain Jules Simon estime que 25 pour 100 des hommes et 12 pour 100 des femmes s'adonnent à l'ivrognerie dans les quartiers ouvriers.

L'Empire brille aussi de l'éclat de sa politique extérieure.

Napoléon III s'en va à la tête de ses troupes, le 10 mai 1859, aider les Italiens à se libérer de la tutelle autrichienne. Et tout au long du trajet, entre les Tuileries et la gare de Lyon, la foule chante *La Marseillaise...* Et bientôt ce seront les victoires de Magenta et de Solferino. Sanglantes, débouchant sur des traités ambigus, mais Nice et la Savoie reviennent à la France.

Napoléon III se sent si sûr de lui qu'il peut, le 16 août 1859, accorder par décret une « amnistie pleine et entière à tous les individus qui ont été condamnés pour crimes et délits politiques ou qui ont été l'objet de mesures de sûreté générale ».

Si des hommes irréductibles comme Edgar Quinet ou Victor Hugo restent en exil, les autres rentrent. Mais ils vont vite se sentir dans la situation de Jules Vallès : en exil intérieur.

L'un de ces exilés, Joseph Benoît, au retour d'émigration écrit :

« Je retrouvai la France tout autre que je l'avais laissée. L'Empire avait détruit tout esprit public et mis à la place le culte grossier des intérêts et des appétits. Je me trouvai étranger au milieu de mes compatriotes. L'Empire avait développé outre mesure l'amour du gain, la cupidité et surtout l'agiotage des jeux de Bourse, qui avaient envahi la population entière. Le luxe, de son côté, avait pris des développements effrayants et contribuait pour une large part à la corruption des mœurs. »

Et il est vrai que deux villes se côtoient sans se pénétrer. A Paris dans l'étroit espace qui s'étend du faubourg Montmartre à la place de la Madeleine, des centaines de becs de gaz éclairent les terrasses de cafés, les grands magasins et les restaurants. La fête impériale se déroule là, dans un monde de viveurs, de dandys, de flâneurs et de femmes faciles — les lorettes. Vallès fréquente ces cafés. Au café de Madrid, il peut côtoyer Baudelaire ou Maxime Du Camp et des politiques, tels que Ranc qu'il connaît depuis 1848 et le jeune Gambetta.

Sur la rive gauche, on le rencontre au café Tabourey, à l'angle de la rue Vaugirard et de la rue Molière ou bien au café Dinochau dans le quartier Breda. Là se retrouvent les chroniqueurs Murger, Alphonse Daudet, les premiers photographes. A la brasserie des Martyrs, il y a Courbet, le peintre réaliste qui parle fort et s'impose.

Vallès, depuis *L'Argent* et ses chroniques de *Présent* et du *Figaro,* fait partie de ce monde.

Il se croit capable d'y vivre et d'y réussir. Il s'y est enfoncé par nécessité, au jour le jour. Il n'a pas le recul d'un Blanqui qui, bénéficiaire de l'amnistie, est atterré par ce qu'il voit : « Paris m'a désolé ! écrit le révolutionnaire. Quelle apathie, quel affaissement, quelle métamorphose ! Avec mes idées de révolution aussi ardentes que jadis j'avais l'air d'un revenant de l'autre monde, d'un fantôme des temps passés. J'y ai passé quelques jours de douleur et de colère. Mais je n'ai pas perdu l'espérance. Il faudra galvaniser ces cadavres s'ils ne veulent pas marcher vivants ! »

Vallès n'est pas l'homme des réflexions politiques. Il termine avec Poupart-Davyl — le duel est oublié — une comédie en quatre actes, *Les Amours de paille.* Il rêve de la faire représenter. Il la lit à ses amis. Il écrit à Arthur Arnould pour le convier à cette lecture, chez Poupart-Davyl au numéro 9 rue de Provence « le mercredi 30 novembre 1859, à sept heures et demie du soir ». « Nous revenons tous de loin, explique-t-il à Arnould, Ranc de l'exil, moi de la poésie, Poupart de plus loin encore... Nous nous sommes serrés l'un contre l'autre à l'heure du danger. Le danger est autre aujourd'hui. Mais nous avons de nouveaux combats à soutenir. C'est demain que nous livrons, Poupart et moi, notre première bataille. Nous lisons notre première pièce... »

Cette lettre est celle d'un homme qui, à vingt-sept ans, les premiers succès engrangés, tente d'aller plus loin, de réussir. Qui se justifie et fait appel à la vieille solidarité des combattants révolutionnaires, au souvenir des mois du coup d'Etat, pour le soutenir dans cette bataille individuelle : celle de la littérature, celle de la percée sociale.

Vallès, sans abandonner ses idées, met au service de son ambition sa plume et son énergie.

Dans cette voie du compromis avec la société, Vallès va loin par rapport à ces refus d'hier. Il faut vivre, n'est-ce pas ? Les articles apportent la notoriété mais peu d'aisance. Les emprunts à tel ou tel permettent de franchir une mauvaise passe, mais il faut rembourser et les créanciers ont l'avidité de chiens de chasse.

Henri Rochefort, employé à l'Hôtel de Ville de Paris et pour qui « Max » a écrit dans la *Chronique parisienne,* le convainc de se présenter au concours ouvert pour pourvoir des postes à l'administration municipale de Paris. Arnould lui aussi est employé de la ville. Vallès hésite : « Encore un serment à fouler aux pieds », puis tente le concours à deux reprises et échoue. Ce n'est qu'en 1860 qu'il est enfin nommé expéditionnaire à la mairie de Vaugirard, au bureau des naissances.

Lui, Vallès, employé ! Les temps sont durs. Mais il gagne douze cents francs par an ! Et ce salaire fixe, même modeste, desserre un peu l'étreinte de la misère. Certes, susceptible comme il est, tout lui pèse dans cet emploi. « Je me souviens, raconte-t-il, des misérables et désolantes démarches qu'on tentait pour avoir une gratification et pour monter en grade ! On dépendait quelquefois d'un pitoyable sire, qui, méprisé de tous, ignorant, commun, était arrivé à la force de l'ancienneté et se vengeait de son impopularité sur ceux qui étaient, à côté de lui, intelligents et dignes. Mon cœur se soulève à y songer ! »

Le chef de service se moque de ce bachelier qui a appris le latin et qui tache les registres d'état civil, qui ne comprend pas qu'il doit « s'assurer du sexe » des enfants qu'on vient déclarer. Mais Vallès apprendra vite. Son « coup de main devient célèbre » et puis il ne trouve pas chez ses collègues « ce levain de fiel et de chagrin qui fermente chez les universitaires constamment jaloux, peureux, espionnés ». Et surtout, ses « majuscules faites », il peut s'écrier : « Je suis libre, libre jusqu'au lendemain. » Il a sa soirée à lui. Il n'a qu'à se « lever aussi tôt que les ouvriers pour avoir encore deux heures avant de venir vérifier le sexe des mioches ». Sa vie est organisée. Il peut écrire.

Mais alors tout commence.

Il faut tirer de soi les mots. Et la manière dont vit Vallès ne favorise guère la création.

« Il fait lugubre dans sa chambre, une chambre de trente francs qui a vue sur un boyau de cour » au 273, rue Saint-Jacques. Non loin, au carrefour de cette rue et de la rue du Faubourg-Saint-Jacques, la guillotine a été dressée durant vingt ans, jusqu'en 1851. En se penchant à la croisée, on aperçoit le Panthéon, et Arnould qui vient rendre visite à Vallès ricane : « Si tu deviens un grand homme... » Vallès hausse les épaules. Il se soucie peu de sa gloire posthume. Il tient « seulement à vivre ».

Son budget est réglé, « inexorable ». Cependant les rentrées sont régulières. Il peut avancer, « mais il fait encore sale et bien triste sur le chemin ».

Cheminée sans feu. Il se lève à six heures, « enveloppe ses pieds dans un restant de paletot ». De l'autre côté de la cloison, une femme déjà vieille, institutrice dont on ne veut plus, pleure, « cherche des leçons à dix sous » et bientôt racole pour vivre.

Vallès côtoie cette réalité sordide du Paris misérable. La femme se saoule maintenant et ses visiteurs la battent, refusent de la payer. Comment écrire avec cette réalité qui vous heurte ? L'angoisse aussi des dettes qu'il faut faire pour acheter une robe de chambre, et la nécessité de les rembourser ponctuellement. Car Vallès « est fonctionnaire maintenant et (il) doit faire honneur à sa signature » sous peine d'être destitué.

Plus tard, Vallès changera de domicile et de quartier. Il ira habiter au 30 *bis,* boulevard Rochechouart, partageant sa vie avec une grande jeune femme blonde, Joséphine Lapointe, dévouée, soumise, fascinée par cet écorché vif aux cheveux embroussaillés, ce terrible qui pouvait être doux comme un enfant, sensible comme une fille et qui s'écriait, quand il croyait que personne ne l'entendait : « Oh ! que c'est affreux d'être obscur, pauvre, isolé ! »

Il a des amis, certes, Arnould, Levallois qui fut secrétaire de Sainte-Beuve, puis critique littéraire à *L'Opinion nationale,* Hector Malot, écrivain bientôt célèbre, ami dévoué et de bon conseil. On dîne « mal mais beaucoup chez un marchand de vin », on se retrouve le samedi au café Tabourey. Mais comment oublier les réalités ? Il faut tenir jusqu'à lundi « avec un fromage, un pain de six livres, quelques bûches ». On emprunte, à Malot, à d'autres. On craint que l'un de ces prêteurs ne vienne jusqu'à la mairie où l'on travaille, fonctionnaire apparemment anodin. On trace un mot à la hâte pour Arnould : « La seule apparition d'un créancier me perdrait à jamais, je l'ai vu, et ce serait affreux. Je me trouve aussi bien qu'on peut l'être. L'idée d'être découvert empoisonne ce bonheur. » Et l'on recommande pour « la centième fois le plus complet silence ».

On fuit, on s'installe à Sèvres, on demande à Arnould de faire patienter les créanciers : « M. Lehoux m'a prêté cent francs il y a quelques jours, j'ai en plus un billet de trois cents qui tombe le 5 ou le 6... »

On cherche quelques louis pour faire face, éviter le scandale, la destitution.

L'existence de Vallès, même s'il a « trouvé son écuelle », est difficile. Elle ne ressemble en rien à l'existence « insouciante et rose » qu'avait décrite dans *Scènes de la vie de bohème* Henri Murger. Cet écrivain avait connu avec ce livre un immense succès, racontant la vie charmante des étudiants pauvres, leurs jolies mansardes et leurs amours de grisettes.

Vallès hait cette fable. Il a dans les oreilles « la toux d'un poitrinaire » ou les hurlements d'un ivrogne qui percent la cloison. C'est cette vérité-là qu'il faut dire aux jeunes gens. Leur crier que, s'ils tâtent de cette vie-là, « ils ne seront bons qu'à faire du fumier d'estaminet ou du gibier de Mazas ». Et Vallès sait ce qu'est la prison. A trente ans, ces dupes seront « happés au collet par le suicide ou la folie ».

Voilà ce que Vallès porte en lui, qu'il veut communiquer par l'écriture qui doit être une leçon de vérité, une mise en garde. Et quand il suit le 31 janvier 1861 le cortège funèbre qui conduit en terre la dépouille d'Henri Murger qui vient de mourir, sa résolution est prise. Tout au long de la rue du Faubourg-Saint-Denis jusqu'au cimetière Montmartre il observe ces cinq cents étudiants qui accompagnent le cercueil aux côtés des célébrités — Gautier, Baudelaire, Buloz —, des officiels — le bibliothécaire de l'impératrice —, d'un peloton de fantassins sous les armes puisque Murger était décoré de la croix. Et la croix le saisit devant « le cercueil du bohème enseveli en grande pompe ». Lui veut dire non pas une « bohème de lâches », mais une bohème de « désespérés et de menaçants ». Il veut par l'écriture donner « une arme à empoigner pour ceux qui ont gardé de la rage ou que n'a pas dégradés la misère ». Il veut « déchirer les bandages de ses blessures pour montrer quel trou font, dans un cœur d'homme, dix ans de jeunesse perdue ».

Ainsi dès qu'il songe à écrire, et quelle que soit sa volonté d'intégration, son renoncement à la politique, à la révolution, quel que soit son statut — il est fonctionnaire, il a « son écuelle » —, Vallès ne peut que retrouver le chemin de la révolte. « C'est bien le diable si je ne sème pas la révolte sans qu'il y paraisse », dit-il.

Il s'est soumis, pour être libre d'écrire en réfractaire.

« A l'œuvre donc et vous allez voir ce que j'ai dans le ventre », lance-t-il.

Mais Vallès n'a pas l'écriture aisée. Trop de choses à dire, d'émotions à contrôler, la volonté de ne pas truquer et la nécessité — parce qu'il faut placer l'article et ne pas être censuré — de la prudence malgré tout.

Quand on lui commande un article, il attend le dernier moment, paralysé longtemps, comptant sur le coup de fouet de l'urgence pour partir au galop ! « J'écrivais, précise-t-il, par bonds et en aveugle au hasard de la plume. »

Il veut écrire, l'écriture est sa vie et en même temps il ne peut jouer le rôle de l'écrivain ou même du journaliste qui avec régularité, comme un bon ouvrier, prend son temps, prévoit, planifie son travail. C'est la vie chez Vallès qui doit imposer l'écriture : il faut qu'il soit pressé par une dette, une date de remise. Il faut qu'il ait, dans le dos, un copiste qui attend son texte, le lui arrache.

Vallès veut que l'écriture surgisse de lui, moins par choix que par besoin. Et, dans les faits, c'est comme s'il refusait d'avouer sa logique intérieure — écrire — pour s'en remettre aux contraintes extérieures : l'article à fournir, le terme à payer et donc des lignes à écrire ; tout cela comme un masque, un alibi pour l'irrépressible besoin d'écrire.

Sans doute cette attitude vient-elle de sa défiance — sinon de sa haine — pour ceux qui posent à l'Artiste, au Créateur, à l'Ecrivain, au Poète.

Vallès lui *doit* écrire, pour vivre, tout simplement, comme un tailleur ou un cordonnier qui cousent et recousent le tissu ou le cuir ; travail manuel, artisanal, qu'on fait aussi avec des « ciseaux, des épingles », parce que Vallès retouche, coupe son texte, rajoute et qu'à la fin le manuscrit où se mêlent taches d'encre et « gouttelettes de sang » ressemble aux « Mémoires d'un chiffonnier assassin » !

Et puis, le travail fait, il faut placer son texte, avoir l'audace de se rendre au domicile de Villemessant, le directeur du *Figaro,* qu'on sait à l'affût de talents, qui organise pour son journal des « steeple-chases » journalistiques : les rédacteurs sont affectés d'une « casaque » (elle sera blanche pour Vallès) et courent — écrivent — dans les colonnes du *Figaro.* Ce « steeple-chase » prendra le nom général de « lettres à Junius » par référence à un journal anglais le *Public Advertiser* qui de 1767 à 1772 avait, tous les huit jours, publié la correspondance d'un mystérieux Junius.

Vallès attend, impatient, qu'on lise son texte : « Mais ça mord votre copie, cher monsieur... nous publierons cela. » Et on lui donnera cent francs : « C'est le grand prix, mais votre article a du chien. »

Succès donc pour Vallès, qui a franchi tous les obstacles, réussi — mariage de l'obstination et du talent, de la sincérité et de l'habileté déjà professionnelle — à faire publier ses articles.

Pour les écrire, il a puisé dans son expérience. « J'ai pris des morceaux de ma vie, dit-il, et je les ai cousus aux morceaux de la vie des autres, riant quand l'envie m'en venait, grinçant des dents quand des souvenirs d'humiliation me grattaient la chair sur les os — comme la viande sur un manche de côtelette tandis que le sang pisse sous le couteau. »

Ainsi paraissent successivement, entre juillet 1860 et octobre 1862, une série d'articles plongeant leurs racines, tirant leur sève de ce qu'avait vu et vécu Vallès. Deux d'entre eux — en juillet 1860 — sont publiés dans *Le Temps* et décrivent deux visages du Quartier latin, celui des années 1840 et celui des années 1860. Les autres — *Le Dimanche d'un jeune pauvre* (1er novembre 1860), *Les Réfractaires* (14 juillet 1861), *Les Morts* (3 novembre 1861), *La lettre de Junius* (7 novembre 1861) et *Les Victimes du livre* (9 octobre 1862) — parurent tous dans *Le Figaro.*

Le Jules Vallès lucide et contradictoire de la trentaine se trouve tout entier dans ces articles. Il dit ce qu'il voit : par exemple le nouveau Quartier latin de Haussmann qui « en changeant la direction des rues a changé celle des esprits ». Disparus les étudiants des années 1840 « en bérets rouges, pipes courtes et cheveux longs ». C'est maintenant le temps des machines, de « l'argent qui pèse », « les cœurs se bronzent, on vieillit vite sur les champs de bataille ». C'est le temps de l'insensibilité et de l'indifférence ou de leur apparence.

Mais voir, pour Vallès, c'est d'abord arrêter son regard sur les plus pauvres, cette misère qui tue la liberté — même le dimanche ! Celui qui se croit libre ne l'est pas s'il est un « rôdeur au paletot chauve, au chapeau rougeâtre », s'il est un homme qui a faim et se nourrit de « petit pain et de saucisse ».

Vallès décrit. Œil perçant de celui qui a vécu ce qu'il dit, regard corrosif de qui a souffert : « Il faut qu'il y ait eu des larmes dans les yeux clairs du pamphlétaire », dit-il.

Diagnostic social, aussi, d'une grande exactitude qui prouve que Vallès a « pensé » sa situation personnelle et a su généraliser comme le ferait un sociologue, mettant en lumière ces groupes de marginaux, de déclassés, qui ne sont pas des bourgeois et ne sont plus des paysans, bacheliers qui ont été grands au collège, raflant tous les prix et qui en sont réduits à vendre leur écriture pour survivre.

A ces « réfractaires », le Vallès de trente ans, comme pour se convaincre qu'il doit s'enfoncer encore plus dans le conformisme social, fait la leçon : « Que leur demandait-on » à ces « maladroits » ? « D'être quelque chose dans la machine, clou, cheville ou marteau, cinquième roue du carrosse, n'importe ! La société n'y regarde pas de si près, pourvu qu'on ne donne point le mauvais exemple, qu'on ne soit point un danger pour elle. »

Pas d'illusion donc chez Vallès sur le sens de sa conversion. Il suffit d'accepter l'ordre pour survivre. Il le fait. Il faut le faire : « Il y a dix ans, dit-il, j'aurais poussé peut-être un cri de guerre, appelé aux armes, entraînant, comme au soir des révolutions, le cadavre des victimes à la lueur de mes colères. C'eût été une satire ou une *Marseillaise,* le *Dies Irae* et non le *Requiem.* »

Aujourd'hui, il est moins jeune, il écrit *Les Morts.*

Trop de lucidité, trop d'intelligence des mécanismes sociaux, une application trop grande à vouloir accepter la loi sociale alors qu'on n'en est pas dupe : ces textes de Vallès sont chargés d'une tension intellectuelle et affective trop forte pour que leur auteur puisse longtemps tenir les deux bouts de sa contradiction.

Ou bien il renoncera à l'écriture lucide, acide, vraie et deviendra l'un de ces chroniqueurs habiles et sarcastiques, complaisants avec eux-mêmes et amers dans leur âme qui font les belles plumes de la presse parisienne.

Ou bien il tentera de préserver sa liberté de regard, par fidélité à sa nature, à son être profond, à l'enfance dont il dit qu'il faut dénoncer ceux qui en font « le plus bel âge de la vie ». Et il devra payer le prix social de cette authenticité.

Déjà, il récuse « la sentimentalité qui nous tue ».

Déjà, il conteste « la tyrannie comique de l'Imprimé ». Il désigne les « victimes du livre » comme s'il refusait de se laisser absorber par les phrases, comme s'il condamnait les concessions qu'on exige pour être publié, cette insidieuse autocensure qui peu à peu vous plie. Il n'accepte pas cette modification du moi qui s'opère quand on est lecteur et a fortiori écrivain. « On lit son chemin au lieu de le faire, l'œil en avant, le cœur en haut, dit-il. Le sang, les larmes deviennent de l'encre. On dit, on écrit, on imite. »

« Pas une de nos émotions n'est franche. Joies, douleurs, amours, vengeances, nos sanglots, nos rires, les passions, les crimes : tout est copié, tout. Le livre est là. »

Mise en garde de Vallès pour lui-même. D'ailleurs en deux années il n'a écrit que ces quelques articles. C'est peu. Ils font certes parler de lui. On souligne l'âpreté et la force de son style. Il est un écrivain, dit-on au *Figaro.* « Il paraît qu'il a beaucoup d'ennemis parmi les grimauds des lettres : je lui en fais mon sincère compliment », continue le critique. Mieux, on découvre derrière l'écrivain « un homme ennuyé et un cœur mélancolique ».

Mais cette approbation ne suffit pas à rassurer Vallès. Il est mal à l'aise. Il vit mal sa contradiction. Il rêve de plus de liberté. Pour cela il faut fuir Paris, s'assurer une indépendance qui lui permettra d'échapper aux contraintes quotidiennes et d'un bureau municipal et d'un rédacteur en chef.

Et le discours de son père lui revient. Universitaire, disait-il ! Pourquoi pas ? Licencié, docteur. Pourquoi avoir renoncé ? « Bachelier on crève, docteur on peut avoir une écuelle chez les marchands de soupe. »

Voilà qu'à trente ans, il revient, coup tardif de sagesse, sur toutes ses déclarations.

« Je vais mentir à tous mes serments d'insoumis », dit-il.

Il va choisir de reprendre ses études ; obtenir un congé de la mairie de Vaugirard, accepter un poste de répétiteur au lycée de Caen, s'inscrire en faculté, pour la licence.

En même temps il enrage. C'est comme si par cette régression il voulait refuser la voie qu'il s'est ouverte par sa plume, comme s'il se condamnait, à trente ans, à reprendre le chemin du père. Acte de fidélité inconscient, volonté d'essayer de lui être soumis, réflexion rationnelle sur les avantages d'une fonction enseignante, rejet de ce métier de journaliste et de chroniqueur qui, si l'on ne choisit pas d'en mourir de faim ou si l'on ne prend pas le risque de la prison, est un métier de lâche. Tous ces éléments s'ajoutent.

Alors, le 27 novembre 1862, par un jour de pluie, il « allait fatigué, vaincu, prendre la troisième étude dans un lycée de province et là attendre que mes créanciers m'eussent oublié ». Car il y a aussi cette raison-là, qu'il expose à Arnould.

A l'Odéon, sous les arcades, un vieux bohème annonce la nouvelle aux habitués de ce quartier où se mêlent légitimistes et républicains, opposés à l'Empire.

« — Vous vous rappelez, dit-il, celui qui ne parlait que de rosser les professeurs, et qui voulait brûler les collèges ?...

— Oui.

— Eh bien ! Il s'est fait pion.

— Sacré lâche. »

Vallès est conscient de ce reniement.

Et cette abdication le fouette, et c'est peut-être aussi pour ressourcer sa révolte qu'il abdique. Masochisme et humiliation ne sont-ils pas pour lui les moteurs de son énergie ?

Il part. Il devient pion. L'horreur. Mais il s'écrie : « Tu nous la paieras, société bête ! qui affame les instruits et les courageux quand ils ne veulent pas être tes laquais ! Va, tu ne perdras rien pour attendre. »

Il rêve, dans un duel à venir avec elle, d'être « le commandant des redingotes rangées en bataille à côté des blouses », comme un vieil ouvrier le lui avait demandé. Il rêve d'être à la tête de « milliers de rebelles ». Un drapeau flottera.

Vision romantique.

Mais qui ne doit rien à la sentimentalité et tout à l'énergie. « Je forgerai l'outil, écrit Vallès, mais j'aiguiserai l'arme qui un jour t'ensanglantera ! Je vais manger à ta gamelle pour être fort : je vais m'exercer pour te tuer. »

Chapitre 15

« Vous avez l'air d'un homme, il lui faut des chiens couchants » (novembre 1862-septembre 1863)

« Voilà des semaines que je suis pion, et je ne ressens ni un chagrin ni une douleur ; je ne suis pas irrité et je n'ai point honte. »

Vallès s'étonne lui-même. Il est donc pion au collège de Caen. Les bâtiments de cet ancien couvent sont gais, pleins d'air et de lumière. Les haricots servis au réfectoire sont si bons qu'il en « avale des platées » et en redemande. Il a, au bout de quelques semaines, « une pointe de bedon ». Et lui qui si souvent a eu faim « trouve une volupté d'ours couché dans une treille à pommader de sauce chaude ses boyaux secs ».

On le traite avec considération. Il a trente ans, il arrive de Paris. Il est une sorte de prince en exil que les élèves respectent. Et le proviseur — l'abbé Desprez —, le recteur — l'abbé Jacques-Louis Daniel —, l'aumônier — l'abbé Germain — appellent « monsieur » ce pion chargé de la troisième étude, qui ne boit ni ne fume et suit avec beaucoup d'attention les cours de la faculté.

Vallès a même retrouvé à Caen un professeur d'histoire, Dansin, qu'il avait jadis connu au lycée Bonaparte. Il noue avec lui des relations cordiales ; quant au professeur de français, le père Machar, il déclare après avoir lu une copie de Vallès : « Vous êtes un écrivain, monsieur. » Mieux, quand le titulaire de la classe de rhétorique est placé en congé de maladie, en janvier 1863, c'est Vallès qui est chargé de le remplacer, parce qu'il est, écrit le recteur au ministre de l'Instruction publique, « un des maîtres répétiteurs les plus capables ».

Tout va-t-il bien alors ?

Tout va trop bien en fait.

Car Vallès s'inquiète lui-même de sa trop facile acceptation de sa nouvelle vie. N'a-t-il pas une trop grande capacité de soumission ? « Je vais aimer mon auge », dit-il avec presque de l'amertume. Et la vie qu'il mène, si elle remplit sa panse, lui fait craindre de n'être vraiment qu'un « sacré lâche ». Il a peur d'oublier « la peine et la révolte ».

Certes, il a recherché cette tanière confortable, mais s'il y perdait sa personnalité ? S'il n'avait plus « la rage au cœur » ? S'il s'endormait « loin du combat et loin du bruit » ?

Il lui arrive même de penser, retour critique sur lui-même et sur les jugements qu'il a portés contre son père, d'être plus lâche que ce père si décrié. Et l'on devine à cette interrogation que l'une des clés du comportement de Vallès est bien de marquer à chaque pas sa différence avec ce père dont il a si fortement condamné la soumission. Or, ce père qui n'avait jamais joué au révolutionnaire, « qui n'avait pas vécu dans les temps d'émeute, qui n'avait jamais crié aux armes, qui n'avait pas été à l'école de l'insurrection et du duel », avait, quand il était maître d'études, « de la haine dans les yeux ». Et lui, Jules Vallès, est paisible comme s'il séjournait dans un hôpital.

C'est ce qu'il apprécie pourtant. La province lui est douce. Elle lui permet de fuir les créanciers. Il est étonné et flatté de la considération dont il jouit. « Mon Dieu, oui, écrit-il à Arnould, recteur, professeurs de la faculté des lettres, de médecine et de droit m'ont tous, à leur tour, témoigné le plus chaud intérêt. »

Dans la même lettre à son vieil ami, il reconnaît que le temps lui semble long tout de même en province, « mais je préférerais mourir ici, rue Saint-Sauveur (au numéro 43, à Caen) que vivre là-bas à Paris, rue Saint-Jacques, de la vie que j'ai menée pendant la dernière année ! Comment j'ai pu y résister, je me le demande maintenant avec tristesse, non sans effroi ».

Il s'est, à Caen, lié d'amitié avec le conservateur adjoint de la bibliothèque, Trébutien, « frère d'âme » de Barbey d'Aurevilly que connaissait Vallès à Paris. Il écrira pour lui dans *Le Moniteur du Calvados,* toujours sous le pseudonyme de Max, un article sur Maurice et Eugénie de Guérin. Maurice de Guérin avait fait partie du cénacle de Lamennais et avait été condisciple de Barbey d'Aurevilly au collège Stanislas. Sa sœur Eugénie l'avait ramené à la foi au moment où il doutait. Vallès avait rencontré Maurice de Guérin dans les années 1855 à Paris. Maintenant il dit son admiration pour le frère et la sœur avec sincérité et émotion, peut-être aussi avec un peu d'habileté. Il reconnaît en effet avoir dans cet article « flatté le département — dont Maurice et Eugénie Guérin étaient originaires — à outrance ».

En somme, Vallès s'intègre à la société intellectuelle provinciale, de qualité, qu'il côtoie à Caen. Et elle l'accepte, croit-il. Mais pourra-t-il rester au collège ?

« — Le proviseur vous gardera-t-il ? l'interroge l'un des professeurs, le père Machar. Vous avez l'air d'un homme, il lui faut des chiens couchants.

Vallès répond :

— Je me fais petit, je suis décidé à être lâche.

— Peut-être, mais on voit que vous ne l'êtes pas, et les pleutres devinent votre mépris. »

Mais surtout Vallès, comme il le croit, comme il le veut, est-il vraiment « décidé à être lâche » ? Ou bien la crainte d'être absorbé, normalisé ne sera-t-elle pas la plus forte ? Presque malgré lui ne s'opposera-t-il pas à ces prêtres qui régentent le collège ? En fait, de nombreux conflits vont l'opposer inéluctablement aux autorités.

Ses collègues, comme Vallès l'explique à Arnould, « l'ont pris pour leur orateur et nommé leur chef » dès qu'ils ont des démêlés avec l'administration du collège.

Une nuit, Vallès lui-même se laisse entraîner dans un chahut de dortoir, hurlant avec les internes : « A bas le pion ! »

Son sort est scellé. Il sera destitué dès le mois de mars 1863. Il aura tenu quatre mois.

Malgré ses efforts, il n'a pas pu renoncer à être lui-même : inacceptable par une structure, inassimilable.

Son renvoi l'affecte et le surprend. A nouveau il doit s'interroger : que faire ? Il écrit à Arnould : « Destitué j'ai passé deux jours sans manger. » Il réussit à retrouver une place dans une institution scolaire de Caen où il sera très apprécié, où on voudra le garder, mais il sait déjà qu'il va revenir à Paris.

Il compte sur Arnould pour l'aider.

« Je me noie, lui écrit-il, je t'appelle ! Veux-tu te détourner de la route ! Deux jours seulement et je suis sauvé. »

Il lui faut en effet, s'il rentre dans la capitale, désintéresser ses créanciers. Or il doit bien dix mille francs. Il demande à

Arnould de leur rendre visite, de régler les « petites dettes (qui) seules jappent et mordent ».

Hector Malot, auteur déjà célèbre, ami dévoué, a convaincu le maire de Vaugirard de prolonger le congé de Vallès. Car celui-ci tient à passer sa licence.

« C'est ma vie qui se décide », répète Vallès à Arnould en lui donnant la liste de ses « ennemis », en insistant sur le rôle du « Juif Lévy », car Vallès n'échappe pas aux allusions antisémites qui font partie de l'air du temps. Il demande surtout la discrétion.

« Qu'on sache où je suis et d'un coup je m'écroule. »

Il a besoin de soixante francs, immédiatement. Le doyen de la faculté de Caen est l'ennemi personnel de Vallès, car il est « député du gouvernement ». Il se montre intraitable sur les frais d'inscription. Refuse leur remboursement, bien que Vallès ait échoué à sa licence.

Premier en vers latins, second en dissertation latine et en thème grec, il a été éliminé en devoir de français. Un professeur de philosophie, Charma, le même qui l'avait convaincu à Nantes qu'il y avait huit facultés de l'âme et non sept, et l'avait ainsi fait échouer au baccalauréat, lui confie « qu'on eût cassé la faculté, si elle vous avait admis avec une telle composition. Il paraît que c'était du romantisme et de l'impiété à une dose pareille ». Tout le monde veut la lire à Caen. « C'est presque encore un triomphe, écrit Vallès, mais ici encore l'argent, toujours l'argent ! »

Il n'en a pas. Il ne peut rembourser ses créanciers parisiens. Il fait plusieurs voyages clandestins à Paris, rend visite à son amie Joséphine Lapointe, rentre à Caen, incertain toujours quant à son avenir.

Cette angoisse revenue s'exprime dans les lettres à Arnould. Il s'y fait pressant, presque sans gêne. « C'est sur toi, toujours sur toi que je compte, écrit-il. Tu es le seul à qui l'on ose s'adresser si instamment : ta réputation t'impose des corvées ; mais tu y gagnes, je te jure, la vraie, la grande estime. »

Cette insistance est l'expression de la force vitale de Vallès. Il veut. Il bouscule. Il répète. Il use de tous les arguments. Il apitoie, abandonnant toute retenue. Il indique minutieusement à Arnould les démarches que celui-ci doit accomplir.

Déterminé, Vallès sait aussi agir avec prudence.

Joséphine Lapointe, dit-il à Arnould, qui « meurt peut-être de faim à cause de Vallès », qui a « pleuré de mes tristesses », qui « m'a un peu aimé » ne doit point savoir où Vallès se trouve. Il n'a pas confiance dans sa discrétion. Il ne se fie qu'à Arnould et Hector Malot. Il le leur répète comme pour les obliger à l'aider.

C'est qu'il est à nouveau à un tournant.

Il ne sera pas licencié et docteur, il ne deviendra pas professeur. Il sait qu'il va rentrer à Paris où il espère retrouver son emploi à la mairie de Vaugirard.

Il est une fois de plus habité par des sentiments contradictoires, avec l'envie de faire jouer son talent, comme on le fait de ses muscles.

Mais il se sent entravé, Gulliver empêtré.

« J'ai gâché ma vie ! écrit-il dans sa dernière lettre adressée de Caen à Arthur Arnould. Je me sens dans l'esprit de la force à remuer les âmes ; cette force, les embarras d'une condition que m'ont faite et ma tristesse intérieure (car j'en ai !) et ma pauvreté me l'ont mangée aux coins : il faut que je revienne dans la carrière sans la chemise de plomb, il faut que je me dégage, et ne m'épuise pas à nager dans la vase. Il faut que ce ne soit pas à déguiser des préoccupations bêtes et infertiles que j'emploie mon énergie, et mon fond d'ironie, et que je dépense ma salive et mon encre à autre chose qu'à demander des délais ou signer des billets. »

Le diagnostic est juste.

Mais comment échapper à ces maux, à la misère, aux dettes, à l'angoisse du lendemain ? C'est bien en ce début du mois de septembre 1863, alors qu'il retrouve Paris, à nouveau le problème lancinant de Jules Vallès.

Chapitre 16

« Il faut être soi »
(septembre 1863-janvier 1865)

« De quel côté me tourner ? »

C'est la question que se pose Vallès maintenant qu'il foule le pavé de Paris, qu'il vit comme il y a quelques mois boulevard Rochechouart avec la « grande blonde » qui l'a attendu et que, lorsqu'il compte son argent — ce mot et cette réalité qui le poursuivent —, il ne trouve dans ses poches que quarante francs ! Et il sait bien qu'il est désormais « brouillé avec toutes les universités de France et de Navarre ».

Heureusement, il retrouve son emploi à la mairie de Vaugirard. Hector Malot a su convaincre le maire et celui-ci est un brave homme, flatté qu'on le sollicite. Et puis Vallès est bachelier, c'est un écrivain, il publie des articles dans les journaux : tout cela a pesé.

Jules Vallès « bénit » cette « petite place de quinze cents francs » par an. C'est, il en a conscience, « cet emploi de rien du tout » qui le sauve.

Les premiers du mois, il va jusqu'à dépenser dix francs par jour puis il se contente de trois francs, sachant que son traitement viendra ponctuellement le renflouer en fin de mois. Cette certitude le rassure, lui donne des « airs de régulier » auxquels il tient.

Non seulement parce que cela lui permet de dicter ses conditions ailleurs, quand il donne des leçons : il réussit ainsi à toucher « cent sous de l'heure » là où il n'avait obtenu jadis, quand il n'avait que ces répétitions pour vivre, à peine cinquante centimes. Mais surtout, retour des habitudes de l'enfance de plus en plus fort au fur et à mesure qu'il vieillit (il a trente et un ans en 1863), il rêve, même s'il ne l'avoue pas, d'une existence bourgeoise. Il déteste cette bohème sans logis qui l'a contraint à se nourrir de pain et de saucisse, et à changer souvent de garni.

Dans sa condamnation sévère d' Henri Murger et d'une bohème

peinte en rose, il n'y a pas seulement chez Vallès le souci du réalisme, la volonté de dire vrai, le désir de ne pas tromper des jeunes gens sur ce qu'est quotidiennement le malheur d'un « jeune homme pauvre », mais aussi la condamnation d'un mode de vie.

Révolté, insoumis, réfractaire, irrégulier, non conformiste, Vallès a en lui la nostalgie et le désir de la stabilité et de la sécurité matérielle.

Et pourtant cette aspiration ne le conduit jamais à sacrifier ses idées. Au contraire. On l'a vu, dans le bref intermède de Caen, se montrer imprudent et presque provocateur — comme malgré lui — pour briser ce confort qu'il désire, mais où il risque de se perdre.

Dans ces années tournantes que sont, pour l'Empire de Napoléon III, les années soixante, ce comportement s'affirme de manière encore plus nette.

.

Sans doute la situation politique de l'Empire n'y est-elle pas étrangère.

La tentative et le désir d'intégration sociale de Vallès, commencés avec la publication de *L'Argent* — 1857 —, poursuivis par l'entrée dans l'administration de la ville de Paris — 1860 —, et le choix de reprendre ses études et d'accepter un poste de pion au collège de Caen — 1862 — correspondent à la période la plus faste de la Fête impériale, quand, grâce aux succès extérieurs (guerre de Crimée, guerre d'Italie, annexions de Nice et de la Savoie) et à la révolution industrielle, l'Empire paraissait, pour plusieurs années sinon des décennies encore, invincible.

Or, cette réussite se lézarde vite. Et alors que les succès résonnent, s'annoncent déjà les premières fissures.

L'opinion catholique et conservatrice s'inquiète de l'atteinte portée au pouvoir temporel du pape par les patriotes italiens qui ont été soutenus, fût-ce avec ambiguïté, par Napoléon III. De plus, de nouvelles générations arrivent à l'âge d'homme. Les jeunes bourgeois qui étaient des enfants vers 1850 atteignent leur majorité dans les années soixante.

Ils n'ont pas connu les combats et les impuissances ou les trahisons de la République et voient dans l'Empire un régime immobile qui laisse peu d'espace à la liberté.

Dès lors, l'idéal républicain si affaibli après les journées de juin 1848 reprend de la vigueur. Granier de Cassagnac, un témoin, peut se lamenter : « Cherchez donc les jeunes gens ambitieux qui se lancent dans la voie conservatrice et nommez les noms ! Vous n'en trouverez pas. L'opposition prend tout, ramasse tout, réunit tout. »

Comment Vallès ne serait-il pas conscient de ce changement de climat et resterait-il insensible à cette évolution ? Elle le conforte dans des convictions qu'il n'a jamais abandonnées, mais qu'il a pu, durant quelques années, croire être le seul, avec quelques camarades, comme lui isolés, à partager.

Or, mille signes montrent à Vallès que l'Empire s'affaiblit. Le régime, s'il continue à limiter, à réprimer et à punir, est contraint de faire des concessions.

C'est que l'opposition est sortie renforcée des élections du printemps de 1863 : elle l'a emporté dans presque toutes les grandes villes — Marseille, Lyon, Bordeaux, Toulouse, etc. Et Napoléon III renvoie Persigny, qui incarne la fermeture du gouvernement. Il crée un ministre d'Etat qui sera son porte-parole devant les Assemblées, première ébauche d'un dialogue entre le gouvernement, représenté par ce ministre, et les députés.

Mais ceux-ci comptent désormais trente-deux oppositionnels (dont dix-sept républicains) et les fidèles sont moins dociles.

Adolphe Thiers, qui est un bon baromètre, prononce le 11 janvier 1864 un discours dans lequel il réclame avec force « le nécessaire en fait de liberté ». Et notamment — Vallès est un partisan intransigeant de cette revendication — la liberté de la presse.

Et puis surtout Vallès voit renaître l'opinion ouvrière.

Les « blouses », écrasées en juin 1848, recommencent à faire parler d'elles. Le procureur général de Lyon note ainsi : « Dans l'arrondissement de Lyon, toutes les communes les plus voisines, celles envahies par l'industrie principalement ont été plus ou moins entraînées dans le mouvement hostile ! Sur les lignes de chemin de fer, sur les rives de la Saône et du Rhône, on pourrait suivre avec les votes les progrès de ce mal contagieux. »

Le 17 février 1864, soixante ouvriers de la Seine publient un *Manifeste.* Un peigneur lyonnais, Claude Poncet, écrit : « Nous nous croyons petits parce que nous sommes courbés par le labeur. Détrompons-nous, soyons fiers, haut la tête, rien ne peut se faire sans notre secours. Au travail appartient le sceptre du monde. »

Vallès est à l'écoute. Son ami Charles-Louis Chassin vient de publier un livre *Le Génie de la Révolution.* Lui, Vallès, qui s'est voulu le chef des « redingotes » marchant aux côtés des bataillons ouvriers, note ces frémissements : les concessions du pouvoir, qui, en mai 1864, accorde le droit de coalition, rendent ainsi possible la multiplication des grèves. En septembre 1864 est ouvert à Paris un bureau de la première Association internationale des travailleurs. Des noms d'ouvriers apparaissent dans l'actualité : Tolain, Varlin.

Quelque chose bouge dans la profondeur sociale. Et parmi ceux que côtoie Vallès — journalistes, écrivains, républicains — les propos sont plus vifs. On se regroupe.

Bien des amis de Vallès se font initier à la franc-maçonnerie. Le siège du Grand-Orient, au 16, de la rue Cadet, devient ainsi un lieu où souffle la libre pensée avec, au début, la tolérance et l'appui du pouvoir impérial. Mais, dès 1863, à l'occasion du convent, la grande majorité des frères du Grand-Orient refusent de lier leur sort à celui de l'Empire et se proclament partisans du libéralisme politique et du positivisme scientifique.

Ce glissement des esprits, cette renaissance des idées républicaines, ce début d'organisation du mouvement ouvrier ne peuvent que renforcer chez Vallès tout ce qui le pousse en lui, depuis l'enfance, à s'affirmer réfractaire, rebelle, opposant.

La presse reflète cette évolution.

C'est dans les journaux que ces nouvelles générations s'expriment et c'est là qu'elles puisent leurs idées, leurs modes. Certains clament même avec insolence et vigueur : « Place aux jeunes », comme si toute la lutte politique se résumait dans le remplacement d'hommes vieillis par d'autres.

Jules Vallès, avec ces trente-deux — trente-trois ans —, a encore le poil noir et pourtant il est déjà, pour ces jeunes aux dents longues, un vieux. N'a-t-il pas combattu en 1848 et 1851 aux côtés de ceux qui avaient alors vingt ou trente ans et qui sont devenus au moins de solides quadragénaires ou des quinquagénaires ?

Vallès appartient donc à une génération charnière, trop tendre pour avoir joué les premiers rôles dans les années cinquante, trop vieille déjà pour incarner le renouveau, ses enthousiasmes et ses naïvetés. Situation privilégiée — même si elle est frustrante — pour un écrivain.

Or, Vallès, adossé à son « petit emploi de rien du tout » de la mairie de Vaugirard, est de plus un homme de plume.

Journaliste d'abord. Il donne au *Figaro* un article intitulé *Les Confessions d'un saltimbanque* qu'il signe de son anagramme, Asvell. Il s'y montre une fois encore fasciné par les marginaux, les gens de voyage, tous ceux qui, par leur fonction même, échappent à l'intégration et, d'une certaine manière, incarnent soit la monstruosité, soit l'exception ou la fantaisie.

Mais *Le Figaro* n'est plus, déjà, le seul journal à donner le ton. En 1863 a été lancé *Le Petit Journal,* journal du feuilleton et du fait divers, des curiosités, du reportage, vendu un sou dans tout le pays. Un signe : la presse unifie la nation.

En province se multiplient des journaux de qualité. On lit en outre les journaux parisiens — *Le Petit Journal* précisément dont le tirage sera bientôt considérable. On apprend à connaître les romanciers qui y collaborent : Zola, Edmond About ou Barbey d'Aurevilly.

Tout un monde gravite désormais autour des journaux. On compte quatorze quotidiens à Paris et de nombreuses feuilles éphémères, littéraires (*Le Nain jaune*) ou satiriques. Les journalistes se retrouvent dans les salles de rédaction et surtout aux terrasses des cafés. On se mêle, dans les ateliers, aux typographes. On rivalise, on échange des idées, on s'épie et l'on défie le pouvoir en jouant au chat et à la souris avec lui, en multipliant les allusions, en réclamant la liberté absolue de la presse. Un milieu se crée : les romanciers deviennent journalistes et vice versa ; les journalistes se présentent aux élections et passent ainsi à la politique, puis reviennent à la presse.

Paris et ses humeurs communiquent à la province ses frémissements. C'est ainsi que Vallès, durant une année — février 1864-janvier 1865 —, collaborera, parce qu'il a écrit au *Figaro,* au *Progrès de Lyon,* sans doute le meilleur journal provincial.

Expérience décisive pour lui. *Le Progrès de Lyon* est un grand organe libéral qui, créé le 12 décembre 1859, a déjà accueilli Charles-Louis Chassin, l'ami nantais, Louis Blanc, Garnier-Pagès, Edgar Quinet, Jules Simon. Zola écrit dans *Le Salut public,* le supplément du *Progrès*. Y tenir, comme va le faire Vallès, en près de vingt-sept articles, la rubrique des livres, est prestigieux. Il remplace dans cette fonction un républicain modéré, catholique, Frédéric Morin qui est candidat à un siège législatif vacant.

Travail bénéfique pour Vallès. Il lit comme jamais il n'a lu. Il est contraint à suivre l'actualité, condamné à prendre parti, à écrire avec rigueur, investi qu'il est d'une fonction de guide et de critique.

Il teste ainsi ses idées, précise pour lui-même sa pensée, dans cette confrontation aux autres. Il rassemble ses thèmes, prend conscience de sa propre valeur, acquiert à ses propres yeux, par la régularité de sa collaboration — un long article par quinzaine —, une autorité, une confiance dont il doutait.

Dans ce rapport toujours complexe entre un écrivain — ou un journaliste — et ce qu'il a écrit, l'existence matérielle de la phrase imprimée est décisive. Vallès devient de plus en plus journaliste et écrivain parce qu'on l'imprime. Et il se constitue encore davantage écrivain et journaliste parce qu'il parle des livres des autres.

Dans cette activité, il est réellement heureux, à l'aise. On le sent. Il affirme son indépendance. Il n'aura aucune idée préconçue, affirme-t-il. « Je suis fait comme tout le monde, dit-il ; j'ai lu un peu plus que quelques autres, regardé sinon vu beaucoup : voilà ma profession de foi et mon programme. »

Il aime écrire dans ce journal lyonnais « C'est en province, après tout, remarque-t-il, que commencent et finissent toutes les histoires ; on y tient toujours par quelques liens... » Et il a le sentiment par la critique des livres d'être au plein cœur du mouvement des idées ; « la littérature change de tour quand la politique change de face », écrit-il ainsi.

D'autant plus qu'il défend le réalisme et s'attache surtout au roman dont il fait l'apologie : « Par ce temps d'enrégimentation féroce, le roman est comme un asile où l'homme s'est réfugié. Les coteries et les partis, la littérature militante et la politique retiennent dans les casernes ou dans des camps les citoyens, les poètes ou les soldats ; seul ou presque seul, le roman ouvre à l'individu un théâtre et un champ de bataille[1]. » C'est dire que Vallès récuse toute propagande et tout sectarisme.

Lui, l'homme de conviction, est pour « la liberté sans limites » et revendique « les droits inviolables de la pensée humaine ».

Cela va bien au-delà de sa protestation contre les entraves à la liberté de la presse et du journalisme. Vallès s'affirme humaniste et cet homme de trente-deux ans, d'article en article, formule avec de plus en plus de clarté une pensée précise. Qu'il rende compte d'un roman de Barbey d'Aurevilly ou des Goncourt, qu'il critique les contes de Zola ou bien qu'il parle de Taine, de Leconte de Lisle, d'Emile de Girardin ou des *Mémoires* de Mme Roland, la révolutionnaire de la Gironde, il répète son hostilité au dogmatisme, aux écoles de pensée rigides. « Soyez humains, conseille-t-il, et l'humanité vous écoutera ! »

---

1. On croirait lire les réflexions sur le roman de Milan Kundera qui développe les mêmes thèses.

Il dénonce tous les cultes, y compris les cultes républicains, nourris eux aussi par l'imitation de l'Antiquité romaine. Il se défie « d'un idéal rêvé sur les bancs du collège ». C'est à cause de lui que les hommes de 93 — cordeliers, jacobins, fédéralistes ou unitaires — « sont tombés victimes de leur erreur. N'en soyons point à notre tour dupes ».

Il ne veut pas, en somme, passer du catholicisme à la religion de l'Etre suprême. « C'était changer d'eau bénite tout simplement... avec le sang des hommes dans le calice, au lieu du sang d'un Dieu. »

Libertaire, Vallès. Laïque. Libre penseur. Rien du jacobin ou de l'homme de parti. La sève de la révolte mise au service de la poussée de l'individu, de la réflexion personnelle. Se défiant de toutes les chapelles, de toutes les religions. Il est revenu de certaines de ses idées. « Nous étions contre Voltaire il y a quinze ans, avoue-t-il. Je ne sais si mes amis ont changé d'idée ; pour moi je préfère aujourd'hui le rire libre d'Arouet au sanglotement étudié de Rousseau, le scepticisme de *Candide* à l'enthousiasme du *Vicaire*. »

Exaltation de la lucidité, de l'esprit critique : refus de toutes les religiosités et de toutes les sentimentalités : voilà ce qui porte Vallès.

En même temps qu'une apologie de l'énergie, de la volonté, du travail et une acceptation de la souffrance, condition même de la création : « La vie doit passer lourde sur le front de ceux qui recherchent la gloire », dit-il.

Et tout cela pour que s'affirme l'individu.

Vallès, individualiste avec détermination et orgueil, lance à ses lecteurs cette proclamation : « Il faut être soi, jeter au loin les livres et les drapeaux lourds, affirmer, faible ou forte, sa personnalité et ne sacrifier le caractère et les droits de l'individu ni aux besoins de gloire ni aux raisons d'Etat. Pourquoi demander aux aînés son chemin ? Parmi ceux dont nous admirons la gloire et dont nous voudrions avoir les vertus en est-il un seul qui ait vraiment compris ce qu'est la liberté ? »

Quand on pense et écrit aussi clairement sa détermination d'« être soi », quand les idées à propos de ce que doivent être une vie, une personnalité sont aussi fortement exprimées, quand on est à ce point assuré, convaincu, à la fois de ses droits et de ses devoirs envers soi-même, comment accepter longtemps ce compromis utile, mais médiocre, qui consiste, pour un traitement mensuel régulier, à être le petit employé d'une petite mairie parisienne, avec ce que cela suppose de soumission apparente ? La collaboration au *Progrès de*

Lyon, l'engagement intellectuel qu'elle représente pour Vallès, l'obligation dans laquelle elle le met d'avoir à définir sa pensée, à s'affirmer, lui joue ainsi un tour. Parce qu'elle est croissance du moi, parce qu'elle représente un élargissement de sa liberté, elle porte plus loin et plus haut son besoin d'être libre. Elle déséquilibre la solution qu'il avait trouvée : travail d'employé pour assurer les fins de mois et collaboration intermittente à des journaux. Il lui faut mieux.

Il le sent confusément. Mais il craint de rompre. Il ne veut plus de la misère. Il sollicite, prudemment, à la fin de l'année 1864, un nouveau congé qui lui permettrait — comme il l'a fait avec le retour aux études lors de son séjour à Caen — d'explorer les possibilités du journalisme, comme emploi complet et non plus comme une participation d'amateur.

Et comme toujours chez Vallès l'acte entraîne la décision qui lentement mûrissait. C'est comme si Vallès agissait pour se contraindre à choisir, comme s'il craignait sa prudence instinctive qui le conduirait à hésiter, peut-être à renoncer, à accepter le compromis et la soumission.

Il fait. Et sans doute dans cette spontanéité de l'acte qui jaillit et entraîne, et oblige, faut-il voir le sursaut spontané d'un fils qui a peur par-dessus tout de ressembler à son père, le prudent, le soumis.

Courageux Vallès, téméraire même, par terreur d'être lâche. Et cette attitude est à la fois instinctive et calculée. Comme un besoin et une stratégie délibérée de la provocation et du scandale, pour se forcer, et forcer les autres.

La mode était aux conférences. On faisait mine de parler littérature et l'on glissait des attaques politiques contre l'Empire. Ces conférences devaient être autorisées. Elles se tenaient souvent au Casino-Cadet, qui comportait, au 18, de la rue Cadet, une salle de bal et de concerts, ainsi qu'un fumoir en vogue. Le Casino avait été inauguré le 4 février 1859 et il jouxtait le siège du Grand-Orient de France qui occupait le numéro 16 de la même rue et les salles de conférences du Casino.

Vallès, par les idées qu'il exprime, par les amis qu'il côtoie, est très proche de la philosophie des éléments les plus avancés du Grand-Orient de France. En 1864, il n'est pas encore initié, mais Lissagaray qui dirige le local des Entretiens littéraires de la rue Cadet est un frère du Grand-Orient.

A l'automne 1864, l'idée est retenue de faire lire par l'acteur Beauvallet *Hernani* de Victor Hugo, manière de protester contre l'Empire en rendant hommage au poète exilé, à l'auteur de l'*Histoire d'un crime* et de *Napoléon-le-petit.*

L'on demande à Jules Vallès de compléter la séance. « On m'a offert d'être le singe, dit-il, j'ai accepté. » Il parlera de Balzac et son œuvre. Il s'est toujours identifié à Rastignac, Rubempré ou David Séchard. « Il est impossible que je ne trouve pas quelque chose de poignant à dire, pense-t-il, en parlant de ces héros qui sont mes frères d'ambition et d'angoisse ! » Un troisième participant est prévu.

Le 29 octobre, le ministre de l'Instruction publique, Victor Duruy, informe le vice-recteur de l'Académie de Paris qu'il a accordé à « MM. Ch. Lemonnier, Jules Vallès et Beauvallet l'autorisation de faire, rue Cadet dans le local des Entretiens littéraires sous la direction de M. Lissagaray », une conférence sur Saint-Simon — Lemonnier —, une revue bibliographique — Jules Vallès — et des lectures de pièces classiques — Beauvallet.

La conférence est fixée au 15 janvier 1865.

Vallès s'est placé en situation d'agir. Et de provoquer.

Le 15 janvier, la salle de la rue Cadet est pleine bien au-delà des deux cent cinquante auditeurs habituels. Avec ces mouchards. Ces « vieilles barbes de 48... et aussi toute la jeune opposition : des journalistes, des avocats, des bas-bleus qui, de leur jarretière, étrangleraient l'empereur s'il tombait sous leurs griffes roses, et qui ont mis leur chapeau des dimanches de bataille ! ».

Mais, premier incident : le ministre de l'Instruction publique a interdit la lecture d'*Hernani* et Beauvallet doit se contenter de lire *Cinna.* Déception des auditeurs. Certains quittent la salle.

C'est le tour de Vallès. L'orgueil l'habite, façon de se rassurer. C'est la première fois qu'il parle en public depuis les jours du coup d'Etat. Il n'aime pas « ces parvenus endimanchés qui se figurent avoir fait acte d'audace parce qu'ils sont venus pour entendre lire des vers ». En face d'eux il se veut l'un des « misérables dont le style sent la poudre de juin 48 ». Il lance « des attaques d'irrégulier déchaîné, moins contre le buste de Badinguet (Napoléon III) que contre la carcasse de la société tout entière telle qu'elle est bâtie, la gueuse qui n'a que du plomb de caserne à jeter dans le sillon où les pauvres se tordent de douleur et meurent de faim ».

Il est hautain, inspiré, il agite devant « ces bourgeois non point seulement le drapeau rouge mais aussi le drapeau noir ». Son cœur est gonflé de « dédain plus que de désespoir ». Et comme à chaque fois qu'il agit en harmonie profonde avec ce qu'il est, ce qu'il ressent, il se sent saisi par une sorte d'ivresse, d'exaltation. Il éprouve « une joie presque charnelle... sa pensée monte et sa poitrine s'élargit ». Il étouffait, voici qu'il « respire enfin à pleins poumons ». Son geste « n'avait jamais été libre avant aujourd'hui ».

Vallès a des « frémissements d'orgueil » parce qu'il tient « ces gens-là dans la paume de sa main ». Plaisir de l'orateur maître de sa parole, mêlant en elle son savoir et son talent, ses connaissances et son inspiration. Joie de celui qui sans prudence dit ce qu'il est, ce qu'il ressent. Qui a jeté tous ses masques. C'est comme s'il s'avançait, poitrine offerte, sûr de lui vers un adversaire, dans un duel. Toutes les abdications sont effacées. Toutes les craintes quant à sa lâcheté sont balayées. Le voici rétabli dans la certitude qu'il est différent de son père, puisqu'il ose prendre tous les risques. Demain viendront les inquiétudes. Pour l'heure c'est la joie. « Allons, la journée a été bonne, dit-il. Et ma salive a nettoyé la crasse des dernières années, comme le sang de Poupart [lors de son duel] avait lavé la crotte de notre jeunesse. »

Il faut toujours à Vallès l'un de ces actes, pour se ressourcer, se rassurer. Moment de vérité où l'on sait, contre l'usure quotidienne, ce que l'on vaut vraiment.

Il a « dégoisé tout ce qui l'étouffe » et c'est un triomphe. Les journaux (*La Presse, Le Temps, L'Opinion nationale, Le Progrès de Lyon* notamment) saluent la performance. Vallès parle très bien, passionne, entraîne, dit-on. Il est éloquent et hardi. Il maîtrise la pureté de la forme et il improvise de manière incisive.

Vallès a atteint son but. Les articles dans *Le Figaro* ou *Le Progrès de Lyon,* c'était bien déjà, mais il voulait sortir de cette petite notoriété. Avoir plus. C'est fait. « Je n'ai plus la tête dans un sac, dit-il, le cou dans un étau. » Il est « parvenu enfin à trouer l'ombre et à déchirer le silence ».

La provocation a réussi. L'acte instinctif était aussi habilement calculé. On parle de Vallès dans les journaux et dans les cafés des boulevards. A lui maintenant de rebondir, plus haut encore.

Mais tout se paie.

Dès le lendemain de la conférence de Vallès, Victor Duruy qui a lu le rapport de ses mouchards s'adresse en tant que ministre de l'Instruction publique au préfet de police. Il précise que, après le langage inconvenant tenu rue Cadet par le « sieur Vallès », celui-ci ne sera plus autorisé à prononcer des conférences dans cette salle. En même temps, il adresse des réprimandes à M. Lissagaray, qui devra « veiller à tenir ses engagements réitérés », c'est-à-dire à ne pas tolérer les débordements politiques de ses conférenciers.

Le régime impérial, on le voit, est informé et rapide. La censure s'applique non seulement aux journaux, mais aussi à la parole.

A cette réalité de la surveillance policière et de la répression on mesure ce que valent les concessions dites libérales de l'Empire. Elles ne sont que le lest nécessaire pour éviter un échec. Mais la grimace de l'autoritarisme reste présente sous le maquillage des réformes.

Ce qui change, c'est l'opinion. Elle s'est dégagée de la soumission immédiate. Quand le 23 janvier 1865, dans une circulaire, Victor Duruy adresse aux recteurs ses recommandations afin de leur rappeler que dans les cours publics et conférences « toute excursion dans le champ de la polémique religieuse ou politique demeure absolument interdite », certains s'étonnent et condamnent en fait le principe de l'autorisation qui est nécessaire pour prononcer une conférence. Dans *Le Courrier du dimanche,* un chroniqueur peut ainsi s'interroger : « Nous avouons, écrit-il, que nous sommes hors d'état de reconnaître sur quels principes on s'appuie pour accorder, refuser ou retirer ces autorisations. Comment M. le ministre de l'Instruction publique s'y prend-il, demande-t-il, pour discerner le bon grain de l'ivraie, pour séparer le bouc pervers des brebis innocentes ? »

En fait, Victor Duruy et le personnel impérial savent bien quels sont leurs adversaires. La police a ses mouchards et ses fiches. Elle connaît Jules Vallès. Elle informe Victor Duruy. Et celui-ci s'adresse à son tour au préfet de police pour lui demander de vérifier si « M. Vallès... qui s'est livré rue Cadet à des digressions politiques blâmables ne serait pas employé dans les bureaux de la préfecture de la Seine ».

L'engrenage de la répression — une chasse ponctuelle, individualisée — s'est mis à tourner.

Un matin, quand Vallès arrive à la mairie de Vaugirard, les employés sortent sur le seuil de leurs bureaux. Le maire l'a convoqué, lui annonce-t-on.

Le « brave homme » ne peut que répéter à Vallès les termes du rapport transmis par l'inspecteur d'académie au préfet sur le discours tenu rue Cadet et qui est « une véritable offense au gouvernement ». Le maire ajoute : « Personnellement, j'ai à vous exprimer mon étonnement de vous voir compromettre une administration dont je suis le chef et une situation qui, vous me l'avez dit vous-même, est, quoique infime, votre véritable gagne-pain. »

Vallès écoute. Surpris ? Il n'avait pas pensé — consciemment accepté et voulu — toutes les conséquences de son acte.

« Officiellement, poursuit le maire, j'ai à vous avertir qu'il vous sera désormais interdit de remonter à la tribune et à vous prier de me remettre ou de me promettre votre démission. »

Vallès réalise qu'il va perdre son emploi et que « tous les bouts d'articles qui lui promettent un avenir glorieux ne valent pas une soupe. Et je suis habitué à la soupe maintenant ».

Mais n'est-ce pas cette sécurité qu'il a craint précisément sans oser rompre avec elle de lui-même, s'en remettant aux conséquences de son acte ?

Et, malgré l'inquiétude, il analyse vite sa situation. « Après tout le coup est porté et j'aurai le bénéfice de la persécution. » « Mais c'était bien la peine de se ranger ! »

De fait le voici sans emploi.

Cependant il n'imaginait sans doute pas qu'il allait aussi perdre sa chronique au *Progrès de Lyon.*

Pour y parvenir, le pouvoir n'aurait peut-être pas suffi. La jalousie de Frédéric Morin qu'il avait remplacé un an auparavant au *Progrès* a pesé à son tour.

Entre Vallès et Morin, « ce cuistre et calotin à cheveux plats, à lunettes sombres », entre l'homme qui ose et ce « faux bonhomme », l'hostilité était forte. Pour Vallès, Morin était l'un de ces « révolutionnaires qui, prêchant l'héroïsme, donnent l'exemple de la faiblesse ».

Mais ce Morin est efficace et Vallès publiera son dernier article dans *Le Progrès de Lyon* du 30 janvier 1865.

Ainsi les républicains à la Morin ont fait alliance avec le pouvoir impérial pour liquider ce « misérable » qui sent la poudre de juin 48, ce Vallès qui, homme d'ouverture, refusant le dogmatisme est aussi homme de conviction et de fidélité.

A sa manière, il lance un adieu aux lecteurs du *Progrès.* « C'est en écrivant (pour vous), dit-il, que je me suis fait ou que j'ai affermi certaines idées, qui sont comme le fond de ma théorie sur la littérature contemporaine. » Et il a consacré son avant-dernier article à une apologie de la liberté de la presse, dénonçant les limites que Frédéric Morin précisément veut introduire.

Vallès n'aime pas ceux qui « tenant en main le drapeau de la liberté nous caresseraient les doigts avec le manche ».

Mais cette franchise et cette intransigeance, Vallès vient de les payer cher.

Démissionné de la mairie de Vaugirard, évincé du *Progrès de Lyon,* interdit en fait d'université, Vallès n'a plus qu'une seule voie : réussir dans le journalisme, vivre d'écrire dans les journaux.

N'est-ce pas en fait ce qu'il désirait depuis qu'adolescent il rêvait de Paris et de gloire ? Ce qu'il recherchait, poussé à la prudence et brisant celle-ci d'un coup d'éclat, pour se contraindre à choisir ce qu'il voulait.

L'heure est venue. Il va avoir trente-trois ans.

Chapitre 17

« Je ne puis ni ne veux être l'amuseur du boulevard » (février 1865-1867)

D'abord un sentiment d'exaltation, comme lorsqu'on brise des chaînes. Voilà le moment tant attendu : il est « à nouveau dans la politique », car chacun sait à Paris ce qu'il a dit rue Cadet et pourquoi il a quitté son emploi. Mais il est libre cette fois, pense-t-il. Il le dit : « Je n'ai pas à craindre de faire destituer mon père, je n'ai plus le boulet de la famille au pied, je suis maître de moi. » Et ce moment de liberté est aussi celui de la vérité : « Il ne s'agit, ajoute Vallès, que de savoir si j'ai du talent et du courage ! »

Seulement, Vallès n'est pas de ceux qui se laissent longtemps porter par une vague d'enthousiasme aveugle. Il sait voir, lucidement. Il veut voir. Et l'exaltation laisse vite la place à une réflexion sarcastique et sans illusion contre lui-même. Il craint ce retour aux temps de misère qui ont laissé en lui une blessure jamais fermée. Il sait que, s'il veut rester « un homme libre », il lui faudra boire à nouveau « l'eau sale qu'il a lapée si longtemps dans les cruches ébréchées des garnis ». Et, amer, il ajoute, sachant qu'il n'a « que la tête hors de la vase, le reste est encore englué » : « Plains-toi, tu agonisais sans que l'on te vît souffrir, on te regardera claquer, maintenant. »

Dès le lendemain de sa démission de la mairie de Vaugirard, il se met donc en chasse d'une collaboration régulière dans la presse. De sa qualité dépend qu'il ne soit pas à nouveau l'un de ces « chiens errants », réfractaires misérables qui traînent leur faim et leur solitude de gargotes en garnis.

Vallès connaît bien le monde des journaux. Et les rédacteurs en chef savent quel est son talent, singulier, vif. Villemessant, le directeur du *Figaro,* toujours à l'affût de plumes brillantes, s'interroge pourtant sur les dangers qu'il y aurait à employer Vallès. Voilà un journaliste qui peut attirer sur un journal les foudres de la censure et les amendes. Et pourtant Villemessant sait prendre des risques. Dans ces cafés proches des boulevards où se mêlent le haut personnel de l'Empire — conseillers d'Etat par exemple — et ceux qui critiquent à mots plus ou moins crus Napoléon III et son régime, il recrute. A la terrasse des cafés ou dans les salles éclairées au gaz, qui sont « le bivouac joyeux et le camp volant de l'opposition », on apprécie *Le Figaro.* On sait que Villemessant choisit l'ironie parce qu'on « ne peut parler des grands et mordre dans la politique, pelote d'ordures hérissée de pointes de fer ». On connaît son habileté. Il crée ainsi, à côté du *Figaro, L'Evénement* qui s'adresse aux grisettes, aux femmes légères de la vie parisienne, qui hantent le quartier Breda. C'est un moyen aussi d'employer dans ce journal des rédacteurs qu'il ne veut plus utiliser au *Figaro*.

Vallès a écrit à plusieurs reprises dans *Le Figaro,* mais outre les réticences de Villemessant à l'employer régulièrement, Vallès lorgne ailleurs.

Il a, dans l'un de ces derniers articles du *Progrès de Lyon,* loué Emile de Girardin. Celui-ci, patron de *La Presse,* est un homme au passé tumultueux, inventeur de formules journalistiques dynamiques, capable de courage physique : le 22 juillet 1836, il s'est battu en duel contre un député républicain, Armand Carrel, qu'il a tué. Depuis, dit la rumeur, il verse à l'épouse de sa victime une pension et veille — dans l'ombre — sur sa fille. Il y a aussi Ernest Feydeau, créateur de *L'Epoque,* lui aussi personnage complexe. On dit même que Napoléon III a directement subventionné son journal, manière de fixer les opposants en un lieu et de tenir ainsi le journal où ils s'imaginent libres de s'exprimer, tout en mêlant à leurs articles d'autres papiers, à la gloire de l'Empire.

Car Napoléon III, longtemps opposant, sait le poids de la presse d'opinion. Il la contrôle par la loi. Du jour au lendemain, un journal peut être ruiné par une forte amende, qu'on peut au dernier moment retirer. Ce régime d'avertissements est pernicieux. « La vie de la presse, dit Vallès, n'est qu'une douloureuse agonie et il faut avoir bien du courage pour parler encore sur ce lit de Procuste. » Et Vallès s'insurge : « Le pouvoir nous dit, nous crie, qu'il a peur de la liberté. »

Mais Vallès sait aussi que les salles de rédaction sont pleines de journalistes serviles, prêts à toutes les soumissions pour obtenir une parcelle de gloire — écrire, écrire en bonne place, au bas de la première page — et être largement rémunérés.

Vallès les plaint, les méprise.

« Est-il galérien plus malheureux, écrit-il, que ce (journaliste) gouvernemental de bonne foi (ils le sont tous) qui va chercher le mot d'ordre au ministère, tous les jours, et, suivant les hasards d'une campagne électorale ou militaire, rédige blanc ou écrit noir, attaque ou flatte, fait du Saint-Vincent-de-Paul ou du Cambronne ! Ils me rappellent ces employés mystérieux et coiffés de loutre qui vivaient et mouraient sur le piton d'une montagne ou le toit d'une cathédrale, passant les journées, les heures, les minutes et les secondes à attendre que le télégraphe s'éveillât là-bas, pour regarder et transmettre la conversation que décrivait dans l'air ce sourd-muet en bois ! »

Vallès est incapable d'une telle attitude. Il le sait et les rédacteurs en chef le savent.

Pourtant, fort de la notoriété politique qu'il doit à sa conférence rue Cadet, Vallès espère qu'il va pouvoir écrire dans l'un de ces journaux d'opinion, donner son sentiment sur l'actualité. Sortir ainsi de la chronique, du récit de mœurs, ou de la critique littéraire, telle qu'il l'a pratiquée une année au *Progrès de Lyon*.

Par l'intermédiaire d'Auguste Vermorel, un journaliste républicain et socialisant, plus jeune que Vallès mais bien lancé dans la presse, auteur déjà de plusieurs livres, Vallès rencontre donc Emile de Girardin.

C'est comme si d'un seul coup il découvrait un monde dur, cynique, impitoyable même. Il se rend compte qu'Emile de Girardin, dont il reconnaît les qualités « d'homme tout nerfs et tout griffes, qui a allongé ses pattes et son museau partout », qui a joué le rôle de « soubresautier du siècle », traite ses rédacteurs en laquais, brutalise sa rédaction « comme de la valetaille ». Et il considère Vallès avec hauteur comme un « pauvre et un simple ». « J'ai senti que déjà il me méprisait », juge Vallès. Et Girardin en deux mots exécute Vallès qui n'est, selon lui — est-ce mal juger ? —, qu'un « irrégulier » et un « dissonant ».

Vallès étouffe de colère. Voilà les hommes qui doivent le faire vivre, avec lesquels il doit composer s'il veut écrire. Il se plaint à Vermorel dont il estime les idées et la personnalité. « Mon cher, répond Vermorel, Girardin ne prend que des gens dont il fera des larbins ou des ministres. »

Pour Girardin, ajoute Vermorel, Vallès n'est qu' « un pauvre diable qui ne pourra s'empêcher d'avoir du talent, un enragé qui a un clairon à lui et qui voudra en jouer au nom de ses idées et pour la gloire... ».

Comment rapprocher cet homme-là des « souffleurs de clarinette » qui forment la masse des journalistes ? Et Girardin ajoutera à Vallès qui tente à nouveau sa chance auprès de lui que, le paierait-il même pour cela, il ne voudrait pas de lui. « Vous avez une langue à vous ; vous ne vous l'arracherez pas de la bouche alors même que vous l'essaieriez. »

Pas de place pour Vallès dans la presse politique, conclut Girardin : « Vous avez une personnalité dont vous êtes l'otage et qui vous condamne à vivre hors de nos journaux. »

Vallès qui frémit d'orgueil à ces propos et... « tremble de peur » voit avec désespoir s'avancer le spectre de la misère. Il renonce aux articles politiques, propose de tenir une chronique littéraire. Nouveau refus de Girardin. « Ce ne sont point tant les paroles mâles que l'accent viril qui font peur à l'Empire », explique le rédacteur en chef de *La Presse.* Et devant le cri de Vallès — « Je suis donc condamné à l'obscurité et à la misère » — Girardin ajoute : « Faites des livres ! Et encore je ne suis pas sûr qu'on les imprimera, ou qu'ils ne seront pas poursuivis. Faites un héritage plutôt, croyez-moi ! ou de la Bourse ou de la Banque, ou une révolution, choisissez ! »

Il a donc suffi de quelques jours à Vallès pour prendre conscience des difficultés de sa situation. Impossible pour lui de « porter dans la politique sa réputation naissante, de sauter en plein champ de bataille... ».

Il a tenté sa chance auprès d'autres journaux et peut constater la justesse du diagnostic de Girardin. « Nulle part il n'y a de place pour ses brutalités. » Il doit bien reconnaître qu'il n'a pas le talent qui consiste à « passer, pavillon baissé, à travers les écueils ».

Il lui faut pourtant vivre. Et il se tourne à nouveau vers Villemessant qui est l'autre grand personnage du journalisme du Second Empire. Idée ingénieuse de Villemessant : laisser à un journaliste — vainqueur d'un tournoi en somme — tout *Le Figaro :* qu'il écrive à sa guise, sur un sujet de son choix. Et Vallès — comme hier dans *Les Lettres à Junius* — est l'un des élus.

Le 13 avril 1865, sous un gros titre « Les irréguliers de Paris », Vallès écrit six pages complètes du *Figaro.* Les pages 7 et 8 lui échappent car elles sont consacrées aux petites annonces. Dans ce long article, il peint les portraits de gens bizarres, de marginaux avec le but, dit-il, de « faire réfléchir les téméraires » et d'autre part d' « effrayer les heureux ».

Prose colorée, violente, en marge, qui brise le style et les points de vue conformistes et qui obtient un succès immédiat tant, dans le climat étouffant du Second Empire, un souffle frais qui suppose l'originalité du regard et du courage est attendu.

La police impériale se rend bien compte que cet article, non politique, contient, comme le dit Vallès, « un géranium sanglant, une immortelle rouge, mais perdue sous les roses et les œillets » et elle interdit la vente du *Figaro* dans les kiosques. Et pourtant, Villemessant, pour essayer de détourner les foudres du pouvoir, a changé le titre initial de « misères savantes » en ces « Irréguliers de Paris ». Il a coupé aussi près de deux cents lignes. Mais c'est encore trop de violence pour le pouvoir.

On s'arrache ce numéro. La première édition est épuisée immédiatement. Une nouvelle tourne, expédiée en province contre l'envoi de dix centimes en timbres.

Villemessant doit certes se défendre contre des lecteurs scandalisés par les « doctrines » de Vallès et ces « portraits de fantaisie où sont énumérées à plaisir les misères les plus repoussantes ». Il le fait avec verve, courage aussi : « Quand un musicien de talent, dit-il, vient se faire entendre chez moi, je ne lui demande pas d'avance ce qu'il chantera. »

En tout cas pour Vallès c'est la gloire. Villemessant s'en va partout répétant avec enthousiasme : « Quel machin, ah ! mes enfants... »

Cette notoriété renforcée, cette preuve donnée de son talent et la reconnaissance par le public de sa valeur sont décisives pour Vallès à ce moment de sa vie. Non seulement sur le plan de ses revenus, car Villemessant paie bien, et Vallès va écrire une chronique tous les samedis, mais d'autres journaux se manifestent : *L'Epoque* d'Ernest Feydeau où Vallès va devenir un collaborateur régulier.

Mais, au-delà de cette position conquise, Vallès a trouvé son « genre », le moyen d'être en accord avec lui-même, avec ses idées, d'exprimer ainsi son opposition à la société impériale sans passer par la politique. Elle lui était interdite. Les journaux ne voulaient pas d'un Vallès journaliste politique : soit. Dans ses chroniques, Vallès va s'employer à décrire la misère, à faire ressortir toutes les ombres de la Fête impériale, à saisir les inégalités et les injustices ; à montrer les victimes alors que la presse officielle, les auteurs conformistes se contentent de présenter les éclats de la « vie parisienne ».

Vallès en somme a réussi, en réaliste, à se tailler une place. Et il dira plus tard ce qu'il ressentait durant cette période et ce qu'étaient ses objectifs.

« Après dix ans de vie obscure et tourmentée, confie-t-il, je voyais ma prose révoltée discutée dans les cafés littéraires, tout étonnés de mes douloureuses confessions, et lue avec passion dans les cénacles politiques, au haut des faubourgs, sous le toit des mansardes, où se groupait la bande d'amis avec qui j'avais traîné la misère, misère dont je sentais encore la dent, et dont j'aurai toujours, du reste, la marque au cœur.

« J'étais tout heureux, moins par vanité d'écrivain, je vous jure, que par fierté d'insoumis ; je sentais que de notre tête nous crevions le toit et que les hommes de cœur allaient voir une étoile à l'horizon.

« Je fis, ou plutôt nous fîmes le serment d'Hannibal : chacun de nous jura que, jusqu'au jour de la mort, la misère nous aurait pour avocats et pour consolateurs. »

En même temps, cette position est commode pour Vallès : se serait-il obstiné à vouloir écrire politique qu'il serait resté inconnu et affamé ! Et peut-être comme une autojustification de ce compromis qu'il a passé avec les nécessités pour satisfaire ses ambitions et ses besoins personnels, voilà qu'il condamne la Révolution, la Politique, la Violence.

Se mêlent chez Vallès à la fois la conviction que la politique ne peut transformer la société et aussi, peut-être, l'habileté inconsciente de celui qui cherche à trouver les justifications de ses choix.

Pour lui, voir et dire la misère, être fidèle à ce « serment d'Hannibal », suffisent. Il ne croit pas qu'au-dessus des passions littéraires doit se dresser, souveraine, la passion politique. Il condamne « tout un bataillon révolutionnaire (qui) n'admire pas la vérité mais la mort ». Il combat « la doctrine de la conviction armée ». Et il dénonce ceux qui préparent le « triomphe des idées » à la pointe de l'épée.

« Croirez-vous toujours, demande-t-il, comme je le croyais en sortant du collège, moi aussi, que c'est à coups de fusil et de fleuret que nous ouvrirons le chemin fécond et large de la révolution ? »

Lui ne le croit plus.

Il est de plus en plus antijacobin, de plus en plus « plébéien », de plus en plus individualiste. « Ce n'est pas dans le tourbillon de la vie publique, affirme-t-il, mais dans les mystères de la vie privée, que l'esprit s'épure, et que le cœur se brise. Car il faut qu'il se brise et non qu'il se bronze. C'est avec ses débris qu'on fait des chefs-d'œuvre. Le forum vous bronze et toutes les émotions du dehors sentent l'artifice et le plagiat. »

Vallès en somme presque autosatisfait, presque à l'aise avec lui-même, tenant le beau rôle, donneur de leçons, et emportant la gloire et les montants des piges du *Figaro,* de *L'Epoque,* bientôt de *L'Evénement.*

Vallès s'intégrant — à la force de l'obstination du talent et de l'habileté — au monde journalistique et littéraire. Le 22 mai 1865, avec pour parrains deux journalistes du *Figaro,* il est admis à la Société des gens de lettres. Vallès est reconnu par une institution. Il entre dans une structure. Il a pignon sur rue.

La réussite, si l'on songe à ses hésitations, à son départ à Caen, à son « petit emploi » à la mairie de Vaugirard, a été finalement rapide.

Et pourtant, tout aussi vite, Vallès va connaître la déception comme s'il était incapable longtemps de vivre en situation d'équilibre, poussé à la rupture et au mouvement en avant, refusant de s'arrêter dans le confort du succès, plus exigeant envers lui-même que prudent. Il y a en lui un désir de faire plus, d'aller plus loin, de faire mieux. Cet insatisfait ne peut durablement s'autosatisfaire.

Comment le pourrait-il d'ailleurs quand la situation politique, qu'il surveille en républicain qu'il est, évolue !

Au début de l'année 1865, Napoléon III semblait se diriger, dans la ligne de ses décisions de 1864, à des ouvertures, à un assouplissement du régime. Et Morny, habile, était l'homme de cette politique. Or il meurt le 10 mars 1865 et c'est Rouher, un bonapartiste rigide, enfermé dans ses convictions, jaloux des nouvelles générations qui montent à l'assaut du pouvoir, qui prend les rênes. Il est hostile notamment au député Emile Ollivier, opposant modéré, qui peut représenter pour l'Empire l'homme de l'avenir et donc un nouveau départ, effaçant d'une certaine manière, s'il acceptait de collaborer, le coup d'Etat du 2 décembre.

En même temps que ces perspectives se heurtent à des résistances en France, l'Europe bouge. Bismarck vient à Paris, puis rencontrera Napoléon III à Biarritz et c'est toute la place de la France sur le continent qui est, à terme, remise en question par la croissance de la Prusse et l'ambition de Bismarck qui est déjà clairement l'unité allemande.

Mais surtout, au-delà de ces menaces qui affaiblissent l'Empire et intéressent le républicain Vallès, celui-ci épuise les charmes de la chronique et rencontre à nouveau les limites de la liberté d'expression.

Le pittoresque hebdomadaire dans lequel il excelle le lasse. Est-ce donc cela s'exprimer ? Il supporte de plus en plus mal les conseils de modération et de prudence d'Ernest Feydeau qui sait que *L'Epoque* ne doit sa survie qu'à la tolérance impériale et qui veille à freiner les élans critiques de Vallès. « Ne m'avez-vous pas dit plus d'une fois, écrit-il à Feydeau, la plume levée sur ma copie quand vous révisiez mes articles : “ Cette épigramme nous tuera. ” Et vous me limiez les griffes au coin des phrases. »

Vallès ne peut pas accepter cela longtemps.

Il lui faut pourtant écrire pour survivre. Il sait bien que, « dans le journalisme, il ne faut, ni pour les directeurs ni pour les confrères, être interrompu ». Il constate que, comme journaliste, il est « esclave des caprices de trois ou quatre meneurs de journaux ». Et il mesure que faire de la politique l'empêche de « faire de la prose ».

Alors, dans cette vie de tension, inconfortable malgré les excuses qu'il se donne, il biaise. Passe d'un journal à l'autre quand il le peut. Un jour, il fait l'éloge d'un rédacteur en chef contre un autre, moyen de prendre date avec un concurrent qui lui assurera quelque temps une place dans ses colonnes. Mais il s'épuise. Sa veine se tarit. Il ne réussit pas en somme à être soit un « galérien du renseignement », un reporter, soit un échotier ou un boulevardier.

Pour échapper à ces contradictions, il obtient en août 1865 de se faire envoyer par Feydeau en Angleterre. Il y découvre la misère des maisons noires, et en même temps la liberté d'opinion, les journaux puissants. Il éprouve dans ce pays de droit le sentiment de la sécurité qui le change des mouchards, des pressions policières, des menaces légales qui pèsent sur sa vie et son travail à Paris.

Il y rencontre Charles Dickens et cette littérature simple, familière, débarrassée de « l'héroïsme », cette maladie française « qui nous pousse à peindre les choses et les hommes plus grands que sont les hommes ». Il voit en Dickens un maître qui sait évoquer « les pauvres créatures qui grandissent sous le vent de la misère et de la souffrance ».

Mais il a la nostalgie de Paris et, à son retour, comme pour éviter d'avoir à nouveau à reprendre ses chroniques, il donne à *L'Epoque* une nouvelle, *Jean Dolbenne,* que le journal publie et offrira quelques jours plus tard en prime aux nouveaux abonnés.

Ce texte est déjà autobiographique. Dans les lignes et l'intrigue passent des échos directs de la vie de Vallès, mais en plus une autocritique des penchants de l'auteur, une caricature de ses travaux. Le héros, « tribun de quelques cafés de paresseux », y parle fort, y bénéficie d'une « popularité vulgaire », mais mesure le néant de ces « lauriers qui sentaient le tabac ». Ambitieux, il veut « s'asseoir à la table des gens connus ». Il écrit pour l'argent et la notoriété. Il cbtient les deux. « Il en fut heureux une heure — pas plus d'une heure. »

On voit comment Vallès se juge, comment l'insatisfaction et une lucidité impitoyable ont repris le dessus. La quiétude ne dure guère. On sent chez lui depuis quelques mois une amertume, une agressivité qui s'expriment même dans des lettres à Arthur Arnould. Avec désinvolture il demande qu'on lui prête « cent sous ou dix francs » — toujours le besoin d'argent ! Il reproche à son ami de ne pas avoir honoré une invitation à dîner. « Je ne vois pas pourquoi je t'enverrais ce gigot, lui écrit-il, quand je pourrais le manger : je le garde ! »

Insupportable Vallès parfois, de désinvolture, d'arrogance, d'égocentrisme aussi, envers d'une sensibilité d'écorché qu'il contemple avec une sorte de fascination. « Delbenne était né pauvre, écrit-il dans sa nouvelle, et il avait porté toute sa vie le poids de cette pauvreté. Il était né fier aussi, et les humiliations de la misère l'avaient mille fois ulcéré. Il avait plus souffert que d'autres avec sa nature sensible et fière... »

A toutes ces déclarations, à ce renouveau d'incertitude on comprend qu'il a épuisé tous les charmes du chroniqueur. Une fois encore, pris dans cette dynamique qu'est sa vie, il cherche une issue, un moyen pour aller au-delà. Et naturellement l'idée lui vient de suivre le conseil qu'Emile de Girardin lui avait lancé : « Faites des livres. »

Il est en lui, bien sûr, ce désir. Mais est-ce qu'il cherche vraiment à écrire un livre, est-ce qu'il le peut, est-ce qu'il en est capable ?

Sa seule expérience est celle de *L'Argent*, et on sait qu'il n'a fait que rédiger une lettre-préface — de la dimension d'un long article — et réécrire, en leur donnant du nerf et de la couleur, les chapitres techniques qu'on lui avait fournis. Tout cela ne représente pas l'écriture d'un livre. Et Vallès, qui fait l'apologie du roman dans ses articles littéraires du *Progrès de Lyon*, n'en ébauche aucun ces années-là.

Blocage psychologique ? Incapacité à sortir soit de l'actualité —

et donc du journalisme —, soit de la biographie ? Impuissance à laisser libre cours à l'imaginaire par un attachement instinctif à la vérité des événements ? Manque de longues plages de temps, pris qu'est Vallès par la nécessité d'écrire pour vivre ? Sans doute tout cela.

Et pourtant le livre le fascine. Publier — il s'en est rendu compte avec *L'Argent* —, c'est toujours lancer un dé, faire un coup de force et un coup d'éclat.

Alors, tout naturellement, Vallès reprend ses articles et, dit-il, « voici qu'en comptant les feuillets, il me semble que j'ai achevé mon œuvre ! L'enfant est sorti... ».

Il est vrai que des *Réfractaires* aux *Irréguliers,* des *Victimes du livre* au *Dimanche d'un jeune homme pauvre,* il y a entre les articles une unité de ton et de regard. Une grande cohérence thématique aussi.

La volonté de répondre à Henri Murger s'est développée dans ces portraits et ces chroniques, et l'idée qui a soutenu Vallès, celle de peindre la misère — *les misères savantes* —, correspond, comme il l'écrit, « à peindre une vie de bohème affreuse comme l'Enfer de Dante ».

Le titre est tout trouvé : *Les Réfractaires.*

Certes, « ceux du bâtiment disent tous que les articles en volume " c'est un four " et que les libraires n'en veulent plus ». Mais Vallès, quand il a pris une décision, quand il est porté par la volonté de percer, de réaliser, ne se laisse pas facilement arrêter. Il va jusqu'au bout avec une détermination obstinée de paysan montagnard qui pousse sa charrue sur un sol caillouteux, quelle que soit la pente et quel que soit le temps.

Les éditeurs le plus souvent se récusent. Vallès s'obstine bien qu'on le prie partout « poliment de déguerpir ». A la fin, « un éditeur qui commence s'est aventuré à parcourir les premiers feuillets et accepte le marché ». « J'ouvre les narines, je me gonfle », dit Vallès ironiquement. Mais, malgré l'excès de la notation, revient cette impression de respiration plus libre, de bouffée d'air pur, qui l'habite quand il a le sentiment que sa personnalité enfin peut s'exprimer. Joie de l'écrivain, fier de son texte, porté par la satisfaction d'avoir poli chaque phrase, réussi une œuvre où les mots composent une partition singulière et s'inscrivent pourtant dans l'histoire de la littérature ? Bien peu de cela chez Vallès. Non qu'il soit indifférent à la forme ou au contenu de ses articles. Au contraire, on sait à quel point il s'identifie à eux, combien ils sont chargés de son expérience et de sa spontanéité.

Mais le livre est d'abord pour Vallès moyen d'établir un nouveau rapport de forces entre lui et la société. Le reste, essentiel, est pourtant comme secondaire, comme allant de soi. Il ne s'y attarde pas. Ce qui compte c'est l'écho que ce livre va rencontrer. « Le bon à tirer, dit Vallès, équivaut au commandement de " feu " à la barricade, c'est le fusil passé à travers la persienne ! »

Dans la guerre entre lui et la société, commencée dès l'enfance et dans laquelle il a été le plus souvent vaincu, ce livre est un moment décisif, quand rassemblant les munitions et ses armes (les articles écrits depuis plusieurs années) Vallès donne l'assaut, à visage découvert (*L'Argent* était anonyme), non plus comme « un contrebandier » — mais en « corsaire » qui attaque pavillon enfin hissé.

Le livre parut en novembre 1865, chez l'éditeur Achille Faure. Dans un petit format — in-12 — il comportait trois cent vingt-huit pages. Charles Lahure l'avait imprimé, sans doute d'après les articles déjà publiés et non à partir d'un manuscrit.

Vallès s'était livré à un travail de rassemblement et de correction de ses propres textes, changeant un titre là, *Les Confessions d'un saltimbanque* sont devenues *Le Bachelier géant,* modifiant une phrase ou remplaçant un mot ici. Peu de chose en fait.

Mais le prière d'insérer du livre, sans doute rédigé par Vallès, relie ensemble ces articles publiés dans des journaux divers entre 1861 et 1865. « C'est une croyance très répandue, lit-on, qu'il y a chaque jour à Paris vingt mille personnes qui ne savent pas le matin comment elles dîneront le soir. Des poètes étranges, des écrivains qui n'écrivent pas, des fantaisistes financiers forment des compagnies d'élite dans ce régiment d'indisciplinés. Ce sont quelques-uns de ces personnages que M. Jules Vallès a peints sur le vif avec un grand talent de forme et une énergie peu commune. »

Le livre publié, un autre combat commence, dans lequel Vallès avec obstination, habileté, audace, se lance : il s'agit de le faire connaître et d'en faire parler.

Vallès est bien placé. Il est du « milieu ». Mais encore faut-il tirer les sonnettes, écrire à tous les « grands » journalistes. Les flatter, se faire humble. Il n'hésite pas.

Vallès nous apparaît ici comme un homme qui fait ce qu'il faut, quand l'enjeu est décisif pour lui. Ni timidité ni orgueil mal placé.

Vallès relance ses anciens amis, écrit à Emile de Girardin, à tous ceux qui ont, fût-ce huit ans auparavant, montré de la sympathie pour ses écrits. « J'ai gardé pour vous, Monsieur, une sympathie pleine de reconnaissance. Je fais appel une seconde fois à votre propre bienveillance. Je viens de publier mon premier livre. Il a eu du succès, un succès de vente au moins car après trois semaines la deuxième édition s'imprime... » (lettre à Prévost-Paradol). Il écrit aux Goncourt. Il remercie ceux qui rendent compte de son livre. Il insiste auprès de Paul de Saint-Victor, le critique littéraire de *La Presse :* « Je viens comme un collaborateur obscur et un débutant ambitieux vous demander si vous me jugerez digne d'être discuté ou signalé par vous... » Vallès est bien entré dans le jeu de la société journalistique et littéraire. Sans capituler sur l'essentiel, certes. Il est lui-même. Mais en en respectant les règles et les usages, les institutions et les hommes qui les incarnent aussi. S'il trace le portrait des réfractaires, des irréguliers, des saltimbanques, il n'en est plus un. Et, prudemment, il a exclu de son livre toute préface ou conclusion politique. Il s'est imposé de ne pas prendre parti, mais dans chaque phrase bat, il est vrai, « le tambour des révoltés », et cette peinture des déclassés, des victimes est un réquisitoire contre la société.

L'accueil de la critique est élogieux. Vallès n'a pas insisté en vain. Tous les grands noms donnent de la voix. Barbey d'Aurevilly ou Paul de Saint-Victor. Et, à lire ces articles, on mesure l'habileté de Vallès.

En semblant ne pas prendre parti — politiquement —, en ne dressant aucun acte d'accusation explicite contre l'organisation sociale, il fait l'unanimité.

Parfois un critique (Barbey d'Aurevilly) s'étonne qu'il n'y ait pas de conclusion. Mais personne ne peut nier l'art du portraitiste, son réalisme : « Vous diriez le défilé de la Danse macabre : la Misère y joue le rôle de la mort dans *La Procession funèbre* par Holbein », dit l'un d'eux.

Chacun est contraint de reconnaître qu'il y a « du sang et de la bile dans la couleur de M. Vallès; son eau-forte mord comme le vitriol ».

Les plus perspicaces et les plus conservateurs des critiques s'interrogent pourtant : « Nous intéresser un peu trop à ces existences singulières n'est-ce point faire tout bas le procès de la société où elles n'ont pas voulu se classer ? »

Vallès en tout cas avait réussi sa percée.

Il était reconnu comme écrivain. Il n'avait pas baissé pavillon et était parvenu à vivre de sa plume, à arracher un brin de gloire sans capituler devant les valeurs du temps. C'était d'un obstiné et d'un maître stratège, d'un petit-fils d'une paysannerie réaliste, sachant défendre ses arpents de terre et ses biens ; courber la tête quand il le fallait pour survivre et mieux se redresser ensuite ; sachant surtout, à chaque instant, ne pas oublier l'essentiel : pour durer il faut d'abord se nourrir, posséder de quoi faire son pain.

C'est de cela d'abord que se félicite Vallès. « Cette fois, dit-il, il me semble bien que je suis arrivé. J'ai plus que le visage hors de terre, je suis délivré jusqu'à la ceinture, jusqu'au ventre — je crois que je n'aurai plus jamais faim. »

Mais, dès qu'il écrit cela, l'inquiétude le reprend. « Ne t'y fie pas trop », corrige-t-il. Mais il ajoute : « En attendant, savoure ton succès, mon bonhomme : le vagabond et l'inconnu d'hier a du rata dans sa gamelle, avec un brin de laurier. »

Est-ce qu'il peut se contenter, lui, de cela ? Est-ce qu'il lui suffit d'avoir par ces articles et ce livre averti la jeunesse de ce que sont la bohème et la misère ? D'avoir de ce fait « sauvé de la fainéantise ou du bagne un tas de garçons qui y couraient par le sentier que Murger a bordé de lilas » ?

Au vrai, quelque chose déjà le déçoit et l'inquiète.

Ces journaux qui parlent de lui et le louent sont posés sur sa table comme des feuilles mortes. Où est l'émotion ? « Où donc le bruit d'orage (qu'il) aime ? »

Il se souvient de ce qu'il a ressenti « les jours où il lui a été donné de parler au peuple ». Quelle chaleur en lui et autour de lui ! Il entendait battre les cœurs.

Vallès découvre ainsi que l'écriture une fois accomplie et quel que soit l'accueil qu'elle rencontre est chose froide, morte.

« Ces gazettes... ne frémissent pas et ne crient point. »

Vallès se retrouve seul avec sa gloire.

Ce projet individuel — un livre, la notoriété, le succès — voilà maintenant qu'il est atteint et qu'il en découvre le vide. Il fallait qu'il l'expérimente mais c'est un trompe-l'œil. Et l'inquiétude vient quand la critique ne loue que « le styliste » semblant ne pas voir « l'arme cachée sous les dentelles noires de (la) phrase ».

Vallès alors se demande s'il n'a pas été trop prudent, si ses concessions n'ont pas été trop nombreuses.

Contradictoire, il cueille les louanges — qu'il a recherchées, suscitées, organisées, attendues — avec un sentiment mêlé : « J'ai eu plus de gêne que de plaisir à recevoir certains saluts, faits par des hommes que je méprise », dit-il.

Mais après coup... Sans pourtant qu'on puisse l'accuser de duplicité. Il a voulu le succès. Il a agi pour cela, tout à sa bataille, sans rien concéder d'important. Le but atteint, il fait le bilan, lucidement.

« J'ai peur, dit-il encore, de paraître lâche à ceux qui m'ont entendu dans les cénacles de gueux promettre que, le jour où j'échapperai à la saleté de la misère et à l'obscurité de la nuit, je sauterai à la gorge de l'ennemi.

« C'est cet ennemi-là qui m'encense aujourd'hui. »

Toujours ce même mouvement de bascule chez Vallès. Individualiste, créateur, soucieux d'exprimer son moi, réaliste, obligé de ce fait de tenir compte de l'état de la presse, des pressions politiques, il agit habilement, réussissant à s'imposer. Et à ce moment-là, Vallès, « plébéien », homme de fidélité et de solidarité, se reproche d'être en avant, d'être sorti du groupe. Et cette réussite individuelle — indispensable aussi pour affirmer son moi face à la soumission et à l'échec du père — voilà qu'elle lui pèse. Qu'il veut reprendre sa place aux côtés des « blouses ».

L'équilibre pourrait-il s'établir s'il était un porte-drapeau ? Parlant au nom de la foule des humbles, explicitement et pourtant en avant d'elle, héros et martyr ? C'est peu probable, car Vallès se défie de toute pose héroïque. Il ne veut pas être en avant.

Quand il reçoit des lettres de lecteurs qui le remercient, l'émotion l'emporte, et l'orgueil. Il se voit, quelques instants, à la tête d'une armée. Et immédiatement il se fustige. Il faut rester humble. « Tu n'as à copier ni les gestes des montagnards ni le froncement de sourcils des jacobins, mais à faire de la besogne simple de combat et de misère. »

Vallès n'est pas l'homme des manifestes et des proclamations. Il refuse d'être un chef et même un porte-drapeau. Simplement, il a besoin de chanter seul, avec le chœur, pour le chœur et plus haut, plus aigu que le chœur.

Il veut être, « comme dans les campagnes », celui qu'on salue, parce qu'il est « l'aîné qui porte l'honneur et le fardeau du nom ».

Il a, par ce livre, le sentiment qu'il n'est plus isolé, qu'il s'est découvert une famille. Des lecteurs lui écrivent. Une femme le questionne : « Et personne ne vous a aimé pendant que vous étiez si pauvre ? » Il répond : « Personne. »

Il exagère. Qu'on le plaigne le satisfait. Mais en fait on l'a aimé. Vallès, bien que pudique, discret, est un homme que les femmes ont recherché.

Il vit avec Joséphine Lapointe, effacée et dévouée. C'est le type de compagne qu'il accepte car il se défie des « femmes fortes », et celles qui sont engagées dans la révolte lui semblent souvent peu séduisantes. « Je ne pourrai, écrit-il, être aimé que de quelque femme qui serait une révoltée comme moi. Mais j'ai remarqué que la révolte tuait souvent la grâce ! » En fait, il a des goûts traditionnels, il dit « aristocratiques ». Et il craint aussi chez la femme ce qui l'obligerait à des capitulations auxquelles il est déjà dur de résister quand on est solitaire.

Vallès est, de ce point de vue, très traditionaliste. Est-ce l'image de sa mère, s'essayant à être vainement une petite-bourgeoise, soumise à tous les préjugés et acceptant toutes les mesquineries, qui le rend soupçonneux à l'égard des femmes ? Comme s'il était persuadé qu'elles ne pourraient que l'affaiblir, alors qu'il doit se raidir pour rester « railleur et sombre » ? Le mariage dans ces conditions lui paraît un piège dans lequel il ne veut pas entrer.

Une fois pourtant, il a risqué de se laisser prendre.

Lors d'un séjour au Puy, sa mère lui parla d'une jeune fille qui l'aimait et était prête à l'épouser. Elle avait une bonne dot, de quoi, comme disait la mère de Vallès, le rendre « riche » et lui permettre ainsi de « défendre ses idées et les mettre dans ses livres ».

Il est ébranlé, flatté aussi par la beauté et la séduction de la jeune fille, les cinq mille livres de rente et les vingt mille promis à la mort des parents.

Mais voilà, il visite avec elle les quartiers pauvres et elle dit : « Moi d'abord je n'aime pas les pauvres. »

Ce mot révulse Vallès. Cette jeune fille n'est plus à ses yeux qu'une « bourgeoise », une « fille d'heureux », qui porte en elle, sans le savoir, le mépris de son futur mari qui « a été pauvre ». Et Vallès rompt. « J'ai filé par le premier train, désespéré », dit-il, avec la tentation de retourner au Puy, avec des regrets pour cet « acte de courage » qu'il accomplit et qu'en même temps il trouve sot.

Mais il a tranché. Il ne peut transiger sur ce point. Car il tire sa fierté d'avoir choisi la pauvreté. « Si j'avais voulu n'être pas misérable, dit-il, je ne l'aurais pas été, moi qui n'avais qu'à accepter le rôle de grand homme de province après mes succès de collège... Si je suis pauvre, c'est que je l'ai voulu, je n'avais qu'à vendre aux puissants ma jeunesse et ma force. »

Et quoi qu'il prétende après le succès des *Réfractaires,* c'est bien cela qui le tente — et dont, en même temps, il a peur. Car on l'achète. Ou on croit l'acheter.

Il est maintenant un auteur à succès et un journaliste réputé. Un nom qui sonne, que l'ensemble de la presse a reconnu.

Villemessant peut imaginer aussi que cet homme-là a fait preuve de suffisamment de prudence et d'habileté pour ne plus être un danger pour le journal qui l'emploiera. Or *Le Figaro* vient de perdre Henri Rochefort, « égratigneur d'Empire », et quand Villemessant lui cherche un successeur, il pense à Vallès.

« Ah, je vais prendre ma revanche ! » s'exclame Vallès. Car cette proposition flatteuse est bien la preuve de sa réussite. Il discute âprement les termes du contrat : « Collez dix-huit mille balles, et ça y est. Sinon, non ! » dit-il. Villemessant cède. La somme est considérable. Vallès gagnait encore, il y a quelques mois, quinze cents francs par an à la mairie de Vaugirard ! Il fait plus que décupler son traitement et la gloire en plus.

Il triomphe, grisé. « J'ai enlevé ce sac d'écus à la force d'une mâchoire, qui pendant un quart de siècle avait eu les dents longues », s'écrie-t-il. Et il se justifie à ses propres yeux, en se disant que, d'une part, il rançonne « les bourgeois » et que, d'autre part, en « sa personne les irréguliers sont vengés ». Il a l'orgueil de celui qui, sans abdiquer sa personnalité, l'impose. Car son style, affirme-t-il, est fait « de pièces et de morceaux que l'on dirait ramenés à coups de crochet dans des coins malpropres et navrants... » et c'est ce style-là qu'on paie cher, très cher.

Revanche, contre tous ceux qui giflaient Vallès « de leurs billets de cent francs et crachaient sur ses sous ».

Maintenant il écrit, dans *Le Figaro* et surtout dans *L'Evénement* — de Villemessant toujours —, des chroniques quasi quotidiennes, prenant parti dans les querelles littéraires.

Inclassable, indépendant.

Mais, dans cet exercice de sa liberté individuelle, il rencontre aussi malgré lui les problèmes politiques.

Quand il attaque Victor Hugo, le proscrit, qu'il met en garde contre celui qui est devenu le « pape », symbolisant à lui seul l'opposition du régime, il ne peut, même s'il ne s'en soucie pas, que satisfaire tous ceux qui, dans l'entourage du pouvoir, craignent la puissance et l'intransigeance de l'auteur de l'*Histoire d'un crime.*

Quand Vallès rappelle que Hugo a souvent changé d'opinion politique, qu'il faut refuser de « faire tenir une idée dans la peau d'un homme et d'incarner dans sa personne la liberté », cela sert incontestablement l'Empire.

Quand assistant à la représentation de la pièce *Henriette Maréchal,* des Goncourt — lors de la première il est leur invité dans une stalle d'orchestre —, il s'insurge contre les jeunes gens qui sifflent le spectacle, font tomber la pièce, parce que les Goncourt sont des familiers de la princesse Mathilde et donc proches du pouvoir impérial, son article, quelles que soient ses raisons, ne peut qu'être bien reçu par les auteurs, bien sûr, mais aussi par le cercle littéraire de la princesse Mathilde.

A-t-il conscience d'être ainsi récupéré par ce pouvoir impérial ? D'être entré, à son insu, dans le champ politique et de ne pas avoir choisi le camp des irréductibles adversaires de Napoléon III ?

Il ne le semble pas. Au contraire. Il défend l'idée que la littérature — et sa liberté — transcende les oppositions politiques. Il se place au-dessus des factions qui s'opposent.

« Si vous voulez nous faire changer de censeurs simplement, écrit-il dans *Le Figaro* du 14 décembre 1865, je n'y tiens guère et je ne fais pas de différence entre la verge de Caton et le sceptre de Caligula. »

Cette position conforme aux principes qu'il défend depuis qu'il a pris ses distances avec la violence révolutionnaire, le jacobinisme, l'esprit de secte est en même temps professionnellement habile.

Avec de tels articles, il est devenu acceptable par les rédacteurs en chef et par le régime.

Et il s'inscrit sans le vouloir dans la politique d'ouverture que pratique Napoléon III.

En janvier 1865, l'empereur autorise ainsi les députés à voter un amendement au discours de l'adresse présenté à la Chambre par le gouvernement. C'est donc un début de légalisation d'une opposition. Et d'ailleurs, précisément ce mois-là, s'ébauche un Tiers parti, quand quarante-cinq députés votent un amendement qui formule le vœu d'un « sage progrès de nos institutions ».

Or, au même moment, des adversaires radicaux de l'Empire subissent une répression sévère.

En effet, un Congrès international d'étudiants s'est tenu à Liège du 29 octobre au 1er novembre 1865.

Près d'un millier d'étudiants — nombre impressionnant pour l'époque — s'y retrouvent. Et les délégués de l'Université parisienne, au lieu de défiler — comme les autres délégations — derrière le drapeau national, déploient non les trois couleurs, mais un grand crêpe noir qui symbolise leur hostilité à l'Empire et le deuil des libertés perdues.

Antireligieux, proclamant sa volonté de lutter contre les inégalités, d'établir le droit de tous à la souveraineté publique, le congrès est ressenti par le pouvoir de Paris comme une agression, d'autant plus que les délégués français rencontrent à Bruxelles Auguste Blanqui, « le Vieux », qui représente — il vient de s'évader de prison — l'esprit de la révolution.

A leur retour à Paris, les étudiants sont traduits devant le Conseil académique et sanctionnés.

Le Quartier latin est en pleine effervescence. On manifeste dans les rues, dans les amphithéâtres, à l'Ecole de médecine, à l'Ecole de droit. Place du Panthéon, la police opère des arrestations.

Le 21 janvier 1866, d'autres étudiants se retrouvent dans la rue des Amandiers, la rue Popincourt au cri de : « Vive la République ! » Ils chantent *La Marseillaise.* Ils espèrent entraîner la population ouvrière. En vain. Les meneurs sont condamnés. De Londres où il est exilé, le républicain Félix Pyat adresse une *Lettre aux étudiants* dans laquelle il magnifie l'alliance des « blouses du Faubourg » avec « les bérets » du Quartier latin.

Vallès paraît bien loin de tout cela, mais comment pourrait-il y demeurer indifférent alors que c'est là le rêve de sa jeunesse, jamais abandonné ?

Lui qui maintenant habite au Quartier latin — à l'hôtel de Rouen, rue Saint-André-des-Arts —, qui fréquente toujours les cabinets de lecture proches de l'Odéon, il ne peut ignorer ces événements, d'autant plus que toute la presse les relate, qu'on parle même de crise ministérielle et de renvoi de Victor Duruy, ministre de l'Instruction publique. D'ailleurs, au Sénat, Mgr

Dupanloup a dénoncé « les doctrines matérialistes et les théories révolutionnaires » exposées par les étudiants français au congrès de Liège.

Est-ce cette pression de l'actualité qui pousse à nouveau Vallès à briser la cage dorée dans laquelle il est entré ?

Il lance en tout cas des perches en direction de Girardin. Il flatte le directeur de *La Presse,* le soutient quand celui-ci, après des prises de parti trop libérales, doit abandonner ce journal sur pression directe du pouvoir, le félicite de reprendre un autre quotidien, *La Liberté.* Il écrit dans *L'Evénement :* « Si je suis jamais quelque chose, c'est à M. Girardin que je le devrai. » Il approuve le programme que Girardin assigne à son nouveau journal : « Rien ne sera épargné, rien ne sera négligé pour que le journal français, qui porte le plus beau nom qu'un journal puisse porter, occupe, au premier rang de la presse parisienne, la place que lui assigne ce titre qui est à lui seul le plus complet de tous les programmes : *La Liberté.* »

Il connaît bien Auguste Vermorel qui assure la direction de la rédaction. On sent que Vallès s'y voit déjà, qu'il n'est pas à l'aise au *Figaro.* « Le journal, dit-il, a une clientèle d'insouciants et d'heureux, d'actrices et de mondaines. »

Et, de fait, ses chroniques, sombres, soulèvent des protestations, mais il ne tient pas à changer. « Je ne puis ni ne veux, répète-t-il, être l'amuseur de boulevard. Je n'ai pris personne en traître. »

Et il sait qu'il va lui falloir « plier bagage ». Prudent, c'est pour cela qu'il s'est rapproché de Girardin. Pour cela qu'il a veillé dans son contrat avec *Le Figaro* à faire stipuler qu'il était libre d'écrire ce que bon lui semblait.

Villemessant d'ailleurs tient à le garder : « Si vous vouliez pourtant, dit-il à Vallès, avec votre coup de pinceau ! » Mais Vallès ne veut pas.

« Nous nous sommes trompés tous les deux, répond-il. Vous voulez un égayeur, je suis un révolté. Révolté je reste, et je reprends mon rang dans le bataillon des pauvres. »

Les choses ne sont pas si simples.

Il continue à écrire dans *L'Evénement* jusqu'au mois de mai 1866. Il négocie avec Villemessant la résiliation de son contrat. Discussions âpres : « Ça a fini en marmelade : une combinaison, quelques billets de mille, l'offre d'un roman. »

Et en même temps, habile, il a réussi à entrer au début mars 1866 à *La Liberté.*

Girardin, ulcéré d'avoir été frappé par le régime, d'avoir dû abandonner *La Presse,* a convoqué Vallès. Il est en veston bleu, une rose à la boutonnière, il dit à Vallès en souriant : « Bouledogue, on va vous déchaîner ! Vous ferez la chronique le dimanche... Et qu'on vous entende aboyer, n'est-ce pas ? »

Vallès est ainsi à nouveau dans son rôle. Mais il n'aboiera pas longtemps. « J'ai donné un coup de gueule, dit-il, et ça n'a pas traîné. »

Le 26 mars 1866, en effet — moins d'un mois donc après son début de collaboration à *La Liberté* — Vallès consacre son « Courrier de la semaine » à parcourir l'actualité.

Il a associé la mort du général Yousouf — décédé le 16 mars, pacificateur de la Kabylie — à la réhabilitation de Mirès, l'affairiste lavé maintenant de toute accusation ; il ajoute les diatribes d'un député de l'opposition Eugène Pelletan contre « le théâtre, la littérature et le journalisme du temps ».

Est-il parfaitement conscient des risques qu'il prend et fait courir au journal en traçant du général Yousouf — personnage officiel, encensé par le régime — un portrait en « barbare égaré dans la civilisation » ? La chronique est d'un ton badin, sarcastique, dure pour Pelletan, l'opposant, et on a plutôt le sentiment que Vallès écrit librement, comme s'il avait oublié qu'il y a encore un pouvoir qui régente, surveille, réprime la presse.

Est-ce un défi qu'il lance pour éprouver les intentions du pouvoir, mesurer les limites de sa liberté ?

Il racontait comment Yousouf versait une prime de cent sous à tout soldat qui lui rapportait une oreille d'Arabe.

Le ministère de l'Intérieur réagit immédiatement, exige de Girardin qu'il publie un communiqué rétablissant la vérité officielle. Et Girardin se débarrasse aussitôt de Vallès : « Il n'a fait ni une ni deux, et m'a dépêché son gérant, pour m'attacher la pierre au cou et me jeter à la rivière », raconte Vallès. Pis, en première page du journal, le 1er avril 1866, Vallès est contraint de faire amende honorable. Et cela a dû lui coûter cher.

« J'ai l'honneur de vous adresser ma démission de chroniqueur à *La Liberté,* écrit Vallès. Je brise cette plume qui n'a pas su rendre ma pensée. Ma retraite prouvera, j'espère, que ni le journal ni le journaliste n'avaient songé un instant à porter atteinte à l'honneur de l'officier courageux que le gouvernement a cru de son devoir de défendre. »

Ces lignes sont comme le faire-part de Vallès, journaliste respectable.

Désormais, il est, comme par le passé, celui par qui un journal est menacé. « L'avertissement collé en tête de la feuille de Girardin me désigne comme dangereux », dit-il. Et il ajoute même : « En tant que journaliste j'étais mort. »

Quand il affirme qu'il est « repoussé de partout », il exagère pourtant.

Il a encore quelques collaborations, ici et là, au *Courrier français*, au *Nain jaune* (un hebdomadaire de qualité). Mais la grande presse, les grandes chroniques lui sont interdites.

Quand il offre sa collaboration au *Petit Journal* qui tire à deux cent cinquante mille exemplaires, on le rejette. Il a raison de dire qu'il est « moins libre que quand il traînait la guenille dans les coins sombres ». Il pouvait rêver alors de s'évader de ce « cul-de-basse-fosse ». Il l'a fait. Il a réussi. Mais maintenant il est « signalé ». Son habile stratégie s'est brisée sur ce qu'il est et peut-être aussi sur la griserie de la liberté et du succès. Et, dit-il, « je verrai s'écarter de moi ceux qui ont peur du bâton aussi bien que ceux qui le manient ».

Il a cru un moment qu'un éclat, un duel dont un colonel ami du général Yousouf le menaçait, allait le relancer. Mais l'officier n'est pas venu.

Il se sent seul, « dans un monde de sceptiques et de nonchalants ». Et pourtant il faut qu'il en sorte. Il vient de faire l'expérience de l'impossibilité personnelle et politique d'une intégration dans ce monde journalistique. Que lui reste-t-il ? Le livre encore. Rejouer le coup des *Réfractaires* si fructueux sur tous les plans. Il va s'y employer.

Dans la hâte il rassemble les articles qu'il a donnés à *L'Epoque* et à *L'Evénement*. Le titre du recueil ? *La Rue*.

Titre symbolique qui dit la volonté de Vallès de saisir la réalité telle qu'elle est dans sa diversité contradictoire en ne rejetant ni la violence ni le pittoresque. La rue c'est la vie qui fuse, en liberté, avec ses saltimbanques, ses marginaux, c'est la quotidienneté et Vallès exalte ceux qui refusent les poses : « Après les persécuteurs, je ne hais rien tant que les martyrs », répète-t-il à la suite de Proudhon dont il fait l'éloge dans l'un des passages du livre. Il encense aussi Gustave Courbet qui sait peindre en réaliste « la vie terne et pénible des pauvres ».

Mais, en regroupant ses articles, Vallès se soucie peu de cohérence. Il veut un livre, vite. L'imprimeur en sera son vieil ami Poupart-Davyl, l'éditeur, Achille Faure. Il écrit à ce dernier pour le presser, lui promettre la fin du manuscrit rapidement : « Je paierai du bourgogne aux compositeurs », dit-il. Il s'excuse de ce retard et de la hâte qu'il faudra avoir, mais il a des « affaires par-dessus la tête » alors, dit-il, que « je n'aspire qu'à être seul avec mes idées et mes livres ». « Mon métier, avoue-t-il, m'écœure en m'enrichissant. Je ne veux pas le faire trois ans de suite. »

Seulement lorsque ce livre de trois cent vingt pages paraît en juin 1866, l'écho est bien moins grand que pour *Les Réfractaires.*

D'abord il n'y a plus d'effet de surprise. On sait Vallès écrivain de talent. Son nom court les cafés littéraires. Et *Les Réfractaires* ont paru il y a seulement quelques mois.

Et surtout Vallès est à l'index : il est l'homme du général Yousouf. La grande presse, qui l'avait vanté, le traite avec plus de sévérité et souvent l'ignore.

Zola, qui rend compte du livre dans *L'Evénement,* lui accorde le seul talent d'un hercule de foire, et surtout l'accable sans en avoir l'air sur le plan politique. « M. Jules Vallès a, il est vrai, écrit Zola, des convictions sociales, mais je crains bien que ces convictions ne soient que des convictions d'opposition. La négation éternelle est aisée ; je préfère le créateur d'utopie qui affirme le moindre bout de ses croyances. »

Voilà Vallès caractérisé. Un opposant, un regard limité qui « exploite un petit coin du monde » (Zola), quelqu'un qui a désormais sa place dans le milieu littéraire et journalistique et dont on attend qu'il écrive un roman ou des drames pour le théâtre tout en sachant déjà — c'est là l'infernale logique parisienne — qui il est.

Le talent de Vallès, son originalité sont déjà pour les critiques un alcool éventé.

Lui-même d'ailleurs ne peut pas donner de nouvelles preuves. Il a promis à son éditeur Achille Faure un roman, pour le dédommager des frais engagés dans l'édition de *La Rue.* Mais ces *Aventuriers de la Seine* dont il devait remettre le premier volume au 15 décembre 1866 ne voient pas le jour. Il y travaille pourtant avec ardeur, mais il écrit à Achille Faure que « comme Balzac, comme le maître, je ne sais plus où j'en suis. Sera-ce une maison ou une échoppe ? ».

En fait rien ne sera construit.

Vallès se plaint de la « vie éreintante et ruineuse » du journalisme où l'on gagne vingt-cinq mille francs par an et où l'on en dépense trente mille », mais il ne peut pas la quitter. Pression de l'actualité, goût pour l'écriture fougueuse, rapide, pour les articles vite achevés et qui ont une naissance et un effet immédiats, besoin d'argent, tout se ligue. Et on dirait qu'il recherche dans les articles qu'il réussit à publier (au *Courrier français* et au *Nain jaune* notamment) un effet de choc de plus en plus fort. Dans l'un, alors que la guerre fait rage entre la Prusse et l'Autriche et que la défaite de Vienne à Sadowa — le 3 juillet 1866 — bouleverse la carte de l'Europe et fait monter la tension entre la France et la Prusse, il condamne la guerre, « ce pétrin sanglant », affirme même en pacifiste que « l'orgueil de la patrie s'efface devant la haine de la guerre ».

Dans un autre article, il lance provocateur : « Le passé, voilà l'ennemi, c'est ce que m'a fait s'écrier toute la sincérité de mon âme ; on mettrait le feu aux bibliothèques et aux musées qu'il y aurait pour l'humanité non pas perte mais profit et gloire. »

L'excès même dit l'état de déception dans lequel se trouve Vallès. Il ne fait même plus scandale. Paris l'a digéré. Et il a perdu la situation royale qu'il avait au *Figaro* et à *L'Evénement*. Il tente de se rapprocher de Villemessant, réussit à écrire pour le directeur du *Figaro* deux *Lettres de province*, reportage chez les mineurs de Saint-Etienne.

A l'occasion de ce voyage, il a revu sa mère, malade, son grand-oncle le curé de Chaudeyrolles, octogénaire, les paysans de son enfance. Il a vu défiler une nouvelle fois le Lyon des canuts et de la Croix-Rousse. Tout cela l'émeut mais en même temps qu'il sent, au fur et à mesure qu'il s'éloigne de son pays, monter déjà la nostalgie de la campagne, c'est à Paris, il le sait bien, qu'est sa vie, son combat.

Là, il est confronté à une réalité dure, au cynisme d'un Villemessant qui lui dit : « Vous croyez que je méprise les pauvres, n'est-ce pas ? Non ! Mais je trouve imbécile l'homme au cerveau robuste qui fait le puritain avant d'avoir assuré sa liberté en mettant de l'or dans son jeu. Il en faut ! »

Vallès le sait, ô combien !

Il a tenu un « sac d'écus » en main, quand Villemessant précisément le payait royalement. Temps proches et déjà révolus. « Car me voilà pauvre de nouveau », dit-il.

FÉVRIER 1865-1867

Certes ce ne sont plus les garnis et les gargotes. Il habite au 123, boulevard du Prince-Eugène, bourgeoisement. Mais finies les vaches grasses. Il doit à nouveau compter. En sachant cette fois qu'il ne peut y avoir le miracle d'un livre. *La Rue* n'a pas connu le succès des *Réfractaires*. Et plus personne ne lui lance des ponts d'or pour entrer dans la grande presse. Que reste-t-il à faire ?

« Mettez-vous dans vos meubles, mon cher, ayez un journal à vous », ne cesse de lui beugler le gros Villemessant.

C'est la tentation suprême : être journaliste chez soi, ne dépendre que de soi.

Vallès rêve. Il voit toutes les difficultés. Mais il veut « essayer tout de même ». Et l'on sait que, quand il prend une décision, il met tout en œuvre pour qu'elle se réalise.

Au début de sa trente-cinquième année, il entre ainsi dans une nouvelle période de sa vie.

Chapitre 18

« J'ai osé toucher aux idoles... » (1867-janvier 1868)

Six mois d'angoisse, six mois harassants de démarches, de rencontres, six mois durant lesquels toute la volonté de Vallès est tendue vers ce seul but : créer un journal dont il serait le patron.

Cela semble impossible. Mais Vallès s'acharne. C'est la seule issue nouvelle qui s'offre à lui. Elle l'exalte.

Il faut d'abord trouver de l'argent. Il cherche des commanditaires. « Que de petites lâchetés et de hontes comiques » cela suppose ! Il rit « aux calembours des fils de famille ». Il flatte, « fait la bouche en cul de poule ». « Ah ! j'ai bien fait de naître Auverpin ! s'exclame-t-il. Un autre se serait lassé et aurait demandé grâce à l'ennemi. Moi, je n'ai pas cédé d'une semelle — ce sont mes semelles qui ont cédé. »

Il croque ce qui lui « reste de l'argent du *Figaro* ». Il emprunte à nouveau. Il arrive au dernier billet de cent francs : « Je le ménage, en mangeant du pain et en buvant de l'eau, chez moi, pour pouvoir aller sucer une côtelette et prendre une tasse de thé, au café où vont les capitalistes. »

Finalement, il va réussir, pinçant, comme il le dit « entre les battants de ma porte une redingote de juif ».

David Lévy sera en effet le premier directeur de *La Rue.* Car Vallès une fois de plus a choisi ce mot de *Rue* comme emblème. « Nous avons pris son nom pour pavillon, explique-t-il, afin de bien indiquer du coup qui nous sommes. Nous voulons être le journal pittoresque de la vie des rues et écrire simplement au courant du flot qui passe, les mémoires du peuple. »

Le sous-titre du journal, un hebdomadaire du samedi (huit pages, deux colonnes, vingt centimes le numéro), est « *Paris pittoresque et populaire* ». Les bureaux sont modestes, situés au 79, rue de Richelieu.

Vallès, les derniers jours — le premier numéro doit paraître le 1er juin 1867 —, est à la fois exalté, fébrile et épuisé. Il fait coller une cinquantaine d'affiches pour annoncer la parution. Il a, dit-il, « envie de rire un peu au nez de cette société... qu'il ne peut attaquer de vive force ». Il ajoute : « L'ironie me pète du cerveau et du cœur. »

Le 25 mai, il écrit à son ami Arthur Arnould :

« Je crois bien cette fois que *La Rue* va paraître. J'ai assez trotté, salivé, trimé pour cela ! Mais j'ai besoin, tu penses, de rédacteurs qui fassent mouche aux premiers coups.

« Vas-y donc !...

« Je cours après des gens pour m'alléger le fardeau, je cours après l'argent, je cherche à assurer le plus possible le journal... Je suis à la veille de Waterloo ou d'Austerlitz... Ne m'attends donc pas. Si j'arrivais, tu me prendrais. Mais je vais être si las, si triste peut-être, et à quelle heure serai-je libre ?!

« Nous tirons à des milliers le premier. Demain de quatre à cinq branle-bas de combat rue Richelieu 79... »

Vallès, on le sent, est conscient des difficultés. Plus tard, il dira, reflétant même son état d'esprit de l'époque : « Je sais que la lutte est inutile, je m'avoue vaincu d'avance, mais je vais me blaguer moi-même, blaguer les autres, hurler mon mépris pour les vivants et pour les morts. »

Sans doute est-ce excessif, mais il est vrai qu'il ne peut ignorer la situation de la presse et combien un journal comme celui qu'il lance est précaire.

Certes, la presse bénéficie de l'intérêt nouveau pour le fait divers, de la vogue du feuilleton et déjà du sensationnel. « Ce temps est le commencement de l'écrasement du livre par le journal », disent les Goncourt.

De plus, l'empereur cherche à s'appuyer sur l'opinion publique et il utilise avec habileté les journaux.

La guerre avec la Prusse de Bismarck n'est plus une impossibilité. Il faut donc que les journaux commencent à exalter le nationalisme, à dénoncer le chancelier de fer et ses ambitions. Dans cette perspective, Napoléon III veut élargir les assises de son régime. Il se tourne une fois de plus vers Emile Ollivier, entame avec lui des pourparlers en janvier 1867, accorde le droit d'interpellation, sous la réserve d'une demande signée par cinq parlementaires. La tribune de la Chambre reprend ainsi son rôle dans la vie politique du pays.

L'échec piteux de l'expédition française au Mexique accentue encore chez Napoléon III cette volonté de trouver de nouveaux appuis, « d'affermir — comme il l'écrit dans une lettre à Rouher et que publie *Le Moniteur* — le sol que quinze années de calme et de prospérité ont consolidé... en assurant aux citoyens des garanties nouvelles ».

Mais, en même temps, cette libéralisation n'est qu'une mise en scène démagogique. Et c'est ce qui rend l'entreprise de Vallès problématique.

D'une part, son propos peut être toléré et entrer même dans le jeu du pouvoir, dès lors que Vallès s'en tient, comme il l'affirme, à la description de la société sans intervenir dans le champ politique.

Mais, de l'autre, gare à tout débordement.

En janvier 1867, dix-sept responsables de quotidiens sont encore inculpés pour des comptes rendus, jugés infidèles, des débats parlementaires et dix feuilles sont condamnées à mille francs d'amende.

Sur 272 journaux dans les départements, 222 sont gouvernementaux ; sur 50 titres d'opposition 32 sont monarchistes, une dizaine libéraux et 8 seulement démocrates-républicains.

Il y a peut-être plus grave encore pour le projet de Vallès. C'est l'évolution des mœurs et de la culture. *La vie parisienne,* la blague créent un climat de futilité, de légèreté, de gaieté — et aussi de corruption — qui est en contradiction avec le souci de Vallès d'écrire « l'histoire de la souffrance ». « Avancez, les lamentables, lance-t-il. Ce que les autres font pour les oisifs célèbres, nous allons le faire pour les artisans inconnus ; rôdant non plus dans les coulisses, les alcôves, mais dans le chantier ou la fabrique, devant la casse ou l'établi, nous raconterons les petits mystères des métiers... Nous faisons fête à la misère. »

Et il invoque Gavroche, revendique le ton du pamphlet, ajoutant : « Nous crierons : " Silence aux ganaches ", et peut-être bien : " A bas les morts ! "... Nous attaquerons toutes les aristocraties, même celles de la vieillesse et du génie, et nous peindrons tels qu'ils sont les grands comme les petits, les respectés comme les misérables. »

On sent bien que cette volonté démystificatrice peut attirer. *La Rue* sera irrespectueuse, paradoxale, outrancière, provocatrice. Mais que fera le pouvoir ? A long terme même, quelle pourra être la réaction de l'opinion ? Et l'originalité même du journal ne le condamne-t-il ?

Le tableau des journaux qui survivent est accablant. Auguste Blanqui, le révolutionnaire en exil, ne voit parmi eux que deux catégories : « Les trembleurs et les vendus, et les deux n'en font qu'une. Car mentir par peur ou mentir par ordre, il n'importe guère au public dès qu'on lui sert la même marchandise, le mensonge. »

Et ce climat qui pèse depuis seize ans n'est pas sans effet sur la conscience publique. Blanqui, encore lui, note avec amertume : « Les esprits sont tombés trop bas, ils ne se relèvent plus. On est mécontent, on clabaude, mais on ne sait ce qu'on veut. Le peuple est avachi. On a tué son énergie, tout le monde contribue à cette besogne de démoralisation... Les journaux sont un poison mortel. Nul tempérament ne pourrait résister à cet empoisonnement continu. »

Et poursuivant son constat il fait une description impitoyable — et lucide — de cette décomposition des années soixante-soixante-dix, et de cette réalité sociale, politique et culturelle à laquelle est confronté Jules Vallès. « L'anarchie est complète dans les idées, écrit Blanqui, le 3 avril 1867. Le Temps, au lieu d'éliminer les éléments inutiles, mauvais, ne fait que les multiplier chaque jour davantage. Il va fractionnant sans cesse les partis et finit par réduire la France en poussière morale et politique. *Tot capita, tot sensus.* On ne s'entend, on ne se comprend plus. Les partis ne sont plus que des groupes, les groupes se décomposent en unités. Que peut-il sortir de ce chaos ? Pour aboutir il faut un ensemble vigoureux de volontés, une idée commune, un drapeau. Nous marchons en sens inverse. Loin de s'unir, on se sépare. Point d'issue possible à une telle situation. On se croit toujours arrivé au fond du bourbier, et on s'y sent plus avant. Où s'arrêter ?

« Dans une situation pareille, les événements — les affaires de l'Allemagne ou du Mexique — ne servent à rien. Les occasions se présenteraient par milliers sans rien produire. Le gouvernement peut commettre toutes les fautes, tous les crimes, il peut épuiser tous les trésors de la sottise, de l'infamie, de la scélératesse, sans courir le moindre danger. L'impunité lui est acquise, quoi qu'il fasse. Il n'y a plus de résistance. C'est une nation pourrie. La gangrène, loin de se limiter, gagne et envahit toujours. Que deviendrons-nous ? »

Ce désarroi, les intentions contradictoires de Vallès, exprimées dans le premier numéro de *La Rue,* en sont le reflet. A la fois faire « fête à la misère », monter à l'assaut de « toutes les forteresses, instituts, académies, du haut desquelles on fusille quiconque veut avoir l'esprit libre » et en même temps montrer « la dentelle après la guenille ».

En bref, une seule ligne : laisser jaillir les sensations, les émotions. Faire naître un nouveau journalisme, car « le journalisme contemporain râle dans l'air fade et rance des bibliothèques ou l'air empesté des coulisses, suçant la chair morte au flanc des cadavres illustres ou mangeant le fard sur la joue des actrices... Nous venons dire, nous, que nous aimons le soleil et la vie ! Mais songez donc : c'est presque une révolution ».

Cela témoigne certes de la volonté de Vallès de faire un autre type de journal, mais on sent bien qu'au-delà de ce projet généreux — exprimer la vie tout entière, « toutes ces vibrations d'âme qui donneront la note vraie, ironique et attendrie du temps » — il n'y a qu'ébauche de réflexion ou d'analyse méditée sur la situation politique ou culturelle.

Vallès est un homme d'instinct. Il fait confiance à son intuition. A son éthique de la vérité et de la lucidité. C'est beaucoup. Mais est-ce suffisant ?

Quoi qu'il en soit *La Rue* sortit. Les abonnés recevaient en prime soit un supplément humoristique — *La Lune* d'André Gill —, soit deux volumes de la collection d'Achille Faure, l'éditeur de Vallès. On pouvait choisir entre les livres de Vallès, de Paul Féval, de Barbey d'Aurevilly et de quelques autres.

Le premier numéro s'arracha. Et en quelques semaines le succès était assuré.

Le ton libertaire et iconoclaste tranchait avec la prudence des autres journaux. Mais, dès le début, les incidents avec le pouvoir impérial commencèrent.

Le 6 juillet, la vente du journal est interdite sur la voie publique. Et déjà l'argent manquait. Dès le 14 juin dans une lettre à Arthur Arnould, Vallès s'excuse de ne pas avoir effectué le paiement immédiat de l'article de son ami. « Gêné comme je le suis depuis quelque temps, écrit-il, j'avais cru devoir inscrire comme avance vingt francs que ma femme dut te prêter le jour où nous allâmes dîner à Joinville. Et je l'avais marqué sur la note à Lévy... J'ai eu recours souvent à ta bourse, jadis, et vingt francs ne sont pas une affaire entre nous... »

A ces quelques lignes, on mesure les problèmes matériels qui, comme autant de piqûres d'épingles, viennent harceler Vallès, et les subterfuges comptables qu'il doit utiliser pour payer les uns et les autres.

Mais le journal sort. On en parle. On s'abonne. Cette activité fébrile qu'il nécessite ne déplaît pas à Vallès. Il déborde d'énergie.

Le 21 juillet 1867, il a même le temps et l'argent de prendre « le train de plaisir » qui conduit le dimanche les parisiens fortunés jusqu'à Vichy.

Les Goncourt sont là. Même s'ils sont reconnaissants envers Vallès de l'appui qu'il leur a apporté lors de la première de leur pièce de théâtre *Henriette Maréchal,* ils restent pleins de réserve, de morgue et d'aigreur, bourgeois jusqu'au bout des ongles devant ce Vallès qui débarque « en barbe noire, en paletot d'hiver, gesticulant de la canne, parlant haut, ayant l'air avec son air et son accent d'Auvergnat de crier : “ Vallès est dans nos murs. ” »

Ils sont encore plus choqués quand Vallès, provocateur, « déclare vouloir aller passer la journée au bordel — et au bordel des soldats pour plus de couleur. Puis il demande un endroit où l'on puisse manger une grillade de porc avec du vin blanc ».

Habitués du salon de la princesse Mathilde, les frères Goncourt n'aiment guère les manières plébéiennes de Vallès, ni d'ailleurs son ami Gustave Puissant, ce journaliste qui accueille Vallès chez lui à Vichy et qui collabore à *La Rue.* Pour eux, Puissant n'est qu'un paysan et Vallès « un ouvrier », tous deux représentant le peuple dans les Lettres.

Tout les choque chez Vallès. Sa manière de s'endormir « comme un commissionnaire » avec une loque jetée sur la figure « au bord du ruisseau ». Sa façon de marcher en bougonnant, « en jetant dans la verdure des mots de café des Variétés et des propos de brasseries. Il hèle une vache... Cela mêlé de paroles amères, de paradoxes sauvages, de rapprochements paysans sur l'herbe, vers la jupe de la diva. Puis il blasphème Hugo et redemande de la grillade ».

Vallès, outrancièrement peuple pour choquer le bourgeois, Vallès homme de la campagne, aimant la spontanéité physique, bon vivant par provocation.

« Le soir, continuent les Goncourt, allumé par une orgie de saucisson et de chablis de marchand de vin, Vallès vient nous retrouver sur une chaise du parc, la démarche suspecte, la canne inquiétante, le pied dangereux aux queues des robes de femme, le verbe vibrant et jeté à la cantonade. »

Horreur pour les Goncourt. Ils le quittent « comme il demande tout haut à un garçon de lui procurer des femmes », écrivent-ils.

Vallès qui ainsi veut être conforme à la réputation qu'il s'est faite, Vallès prisonnier d'elle aussi, doit faire face dès qu'il rentre à Paris aux problèmes incessants que lui pose son hebdomadaire.

Le 27 juillet, il doit retrancher un article sous peine d'amende. Le 3 août, *La Rue* est à nouveau autorisée à la vente sur la voie publique, mais le 24, le directeur Daniel Lévy quitte le journal. Vallès trouve difficilement un autre directeur gérant : S. Limozin.

Les difficultés continuent : « Tous les mois on saisit notre pauvre *Rue,* dit-il, on arrête la vente des kiosques, on nous fait les cent mille misères. »

Il faut, toujours sous la pression des nécessités, changer de locaux : on passe au 13, rue Drouot puis au 9, rue d'Aboukir.

Si *La Rue* ainsi menacée tient, c'est par Vallès.

Il a rassemblé autour de lui de vieux amis — Ranc, Arnould —, il accepte des talents inconnus, il recrute des jeunes gens courageux et agressifs. « J'ai un normalien qui fait pipi sur la Normale », dit-il avec satisfaction. Son secrétaire Gustave Maroteau a dix-neuf ans.

Il obtient la collaboration d'artistes déjà célèbres, tels Manet, Courbet ou André Gill ; d'écrivains au talent reconnu : Paul Arène, Emile Zola, Duranty et même les frères Goncourt qui se souviennent qu'il les a soutenus.

Sur toutes ces personnalités, il exerce son autorité de manière un peu chaotique, violente et passionnée.

Son bureau, au 9 de la rue d'Aboukir, n'est qu'une pièce meublée de cinq chaises de paille, d'une table en bois blanc, surchargée de lettres, de papiers, de registres. Pas de feu dans la cheminée. Vallès lit et relit les articles, coupe, conseille. Un témoin raconte : « Malgré tout, sous son air rogue de chien en colère, avec sa voix sèche, incisive et cuivrée, sa façon brusque, ses intentions de briser tout, de trousser et de casser l'os, malgré les grands ciseaux qu'il promène du reste fort intelligemment dans les articles de ses rédacteurs ; malgré la manie de fourrer partout des déclassés, des bacheliers sans ouvrage et des lamentables, Vallès, le farouche Vallès, Vallès le brutal, est au demeurant le meilleur fils du monde... »

Quand le numéro est bouclé, tout change : l'atmosphère redevient celle d'une brasserie d'étudiants ou de bohèmes — plaisanteries, blagues, calembours, partie de savate avec le patron.

L'autorité de Vallès se fonde sur le talent et le respect qu'il suscite et non sur une hiérarchie formelle. Ses collaborateurs lui reconnaissent le courage, l'énergie, le goût du défi, l'intégrité.

Il conseille de ne pas suivre les modes, de briser toutes les idoles, de ne pas rechercher l'approbation de la foule. « Bravez-la, ou plutôt que de lui céder, violez-la. Après le viol, grosse de vous, elle est capable de vous aimer. »

Langage viril — qui dévoile une conception bien traditionnelle de la femme ! — mais attitude courageuse d'opposant à tous les conformismes, même si une telle attitude conduit parfois à un... conformisme inversé.

Vallès en tout cas, presque à chaque numéro, surprend et choque. Qu'après des années on redonne *Hernani,* du grand Hugo, de Hugo le proscrit et Vallès doit constater le triomphe, admettre qu'il a applaudi avec la foule, à en crever ses gants « chaque fois que passait un vers qui semblait être un écho de nos douleurs et de nos espérances », mais très vite il s'insurge : « Hugo n'est qu'un superbe monstre... une statue creuse. » Et il récuse ceux qui font de Hugo un révolutionnaire et de *Hernani* un chef-d'œuvre.

Désormais Vallès est la bête noire des hugolâtres qui sont aussi des adversaires de l'Empire.

Quelques numéros passent et voici Vallès qui s'en prend à ce « comédien », à ce « bourgeois » de Baudelaire.

En fait, ce que Vallès dénonce, c'est le culte du génie littéraire. Gloire aux savants, à Lesseps, aux ingénieurs. Gloire aux travailleurs inconnus. « Savez-vous, écrit-il, que tous les jours un mineur est estropié ou tué dans l'armée des mineurs ? Et tous les six mois il y a un désastre épouvantable ? »

Rares sont ceux qui osent écrire cela en 1867, peu nombreux ceux qui attirent l'attention sur les queues d'affamés devant les lieux où on distribue gratuitement un bol de soupe.

En fait, Vallès dénonce l'existence d'un envers sombre de la société. Il va regarder de « l'autre côté de la fente[1] », alors que les élites — conservatrice et républicaine — acceptent cette division de la société en deux.

Et de ce point de vue, quelles que soient les faiblesses et les ambiguïtés en termes de politique de ses positions, il est, parce

1. Une nouvelle de Jack London portera un titre voisin.

qu'il pose le problème de l'inégalité et de la misère, le plus radical non des adversaires de l'Empire, mais de l'ordre social qui les provoque.

Cela l'entraîne bien sûr à des choix qui étonnent et qu'accentue encore son goût de l'excès.

Le voici qui condamne — une fois de plus — la culture classique, invite les partisans de Garibaldi — ces « camisards rouges » — qui entrent dans la Rome pontificale à jeter par les fenêtres « sur le pavé, dans le Tibre, les statues, les tableaux, les livres ». Il leur répète : « Jetez tout. »

Cela peut encore paraître n'être qu'une provocation d'écrivain, scandaleuse aux yeux des traditionalistes et des partisans de l'ordre hostiles à Garibaldi, mais futile tant elle est excessive.

Jugées plus graves, intolérables même, les incursions de Vallès dans la vie politique.

Il ne peut les faire que par la bande puisque *La Rue* n'a pas versé le cautionnement obligatoire à tous les journaux politiques.

Elles désorientent, irritent quand Vallès s'en prend d'abord aux républicains d'opposition qu'il déteste.

On devine la surprise de tous ceux pour qui l'Empire est l'ennemi et qui apprennent que, pour Vallès, Gambetta n'est qu'un « cabotin jusqu'au bout des griffes... toujours dantonesque, même à table, même au lit ».

Le 23 novembre 1867, dans un article intitulé « La Tribune », il s'en prend aux députés d'opposition de Paris — Favre, Jules Simon, Thiers, Pelletan, Ernest Picard. Ce sont les chefs du libéralisme républicains, orateurs parlementaires aux grands effets de manches, au style contenu, prudents et tartuffes.

Vallès, dans des lignes vengeresses, dénonce leur hypocrisie, fustige leur religiosité, leur haine du peuple, accuse Thiers d'avoir dit en désignant « la vile multitude » : « Fusillez ce monde-là. »

Article qui fait mouche, qui illustre l'analyse de Vallès selon laquelle « la bourgeoisie a plein le dos de l'Empire et veut paraître courageuse contre lui après l'avoir préparé par sa lâcheté, ses assassinats d'ouvriers et ses transportations sans jugements ».

Mais article-bombe qui, attaquant l'opposition au nom du peuple, affaiblit l'opposition parlementaire et peut paraître renforcer l'Empire.

Vallès sent bien qu'on ne lui pardonnera pas ces deux cents lignes.

« Elles me désignent à la calomnie et à la mort, dit-il. Désormais, les journaux d'opposition me sont fermés, j'ai osé toucher aux idoles : les bonapartistes m'ont emprisonné, les tricolores vont m'affamer. »

Certes, des amitiés nouvelles surgissent.

Ces deux cents lignes, les vieux insurgés du faubourg les ont lues. Vallès devient l'un des leurs. « Tenez bon, nom de Dieu, lui dit-on, et, aux jours de révolution, c'est vous que le faubourg appellera, c'est eux qu'il collera au mur ! Rappelez-vous ce que je vous dis là, citoyen ! »

Vallès a versé politiquement, nécessairement — quelle qu'ait été sa volonté —, dans le camp de la révolution.

Mais avant qu'elle intervienne il sait qu'« on ne laissera pas plus gazouiller ses rossignols littéraires qu'on ne laissera aboyer ses colères politiques ».

La Rue est menacée de droite et de gauche.

Certes, depuis quelques mois déjà, Vallès, comme s'il préparait son repli, écrit dans *La Situation* des articles plus paisibles, récits de voyages (ainsi celui qu'il effectue en Périgord), évocations nostalgiques.

Sans doute aussi Vallès se persuade qu'une nouvelle force est en train de surgir, sur laquelle il peut s'appuyer — le succès de *La Rue* le montre —, qui est « l'opinion publique ». Et il pense dès l'automne à lancer un autre journal bihebdomadaire qui s'intitulerait *Le Pavé de Paris*. C'est déjà comme s'il savait que *La Rue* est condamnée. Mais où prendre l'argent ?

Il a à nouveau changé de domicile et il habite maintenant 54, rue d'Assas. Vie et logement toujours modestes. Ménage commode avec Joséphine Lapointe qui, admirative, dévouée, tient son intérieur et lui assure cette stabilité affective et cette soumission respectueuse dont il a besoin.

A la mort de son grand-oncle, le curé de Chaudeyrolles — le 30 septembre 1867 à quatre-vingt-un ans —, Vallès a sans doute pensé à l'héritage. Mais le curé ne lui laisse rien. Et il imagine déjà qu'il va lui falloir à nouveau « gagner sa vie, à tripoter les livres, à compiler les vieux, à pondre des œufs de cane pour les faiseurs de dictionnaires ».

On l'humiliera, à plaisir, parce qu'il sera « un failli du succès ». Et encore qu'il ne se fasse point d'illusions ! On ne lui pardonnera pas, dans ce milieu, ses attaques contre les députés d'opposition. « Ils se tiennent comme les doigts de pied les libérâtres, et tu as marché, avec tes sabots, sur leurs bottines. En quarantaine ! au lazaret ! » lui explique-t-on.

Sombres perspectives qu'il envisage lucidement mais qui ne retiennent pas sa plume. Au contraire.

Le numéro du 23 novembre frappait à gauche ? Le suivant, celui du 30 donc, donne un grand coup à droite, sous le titre de « Cochons vendus ».

C'est ainsi qu'on désigne les remplaçants qui acceptent d'accomplir sept ans de service militaire à la place d'un autre. Mais Vallès étend cette appellation à tous ceux qui abdiquent leur dignité, leur intégrité. Ils sont pires que ces soldats, qui au moins ont le courage de risquer leur peau.

On sent la hargne et le mépris de Vallès pour tous ces courtisans couards qu'il côtoie. Peut-être, d'ailleurs, dans son inconscient, envie-t-il leur souplesse d'échine dont, malgré lui parfois, il est incapable.

Ces « cochons vendus » prêchent, enseignent et ne croient ni à Dieu ni aux héros qu'ils louent. Ils sont légion dans toutes les couches de la société et Vallès retrouve, à sa manière, les conclusions d'Auguste Blanqui sur « la gangrène qui gagne ».

« Cochons vendus, écrit-il, mais ne sont-ils pas de cette étable, tous ceux qui pour quelque argent ou un peu d'honneur, pour un portefeuille, une écharpe, un ruban, font sous les pieds des grands litière de leurs convictions ; ceux qui, plus piteux encore, pour le seul plaisir de ne travailler guère ou de briller un peu, deviennent, dans l'antichambre des ministres ou la salle à manger des riches, courtisans, valets et parasites ? »

Ce texte au vitriol dénonçant l'hypocrisie sociale, la corruption insidieuse des consciences qui caractérise bien des élites, est intolérable pour le pouvoir. L'imprimeur, Kugelmann, refuse de distribuer le numéro sur la voie publique et ne sert que les abonnés. La justice impériale le 27 décembre 1867, devant la 6e chambre, par la bouche de l'avocat impérial Aulois condamne le propriétaire-gérant Limozin à trois mois de prison et à six cents francs d'amende. *La Rue,* en fait, est frappée à mort.

Quand, le 18 janvier 1868, Vallès consacre tout son numéro 34 à Proudhon — Courbet y a collaboré représentant le penseur socialiste sur son lit de mort —, le ministre de l'Intérieur refuse son visa. Et l'imprimeur Kugelmann se récuse.

Vallès pour ce qu'il sait être son dernier numéro n'abdique pas, annonce même qu'il va lancer un nouveau journal, *Le Réfractaire,* tout en tentant encore de trouver un imprimeur pour *La Rue.* Il voudrait que cet hommage à Proudhon paraisse.

« On voit Vallès, racontent des témoins, sur tous les ponts de Paris, les cheveux au vent, courant après un imprimeur moins poltron. Rien à faire ! On sait que *La Rue* est supprimée, que le rédacteur en chef est mal en cour, que Rochefort et lui sont les bêtes noires du ministère, et personne ne consent à tirer le numéro de Proudhon. Douze imprimeurs s'y refusent. »

Vallès malgré ses efforts ne put faire sortir des presses qu'une dizaine de numéros. *La Rue :* morte !

Tous ceux que dérangeaient le ton et les choix de Vallès, tous les conformistes, les stratèges prudents, tous les tartuffes se félicitèrent. On était de nouveau entre soi.

Et les hommes politiques d'opposition épinglés par Vallès ne furent pas les derniers à se féliciter. Ils avaient pressenti en Vallès un adversaire irréductible, quelqu'un qu'ils ne pourraient ni duper ni acheter.

Quant à Vallès, il se félicite d'avoir gardé « sa probité intacte. C'est un outil, ajoute-t-il, qu'il me faut conserver pur et tranchant comme une lame neuve ». L'expérience de *La Rue* a en effet renforcé chez Vallès le goût irrépressible de la liberté de conscience. Sa responsabilité n'est pas d'abord de l'ordre du politique mais de l'ordre du dire. Il *doit* écrire ce qu'il pense et tant pis pour Hugo ou Thiers, tant pis pour le grand proscrit ou l'opposant modéré à Napoléon III, tant pis pour la logique politique à court terme.

L'autre obligation qu'il se reconnaît — en plus de celle de la vérité — est de parler au nom des vaincus, des pauvres, des irréguliers, des réfractaires. Et à Paris, après les articles de *La Rue,* on sait maintenant qui est Vallès, de quoi il est capable. Quels principes le guident. Ce qu'il entend par « probité ». « Ta pro-bi-té ? commente l'un de ses amis, malade et pauvre, tu en crèveras comme moi de ma phtisie. Seulement il faudra peut-être qu'ils te tuent parce que toi tu es solide… Toi, imbécile, tu es l'hostie qu'on mange ! »

Cette vocation au sacrifice ne déplaît pas à Vallès quoi qu'il en ait dit et écrit.

Il accepte d'être l'un de ces témoins qui se font égorger. Et la confiance que les « simples » ont en lui le rassure, car, on le sent, il n'a pas renoncé à la notoriété ou, mieux même, à la gloire. Non pas celle qui est faite de rumeurs et d'honneurs, mais celle qui fait qu'on se souvient d'un combattant intègre et d'un écrivain probe.

Cela le console car, il le reconnaît : « C'est dur d'être en complet de commissionnaire lorsqu'on a été un moment sur le chemin de la fortune et de la gloire. »

Il écoute — et une partie de lui entend, lucide — ce qu'on lui murmure : « Pourquoi diable vous occupez-vous de politique ? Avec ce que vous avez dans le ventre, si vous faisiez seulement de la littérature, l'avenir serait si beau pour vous ! Tandis que c'est la misère, la prison... Tenez, vous êtes toqué ! »

Ce discours tentateur, il n'en ignore pas la validité.

N'a-t-il pas essayé, avant *La Rue,* au *Figaro,* à *L'Evénement* notamment, de le mettre en œuvre, d'en faire même la théorie en affirmant que la révolution littéraire était supérieure à toutes les politiques ?

Il a vite éprouvé les limites de cette attitude et l'impossibilité pour lui de s'y tenir. Il ne peut pas être « l'amuseur du boulevard ». Il est, par toute sa sensibilité, son itinéraire, ses humiliations d'enfant, solidaire des pauvres.

Quand il se demande : « Pourquoi n'ai-je pas baissé pavillon ? Pourquoi ai-je défendu les pauvres ? », il répond : « Mais où serait le mérite si je vivais d'eux — comme leur vermine ! »

Ce qui dicte les choix de Vallès, c'est bien une morale.

Une exigence éthique qui est sa vie même.

IV

« LA MAIN DANS LA MAIN, CAMARADES ! »
(janvier 1868-septembre 1871)

Chapitre 19

« Je hais la vie que Décembre m'a faite et j'ai du dégoût plein le cœur... » (janvier 1868-janvier 1869)

Reprendre la plume, quand même ! Voilà, en ce mois de janvier 1868, l'obsession de Vallès.

Ses possibilités se sont rétrécies à la mesure même de ses prises de position intransigeantes. Mais, heureusement, la situation sociale et politique bouge, et Vallès, qui n'a pas d'engagement politique précis, se trouve devenir l'une des figures de l'opposition. Il incarne la révolution indépendante, la fidélité aux barricades de juin 1848, un tempérament rebelle qui correspond à l'évolution de la sensibilité dans les générations nouvelles qui, au moins à Paris, supportent de plus en plus mal l'Empire et ses censures.

De plus, précisément parce qu'il ne participe à aucune action politique clandestine, il est, pour les conspirateurs, un allié. Or, ces opposants radicaux à Napoléon III existent et s'organisent. En décembre 1867, un procès devant la 6e chambre correctionnelle — célèbre pour son président servile, Delesvaux — entraîne la condamnation de plusieurs conjurés qui avaient formé une « Commune révolutionnaire des ouvriers français » d'inspiration blanquiste. Leurs tracts, violents, commençent par cette phrase : « Le règne de Bonaparte a été fondé sur le crime ; il s'achève dans le crime, après avoir traîné la France de honte en honte. » Des groupes de combat, toujours composés par des blanquistes, se constituent à Paris, et réunissent près de huit cents hommes dont cent armés de fusils. C'est peu, mais cela révèle un climat, confirmé par la lente pénétration des militants blanquistes dans les ateliers des grandes usines métallurgiques de Paris — la maison Cail et la maison Gouin — où sont fabriquées près du tiers des locomotives produites en France.

Vallès n'est pas impliqué par ces actions obstinées et souterraines des révolutionnaires. Il s'en défie plutôt. Mais, parce qu'elles existent, parce que l'opinion change, il a un public — qu'il a aidé à constituer, bien sûr, comme en témoignent les milliers de lecteurs de *La Rue* — et les directeurs de journaux, malgré les risques, sont, dès lors qu'ils ne sont pas des partisans de l'Empire, tentés de faire appel à lui, malgré les risques.

C'est ainsi que, dès la fin du mois de janvier 1868, Vallès est engagé pour écrire chaque lundi un « Courrier de Paris » dans *Le Globe,* un quotidien lancé par Mille-Noé qui se dit « homme de lettres ». Le journal, politique, littéraire et financier, se présente comme un « organe de la démocratie ». Francisque Sarcey, Arthur Arnould et Jules Clarétie assurent avec Vallès cette rubrique du « Courrier de Paris ».

L'intention de Vallès est, une fois de plus, de sonder la réalité, de l'éclairer, rendant compte par exemple des procès d'assises, « de la bourgeoise qui trompe avec un voyou son mari ou de l'ouvrière qui vole un pain pour ses enfants ».

Mais *Le Globe* est immédiatement suspect aux yeux du ministère de l'Intérieur dont les rapports signalent, dès janvier, de « très mauvais articles ».

Or, le 11 février, Vallès s'en prend au comportement des sergents de ville.

« Je n'ai jamais eu, écrit-il, les os meurtris, la chair pilée, la joue salie par le coup de poing brutal des sergents de ville, c'est une chance. » Car « un sergent de ville cassé pour avoir cassé des gens, je n'en ai jamais entendu parler ».

Le ton de l'article est donné : Vallès rappelle des faits divers dont il a été témoin à Nantes ou à Paris. Il oppose la police anglaise, surveillée, désarmée, respectueuse, aux « sottises et aux cruautés des agents » français. Il se place au-dessus des querelles politiques, moderne dans sa volonté de faire respecter les droits de l'homme même contre la police.

« Il y a tous les jours, conclut-il, des droits lésés et dans quelque coin la liberté lésée. » Et il annonce sa volonté de faire des « révélations » qui étonneront le préfet de police, Pietri.

L'article, mesuré dans le ton, est insupportable au pouvoir. Vallès ainsi que le gérant et l'imprimeur du *Globe* sont assignés devant cette 6e chambre correctionnelle, chambre à tout faire où officie toujours le président Delesvaux. Etrange magistrat, impitoyable, réactionnaire et répressif jusqu'au bout des ongles et qui dissimule sous son hermine des mœurs relâchées. Des militants blanquistes — et notamment Raoul Rigault — ont percé son petit tas de secrets : son goût pour le jeu, l'alcool, les prostituées et même ses penchants homosexuels. Ils l'ont guetté, une nuit, roué de coups, sûrs que le magistrat ne porterait pas plainte.

Et de fait Delesvaux reprit sa présidence[1], condamnant le 21 février Vallès à cinq cents francs d'amende et à un mois de prison pour « injures publiques par écrit envers les agents de l'autorité ». Quant au journal *Le Globe* il a cessé de paraître dès le 18 février.

C'est donc pour Vallès la prison. Lui qui, selon les archives de police, « n'était pas mal vu au ministère de l'Intérieur en 1867 » — c'était l'époque des articles contre Hugo, contre les parlementaires d'opposition —, le voici qui entre, après avoir « fait la noce un brin, hier soir entre camarades » et « un peu parti », à « Pelago ».

« Pelago » : c'est la prison de Sainte-Pélagie, au croisement de la rue de la Clef et de la rue du Puits-de-l'Ermite. Là, on enferme les journalistes.

Le régime y est très libéral : les détenus peuvent se réunir dans l'une des chambres (ainsi celle de Vallès). Un lit, deux chaises, un placard, une cuvette, une table composent le mobilier. Mais le détenu peut se meubler lui-même sur autorisation du directeur. On banquette avec les mets apportés de l'extérieur. On chante *La Marseillaise* et on crie « Vive la République ». On lit, on reçoit des amis — ainsi Gustave Courbet —, on discute à en perdre la voix, on polémique.

Vallès, lors de ces séjours en prison — il sera à nouveau emprisonné à Sainte-Pélagie à la fin de l'année —, affirmera contre beaucoup de ses camarades ses conceptions libertaires. La Convention nationale de 1793 n'est pour lui qu'un « tas de catholiques à rebours ». Il proclame que « quiconque défend la République au nom de l'autorité est un Gribouille de l'Empire ». Il se méfie de tous ceux — comme l'ouvrier ciseleur Tolain — qui veulent devenir les « contremaîtres de l'atelier où se fabrique la révolution ouvrière ». Il n'aime pas les « plébéiens émancipés », il leur trouve des habiletés à la « Falloux », le réactionnaire de 1848, et il craint qu'un Tolain, un jour, « ne lâche les blousiers comme il a lâché la blouse ».

Toujours chez Vallès — comme s'il en portait la tentation en lui — la hantise de la trahison des origines, la peur de ne plus être fidèle,

1. Il se suicidera d'un coup de pistolet à la chute de l'Empire, le 4 septembre 1870.

de faire son miel avec la peine des autres qu'on a abandonnés, dont on vit comme « la vermine ».

C'est cela aussi qui porte Vallès à ses excès, comme s'il voulait, à chaque instant, prouver et se prouver qu'il reste intransigeant. Cela qui le conduit à se défier de toutes les théories, de toutes les hiérarchies, de tous les chefs et de tous les prêtres.

La prison, de ce point de vue, le rassure.

Il est fidèle puisqu'on le condamne et l'enferme. Quand il écrit que Sainte-Pélagie est « le seul coin de Paris où l'on fût libre sous l'Empire », il avoue que les compromis indispensables de la vie quotidienne, la navigation entre les écueils, le lassent et l'inquiètent. Si bien que, dit-il, « cette captivité n'est point pour moi la servitude : c'est la liberté ». Et, montrant que l'émiettement de sa personnalité en projets, en articles, en recherche d'argent pour fonder de nouveaux journaux, ne le comble pas, il ajoute : « En cette atmosphère de calme et d'isolement, je m'appartiens tout entier. »

A quoi pense-t-il ? Sans doute à de grandes entreprises romanesques dans lesquelles il pourrait — il devrait — enfin se lancer. Mais quand il sort de prison, c'est au *Figaro* de Villemessant qu'il donne des articles sous le titre *Lettres d'un irrégulier.* « On me connaît, écrit-il, je suis un irrégulier. »

En fait, il se justifie. On sent qu'il éprouve une double gêne. D'abord revenir chez Villemessant avec qui les heurts ont été nombreux. C'est presque une régression dont il doit souffrir, lui qui a connu l'expérience brève mais exaltante de la rédaction en chef de *La Rue*. Et puis, cette impression de piétinement, il l'éprouve parce qu'il s'était promis de « travailler six mois dans le silence », d'écrire un roman, ces *Aventuriers de la Seine,* auquel il pense depuis longtemps. Il s'explique. « L'émotion d'un livre à faire ne me suffit pas. Il faut que je prenne, de temps en temps, dans la vie publique ma part de péril et d'action. » Si bien que, dit-il à Villemessant, « en attendant que j'installe mon roman au rez-de-chaussée, je viendrai du haut du balcon faire le coup de feu chez vous ».

Et on suit Vallès, article après article, dans ce printemps de 1868 cependant qu'il s'en prend à nouveau au député républicain Jules Favre, critiquant âprement cette religiosité qui fait mousser et battre ensemble « le vin des sacristies et le sang des révolutionnaires ». Vallès, lui, a rejeté toutes les croyances. Il n'est « ni janséniste, ni moliniste, ni panthéiste, ni déiste, rien, pas même athée. L'athéisme est encore une religion ».

Il est ainsi conseilleur, péremptoire, irritant, prenant la défense d'Alfred de Musset ou félicitant Henri de Rochefort qui vient de lancer avec succès un journal, *La Lanterne.*

Mais déjà il met en garde : « L'heure arrive où l'on demandera aux écrivains autre chose que des phrases cachant dans leurs longs boyaux ou sous leur queue en vrille de petites allusions ou des épigrammes... Votre talent — ajoute-t-il pour Rochefort — peut s'user à s'aiguiser toujours des épigrammes qui flambent comme la meule du rémouleur s'use à appointer des aiguilles. » Vallès donneur de leçons. On devine que s'accentue dans les milieux littéraires un agacement un peu ironique que traduit bien cette remarque des Goncourt le 10 septembre 1868 : « Vallès, un homme de talent ; il a l'épithète de l'écrivain, il a fait deux ou trois chefs-d'œuvre d'articles. Et puis rien, il en reste toujours au boniment de ce qu'il menace de faire. Un tonnerre qui accouche d'un pet. »

Vraiment en marge, Vallès !

Quand il donne des chroniques à *L'Art,* une revue de qualité fondée pour rendre compte du mouvement dans les arts, Vallès prend pour cible le Salon de 1868. Lui, l'ami de Courbet, voudrait que souffle, dans « ces œuvres sans couleur et sans air, l'esprit de révolution ».

Ainsi, qu'il parle police, politique ou peinture, il bouscule et dérange. Les mouchards du ministère de l'Intérieur ne le quittent plus.

Depuis qu'il a attaqué les méthodes des sergents de ville, il est devenu une cible.

La préfecture de police monte une provocation contre lui, afin de le déconsidérer. Un ancien journaliste de *La Rue* à la solde du ministère, Stamir, accuse Vallès d'avoir inventé, à des fins de scandale, un faux duel entre Stamir et un... zouave pontifical.

Vallès doit se justifier. Il sent bien qu'on essaie de ternir sa réputation d'intégrité. Il ne change pourtant pas de ligne. Au contraire : dans *Le Figaro* du 29 mai, il publie sans commentaire la fiche médicale d'un étudiant, hospitalisé, salle Saint-Charles, à l'hôpital de la Charité. Accablant pour la police. Le jeune homme a été blessé à l'œil et au crâne, cependant qu'il avait « les bras tenus par-derrière et près d'être cassés ».

Même si *Le Figaro* publie discrètement cette note, elle n'est pas de celles qui passent inaperçues au ministère de l'Intérieur. Vallès est bien, désormais, et sans possibilité de retour, de l'autre côté de la frontière : indépendant, irrégulier, réfractaire certes, mais aussi considéré comme révolutionnaire.

D'ailleurs, ses interventions de plus en plus fréquentes — fût-ce par le biais des faits divers — sur le terrain politique s'inscrivent dans le mouvement profond d'une partie de l'opinion. Napoléon III a fait de nouvelles concessions dans le souci de désarmer l'opposition et de faciliter le jeu de ceux qui sont tout prêts, en échange de quelques gestes de l'empereur, à passer un accord avec lui.

Une loi du 11 mai 1868 modifie ainsi les conditions de fondation des journaux : l'autorisation préalable et les avertissements sont supprimés. Certes, les délits relèvent toujours du tribunal correctionnel et d'un jury de citoyens, mais cette mesure limitée donne un coup de fouet aux créations de publications d'opposition.

En un an, à Paris, cent quarante journaux, la plupart éphémères, surgissent.

Vallès trépigne, court Paris pour trouver des appuis, un financement. Fonder un journal est son obsession durant ces mois bien plus que l'écriture d'un roman... Et le succès de *La Lanterne,* le journal de Rochefort, quelqu'un qu'il considère comme un imitateur prudent et un rival, doit l'aiguillonner. D'autant plus que d'autres signes illustrent ce réveil de l'opinion.

Le 28 juin, une loi ayant affranchi les réunions de l'autorisation préalable, celles-ci se multiplient. Elles sont le plus souvent violemment hostiles au pouvoir, rassemblent les jeunes dans une tonalité révolutionnaire et rappellent le temps des clubs de 1848.

Chacun sent donc qu'on s'approche d'années tournantes.

Car il ne s'agit plus seulement de politique mais aussi de revendications sociales. Et là encore cette évolution va à la rencontre de Vallès. Le journalisme boulevardier, qu'il a toujours condamné, même quand il s'est essayé à le pratiquer, est peu à peu contesté par le poids des réalités sociales. La nouvelle presse se fait l'écho des « blouses qui étaient éloquentes, des pauvres qui en savaient plus que les savants ».

Mais, en regard, la presse officielle et le régime exaltent le nationalisme, font l'apologie du chassepot, du fusil à aiguille, de la mitrailleuse, de toutes ces nouvelles techniques militaires avec lesquelles on veut aussi préparer l'opinion à une guerre glorieuse qui sera un moyen napoléonien de fonder l'Empire une seconde fois.

Car, après des années de silence, voici que de toutes parts l'histoire de l'arrivée au pouvoir de Napoléon III devient un sujet d'actualité.

Qui avait osé parler du coup d'Etat du 2 décembre à l'exception de Victor Hugo, protégé par l'exil des foudres de la loi ? Or, en 1868, un ancien journaliste Eugène Ténot publie un livre qui s'intitule *Paris en décembre 1851. Etude historique sur le coup d'Etat.* Il est déjà l'auteur de plusieurs ouvrages sur la situation politique en province, sur l'attitude des paysans en 1851. Mais, parus en 1865, ils n'avaient rencontré qu'un modeste écho.

En 1868, les temps sont mûrs.

Comme l'écrit Ténot dans sa préface datée du 14 juillet 1868, « toute une génération a grandi qui ne sait pas ». Or elle veut savoir. Et le succès du livre est immédiat : dix-huit éditions en 1868. Après dix-sept années d'ombre, le sang versé en décembre 1851 — Ténot donne une liste des « non-militaires » tués les 3 et 4 décembre — redevient vif.

Le livre est insupportable au pouvoir qui ne peut réagir qu'en attaquant les journaux qui en reproduisent des passages.

Vallès lit le livre. Il porte toujours au front et au cœur la marque « du coup de maillet du 2 décembre » et ne peut qu'être touché par ce récit. Or, depuis le mois de juin 1868, il n'écrit plus. Ni dans *Le Figaro,* ni dans *L'Art,* ni dans *Le Globe* qui a reparu dans une nouvelle formule.

Tout à coup, le 8 septembre 1868, c'est dans un nouveau journal, *Le Courrier de l'Intérieur* — un bihebdomadaire où l'on retrouve ses amis Ranc, Edmond About, Lissagaray —, qu'il publie un grand article, suscité par la parution du livre de Ténot.

Le titre révèle l'ambition de Vallès. Il écrit « Un chapitre inédit de l'histoire du 2 décembre » dans lequel il raconte avec émotion la résistance de quelques étudiants au coup d'Etat. Leur isolement et le désespoir, la brutalité sauvage de la répression. Déjà ce rappel, par l'émotion qui s'en dégage, née de la sobriété efficace d'un style dense et clair, est une provocation pour le gouvernement. Mais Vallès ne se limite pas aux jours de décembre. Il se met en scène dans toutes ces années qui ont suivi. Il parle de ces troupes passées en revue par l'empereur, de cette « foule morne qui est la France ». Il évoque sa génération, marquée par le « maillet », vaincue au sortir du lycée, « la génération la plus maltraitée de l'histoire ». Il loue son héroïsme tenace : « Personne ne s'est rendu ; pas un n'a amené son pavillon. » Il salue Rochefort dont *La Lanterne* vient d'être interdite et qui a fui à Bruxelles. Il rappelle qu'il faut « de l'or, beaucoup d'or » pour fonder un journal et qu'il n'a pu prendre de ce fait la suite de Rochefort. « J'aurai eu moi aussi le mépris du danger, écrit-il. Le mépris, oui ! Car je hais la vie que Décembre m'a faite et j'ai du dégoût plein le cœur. »

Même si Vallès affirme qu'il s'écarte « du champ de bataille », que ce texte est « la lettre d'adieu d'un réfractaire », et qu'il rejette la violence, criant seulement : « Pas de sang, mais du pain » (par opposition à la devise des canuts : « Vivre en travaillant ou mourir en combattant »), l'article a une telle charge émotionnelle, dit de manière si forte la profondeur de la blessure qu'a provoquée le coup d'Etat, que Vallès est poursuivi.

Le 30 octobre il est condamné par la 7e chambre correctionnelle à deux mille francs d'amende et à deux mois de prison pour « excitation à la haine et au mépris du gouvernement ».

L'ensemble de la presse, à l'exception du journal gouvernemental *Le Pays,* trouve cet arrêt démesuré. Et Vallès fait appel.

Mais les événements se succèdent qui l'impliquent plus encore dans le mouvement politique.

Le 2 novembre, une manifestation a lieu au cimetière Montmartre, sur la tombe du député Baudin, qui s'était fait tuer sur une barricade lors du coup d'Etat. Une souscription est lancée pour ériger un monument en sa mémoire. Vallès est l'un des premiers à souscrire.

Le 13 novembre, un procès est intenté contre les responsables de cette initiative, et c'est Gambetta — que Vallès n'aime pas — qui plaide. Fortement : « Il n'y a que deux anniversaires, dit-il, le 18 brumaire et le 2 décembre, qui n'ont jamais été mis au rang des solennités d'origine, parce que vous savez que, si vous vouliez les y mettre, la conscience universelle les repousserait. »

L'histoire, la mémoire sont devenues les éléments essentiels de la bataille politique qui se livre, et le pouvoir est sur la défensive car les livres, les témoins — tel Vallès — lui rappellent ses origines et la manière dont Napoléon III s'est emparé du pouvoir.

Vallès avec son article, ce « chapitre inédit » et la condamnation qu'on lui inflige, s'est placé, par un coup d'éclat, au centre du champ politique.

Il dit que son texte est une « lettre d'adieu ». Qui peut croire qu'il renonce ? Il multiplie au contraire les projets.

Il dépose le 23 octobre auprès du préfet de police une déclaration dans laquelle il annonce son intention de créer un bihebdomadaire — non politique — *Le Pavé de Paris.* Le 15 novembre, il se propose de lancer un hebdomadaire — non politique encore — *Le Peuple de Paris* dont il serait le propriétaire et le gérant. Ces titres dévoilent les intentions dans l'esprit de *La Rue.* Ces projets n'aboutissent pas, mais ils montrent la détermination de Vallès, son souci d'accompagner et d'enrichir le mouvement d'opinion. Et son refus de transiger ou de s'exiler.

Le 28 novembre, lors de l'audience d'appel de son procès, il accepte sa condamnation et il va donc une deuxième fois dans cette année 1868 être incarcéré pour deux mois à Sainte-Pélagie.

Il s'y retrouve presque en habitué, occupant la chambre dite d'honneur du pavillon des Princes, là où ont été jadis incarcérés Paul-Louis Courier, Béranger, Eugène Pelletan, Prévost-Paradol, Daumier ou Proudhon.

L'éditeur Julien Lemer, condamné pour avoir diffusé *La Lanterne,* le journal de Rochefort désormais imprimé en Belgique, raconte son arrivée dans « cette pièce située au premier étage, à peu près carrée, éclairée par une large fenêtre ayant vue sur la rue de la Clef... Nous avons pu nous y trouver jusqu'à vingt-cinq à table parfaitement à l'aise... La mine joviale de Vallès et l'air expressif de ses convives étaient loin aussi de faire penser aux mélancolies de la captivité... ». L'ambiance est gaie. On chante, on crie : « Vive la République ! » « Vallès nous régala, continue Lemer, de quelques anecdotes réalistes... contées avec cette belle humeur qui faisait le fond de son caractère, et cette rude verdeur d'expression qui fait le fond de son style... » Un Vallès énergique et joyeux surgit ainsi, comme il l'était quand l'édition de *La Rue* était bouclée, un Vallès boute-en-train qui a institué un rituel qui fait la joie des prisonniers. Le gardien, en échange d'un verre d'eau-de-vie, doit crier avec les détenus : « Vive la République ! » et il ne se fait pas prier. Lemer est fasciné par Vallès dont il perçoit l'ambiguïté, la vraie nature sous l'affectation.

Il le décrit avec minutie et sympathie :

« Avec sa tête volumineuse fourrée d'une prodigieuse forêt de cheveux prodigieusement noirs, son front saillant, son nez un peu tourmenté, ses yeux d'un noir de jais, passant tour à tour de l'expression la plus menaçante à la vivacité la plus éclatante et la plus lumineuse, puis à la douceur la plus veloutée, avec son teint brun mat, ses lèvres charnues, ses pommettes énergiquement modelées, ses sourcils épais et mobiles, son cou robuste attaché solidement sur des épaules d'une carrure puissante, ses mains relativement petites et soigneusement entretenues, sa grosse voix d'une sonorité formidable, Vallès offrait un mélange de rudesse et de distinction natives.

« Sous les allures rustiques qu'il jugeait devoir être appropriées au rôle de tribun qu'il ambitionnait, on sentait l'homme bien élevé, de même que sous ses prétentions d'iconoclaste littéraire on devinait le lettré érudit et familier avec la forme classique qu'il répudiait, de même aussi, sous ses implacabilités de révolutionnaire politique, on sentait souvent percer l'homme bienveillant, accessible à tous les sentiments doux et tendres. »

Cet homme-là, bourru et sensible, a trente-six ans.

Sa notoriété est telle que le directeur du journal *Paris,* Henry de Pène, eut l'idée de lui proposer d'être le rédacteur en chef d'une feuille autographiée, intitulée *Journal de Sainte-Pélagie* qui serait insérée le samedi entre les feuilles de son quotidien. Vallès accepte d'enthousiasme et le premier numéro paraît le 28 décembre 1868.

Vallès s'y déclare sans « haine ni colère », mais en même temps il montre que la « vieille politique » a fait son temps et lui qui est si réticent dès qu'il s'agit de grandes idées s'écrie : « Travailleurs, à vos pièces ! Socialistes, en avant ! »

Dans le deuxième numéro du 2 janvier 1869, il demande aux « républicains tricolores » Favre et Pelletan de lutter à la Chambre des députés pour la liberté de la presse. « Si vous ne le faites pas, prenez garde ! Le peuple croira que vous ne tenez à son drapeau que si vous pouvez y découper une écharpe de député, et nous vous déclarerons traîtres à la révolution. »

Il n'y eut pas d'autre numéro du *Journal de Sainte-Pélagie.*

Ce ton — radical —, cette explicite profession de foi « socialiste », cette attaque contre les modérés déplaisaient non seulement au pouvoir, mais aussi aux abonnés provinciaux du journal *Paris* qui lui donnait l'hospitalité. « Cette publication, avouait le directeur, bonne à notre avis, est trop en dehors de leurs habitudes. »

Aveu significatif qui montre qu'une fois de plus Vallès dévoile les fractures qui divisent l'opposition à l'Empire. Il l'avait déjà fait, dans *La Rue* (dans son article « La Tribune »). Il vient de recommencer. Et on sent bien que cet antagonisme est profond.

D'un côté, Vallès et les révolutionnaires, de l'autre les républicains modérés, et l'accusation de trahison que Vallès fait peser sur eux.

JANVIER 1868-JANVIER 1869

L'Empire est encore bien vivant et déjà se dessinent les ruptures et les reclassements politiques.

Vallès en tout cas est confirmé dans l'idée qu'il ne sera libre de sa plume que s'il possède son journal.

Et, alors qu'il est encore détenu à Sainte-Pélagie, il tente de rassembler trente-sept mille cinq cents francs, le montant du cautionnement nécessaire pour lancer un journal politique. Il n'y réussira pas. Mais la conviction demeure.

Il sait aussi que son nom porte loin. A Paris, mais aussi en province. Dans le journal *La Haute-Loire,* on a fait état de son article du *Journal de Sainte-Pélagie,* adressé au « citoyen Favre » et au « citoyen Pelletan ». On l'appelle « le rédacteur en chef des détenus ».

Jour après jour, ainsi, tout au long de cette année 1868, il est devenu de plus en plus un symbole politique. Original certes, comme si, à lui seul, il exprimait un courant de l'opinion révolutionnaire qui, pour être singulier, n'en reste pas moins engagé.

Le 28 janvier 1869, il sort de prison. Son ami André Gill l'attend et le conduit à Fontainebleau respirer l'air de la forêt.

Cependant la majesté des futaies, l'air pur ne peuvent le distraire. C'est à « Paris seulement » que l'on peut travailler, que « l'on sait écrire ». C'est là que se gagnent les batailles.

Et plus que jamais Jules Vallès est décidé à lutter.

Chapitre 20

« J'ai deviné la tempête prochaine » (1869)

Le Paris que Vallès retrouve après ces quelques jours passés dans la ville calme, assoupie, de Fontainebleau, comme étouffée par la forêt voisine, est une capitale nerveuse, plus que jamais contradictoire. D'un quartier à l'autre on change de monde, d'état d'esprit. Neuilly ressemble à Fontainebleau. Sur les Champs-Elysées, le luxe tapageur des fêtards s'affiche. Et au contraire dans les quartiers de la butte Montmartre, dans les rues ouvrières de Belleville, du côté des Gobelins ou du faubourg Saint-Antoine, la misère ou la gêne sont le lot quotidien. Tous les témoins lucides de ce temps remarquent ces contrastes criants. Une jeune femme, nantie, note ainsi lors d'une promenade « la misère et la honte et les pauvres gens tendant leurs mains glacées vers les équipages qui les couvrent de boue et le luxe coudoyant l'infortune et les vices du Boul'Mich' » (Geneviève Breton, *Journal,* 1869).

Vallès arpente les quartiers du travail, il longe la Bièvre, cette rivière qui passe à la Glacière, rue Mouffetard, rue de la Clef pour finalement se jeter dans la Seine.

Sur ses rives, des ateliers, des fabriques. Il est familier des échoppes. Il enquête. Il recherche les survivants des journées de juin 1848. Il fréquente une gargote où se retrouvent les anciens du bagne de Doullens — une prison pour prisonniers politiques dans la Somme. Là « viennent échouer » tous les « débris d'insurrection ».

Vallès écoute, recueille les témoignages. Il est invité au « repas de famille » d'un chiffonnier qui tient échoppe rue Mouffetard. On ajoute « un morceau de lard dans la marmite qui fume et sent bon parmi les odeurs de corroyage de la Bièvre ». Vallès « le déclassé » est « tout heureux de se sentir estimé et aimé ».

Ce que Vallès recherche auprès des témoins et des acteurs des journées de juin 48, c'est la documentation nécessaire à une grande œuvre qu'il a maintenant en projet.

Il voudrait écrire, sa *Comédie humaine, L'Histoire de vingt ans,* qui suivrait, de 1848 à 1868, le destin de ces hommes étranges, les vaincus de juin, dont l'aspect est souvent « farouche » qui sont des « crève-le-faim, qui ont lu Proudhon et pesé Louis Blanc ».

Vallès se sent bien dans ce « monde en bourgeron ». Il est fasciné par ceux qui sont ses aînés mais qu'il a côtoyés alors qu'il était adolescent. Ce roman qu'il envisage — dont les premiers volumes pourraient s'intituler *Les Vaincus ou la Bataille de juin* — devient aussi une redécouverte de sa jeunesse révoltée, la volonté de la comprendre, il le confirme dans l'idée que les journées de juin 1848 ont été le point de départ de cette histoire de l'Empire, et que ces hommes-là — et lui aussi Vallès — ont été à jamais marqués par cette bataille perdue. Certains de ces survivants font trembler Vallès : « Chose terrible ! écrit-il, au bout de leurs calculs, à l'extrémité de leurs théories, c'est toujours une sentinelle d'émeute qui se tient debout ! »

« Il faut encore du sang, voyez-vous ! » disent-ils.

A leur contact, Vallès rejette avec encore plus de dédain « la défroque jacobine ». « Tout ce fatras de la légende 93 » lui fait « l'effet d'un tas de guenilles effrangées et déteintes ». Confirmation de ce qu'il pense, enracinement en lui de l'idée que la République a deux personnalités antagonistes : « La Sociale, la Marianne — deux ennemies. »

Il a choisi. N'écrivait-il pas dans le numéro 2 du *Journal de Sainte-Pélagie,* pour se présenter aux lecteurs : « Vallès Jules — Taille : 1 mètre 70 — Poids : 66 kg — Lieu de naissance : Auvergnat — Profession : homme de lettres — Ascendants : paysans — Opinion : socialiste » ?

Socialiste : pour vague que soit le terme, il désigne clairement ceux qui s'opposent à l'évolution lente de l'Empire ; ceux qui ne croient pas aux réformes, qui ne se contentent pas d'une « Marianne » patronnée par Jules Favre, Jules Simon ou même Gambetta. Ceux qui veulent « la Sociale ». Et Vallès avait déjà crié : « Vive la Sociale ! », sans connaître le sens des mots, à Nantes, en 1848.

Vingt ans plus tard il marche toujours sur ce chemin-là.

Ainsi se conjuguent en lui la fidélité à son passé, le projet du romancier, et le désir de l'homme d'action qui veut, par l'histoire, éveiller ses contemporains, les éclairer sur les racines de ce qu'ils vivent.

Son enquête le conduit auprès de Blanqui, le vieux révolutionnaire qui, en clandestin, vit parfois à Paris. Vallès le rencontre à la brasserie Hoffmann. Il est fasciné par celui que ses disciples appellent « le Vieux ». Blanqui de sa voix claire et frêle lui raconte que, en juin 1848, ses amis et lui « pensions bien qu'une révolte éclaterait mais nous ne la pensions pas si proche... C'est la foule anonyme qui s'est soulevée et a lutté, sans chef, sans organisation, sans programme... Chaque insurgé combattait dans son quartier : c'était la guerre des Jacques du Moyen Age ». Blanqui est à l'opposé des idées de Vallès. Il ne croit qu'à l'action des minorités organisées militairement, s'emparant par un coup de force minutieusement préparé du pouvoir. Mais Vallès qui est toute spontanéité libertaire ne discute pas. Ce vieillard courageux, inflexible, suscite le respect.

Puis Vallès se rend à Arcueil chez un autre des chefs révolutionnaires de 48 : Raspail. Le sectarisme de « cet évêque de la libre pensée » qui ne voit autour de lui que des suspects le déçoit. Il interrompt vite l'entretien, reprend son enquête sur le terrain. Il écrit ainsi le 23 mars 1869 à son ancien professeur d'histoire du lycée Bonaparte, retrouvé à la faculté de Caen, Dansin. Il sollicite son témoignage, car Dansin « a fait l'histoire en soldat » comme combattant des forces de répression en juin 1848 dans le quartier du Panthéon.

« Il y a eu autour de ce Panthéon, écrit Vallès, m'a-t-on dit, des hécatombes d'hommes. Les mobiles fusillèrent ceux qui s'étaient rendus et l'on acheva des vaincus qui respiraient encore ! »

Vallès insiste : « Refaites-moi le tableau », précise-t-il en demandant des détails concrets. Il invoque les liens qui avaient existé entre le maître et l'élève. « Notre génération, dit-il, a été, par les hasards de l'histoire, si douloureusement malheureuse ! » Et Vallès s'avoue pressé : « La plume me brûle les doigts et mon éditeur attend », conclut-il.

En fait, ce roman en chantier, Vallès ne l'achève pas. A peine s'il l'entreprend. Il accumule des notes. Il veut « des détails et de la couleur, des faits, des chiffres, mais aussi des noms propres et des coins de paysage rouge ». Mais il ne peut avancer. Il bute sur le problème du roman, le rapport que celui-ci entretient avec la vérité et l'imaginaire, il est confronté à la question du « mentir-vrai » qui est le ressort même de ce genre littéraire.

Vallès ne la maîtrisa pas : scrupuleux, bloqué entre son expérience personnelle et la vérité historique, il oscille entre l'autobiographie, à laquelle il n'est pas résolu, et l'histoire objective qui ne le satisfait pas. « Je suis accablé à propos de mon histoire de juin, accablé », écrit-il.

Il est aussi, comme toujours, écrasé par les nécessités de la vie quotidienne.

Certes, il n'est plus pauvre. Et il peut parler à Dansin de ces jours lointains de « vie obscure et pauvre ». Il ajoute : « Je ne suis pas aujourd'hui bien riche ni bien célèbre ; cependant, j'aurais tort de me plaindre et j'ai survécu à plus d'un qui valait mieux que moi. »

Il habite 23, rue de Tournon. Il s'est arraché à l'anonymat et à la misère, mais pour autant il vit toujours d'avances, et passe d'un prêt à l'autre.

D'autant plus que, durant cette année 1869, il veut créer et diriger des journaux.

La situation politique est favorable. Le pouvoir impérial en ce début d'année 1869 ne semble pas savoir comment faire face à la montée de l'opposition, à la poussée revendicatrice du monde du travail et à l'amplification de l'influence — au moins à Paris — des groupes révolutionnaires.

Dans toutes les réunions publiques, les blanquistes ne rappellent-ils pas que les révolutionnaires sont des « démolisseurs de souverains » ? Ils font le procès des vainqueurs de juin, se séparant ainsi nettement des républicains modérés.

Le pouvoir mesure qu'il y a là une possibilité de jeu. Il fait donc des concessions — suppression du livret ouvrier, élargissement des pouvoirs du Corps législatif. Et ces initiatives qui ont pour but d'isoler les révolutionnaires ou les républicains intransigeants rencontrent un écho. On voit même se dessiner un rapprochement entre certains socialistes proudhoniens et les députés républicains modérés à l'initiative de l'ouvrier ciseleur Tolain, si suspect à Vallès au temps de Sainte-Pélagie. Les blanquistes s'insurgent, lancent une pétition, proclament : « Les vaincus de juin ne discutent pas avec leurs meurtriers. » Vallès est en accord avec cette sensibilité révolutionnaire. Sa référence constante est en effet juin 48.

Il est de plus en plus directement concerné par les événements politiques, ces élections au Corps législatif qui vont avoir lieu à la fin du mois de mai 1869. Son engagement dans les journaux qu'il réussit à fonder en ce début d'année, *Le Peuple* et *Le Réfractaire,* en portent la marque.

Le premier numéro du *Peuple* sort le 4 février.

Vallès est rédacteur en chef. Il a regroupé autour de lui des journalistes professionnels dont beaucoup étaient à ses côtés à *La Rue*. Le journal qui n'a pas versé de cautionnement ne peut qu'être « littéraire ». Mais son objectif est clair : exalter la force du peuple. Combattre aussi un journal gouvernemental — animé par le journaliste Clément Duvernois — qui avait, en toute illégalité, utilisé le même titre. Duvernois, pour les journalistes du *Peuple* de Vallès, n'est qu'un « croupier ignoble ». Tel est le ton polémique du journal de Vallès.

Car le peuple vibre d'une passion qui s'exacerbe. Et dans le premier numéro, dans un style enflammé, Vallès exalte ce peuple qu'il peint — image du prolétariat de l'époque telle qu'on la retrouvera plus tard chez Zola — sous les traits d'un mécanicien de locomotive, d'un mineur, d'un couvreur, d'un tourneur et aussi d'un paysan et d'un flotteur de bois. « C'est le peuple ! » s'écrie à chaque fois Vallès. « Le peuple héroïque et misérable. » Le journal — et c'est significatif du climat de ces mois-là — connaît un large succès. Dix mille exemplaires ne suffisent pas. « La machine à labeur geignait, toussait et crachait noir, mais n'arrivait pas et les marchands se plaignaient. Le Peuple criait qu'il avait failli attendre... »

Une nouvelle fois Vallès connaît ainsi l'exaltation que donne la direction d'un journal. Il éprouve la fébrilité qu'apporte la nécessité de coller à l'actualité et de peser sur elle. Mais, en même temps, la précarité de l'entreprise, l'obligation légale de ne pas intervenir sur le terrain directement politique limitent la qualité du journal et celle des articles. L'heure, dans la presse d'opinion, n'est plus à parler seulement sous l'angle des généralités, de la misère ou des pauvres, ou même du peuple, il faut évoquer des choix politiques prochains. *Le Peuple* est ainsi — légalement — limité, moins efficace et moins brillant que *La Rue* de jadis.

Pour autant le gouvernement ne désarme pas. Et le 18 février, le numéro 15 du journal paraît bordé de noir avec une note de Vallès :

« Le Peuple

« *Acculés, poussés à bout, nous répondons comme Cambronne à Waterloo :* " Le Peuple *meurt et ne se rend pas*."

« Le rédacteur en chef,
« Jules Vallès. »

Cette tentative d'à peine deux semaines, Vallès ne réussira à la renouveler durant l'année 1869 que de manière presque caricaturale.

En mai, il est à nouveau rédacteur en chef mais son journal, *Le Réfractaire,* ne vivra que... trois jours !

En octobre, il est « rédacteur principal » d'un hebdomadaire, *Le Corsaire,* qui agonisera deux mois, mais où Vallès n'écrira que trois articles.

Ainsi l'année 1869 est pauvre pour Vallès sur le plan journalistique.

Les journaux plus que fragiles qu'il fonde ou qui l'accueillent — *Le Corsaire* — ne lui permettent pas d'exprimer ce qu'il ressent, cette volonté d'action politique qui est la sienne, ou bien ce désir d'écriture plus large, en même temps qu'impliquée dans l'actualité, qui se manifeste dans son projet de grande *Histoire de vingt ans.*

En matière de journalisme il piétine et il ne sait comment entrer dans le domaine romanesque — sa *Comédie humaine.*

Il lui reste à se mêler de manière plus active aux autres, à la bataille politique. C'est ce qu'il va faire.

Tout en lui pourtant le pousse à se méfier des « guenilles » de 1793 que revêtent trop souvent à son gré les hommes engagés en politique. Ils ont le désir d'imiter soit les héros de l'Antiquité, soit les jacobins qui, selon Vallès, étaient eux-mêmes des imitateurs de Rome et qui, en plus, avaient l'esprit religieux.

Vallès, qui se défie même de l'athéisme, rejette dans tout discours ce qui lui paraît relever de l'orthodoxie.

Libertaire, irrégulier, réfractaire, refusant la violence, on l'a vu proche des idées maçonniques.

En avril 1869, le 2, il est initié à l'Ecossaise 133, ancienne loge Saint-Vincent-de-Paul, affiliée non au Grand-Orient de France mais à la Grande Loge. Il y retrouve des républicains avancés, comme Eudes ou Gustave Lefrançais. C'était une loge iconoclaste, irrégulière en somme, rejetant la notion de « grand architecte de l'univers », hostile à toutes les hiérarchies, ayant donc supprimé les grades et la plus grande partie du rituel. Un athée pouvait y être admis. Et Vallès s'y retrouva entre camarades.

Pour son initiation, il est soumis à une série de questions auxquelles il répond avec sa brutale simplicité.

— Quel est le devoir de l'homme envers lui ? lui demande-t-on.

— Son devoir est de ne pas s'occuper de Dieu, rétorque Vallès.

— Et envers ses semblables ?

— Le devoir de l'homme envers ses semblables consiste seulement à les défendre quand on les fait souffrir injustement.

— Envers lui-même ?

— L'homme doit songer à garder intactes sa santé, sa raison et sa liberté.

Puis Vallès rédige selon la coutume son testament. Il ne fait pas de discours moral. Il ne lègue aucun enseignement. Il dit simplement : « Je demande pour les êtres faibles, que ma mort laissera sans ressources, une protection que je n'impose pas à la sentimentalité de ceux qui vivront après moi, mais qui, dans un monde bien équilibré, sera naturellement accordée à tout individu incapable, par jeunesse ou maladie, de gagner son pain. Je ne veux pas qu'on mène mon cadavre à l'église et qu'on bavarde sur ma tombe. »

Quelles que soient les réticences de Vallès à toute intégration et son originalité, le voici donc faisant partie d'un groupe.

Certes, il n'a jamais été un isolé. Animer un journal, retrouver des camarades de la bohème dans une gargote, c'est être ensemble. Mais, Vallès le dit explicitement — à propos du journal *Le Réfractaire :* « Nous sommes, si on le veut, une bande, nous ne voulons pas être un régiment. Chacun défend ses opinions, n'est responsable que de lui-même, n'engage que lui. »

Or, avec son entrée dans la franc-maçonnerie, il tisse un lien plus serré. Comme si, à l'approche des batailles politiques décisives qu'il sent venir, il voulait s'engager dans l'action collective.

D'ailleurs, c'est à ce moment-là qu'on pense à lui pour une candidature aux élections de mai-juin 1869, d'abord à Toulon, où sa présence dans la compétition électorale aurait, selon Gambetta, valeur de protestation et de symbole.

Cette hypothèse ne se réalise pas, mais elle montre que Vallès est bien désormais pour les autres — et à ses propres yeux — un acteur, au sens plein, du combat politique.

En fait, il n'est pas un seul adversaire de l'Empire qui, ce mois-là, ne se sente concerné.

Les élections apparaissent à tous comme une échéance importante, peut-être capitale. Gambetta a lancé dans un discours célèbre son « programme de Belleville », élargissant les objectifs des républicains, revendiquant le plein exercice des libertés (libertés de réunion, de la presse, et individuelles), réclamant la séparation de l'Eglise et de l'Etat, et même la suppression des armées permanentes.

Bon observateur, Karl Marx notait que « les Parisiens se (remettaient) bel et bien à étudier leur passé révolutionnaire récent, se préparant ainsi à la nouvelle entreprise révolutionnaire imminente ». Il ajoutait : « C'est ainsi que bout le chaudron de sorcière de l'histoire. »

Face à cette poussée démocratique, le pouvoir semblait paralysé, et un banquier lyonnais, Edouard Aynard, remarquait que « les classes dépositaires de la richesse, de l'instruction et des traditions les plus libérales du pays paraissaient attendre dans la torpeur leur arrêt ».

Partout, les agents du pouvoir impérial soulignaient que l'initiative était aux républicains. Et que les mécanismes de la candidature officielle commençaient à gripper : préfets, maires, candidats restaient discrets dans leur soutien au pouvoir et préféraient ne pas s'afficher porte-parole du gouvernement ou investis par lui.

C'est dans ce climat que quelques républicains — ainsi Passedouet, un administrateur du *Réfractaire,* opposant déterminé à l'Empire — viennent demander à Vallès d'être candidat.

Vallès a connu Passedouet à Sainte-Pélagie, puis au journal. La proposition de candidature lui est faite au restaurant, un soir, alors qu'il dîne avec André Gill. « On m'a sommé, dit-il, au nom de l'idée révolutionnaire de me présenter à la députation contre Jules Simon », cet agrégé de philosophie devenu député républicain modéré en 1884, après avoir en 1848 et durant les premières années de l'Empire eu une attitude très ambiguë.

« Je n'ai point refusé », dit Vallès. Et il ajoute : « Pauvre fou ! »

La bataille en effet est trop inégale.

La 8e circonscription de Paris comprend l'arrondissement de Saint-Denis ainsi que les quartiers de Picpus et Bercy.

Jules Simon est un renard politique qui, flairant le vent, parle des questions sociales et se dérobe dès que Vallès tente de le contraindre à une réponse claire. Simon, contre le candidat de l'Empire, l'avocat Lachaud, peut incarner sans difficulté toute l'opposition. Vallès, à gauche, est un candidat de témoignage, qui en outre n'a ni moyen ni soutien.

Il n'a pas l'habitude des harangues politiques. Mais lorsque « trois cents pauvres » l'ont désigné comme le candidat de « la démocratie socialiste révolutionnaire de l'arrondissement », il est pris dans l'engrenage.

A chaque instant dans cette campagne, il doit s'obliger à agir contre sa nature. Il fait la tournée de la circonscription, touche du bout des lèvres le verre qu'on lui tend. « J'ai la nausée du vin », dit-il.

« J'ai honte des gestes inutiles, avoue-t-il encore, de la métaphore sans carcasse, honte du métier de proclamateur ! »

Il se rend même compte qu'il a « perdu, avec l'ardeur de la foi jacobine, le romantisme virulent de jadis », qu'il n'a plus « l'étoffe d'un orateur de borne, d'un Danton de faubourg ».

Parfois, on le menace. A Boulogne, le 17 mai, raconte-t-il, « on m'a cerné, bousculé, frappé ». Car il apparaît à certains comme le candidat de la division qui risque de faire perdre des voix à Jules Simon.

Et pourtant il s'obstine, par goût du défi, par fidélité, par héroïsme tranquille, seul devant une salle hostile, fier de s'opposer à « cette anguille de Simon » qui représente tout ce qu'il hait.

Son appel électoral laisse passer toute la passion qu'il met malgré tout dans cette confrontation, même s'il est lucide quant à ses chances.

Tout Vallès s'y retrouve, porteur d'un message aux antipodes du discours politique traditionnel.

« Citoyens, lance-t-il, quelques-uns d'entre vous sont venus me dire : " Dans notre circonscription la démocratie socialiste n'a pas de candidat : voulez-vous la représenter ? "

« Le lendemain, j'étais au milieu de vous, tout fier de cet appel que m'adressaient les travailleurs.

« J'ai toujours été l'avocat des pauvres, je deviens le candidat du travail, je serai le député de la misère.

« La misère !

« Tant qu'il y aura un soldat, un bourreau, un prêtre, un gabelou, un rat-de-cave, un sergent de ville cru sur serment, un fonctionnaire irresponsable, un magistrat inamovible ; tant qu'il y aura cela à payer, Peuple, tu seras misérable !

« Ecoute encore.

« Tant que l'éducation sera vendue comme elle l'est aujourd'hui, tant qu'elle sera un titre de noblesse et un passeport de parasitisme pour un petit nombre : écrivassiers de salon, bavards de barreau, pédants de l'Université, Peuple, tu seras esclave !

« Veux-tu, Peuple, que la misère meure et que la liberté ressuscite ?

« Pour enterrer celle-là et ressusciter celle-ci, essayons tout, même d'aller au scrutin avec la chance d'une défaite.

« Electeurs de la huitième circonscription :

« Voulez-vous grouper autour de mon nom vos souvenirs de vaincus, vos espoirs légitimes de revendications ?

« Ce nom signifie :

« Haine de toutes les servitudes ;

« Mépris de toutes les aumônes ;

« Droit au travail ;

« Liberté, justice ! »

C'est bien la candidature des « vaincus » des journées de juin 1848 qui s'exprime. Et, avec des survivants, il a d'ailleurs fondé un « Comité électoral des hommes de juin ». Mais qui peut croire à la victoire ? *Le Figaro* parle de la « dernière excentricité » de Vallès. D'autres annoncent son désistement. Vallès au contraire s'obstine.

Les résultats sont pires que prévus. Sur les 50 178 électeurs inscrits, et 39 701 suffrages exprimés, Jules Simon obtient 30 305 voix, Lachaud 8 742 et Vallès... ne se voit même pas mentionné, perdu qu'il est dans la rubrique *divers* qui représente 654 voix.

Dans la presse, l'éclat de rire est général : « Et maintenant, s'il veut m'en croire, lui conseille-t-on, qu'il retourne au feuilleton, à ses journaux qu'il fait crouler et renaître chaque semaine ; qu'il brasse du roman, qu'il enfonce les portes du théâtre ! »

Commentaires impitoyables qui confirment l'hostilité qui entoure désormais Vallès. Non seulement on lui fait payer ses manières abruptes, son intransigeance, son excentricité méprisante, mais aussi ses fidélités, son engagement politique aux côtés des plus pauvres et ce côté moralisateur et donneur de leçons si insupportable à tant de corrompus.

Vallès, lui, a éprouvé à la fin de la campagne un immense soulagement. Elle a, malgré l'exaltation de l'affrontement, pesé lourd sur lui. « Enfin la corvée est finie ! s'écrie-t-il. Je suis libre ! »

Il part à Chaville, marche dans la campagne, fait la « sieste dans l'herbe coupée, près des pommiers en fleur ». Il découvre qu'il n'a ni la constance, ni l'habileté, ni la souplesse ou la rouerie qui font les politiques, ni peut-être l'assurance et la confiance en soi qui sont la nécessité première de ceux qui veulent être des chefs.

Lui agit par à-coups. Sa sensibilité est trop à vif pour qu'il accepte le cynisme et les calculs nécessaires dans les batailles de la vie politique. Il n'est pas l'homme des stratégies lentes qu'implique le pouvoir. Soldat du rang, plutôt qu'officier, électeur plutôt que candidat et qu'élu. Il le dit bien d'ailleurs : « Ah ! s'exclame-t-il, j'étais plutôt fait pour être un paysan qu'un politiqueur — quitte à prendre la fourche avec les Jacques une année de disette, un hiver de famine. »

Il est homme de révolte plutôt que de politique.

Mais cette campagne électorale laissera des traces. On ne se jette pas dans le feu de l'action politique sans qu'on soit brûlé. Il y a d'abord l'humiliation des résultats. Elle passe. Vallès peut s'en accommoder avec le temps. Mais il y a pire. La politique est dure et implacable pour les naïfs ou les amateurs. Pour ceux qui oublient qu'à chaque instant la trahison peut survenir, et même de la part des plus proches.

Vallès, la campagne finie, s'inquiète. Dans l'entourage de Passedouet en qui il a confiance, il a vu surgir un journaliste — Sapia — au passé trouble, aux relations suspectes. Sapia a proposé au comité électoral qui soutient Vallès une aide financière apportée par un citoyen aux idées révolutionnaires. Vallès s'en remet à la décision de son comité, puis se désintéresse de la question.

Quelques jours plus tard, un homme se présente chez lui et Vallès soupçonne aussitôt qu'on veut lui faire des propositions pour l'acheter. Il jette dehors l'inconnu, interroge les membres de son comité électoral : « Vous êtes au-dessus de ça, ont-ils fini par dire en haussant les épaules... Laissez-nous tranquilles. » Vallès, trop tard, s'interroge. « J'ai peur qu'il n'y ait là-dessous, dit-il, un danger dont je sentirai les griffes un jour. »

Cependant, la déception et même le dégoût ou ce frisson d'inquiétude, ce pressentiment qu'il est tombé dans un piège et a été victime d'une provocation, s'effacent devant la joie de voir l'Empire affaibli.

En effet, les élections ont été un échec pour le régime.

Ses candidats perdent près d'un million de voix alors que les opposants en gagnent 1 300 000. Sur les 292 élus on compte certes seulement 74 opposants (dont 25 républicains), mais on ne compte parmi les 216 partisans du gouvernement que 118 « officiels », le reste est composé de libéraux.

Le paysage politique est ainsi modifié.

Dans les grandes villes, le choc a opposé républicains modérés et radicaux, et parfois ces derniers l'ont emporté. Ainsi le vieux Raspail bat-il, à Lyon, Jules Favre. Mais en fait, ce qui domine c'est un vaste marais qui, dégagé du bonapartisme dur, s'affirme cependant fermement hostile aux démocrates socialistes.

C'est là qu'est la chance pour Napoléon III et c'est dans cette direction qu'il travaille depuis des mois.

Mais l'empereur ne se presse pas, multipliant les initiatives contradictoires, amnistiant des ouvriers détenus pour faits de grève, accordant au Corps législatif l'initiative des lois, mais retardant l'ouverture de la session du nouveau Corps législatif, faisant ainsi monter la pression entre républicains modérés et démocrates socialistes.

D'autant plus facilement que, après les élections et durant tout l'été, la situation sociale devient en plusieurs lieux critique. Les grèves se multiplient dans les bassins miniers. Elles touchent bientôt toutes les corporations. L'armée partout engagée contre les grévistes ouvre le feu : treize tués à La Ricamarie en juin ; quatorze à Aubin, en octobre, dont des femmes et des enfants.

A Paris, dans les milieux révolutionnaires, cette poussée de violence anti-ouvrière qui vient après les élections est ressentie comme l'annonce d'une crise politique profonde, peut-être est-ce le moment à saisir ?

Les initiatives en tout cas se multiplient. Réunions publiques ; préparation des élections complémentaires qui doivent avoir lieu à Paris en novembre et dans lesquelles Henri Rochefort est candidat. Délégation auprès des députés de Paris pour leur demander de participer à une manifestation le 26 octobre place de la Concorde, proposée par le député Keratry, afin de réclamer la convocation rapide du nouveau Corps législatif que Napoléon III continue de différer.

Or, à sa grande surprise, Vallès est désigné par une assemblée populaire pour faire partie de la délégation.

Il en est surpris et ému. Il s'interroge. Il est là « en compagnie d'hommes qui ont des amitiés célèbres, ou une popularité de réunion publique, qui appartiennent chacun à un groupe — toujours puissant, si petit soit-il, quand il s'agit d'enlever un vote ou une décision. Moi, précise-t-il, j'ai vécu seul, je ne suis enrégimenté ni sous le drapeau de Delescluze… ni sous celui de Blanqui ».

Et voici que lui, l'irrégulier, lui, le réfractaire, lui, le libertaire, est choisi. Il se sent chargé de responsabilités, engagé pour sa vie. « Quelque chose me dit, confie-t-il, que c'est une grande date dans ma vie, le premier pas fait en tête de la foule, l'arrivée sur le grand chemin où passe le peuple en haillons et en armes. »

C'est, dans cette année 1869 où il piétine, sans issue journalistique ni littéraire, un souffle neuf, l'annonce d'événements à venir dans lesquels il sera — cette désignation le lui confirme — partie prenante.

« Je sens qu'il y a des orages dans l'air et des odeurs de poudre dans la poussière que le vent chasse devant moi », dit-il.

Ferry, Jules Simon, Jules Favre, Ernest Picard, Pelletan : Vallès et la délégation entrent dans les appartements de ces députés républicains modérés, échangent quelques mots avec eux, qui tous, avec plus ou moins de cynisme, se dérobent. Vallès refuse de serrer la main que lui tend Jules Simon avec un fielleux : « Mon ancien et cher concurrent. »

Il regarde, ayant le sentiment d'appartenir à un autre monde que celui de ces députés qui, quelques jours plus tard, tenteront de se justifier devant une salle hostile où « il n'y a que des mal-vêtus ».

Vallès assiste à la réunion, découvrant qu'il existe « un parti inconnu qui mine le sol sous les pas de la République bourgeoise » et devinant « la tempête prochaine. Des mots irréparables ont flamboyé sous le plafond comme des éclairs de chaleur courent dans un ciel qui va se fendre ».

Vallès sent et voit juste. La cassure s'élargit en effet entre ce marais d'opposants modérés et les démocrates socialistes, ces républicains avancés auxquels de plus en plus s'identifie Vallès. Eux le reconnaissent comme l'un de leurs symboles. L'un de leurs leaders.

Les polémiques, le souvenir des articles de *La Rue,* l'emprisonnement à Sainte-Pélagie, l'opposition à l'Empire qui n'a jamais failli, cet attachement aussi au souvenir des journées de juin 48, tout cela a, peu à peu, dessiné la personnalité politique de Vallès. Et, dans ces derniers mois de 1869, les feuilletons qu'il publie — *Un gentilhomme,* dans *Le National; Le Testament d'un blagueur* dans *La Parodie; Pierre Moras* dans *Paris-Journal* — sont, quelles que soient leurs qualités littéraires, imprégnés de cet esprit de révolte, de cette violence anticonformiste qui sont devenus les caractéristiques de Vallès aux yeux de l'opinion.

C'est la nécessité qui pousse Vallès à écrire ces intrigues compliquées, ces rebondissements incroyables, ces personnages excessifs. Comment sans cela vivre ?

Ces textes sont donc « le gagne-pain » de Vallès. Là est « tout mon capital, dit-il à propos de *Pierre Moras :* six cents francs d'avance et le reste dès qu'on le publiera ».

Ces feuilletons sont vite écrits, parfois avec l'aide d'un ancien journaliste de *La Rue,* Gustave Puissant. « Il trouvait quelques sous, avoue Vallès, à me remplir les passages à décors sombres. Il a mis la main à cela. »

Et pourtant la trame de ces feuilletons, ces familles divisées, ces enfants sans père, cette sexualité brutale, ces grandes familles qui se montrent sordides, vindicatives, doit tout à l'expérience de Vallès, à sa manière de voir le monde, à sa vision de la famille et des femmes. Elles sont sorcières et courtisanes, séductrices ou bien angéliques, naïves et livrées au viol. La société telle que la décrit Vallès est pleine de ces contrastes violents, de ces conflits et de ces passions. Elle est impitoyable aux faibles.

Bien sûr, ce sont là les ingrédients nécessaires à tout feuilleton. Mais Vallès, même s'il bâcle sa copie, fait en écrivant ainsi ses armes de romancier ! Il commence à utiliser son autobiographie. Même s'il ne veut encore ni se découvrir ni se livrer, il explore, sans le savoir, les abords de ce qui deviendra sa veine littéraire.

Mais d'abord cette écriture est dictée par le besoin d'argent, ce qui change le rapport aux mots. Vallès ne peut pas être, même quand il parle de lui sous le masque d'un *Pierre Moras,* le héros de l'un de ses feuilletons, trop narcissique avec son écriture. Pas le temps : le besoin fait loi. Il faut écrire car l'éditeur ne paiera que copie remise. Et si Vallès choisit le feuilleton plutôt que son *Histoire de vingt ans,* c'est aussi parce qu'il peut placer ses feuilletons dans les journaux et les écrire rapidement.

Vallès n'est ainsi en rien un aristocrate et un esthète de la littérature. Il est un de ces « enfants du peuple ».

Et c'est d'ailleurs le titre qu'il envisage de donner à un nouveau recueil de ses articles qu'il voudrait voir publier en volume.

Les mots pour Vallès doivent être porteurs de vérité immédiate, mais aussi produire des revenus. Vallès attache à la fois — à cause de cela — beaucoup d'importance à ce qu'il écrit et en même temps il a pour ses textes l'indifférence d'un journaliste, d'un professionnel de la copie, qui sait qu'un article effacera l'autre, qu'un mot chassera l'autre. Le mot pour Vallès est à la fois *tout* (ce pourquoi il vit et ce qui le fait vivre) et *rien* (parce qu'il se détruit avec le journal du lendemain, qu'il se vend).

Quand il écrit par exemple un article sur Waterloo pour le *Grand Dictionnaire du XIXe siècle* de Pierre Larousse, il veut à la fois faire œuvre de polémiste — en démystifiant Waterloo —, imposer son style — dans le cadre d'un dictionnaire ! — et gagner de l'argent le plus vite possible.

On découvre ainsi que Vallès collabore régulièrement avec la maison Larousse. Mais l'éditeur se plaint : « Les articles lui furent payés très largement et pas un ne fut inséré tant ils étaient médiocres. » La maison le reconnaît : « On lui fit des conditions exceptionnelles car il n'était pas le premier venu, alors, comme il le dit, qu'il écrivait depuis plusieurs années au *Figaro*. »

Vallès sait se vendre. Il réclame cinq cents francs pour aller voir le champ de bataille de Waterloo. « On lui donna les cinq cents francs et son fameux article " Waterloo " ne fut pas plus inséré que les autres... », conclut l'éditeur.

Vallès, en 1869, est déjà un vieux routier de la presse et de l'édition parisienne !

Seulement, malgré son talent d'écrivain et son obstination habile d'Auvergnat, il est évident que son engagement politique, qu'il a déjà payé très cher en termes d'accès aux journaux, va peser sur lui de plus en plus.

Mais comment ne pas être concerné alors que les événements s'accélèrent ?

Rochefort a été élu à Paris.

Le 27 décembre 1869, Napoléon III écrit à Emile Ollivier

pour le prier de lui « désigner les personnes qui peuvent former avec vous un cabinet homogène, représentant fidèle du Corps législatif ».

Le 2 janvier 1870, Ollivier a constitué son cabinet. Ce peut être pour l'Empire un nouveau départ, le résultat enfin atteint de cette stratégie de récupération d'une partie de l'opposition que Napoléon III conduit patiemment depuis plusieurs années.

Cette combinaison ne peut que révolter les démocrates socialistes. Elle confirme Vallès dans son mépris pour ces républicains modérés qu'on chansonne :

Sire autrefois j'étais de la montagne
Je viens à vous mû par l'ambition
J'ai dans le cœur les vertus de Baroche[1]
Je suis donc bon à mettre au cabinet.

Vallès est exaspéré. Il a heureusement retrouvé un journal. Il écrit dans *La Marseillaise* que Henri Rochefort, nouveau député de Belleville, a lancé le 19 décembre 1869. C'est « l'organe de la démocratie radicale ».

Atmosphère fiévreuse dans la rédaction. On ne mâche plus ses mots. On est indigné par la trahison d'Ollivier, frustré d'une victoire par un Empire qui paraît renaître.

Les journalistes ont été désignés par... les lecteurs de Belleville, ainsi l'a voulu Rochefort. Vallès retrouve là Arthur Ranc, Lissagaray, des socialistes comme Benoît Malon, des ouvriers de l'Internationale comme Varlin. Un jeune journaliste, Victor Noir, tient la rubrique des échos.

Vallès écrit peu car il a de mauvaises relations avec Rochefort : rivalité de journaliste et d'homme public. Mais il donne deux articles à *La Marseillaise*. Cependant que le journal ouvre une souscription pour racheter... la vache saisie à un républicain de la Nièvre, Gambon, par le fisc impérial car Gambon a refusé le paiement de l'impôt !

Vallès emboîte le pas. « Fais comme Gambon, écrit-il, et je te jure que la révolution est sauvée. » Grève des contribuables, grève

1. Homme politique rallié à l'Empire en 1856, symbole des retournements en politique et des lâchetés, président du Conseil de Napoléon III.

des conscrits, grève du loyer : Vallès généralise, propose cette forme de résistance.

Vallès croit-il lui-même à la réussite de ces actions ? « Il faut, dit-il, que la bourgeoisie, qui a été reine, traite avec le peuple qui devient roi. » Il faut que les propriétaires baissent leur loyer, et se séparent de l'Empire.

Et il l'annonce le 8 janvier 1870 : « La Troisième République bat la charge derrière les casernes : elle va sortir des pavés de Paris un de ces matins, au chant de *La Marseillaise.* »

La perspective est exacte mais qui peut jamais prévoir le déroulement précis des événements ?

On n'oubliait pas le regard de Vallès, à la fois vif et désespéré, ni son visage exprimant — comme ici, dans ses premières années de séjour à Paris — tension, fatigue et force.
(Coll. Sirot - Angel.)

La ville du Puy-en-Velay était, dans la première moitié du XIXe siècle, une agglomération aux ruelles en dénivellation, pénétrée encore par la campagne et le monde paysan. *(B.N., Paris / Arch. ERL. et Coll. Sirot - Angel.)*

L'école primaire fut pour Vallès un havre de paix. Mais surveiller et enseigner une classe de petits enfants (il le fit à Paris) fut une besogne détestable. Le métier d'« instituteur » était l'un des plus mal payés.
(Arch. ERL.)

Vallès côtoya les étudiants « bohèmes », et vite déclassés. Il dénonça avec violence les auteurs qui, tel Murger, présentaient les *Scènes de la vie de bohème* comme un temps de bonheur et d'amourettes. C'était pour lui une vie de misère, à la recherche quotidienne d'un repas et d'un toit.
(B.N., Paris / Arch. ERL.)

La vision de ces colonnes d'insurgés de juin 1848, conduits enchaînés vers les prisons et les bagnes, fut l'une de celles qui marquèrent le plus durablement le Vallès de seize ans. Il ne l'oublia jamais et fut psychologiquement, culturellement, un « vaincu de Juin ». *(B.N., Paris / Arch. ERL.)*

Comme Naudin, député républicain, qui, le 3 décembre 1851, se fit tuer sur une barricade du faubourg Saint-Antoine pour montrer aux ouvriers comment on pouvait mourir « pour 25 francs par jour » (l'indemnité parlementaire), Vallès éprouva, lors du coup d'Etat de Louis-Napoléon, l'indifférence des « blouses », ces ouvriers que la République avait massacrés en juin 1848 et qui ne voulaient pas se battre pour la défendre. *(B.N., Paris / Arch. ERL.)*

Le Paris du Second Empire fut celui des « grands travaux » d'Haussmann — ici, on perce la rue des Ecoles, au quartier Latin —, dont le but était aussi de permettre aux troupes de mieux « tenir » Paris. Mais ce temps — celui de la fête impériale — fut pour la plupart une époque de misère (les enfants pauvres vont nu-pieds et travaillent dès six ans), où l'on déposait ses matelas au mont-de-piété pour obtenir quelques sous. *(Coll. Sirot - Angel et B.N., Paris / Arch. ERL.)*

La cour de la prison de Sainte-Pélagie. Vallès et d'autres opposants à l'Empire — journalistes, étudiants, etc. — y furent emprisonnés. Les conditions de détention étaient insupportables, les gardiens « dominés » par la qualité de leurs détenus. *(Arch. ERL.)*

Ce sont des délits de presse qui provoquaient le plus d'amendes et d'emprisonnements. La censure du Second Empire fut jusqu'au bout vigilante. L'imprimerie (ci-dessus) devint ainsi un lieu d'« opposition » très surveillé par la police. Vallès, qui travailla un temps dans une imprimerie, aimait l'atmosphère laborieuse et libre de cet atelier et les ouvriers — une élite — qu'il y côtoyait. *(Arch. ERL.)*

Le peintre Courbet fut emprisonné à Sainte-Pélagie avec Vallès. Il devait, durant la Commune de Paris, décider de la destruction de la colonne Vendôme. *(Cl. Giraudon.)*

Le journal satirique *La Lune* publia cette célèbre caricature de Vallès suivant, comme un chien auquel on a attaché une casserole, « le corbillard des pauvres » (par ailleurs titre d'un article « réaliste » de Vallès). *(Cl. Roger - Viollet.)*

Arrestation du journaliste Henri de Rochefort, animateur de *La Lanterne*, à la fois complice et rival de Vallès dans l'opposition au Second Empire. *(Coll. Sirot - Angel.)*

L'assassinat du journaliste Victor Noir — de *La Marseillaise*, à laquelle collabore Vallès et qu'a lancée Rochefort — par Pierre Bonaparte, le 10 janvier 1870, provoque une intense émotion. L'enterrement, le 12 janvier, entre Neuilly et les Champs-Elysées, devient une manifestation républicaine qui hésite à se transformer en émeute. Vallès, qui y participe, attend — avec Blanqui — le signal qui ne viendra pas. *(Arch. ERL.)*

LE CRI DU PEUPLE

Journal politique quotidien

Rédacteur en chef : JULES VALLÈS

AU PEUPLE DE PARIS

Une nouvelle révolution pacifique et fière vient de s'accomplir.

La garde nationale, atteinte dans sa dignité et provoquée par le gouvernement de MM. Thiers, Favre et Picard, qui avaient préparé leur tentative par la suppression de six journaux, a répondu aux provocations, aux calomnies et aux mensonges par la déchéance et le mépris.

La troupe, que les généraux de l'empire avaient menée de défaite en défaite jusqu'à l'humiliation suprême, a généreusement refusé de tirer sur les citoyens qui défendaient leurs droits, et a fraternisé avec le peuple, contre lequel on avait formé le dessein criminel de la faire combattre.

Paris s'est reconquis. Il est maintenant libre et souverain, maître de ses destinées et de son avenir. S'il sait prendre aujourd'hui même une résolution énergique et sage à la fois, le triomphe de la République est assuré, et la date du 20 mars sera une des plus grandes de l'histoire.

Si la population parisienne n'écoutait que ses sentiments nobles et éclairés, il faut que cette Révolution se borne à Paris. Lui seul en a eu le courage et le péril, lui seul doit en bénéficier.

Paris doit donc se déclarer VILLE LIBRE, commune affranchie, cité républicaine, se gouvernant elle-même et réalisant dans la mesure du possible la théorie du gouvernement direct appliqué dans la république helvétique.

Il doit prendre immédiatement certaines mesures d'urgence pour garantir ses franchises dans l'avenir et pour, en même temps, rétablir au plus vite dans le présent, l'ordre nécessaire à une cité industrielle, commerciale, travailleuse ; pour garantir le fonctionnement normal et régulier des services publics, pour assurer au mieux des intérêts généraux, des relations sérieuses avec ce qui sera le gouvernement de la France comme avec les autres villes libres qui voudraient imiter l'exemple de Paris.

Ces mesures sont celles-ci :

Convocation immédiate des municipalités parisiennes existantes en conseil et formant une commune de Paris provisoire chargée de veiller aux choses d'administration publiques journalières et de présider

Organisation de la magistrature élective pour la ville de Paris.

Acceptation des conditions de la paix et entente de la commission municipale avec le gouvernement de la France pour l'exécution de ces conditions.

Convocation rapide, et par arrondissement, de tous les citoyens pouvant justifier de leur qualité de commerçants et de comptables, pour la formation d'un syndicat commercial chargé de présenter un nouveau projet de loi sur les échéances.

Envoi immédiat de CINQ délégués de la Commission municipale et de la députation parisienne près des membres du pouvoir exécutif, chargés de traiter avec eux sur les bases qui viennent d'être indiquées ci-dessus, et qui doivent entraîner la reconnaissance officielle de Paris, ville libre, par le gouvernement français.

Enfin envoi de CINQ autres délégués près des plénipotentiaires prussiens, afin de leur donner toutes garanties sur l'exécution du traité de paix.

Telles sont les mesures qu'il faut prendre immédiatement, sous peine de tomber dans le gâ…

LA JOURNÉE D'HIER

LA RÉSURRECTION

« Paris doit se déclarer ville libre » écrit Vallès dans le premier numéro du *Cri du Peuple*, le quotidien qu'il lance le 21 mars 1871 au lendemain du déclenchement de la Commune. Le journal de Vallès deviendra le journal de la Commune. Vendu à la criée — par exemple, place de l'Hôtel de Ville où l'on proclame, le 26 mars, le résultat des élections parisiennes favorables à la Commune —, il fait de Vallès l'une des figures centrales de l'insurrection. *(Arch. ERL.)*

Blanqui (1805-1881), le révolutionnaire sans doute le plus déterminé du XIXe siècle — emprisonné trente-six ans ! —, fascina Vallès, qui le rencontra clandestinement à la fin de l'Empire. Il ne put participer à la Commune car Thiers le fit arrêter le 17 mars 1871 et refusa toujours de l'échanger contre des prisonniers détenus par les communards. *(Coll. Sirot - Angel.)*

Une séance — représentée de manière hostile — de la Commune, durant l'assaut des Versaillais. On reconnaît Vallès au premier rang, de face. *(Coll. Sirot - Angel.)*

Les derniers combats furent acharnés et se terminèrent dans les rues du XXe arrondissement et dans le Père-Lachaise. Vallès fut réellement l'un des ultimes combattants, du côté de Belleville, échappant par miracle à l'arrestation. *(Arch. ERL. et musée de Saint-Denis.)*

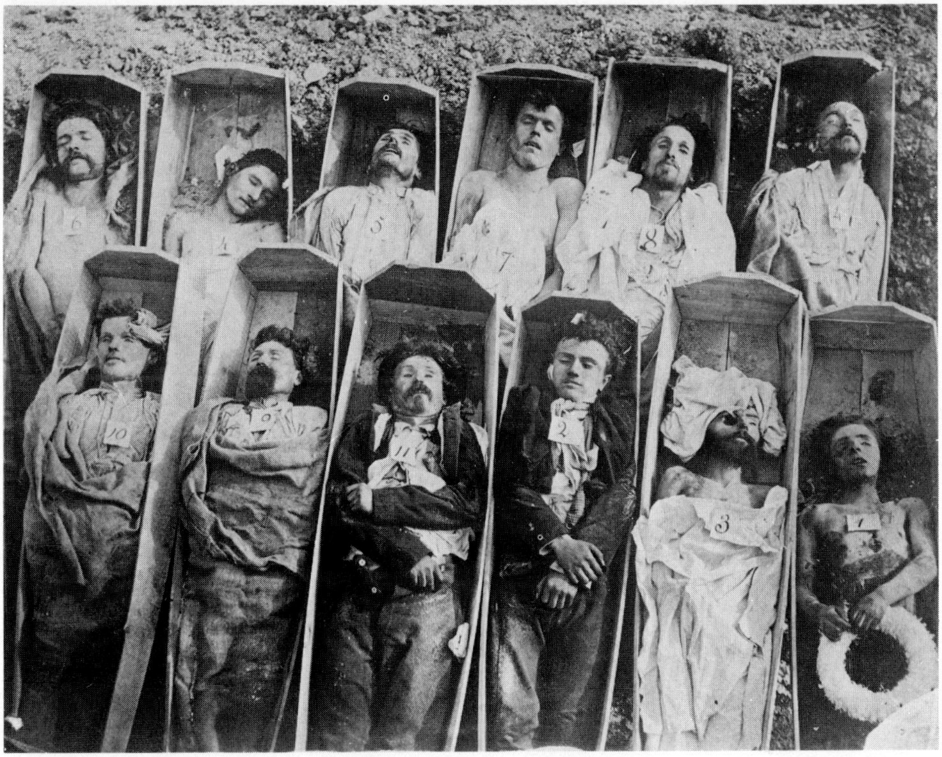

Les victimes de la répression versaillaise sont au moins 20 000. Et on avance le chiffre de 30 000. La plupart furent abattus après les combats. On fusilla en masse. *(Cl. Bulloz).*

Delescluzes *(à g.)*, **Flourens** *(au centre)*, **Varlin** *(à dr.)* **: trois communards que côtoya Vallès et qui eurent tous une fin tragique. Delescluzes choisit de se faire délibérément tuer en montant sur une barricade quand il comprit que la Commune était vaincue. Flourens fut, alors qu'il était pris, abattu de sang froid par un officier versaillais lors des premiers combats ; et Eugène Varlin, ouvrier relieur, membre de l'Internationale, élu de la Commune, fut lynché avant d'être fusillé, le 28 mai 1871.** *(Musée de Saint-Denis / Arch. ERL. et Cl. Roger - Viollet.)*

Vallès rentra à Paris avec les proscrits de la Commune à la gare du Nord, le 13 juillet 1880, après le vote de la loi d'amnistie, rendu possible par la victoire des républicains.
(Cl. Roger - Viollet.)

Vallès, vieillissant, dans les années 1880, auteur reconnu, directeur du nouveau *Cri du Peuple*, a conservé le regard brillant de sa jeunesse.
(Coll. Sirot - Angel.)

« Ma belle camarade » — Séverine. Elle fut pour Vallès, dans les dernières années de sa vie (1881-1885), une amie tendre, affectueuse et dévouée en même temps qu'une assistante précieuse. *(Coll. Sirot - Angel.)*

Vallès ne fut guère admis dans la société littéraire. Pour Zola *(ci-dessus)*, il avait le tort de se mêler de politique, alors que la Littérature devait seule préoccuper l'écrivain. Les frères Goncourt *(ci-contre)*, froids, bourgeois et conformistes ne l'aiment pas. Vallès dérange. Les mots sont pour lui des armes ou des cris. *(Coll. Sirot - Angel.)*

Jules Vallès, usé, meurt le 14 février 1885, au 77 boulevard Saint-Michel à Paris. Son enterrement, le 16 février, donne lieu à des heurts entre la foule de dizaines de milliers de personnes qui suit le corbillard des pauvres et des « nationalistes », pour qui il s'agit là d'une manifestation « communarde ». Jusqu'au bout, Vallès rebelle !
(Coll. Sirot - Angel et musée Carnavalet, Paris / Arch. ERL.)

Chapitre 21

« Je suis pour ce que le peuple voudra » (janvier 1870)

Lundi 10 janvier 1870 au début de l'après-midi : Vallès travaille à la Bibliothèque impériale, rue Richelieu. Arrive, essoufflé, Raoul Rigault, journaliste à *La Marseillaise,* l'un des partisans de Blanqui les plus déterminés. Il s'est fait une spécialité d'espionner la police et de repérer les mouchards. Et, parmi les blanquistes, il est l'un des organisateurs des groupes armés, les « colonnes », qui, quartier par quartier, se préparent au coup de main qui permettra, si les circonstances s'y prêtent, de s'emparer du pouvoir.

Tout dans son apparence — l'allure moqueuse, provocante, les lunettes, la barbe épaisse — dit qu'il appartient au monde des hommes de lettres, des journalistes marginaux.

Il annonce à Vallès avec une grande excitation que Pierre Bonaparte — cousin germain de Napoléon III — « vient d'assassiner son tailleur ». Les deux journalistes courent à *La Marseillaise,* se félicitent de l'événement, qui va permettre de mettre « un Bonaparte au bloc ». Puis, très vite, ils apprennent que la victime n'est pas un tailleur, mais un journaliste de *La Marseillaise.* Et quelqu'un interpelle Vallès : « Dis donc, c'est malheureux pour le copain, mais, nom de Dieu ! comme c'est bon pour la sociale ! »

Un Bonaparte, fût-il mal vu par l'empereur — qui le trouvait violent —, tue un journaliste qui écrit dans le journal d'opposition de Rochefort : quel symbole, en effet ! Et de plus le meurtre survient dans cette atmosphère de tension politique et sociale qui dure depuis les élections de mai-juin 1869. Il y a juste une semaine le ministère dit libéral d'Emile Ollivier était constitué : cet assassinat et la crise qui va naître en sont comme l'acte de baptême.

A *La Marseillaise,* Vallès découvre avec émotion le nom de la victime : Victor Noir. « C'est moi, oui, moi, dit Vallès, qui ai lancé ce pauvre garçon dans le chemin qui l'a conduit au cimetière. »

En effet, Vallès l'avait fait engager au journal *L'Epoque* en 1865. Victor Noir était fleuriste, crevait de faim. Vallès avait été touché par ce « gavroche monstre » qui avait « une voix de taureau » et qui en quelques années était devenu un « boulevardier ».

De son vrai nom Yvan Salmon, Victor Noir s'était fait une réputation de polémiste. Il avait « du sang plein la peau, de l'espoir plein les yeux ». Son frère aîné, Louis Salmon, avait combattu dans les rangs de l'armée de Garibaldi avant de devenir romancier. Cependant Vallès se méfiait un peu de Victor Noir. Devenu trop boulevardier, trop élégant. « Il me fit l'effet, expliquera-t-il plus tard, parlant de leur dernière rencontre, d'un mercenaire et d'un courtisan. Mais il était si jeune et puis on est indulgent pour ceux dont on a guidé les premiers pas... » Ce qui touche Vallès chez Victor Noir, c'est que le jeune homme « était du peuple ». « Il m'avait dit, précise même Vallès, qu'il aurait préféré être ouvrier. »

Et puis les « mauvaises impressions, les vilains souvenirs », cela s'efface devant la mort.

Peu à peu, au fil des heures, Vallès et ses camarades apprennent les circonstances du meurtre.

Victor Noir, accompagné d'un autre journaliste — Ulrich de Fonvielle —, s'était rendu au domicile de Pierre Bonaparte, comme témoin de Pascal Grousset. Ce dernier — lui-même journaliste — demandait réparation à Pierre Bonaparte des injures publiées sous sa signature dans le journal *L'Avenir de la Corse.* Il s'agissait de préparer le duel.

Or, Pierre Bonaparte a fait feu sur les témoins. « Fonvielle, le pardessus troué, une balle lui a fait une boutonnière neuve, dit ce qu'il a vu : le pistolet tiré de la poche. Noir visé, atteint et fuyant, son chapeau rivé à ses doigts crispés, la mort dans la poitrine. »

A l'évidence, l'acte criminel n'a pas été prémédité. Mais les injures proférées contre les journalistes d'opposition, la violence aussi, révèlent les ressentiments profonds des hommes du pouvoir contre cette presse de plus en plus audacieuse. Et peut-être le dessein de Pierre Bonaparte était-il, en attaquant ainsi ces journalistes, de rentrer en grâce auprès de l'empereur.

Vallès et trois journalistes se rendent à Neuilly, dans la nuit, alors que le corps a été déposé dans la maison du frère de Victor Noir.

Le journaliste est « étendu sur le lit non défait, le visage presque souriant. Il a l'aspect d'un énorme poupon qui dort ». Vallès, qui se souvient de février 1848, propose d'emporter le corps, d'en faire le drapeau de la Révolution. « On l'assoira sur un tombereau comme les fusillés du boulevard des Capucines — en février 1848 — et on criera aux armes le long des rues. » Mais les quatre journalistes hésitent à « engager le peuple ». Ils rentrent à *La Marseillaise.* Et commence entre les opposants à l'Empire une série de conciliabules passionnés.

Est-ce le moment de l'affrontement avec le pouvoir ?

Le crime de Pierre Bonaparte indigne. « Paris connaît le crime... Paris s'agite. » Réunions à Belleville, « rendez-vous de combat pris autour du cercueil : Il faut en finir ».

Le frémissement devient frisson, des groupes se forment. « Des femmes partout, note Vallès. Grand signe ! Quand les femmes s'en mêlent, quand la ménagère pousse son homme, quand elle arrache le drapeau noir qui flotte sur la marmite pour le planter entre deux pavés, c'est que le soleil se lèvera sur une ville en révolte. »

Les obsèques sont fixées au 12 janvier. *La Marseillaise* paraît avec un texte signé de tous les rédacteurs. Ils écrivent :

« Nous n'avons point à faire son éloge. Il n'est personne à Paris qui ne l'aimât et ne l'estimât. Pour nous, ses collaborateurs, il était plus qu'un ami, il était notre frère et l'enfant de la maison.

« Ce matin encore, sa gaieté nous réchauffait le cœur : ce soir, on nous l'apporte la poitrine trouée par la balle d'un Bonaparte ! »

Marchant vers Neuilly — où se trouve la maison mortuaire — c'est ce 12 janvier la grande mobilisation des forces révolutionnaires. Cent mille, deux cent mille personnes ? Tous ceux que révoltent l'Empire et le crime sont présents. Rochefort, Gustave Flourens, Delescluze, Rigault et bien sûr Vallès, marchant au premier rang.

Un peu en dehors du cortège, Blanqui, devant qui ses lieutenants font défiler ses groupes armés, en ordre de marche.

Vallès a vu se former, à l'Odéon, la « colonne » du Quartier latin, composée d'étudiants et d'ouvriers, soudés ensemble par les luttes communes.

Tous ces groupes se rejoignent, confluent vers Neuilly.

Vallès est porté par cette foule, exalté par l'espoir de lutte. Il se fond dans ce cortège de la revanche et de la révolte, le premier depuis 1851, aussi fort que ceux de février 48 et qui venge les insurgés de juin. « Ce sont des morceaux d'armée qui se cherchent, écrit-il, des lambeaux de République qui se sont recollés dans le sang du mort. C'est la bête que Prudhomme appelle l'hydre de l'anarchie qui sort ses mille têtes, liées au tronc d'une même idée, avec des braises de colère luisant du fond des orbites... Les cœurs sont gonflés d'un espoir de lutte, les poches sont gonflées aussi. »

Mais que veut-on ? Que faire vraiment ?

Vallès et Gustave Flourens — professeur au Collège de France, biologiste, Flourens a toujours été un opposant radical à l'Empire — sont pour que l'on tire le corbillard dans Paris ; Rochefort et Delescluze qui craignent la tuerie s'y opposent. On se dispute autour du timon. « Je suis pour ce que le peuple voudra », lance Vallès.

A la fin le cortège se donne un but : le Corps législatif.

Vallès est exalté. Il est dans un fiacre avec Rochefort. « Quand nous mettons la tête à la portière, nous apercevons la chaussée débordante comme le lit d'une rivière envahi par un torrent... On a tiré des poitrines l'arme de *La Marseillaise*. La terre tremble sous les pieds de cette multitude qui a l'air de marcher au pas, et le refrain de l'hymne va battre le ciel de son aile... »

Sera-ce l'affrontement ?

Emile Ollivier a inauguré son gouvernement en procédant à une véritable mobilisation policière et militaire. Les garnisons entourant Paris sont sur pied de guerre. Des soldats ont été massés dans le palais de l'Industrie sur les Champs-Elysées, dans les Tuileries, à l'Ecole militaire. La cavalerie est prête à sabrer, l'artillerie et les mitrailleuses à entrer en action.

Ce peut être, s'il y a choc, le sauve-qui-peut de la révolution, un grand nombre de poitrines trouées : ainsi pensent et parlent les raisonnables, Delescluze et Rochefort.

Vallès, lui, se fie à l'instinct du peuple. Il est avec la foule. On lui lance : « Ne conduisez pas ces gens à la tuerie ! » Il répond : « Croyez-vous donc que l'on conduise personne à la tuerie, pas plus qu'on impose à des foules la sagesse ou la lâcheté ? » Le spontanéisme de Vallès, son populisme s'expriment ici, ainsi que son refus de donner des consignes.

Etre un exemple, oui. Un chef, non.

Il est persuadé en fait qu'on ne peut faire battre une foule qui s'y refuse et qu'on ne peut empêcher la même foule d'engager la bataille si elle le désire.

Devant les barrages de soldats, de chasseurs à cheval, à hauteur du rond-point des Champs-Elysées, la foule d'ailleurs reflue. Le cortège tout au long de l'avenue s'est brisé, fragmenté. « Il se faisait tard, on était las, on avait chanté... » Et en plus il pleut.

Rochefort, dans *La Marseillaise,* pourra écrire le 14 janvier : « En face d'un attentat presque incroyable, deux cent mille personnes ont crié : " Justice ! " Demain, ils pourraient crier : " Vengeance ! " C'est la première journée et toutes les révolutions en ont trois. »

Vallès, lui, ne peut cacher sa déception.

Il reconnaît que l'on ne voulait pas « en venir aux mains » — « ni chez le Peuple ni chez ceux de l'Empire » — « sur la tombe d'un petit journaliste assassiné ».

Il se persuade que l'Empire « a sa balle au cœur comme Victor Noir ». Mais il a trop vibré au cours de ces journées, trop attendu pour ne pas être amer. On sent chez lui qu'il espère une conclusion violente à cette longue période de vingt années d'Empire, à toute cette partie de sa vie. Que rien ne lui est plus insupportable que cette évolution qui semble s'amorcer avec Emile Ollivier. Un Empire libéral se perpétuant, c'est psychologiquement, pour Vallès, pire qu'un cataclysme. Périsse sa vie pourvu que l'Empire périsse avec elle !

Au soir de la journée du 12 janvier, alors que le cortège s'est dispersé, un ami l'interpelle : « Que faites-vous donc là ? »

Il l'entraîne, l'héberge pour la nuit de crainte qu'on n'arrête dans les heures qui viennent les meneurs de la manifestation.

Vallès se laisse guider. Il paraît hébété, « cloué sur place, stupéfait de voir soudain ce calme et ce vide ».

Il était prêt à donner sa vie. A affronter les baïonnettes des soldats. Il n'est qu'éreinté et crotté. Il piétine avec quelques camarades dans les flaques d'eau. Et il s'en va avec eux dîner « ensemble chez le mastroquet ».

Il doit une nouvelle fois, après des heures exceptionnelles qui l'ont placé hors de ce quotidien misérable, réapprendre à vivre petitement au jour le jour.

Chapitre 22

« Il faut émigrer ou aller s'enfermer dans un trou… » (janvier-juillet 1870)

Le cortège qui a porté en terre Victor Noir s'est dispersé mais, dans les jours suivants, l'émotion demeure. Le désarroi de Vallès, son pessimisme quant à l'avenir politique, ce sentiment d'impuissance qui l'habite à nouveau au soir de l'enterrement ne sont pas partagés par ses camarades.

Chacun a dans la mémoire cette foule d'opposants qui a défié l'Empire pour la première fois depuis dix-neuf ans. « Paris, écrit ainsi Jules Clarétie, a fait à cet enfant mort les funérailles d'un souverain ; il y avait là non seulement le peuple, mais les Ecoles, des commerçants, des bourgeois, des femmes, tous unis par la même pensée, celle d'une protestation muette, solennelle et formidable. »

A *La Marseillaise,* Rochefort pousse les feux contre l'Empire. Entre lui et Vallès c'est, depuis la journée du 12 janvier, l'incompréhension sinon la guerre.

Vallès reproche à Rochefort d'avoir empêché la manifestation de se transformer en révolution par excès de prudence. Et puis Vallès n'est pas le patron du journal. Et de cela il souffre. Rochefort, député, rédacteur en chef, opposant célèbre, renvoie l'image d'une réussite que Vallès n'a pas obtenue. Et après laquelle il a couru.

Susceptible, Vallès craint que Rochefort ne le calomnie. Des rumeurs circulent, dont peut-être Rochefort est à l'origine, selon lesquelles Vallès, le 12 janvier, dans le cortège, s'est tenu prudemment en arrière, loin des soldats. Vallès s'inquiète : « J'ai entendu dire, écrit-il, que Rochefort et Grousset prétendaient ne m'avoir pas trouvé derrière eux le jour de la déconfiture préparée par Rochefort. Avez-vous entendu cela ? Je ne sais pas s'ils ne m'ont pas vu

“ derrière ”, mais je ne les ai pas vus “ devant moi ” au mauvais moment, et j’étais entre eux et les soldats. Petite affaire et certes je ne conteste le courage d’aucun !... Le fin mot de tout cela c’est que je tiendrais à savoir si l’on me calomnie ou si je suis seulement déplaisant dans ce monde de *La Marseillaise*... »

En tout cas, Vallès ne peut plus écrire dans le journal de Rochefort. Cela accroît son amertume et le sentiment de son impuissance. Surtout que *La Marseillaise* est au cœur des batailles de ces jours-là. Elle soutient par des articles, par une souscription, les ouvriers du Creusot qui se sont mis en grève contre leur maître de forge, Eugène Schneider, autoritaire, dictatorial même, et qui est aussi président du Corps législatif et ami de Napoléon III.

Ces ouvriers qui affirment leur volonté de gérer eux-mêmes leur Caisse de secours et de prévoyance, qui contestent les règlements d’atelier prévoyant une amende de cinquante francs à celui d’entre eux qui refuserait de dénoncer un camarade, résistent à l’intimidation de Schneider. Ils se montrent solidaires de leur délégué, Adolphe Assi, un jeune ajusteur que Schneider renvoie. Ils résistent malgré la présence des troupes qu’Emile Ollivier concentre au Creusot.

Le mépris — la haine même — contre ce chef de gouvernement qui pourrait écrire, selon le mot de Blanqui, un « cours de gymnastique politique ou un essai sur les moyens de parvenir » est tel que, à Paris, Gustave Flourens, le jeune professeur révolutionnaire, déclare le 7 février, dans une réunion publique, que le « gouvernement est déchu ».

Avec quelques jeunes gens il dresse des barricades, espérant soulever les casernes de la Courtille. Tout cela tourne court. Mais Emile Ollivier en profite pour faire arrêter Rochefort et des dizaines de militants. Flourens s’enfuit en exil. L’ordre règne à nouveau. Au Corps législatif, Thiers a pris la parole pour apporter, dès le 27 janvier, son soutien à la politique d’Emile Ollivier. L’affaire Victor Noir est terminée. Le prince Pierre Bonaparte sera jugé par la Haute Cour, à Tours. On imagine déjà quel sera le verdict.

Vallès, qui n’existe socialement que par ce qu’il écrit, cherche un nouveau moyen de s’exprimer. Après sa rupture avec Rochefort, ce n’est pas seulement *La Marseillaise* qui lui est fermée, mais aussi les grands journaux.

Un rêve recommence : lancer un journal. Pas d’autre issue.

Titre ? *La Rue*. Comme autrefois. C'est dire que Vallès revient sur ses traces, piétine. Toujours bloqué par cette nécessité de ne pas faire un journal politique — il faudrait l'argent du cautionnement —, limité par la faiblesse des moyens, la mauvaise qualité des machines à imprimer ou celle du papier.

Et il ne peut sur un tel projet que rassembler peu de journalistes : Dacosta — qui sera le gérant —, Henri Bellanger, Pierre Denis, Maxime Vuillaume, tous engagés politiquement, peu connus encore. Et autour d'eux des débutants.

Si bien que le journal dès les premiers numéros sera entaché d'erreurs typographiques, de fautes, de ratures et que Vallès en sera conscient, désespéré même, obligé de reconnaître qu'il y a trop « de tristesse et de raideur » dans les articles, que le journal ne veut et ne peut qu'être « modeste ».

A chaque ligne, on sent les difficultés de composition, et d'écriture aussi car Vallès n'est pas libre, par exemple, de rendre compte, comme il le voudrait, du procès de Tours, où Pierre Bonaparte sera à la fin mars acquitté, condamné seulement à verser vingt-cinq mille francs de dommages et intérêts à la famille ; celle-ci étant astreinte « aux dépens envers l'Etat du procès criminel ». Le seul condamné du procès est le jeune Fonvielle, le compagnon de Victor Noir qui, lorsqu'il s'est présenté à la barre comme témoin, a crié : « Assassin, assassin ! » à l'adresse de Pierre Bonaparte.

Pourtant, malgré ces conditions presque insurmontables qui rendent l'entreprise de *La Rue* malade dès le premier numéro et condamnée à très court terme, Vallès s'obstine avec l'énergie du désespoir et même une sorte de rage, comme s'il voulait épuiser toutes les possibilités, comme si, en dépit des arguments de la raison, seule l'expérience pouvait lui démontrer que ce journal ne peut réussir.

Il s'humilie, sollicite Emile de Girardin pour que celui-ci insère dans son journal, *La Liberté,* un « bout de réclame » pour *La Rue.* « Vous m'avez toujours si gracieusement accueilli, écrit-il, tout irrégulier que je suis et serai toujours, vous m'avez si volontiers offert l'hospitalité que cette fois vous voudrez bien encore annoncer ma tentative, j'en suis sûr. » Et il précise : « Je me range !... J'attends pour me rejeter dans la mêlée d'avoir un journal politique où j'aurai mes coudées franches. »

Car Vallès, au moment où pourtant la vie politique en ces mois de la fin de l'hiver et du printemps 1870 est intense, choisit — et est contraint de choisir — d'abandonner le terrain politique, de s'orienter à nouveau vers les faits sociaux, les faits divers, la peinture de la pauvreté, de la foule, du « populot », des filles des rues. Il se situe ainsi très en retrait des événements, et condamne son journal à une médiocrité qui ne peut que décevoir ses lecteurs potentiels qui attendent des prises de position vigoureuses sur les événements.

La grève, par exemple, a repris au Creusot et dans le bassin minier, à la suite d'une réduction de salaires. La répression est sévère. Le tribunal d'Autun condamnera vingt-quatre grévistes à deux cent quarante-huit mois de prison. Mais, souterrainement, le feu couve. L'« Internationale des travailleurs » se développe. « L'idée prend comme une traînée de poudre. Les vieux déportés de décembre me serrent la main en pleurant, écrit un délégué de l'Internationale, ils se dévouent corps et âme à l'Internationale qui est pour eux une véritable révélation. »

Vallès ne peut, dans *La Rue,* qu'évoquer de manière allusive ces événements. Le 29 mars, il écrit par exemple un article intitulé « Il neige au Creusot ». Certes chaque lecteur comprend sous les mots, derrière les phrases trop littéraires, l'indignation de Vallès. Mais les petits tableaux sensibles et émouvants paraissent presque déplacés, insuffisants en tout cas pour rendre compte de la signification politique de la grève. La sensibilité de Vallès — choix obligé aussi par les contraintes juridiques que le journal est tenu de respecter — débouche sur une impuissance. L'article d'ailleurs se conclut sur : « On entend des feux de peloton. La terre est rouge ! Non, il n'a pas coulé de sang et c'était un mauvais rêve. »

Ainsi Vallès ne cache pas ses sentiments, mais il ne peut que les édulcorer. Et cela ne semble pas seulement correspondre à des nécessités tactiques : le journal ne peut survivre aux yeux de la loi que s'il reste littéraire.

Vallès en fait, en ce printemps 1870, est « meurtri et triste ». Il l'écrit à son ami Arthur Arnould dès le 17 mars dans une lettre ouverte que publie le premier numéro de *La Rue.*

Il l'avoue : « J'ai de la mélancolie plein l'âme. » Ce qui le taraude c'est l'idée qu'« il n'y aura pas avant longtemps pour les hommes hardis chance de triomphe ou seulement de bien mourir. » « Il y a deux mois, précise-t-il, j'étais plein d'espoir ! Aujourd'hui j'ai peur et nous qui n'avons pas eu de jeunesse, nous allons, vois-tu, descendre le versant de la vie sans qu'il passe un rayon de liberté vraie sur nos fronts déjà chargés de cheveux gris ».

C'est le désespoir devant un avenir où ne semble plus briller aucun soleil révolutionnaire. L'affaire Victor Noir était une possibilité qui — par la faute de Rochefort — a été manquée. Dès lors il faut changer de méthode. « Je vais essayer d'écrire au jour le jour l'histoire de la foule. Je parlerai sans colère et sans haine, comme un témoin. » Vallès veut redevenir « le chroniqueur des rues ». Il sera utile ainsi. Il peut faire cela : « J'aime le peuple, j'ai du sang ouvrier dans les veines... J'aime le peuple et il me le rend un peu. » Mais c'est la fin d'un « Vallès passionné et violent... ce Vallès-là se fait ermite ».

Vallès, on le voit, est désemparé. Il n'a pas la constance obstinée d'un militant révolutionnaire, de l'un de ces blanquistes que rien, aucun recul, ne peut briser. Il est attaché au peuple. Il ne veut pas être « indifférent » ni « lâcher le drapeau », mais il ne croit plus à l'issue politique.

Durant toute l'année 1869, il s'était de plus en plus transformé en leader politique. C'est fini, dit-il.

Mais qui le croit ?

La police impériale qui traque les opposants, qu'ils appartiennent à l'Internationale ouvrière ou aux groupes révolutionnaires — et ce sont souvent les mêmes —, le surveille étroitement. Les mouchards le pistent depuis son domicile du 9, rue d'Aboukir. Les numéros de *La Rue* sont examinés, le gérant Dacosta est assigné devant les tribunaux.

Vallès est ainsi pris dans un réseau de contradictions. En plus, il a besoin d'argent. Il donne deux chroniques à *L'Illustration* — sur les maisons d'aliénés — non signées, pour gagner quelques piges. Il vit à crédit, dînant chez le restaurateur Kroeber ou à la brasserie Glazer, avec Gustave Courbet, André Gill, Paul Arène. Parfois on quitte Paris en bande pour les bords de la Marne.

Vie au jour le jour, avec ses petites joies, ses excès, ses inquiétudes.

Vallès trouve quelquefois une issue : il écrit un article plus violent, choisissant un thème qui lui tient à cœur : la libre pensée qu'il oppose à la croyance. Ou encore dans un titre il touche à l'actualité. Ainsi dans le numéro du 9-10 avril de *La Rue* il écrit un article intitulé « Notre plébiscite ».

Car chacun pressent que Napoléon III, habilement, va réaliser une grande opération politique plébiscitaire. Faire approuver par le peuple les réformes qu'il s'apprête à concéder, créer par le jeu d'une question habilement rédigée et posée à l'opinion le trouble parmi les opposants. Fonder de cette manière, par un vote populaire, le régime, et donner à l'Empire libéral et au gouvernement d'Emile Ollivier une assise électorale.

Mais Vallès ne parle pas de cela sous ce titre. Ce qu'il évoque, ce sont les conditions de travail au journal. Peinture sombre de ce « métier de chien ». Les imprimeurs qui se dérobent. « La machine poitrinaire » qu'il faut utiliser pour tirer le journal. La fatigue. Et surtout le désarroi. Vallès populiste une fois encore demande des conseils au peuple. « Nous voulons que tu dises à des journalistes qui t'aiment comment tu voudrais qu'ils parlent. »

Démagogie de Vallès ? Tentative désespérée pour créer un lien avec des lecteurs qui se dérobent ? Sans doute et surtout hésitation sur ce que, dans cette période, il faut dire et faire. C'est une sorte — et Vallès l'écrit — d'appel « Au secours ». De démission aussi puisque Vallès déclare en conclusion qu'il acceptera comme « rédacteur en chef, la foule ».

Cet aveu d'impuissance signe l'arrêt du journal. « Ils vont tuer ce pauvre petit journal qui s'appelait *La Rue.* » Car le tribunal sévit. Le numéro du 18 avril est saisi. Le gérant Dacosta condamné et incarcéré. Vallès lui-même est sans doute arrêté durant quelques heures.

Mais en fait il était à bout. « Toujours rogner les ongles de nos phrases, couper les ailes à nos idées. » « En être réduits à mettre sur l'oreille de nos convictions le bonnet blanc du cuisinier. » « Quel métier ! »

Impossible à faire.

Vallès est maintenant complètement démuni.

Son ami Dacosta est en prison. Il lui écrit : « J'en suis à une chemise blanche et il faut que j'envoie chez ma blanchisseuse pour faire repasser avant l'heure. Comme argent je suis toujours la bourse vide, sans un sou, sans un sou littéralement... Attendez qu'il tombe un peu de monnaie et nous partagerons... »

Vallès est aussi complètement désorienté.

Napoléon III en effet a repris l'initiative politique. Emile Ollivier gouverne en donnant satisfaction à tous les clans conservateurs et libéraux, en même temps qu'il agite, pour les effrayer, le chiffon rouge des luttes sociales. Face à ces dernières, il montre la plus grande intransigeance, réprimant militairement les grèves.

Napoléon III joue sa partie en accordant une disposition qui fonde un régime quasi parlementaire (sénatus-consulte du 20 avril

1870). Et pour parachever la manœuvre d'enfermement de l'opposition, Napoléon III organise pour le 8 mai un plébiscite sur le texte suivant : « Le peuple approuve les réformes libérales opérées dans la Constitution depuis 1860 par l'empereur avec le concours des grands corps d'Etat et ratifie le sénatus-consulte du 20 avril 1870. »

Comme chantent les républicains,

La cuisine du plébiscite
Reprit le maître a du succès
Faisons donc bouillir la marmite
Avec les bons oui des Français.

Vallès n'est pas sur la ligne des républicains intransigeants qui animent les Comités des non. Il ne s'est pas rallié, bien sûr, aux républicains modérés qui appellent à voter oui, et se satisfont de l'évolution du régime qui garantit l'ordre social et leur ménage des carrières politiques.

Il déclare qu'il va s'abstenir. Mais ainsi il rompt avec ceux qui lui sont les plus proches, avec les sections de l'Internationale ouvrière qui prennent position contre le plébiscite et qui se déclarent en faveur d'une République démocratique et sociale.

Les résultats du plébiscite confirment le succès de la manœuvre impériale. Les oui représentent 69,60 pour 100 ; les non 14,80 pour 100 et l'on dénombre 16 pour 100 d'abstentions. Les républicains modérés ont massivement voté oui. Seuls les départements de la Seine et des Bouches-du-Rhône donnent une majorité de non.

Ollivier en même temps fait mettre Paris en état de siège. Car le dispositif politique se doit d'obliger les Français — et d'abord les masses rurales — à choisir entre l'ordre impérial et la révolution.

Le 20 mai, Napoléon III le dit clairement dans la grande salle du palais du Louvre, en recevant les résultats officiels du plébiscite. « Les adversaires de nos Institutions, proclame-t-il, ont posé la question entre la révolution et l'Empire. Le pays l'a tranchée en faveur du système qui garantit l'ordre et la liberté... L'Empire se trouve aujourd'hui affermi sur sa base... Nous devons aujourd'hui plus que jamais envisager l'avenir sans crainte. » Ollivier ajoute, parlant de l'Empereur : « Nous lui ferons une vieillesse heureuse. »

Vallès est accablé, désespéré. Les résultats du plébiscite lui paraissent confirmer que toute issue politique est fermée. Il doute de la volonté de changement du peuple. « Le peuple recule devant la révolution à faire, écrit-il. C'est fini, nous reverrons Napoléon III et peut-être Napoléon IV. Il faut émigrer ou aller s'enfermer dans un trou... »

Mais cependant, avec cette énergie sombre qui le caractérise, il s'appuie sur son désespoir même pour retrouver une volonté d'agir : « Je suis moins triste, dit-il, j'ai la tête plus libre, depuis que je sais qu'il faut prendre un parti, ne plus compter sur la révolution. Il est écrit qu'elle se fera autrement. Nous avons, au lieu des angoisses de l'expectative, le courage net du désespoir. J'aime mieux ça. »

Seulement, l'histoire ne s'est pas arrêtée au 8 mai 1870 et Napoléon III, s'il est maître du jeu à l'intérieur des frontières, n'est plus qu'un joueur sans atout dans la partie internationale.

C'est Bismarck qui tient les cartes maîtresses. Et il suffit de quelques jours, au début du mois de juillet 1870, pour modifier toutes les données de l'avenir.

La France était assoupie. Ollivier poursuivait devant les tribunaux les dirigeants français de l'Internationale ouvrière et Vallès comptait assister au procès. Il connaissait bon nombre des accusés et il ne pouvait qu'être sensible au système de défense collective qu'ils avaient choisi, et la péroraison de l'un des défenseurs devait l'émouvoir : « L'Internationale est invincible, disait cet ouvrier, parce que dès aujourd'hui elle est l'expression de cette forme définitive des sociétés humaines : la république sociale et universelle. » Mais ce procès et la nouvelle donne politique qui résulte du plébiscite sont effacés par l'information qui se répand le 2 juillet 1870 : il y a risque de voir un prince de Hohenzollern s'établir sur le trône d'Espagne, ce qui enfermerait la France dans une tenaille tenue par la Prusse de Bismarck.

L'émotion est immédiate et, le 6 juillet, le duc de Gramont, ministre des Affaires étrangères, proclame à la tribune du Corps législatif qu'il ne serait pas « permis à une puissance étrangère, en plaçant un de ses princes sur le trône de Charles Quint, de déranger à notre détriment l'équilibre actuel de l'Europe et de mettre en péril l'intérêt et l'honneur de la France ».

Le 12 juillet, une dépêche venue d'Ems — fabriquée par Bismarck —, insultante pour le gouvernement français, joue sur les milieux gouvernementaux de Paris « l'effet d'une étoffe rouge sur le taureau français ».

Mais alors la guerre devient l'horizon proche. Et cet avenir qui semblait dessiné, sans surprise, pour Vallès comme pour la plupart des Français, se trouve tout à coup incertain, capable d'apporter les plus grands changements.

Tout va bouger en France et en Europe.

Et la vie de Vallès basculer.

Chapitre 23

« Je file, moi, en pleine foule ; je plonge dans le tas » (juillet-3 septembre 1870)

« A Berlin ! A Berlin ! »

Sur les grands boulevards, place de l'Opéra, les cortèges se succèdent. Ce sont les « Blouses blanches », des bandes organisées par le pouvoir impérial, qui servent de noyau à ces manifestations qui dans l'atmosphère chaude des journées d'été s'embrasent. La foule est entraînée et les soldats acclamés. La guerre est populaire. Et cela fait mal à Vallès. Cela le désespère.

Il est du petit nombre qui fait campagne pour la paix. Minorité lucide qui comporte les militants de l'Association internationale des travailleurs. Le 12 juillet, l'Internationale lance un appel : « Travailleurs français, allemands, espagnols, que nos voix s'unissent dans un cri de réprobation contre la guerre… Nos divisions n'amèneraient des deux côtés du Rhin que le triomphe du despotisme… »

Mais les faubourgs ouvriers entonnent *Le Chant du départ* et on les laisse chanter *La Marseillaise.* Les vieux souvenirs de la « Patrie en danger » deviennent le ciment de la nation pour le plus grand bénéfice de la politique et de la diversion impériales. La Bourse est satisfaite. L'entourage de Napoléon III exulte. Ce qu'on entend à la cour, ou chez les ralliés, c'est, comme le dit Prévost-Paradol avec cynisme, l'aveu que « l'Empire a besoin de la guerre ; il la veut, il la fera… Il y a quinze cent mille non au plébiscite ».

C'est dire que dans ces cercles, animés par l'impératrice, chez le haut personnel militaire et parmi les bonapartistes purs, on conçoit la guerre comme le moyen de reprendre en main le pays, une façon de parachever le plébiscite. Un journaliste comme Granier de Cassagnac écrit dans *Le Pays* — l'organe bonapartiste : « Le gouvernement de Napoléon III doit au gouvernement de Napoléon IV d'enlever de son chemin toutes les pierres qui pourraient le faire trébucher. »

La guerre est ainsi choisie comme le moyen d'assurer l'avenir dynastique.

Le plus réservé, parce que le plus lucide sur le rapport des forces, l'état de l'armée et les risques pris, est Napoléon III lui-même. Mais vieillissant, aboulique, tenté par l'aventure cependant et poussé par son entourage, il laisse faire et se retrouve engagé dans le conflit. Emile Ollivier accepte la responsabilité de la guerre. « D'un cœur léger, dira-t-il le 15 juillet devant le Corps législatif, d'un cœur que le remords n'alourdit pas, d'un cœur confiant parce que la guerre que nous ferons, nous la subissons. »

Et c'est le député blanquiste Esquiros qui lui lance, voix isolée : « Vous avez le cœur léger et le sang va couler ! »

Toute la journée et la nuit du 15 juillet 1870, alors qu'on vote les crédits militaires au Corps législatif, que le maréchal Lebeuf, ministre de la Guerre, assure les députés avec autorité que « si la guerre devait durer un an nous n'aurions pas un bouton de guêtre à acheter », des milliers de jeunes gens partis du Quartier latin scandent : « A Berlin ! A Berlin ! » dans les rues du centre de Paris. Et le docteur Evans, l'ambassadeur des Etats-Unis, note : « Les gens semblent en proie à une sorte de folie contagieuse. »

Vallès, devant ce spectacle, est saisi de dégoût et de colère. Il est conscient de l'opération de politique intérieure que permet la guerre. La vague de chauvinisme qui déferle va noyer les chances de la révolution sociale qu'il souhaite. Il le dit avec force : « Gare au bouillon rouge ! Ils en ont besoin, ils la veulent ! La misère les déborde, le socialisme les envahit... et il n'est que temps de faire une saignée, pour que la sève de la force nouvelle s'échappe par l'entaille, pour que l'exubérance des foules se perde au bruit du canon... On sera vainqueur ou vaincu, mais le courant populaire aura été déchiqueté par les baïonnettes en ligne, brisé par le zigzag des succès et des défaites ! Ainsi pensent les pasteurs de la bourgeoisie française ou allemande qui voient de haut et de loin. »

Il partage tout à fait les analyses de l'Internationale ouvrière. Mieux, il pense que la guerre est nécessaire aux « pasteurs » des bourgeoisies française et prussienne parce que, précisément, la « souffrance a des avocats en blouse », ces militants ouvriers dont la voix est écoutée : ne parle-t-on pas de soixante mille adhérents à l'Internationale ?

Mais il y a plus qu'une conviction intellectuelle chez Vallès. Il est révolté par cette folie, ce torrent qui emporte les hommes, et même ses camarades les plus proches perdent leur raison. « Tous les soirs ce sont des disputes... Et les plus chauvins dans la querelle sont souvent des avancés, des barbes de 48, d'anciens combattants... » Il ne renonce pas, pourtant, courageux face à la foule. « J'ai failli être assassiné au coin d'une rue, raconte-t-il, par une poignée de belliqueux devant lesquels j'avais hurlé mon horreur de la guerre. » On l'appelle Prussien, et il n'est sauvé que lorsqu'il donne son nom. On lui jette avec mépris : « Ça ne croit pas à la patrie, les frères et les amis et il s'en fiche bien que les cabinets de l'Europe nous insultent ! »

Certes, il n'est pas seul à faire face. L'Internationale n'abdique pas. A la veille même du conflit, une colonne de cinq cents personnes qui se sont regroupées place de la Bastille défilent dans Paris et se heurtent, boulevard Bonne-Nouvelle, aux forces de police. Vallès est de cette manifestation : « Nous avons pris des bandes de toile, dit-il, sur lesquelles on a écrit avec une cheville de bois trempée dans une écuellée d'encre : " Vive la Paix " et nous avons promené cela à travers Paris. »

Les passants se ruent sur les manifestants avec les gens de police. Ceux-là savent qui frapper. Ils choisissent les militants connus : « Sitôt l'homme désigné, la canne plombée et le casse-tête s'en payaient. »

Il faut être déterminé et courageux pour affronter ainsi la police et la haine de la foule.

Vallès, ces jours de juillet 1870, montre qu'il est de ceux qui ne cèdent pas. Qui acceptent de se faire « rosser comme plâtre », d'avoir les « reins moulus ».

Mais s'il expose son corps aux coups, il a le « cœur las ». Que cette foule — ce peuple de « la Rue » — qu'il a chantée, défendue, « acclame des colonels dont les épaulettes sont encore grasses du sang de décembre », qu'elle crie « A mort » contre lui, quelle amertume, quel désespoir ! « Oh ! c'est la plus grande désillusion de ma vie », confie Vallès. Il touche le fond. Il voudrait partir « au bout du monde... déserteur par dégoût, réfractaire pour tout de bon ».

Et l'Empire s'en donne à cœur joie. Profitant de cette situation d'isolement des révolutionnaires, il ouvre le 18 juillet le procès, devant la Haute Cour de Blois, de blanquistes et de militants de l'Internationale, faisant condamner pour complot les dix-sept accusés à cent soixante-treize années de travaux forcés et de prison.

Pour Vallès, cette incompréhension de la foule, le fait qu'elle marche « sur les talons des soldats » remettent en cause toute sa vie.

Il a le courage physique d'un militant révolutionnaire, mais il n'a pas le cœur et l'esprit tannés, prêts à toutes les désillusions qui font le révolutionnaire à la Blanqui. Il n'est pas de ces militants qui trouvent, même dans leur solitude, un regain d'énergie, l'exaltante preuve d'appartenir à une élite de voyants. Vallès ne veut pas être un guide et un chef politique. Chez lui, il y a toujours un peu de condescendance sinon de mépris pour l'homme de la rue qui ne sait pas. Lui aurait voulu être aimé, compris, choisi. Et devant cette rue qui le rejette, il l'avoue, il lui « prend parfois des repentirs lâches, des remords criminels ».

« Oui, dit-il, il m'arrive au cœur des bouffées de regrets — le regret de ma jeunesse sacrifiée, de ma vie livrée à la famine, de mon orgueil livré aux chiens, de mon avenir gâché pour une foule qui me semblait avoir une âme et à qui je voulais faire, un jour, honneur de toute ma force douloureusement amassée. »

Et elle le rejette. Elle se livre avec enthousiasme aux soldats de l'empereur. Elle se précipite dans la guerre, *La Marseillaise* aux lèvres. Mais ce chant même est perverti. « Elle me fait horreur, votre *Marseillaise* de maintenant! s'écrie Vallès. Elle est devenue un cantique d'Etat. » Ce n'est plus un chant d'appel à défendre des idées, mais « le tintement de la cloche au cou des bestiaux ». Il n'y a plus rien de commun entre ce chant et celui de la Révolution : « En 93, les baïonnettes sortirent de terre avec une idée au bout — comme un gros pain. »

Ce sont pour Vallès des jours sombres.

Paris est en fête. Le jour de la déclaration de guerre, le 19 juillet, « il flotte dans l'air un parfum de veloutine et de gardénia ».

Vallès est devant le Corps législatif. Jolies femmes. Ministre de la Guerre qui arrive « tout fringant ». Et la foule joyeuse, enthousiaste. « Viande à mitraille », « Bande de fous. » Toute résistance au chauvinisme semble emportée. Partout dans les jardins publics des hommes font l'exercice. Les journalistes s'engagent. Vallès les voit qui défilent. « Le sergent, marchant en tête, est le secrétaire de rédaction de *La Marseillaise*. » Les plus déterminés dans l'opposition à l'Empire semblent donc avoir cédé à la folie guerrière. Les bébés dans les squares sont « harnachés en zouaves ».

Mais sous l'enthousiasme Vallès discerne la pagaille de la mobilisation, les illusions de ces fantassins qui s'en vont vers le front comme on va « à la soupe ». Une nouvelle fois il joue les Cassandre. « Personne ne m'écoute, constate-t-il. C'est la même chose qu'en décembre, lorsque je prédisais la dégringolade. » Maintenant, il sent que « la défaite est en croupe sur les chevaux des cavaliers ». Mais quand il l'annonce, on lui crie : « Vous êtes criminel et vous calomniez la patrie. »

Cette lucidité qui l'anime, cette certitude qui peu à peu s'empare de lui et qu'il tente en vain de faire partager accroissent son amertume, son sentiment d'isolement.

Or, il suffit de quelques jours en août pour jeter bas le château de sable qu'est la force de l'armée impériale. Les officiers habitués à la guerre coloniale, corrompus par les hautes soldes et les largesses de l'Empire, les promotions politiques, sont des incapables qui refusent de lire une carte, persuadés qu'il suffit d'un peu de flair et d'un paysan pour les guider. La mobilisation est lente. Les maréchaux — Bazaine, Mac-Mahon, etc. — se jalousent les uns les autres. L'armée de l'Empire est l'image de ce régime de fausse grandeur et de vraies impuissances. Et l'armée prussienne habilement commandée, résolue, fortement armée, avec une motivation nationale forte et un plan de bataille clair, repousse, les 4, 5 et 6 août à Wissembourg, Forbach et Frœschwiller, les armées impériales. C'est déjà l'annonce de la débâcle. Bazaine court s'enfermer à Metz. Des troupes sous le commandement de l'empereur se concentrent au camp de Châlons. En fait, la route de Paris, malgré l'héroïsme des soldats, est ouverte.

A Paris, la foule est tout à coup placée, le 6 août au soir, devant la réalité des défaites alors que depuis le début des hostilités, et toute la journée du 6 encore, la guerre était présentée comme victorieuse. La déception et la colère l'électrisent. Des manifestations ont lieu.

Le samedi 6 août, en fin d'après-midi, Vallès se retrouve place Vendôme avec ceux qui, ayant savouré toute la journée une victoire qu'on leur annonçait, découvrent une défaite. On hurle : « A bas Ollivier ! » Vallès est reconnu, poussé au premier rang où les gardes nationaux le rouent de coups, l'accusent d'être un espion, le menacent de leurs baïonnettes.

Il sera transféré au dépôt et c'est en prison, par l'intermédiaire des gardiens qui le traitent en habitué, avec respect, qu'il apprend la succession des échecs militaires, le renvoi du gouvernement d'Emile Ollivier et son remplacement, sous l'autorité de la régence de l'impératrice Eugénie — Napoléon III étant aux armées —, par le général Cousin-Montauban, comte de Palikao.

En quelques heures donc, l'atmosphère politique a changé. L'Empire devient un accusé et le chauvinisme se retourne contre lui. Le régime est incapable de conduire la guerre, obligé de reconnaître que le sort des armes en ce début du conflit lui est défavorable.

Dès lors, l'opinion républicaine se désembourbe. On crie : « Vive la République ! », on chante *La Marseillaise,* qui redevient le chant républicain.

Les blanquistes se mêlent à la foule qui manifeste les 7 et 9 août place de la Concorde et sous les murs du Corps législatif.

Vallès est extrait de sa prison, conduit devant le juge d'instruction. Celui-ci l'accuse d'abord d' « excitation à la guerre civile », puis, d'une voix qui tremble, le juge ajoute : « Depuis que vous êtes ici, monsieur, de grands malheurs ont frappé la France. Elle a besoin de tous ses enfants... Vous êtes libre. » Et Vallès se retrouve dans les rues. Il lit les affiches où la régente annonce : « Français, le début de la guerre ne nous est pas favorable, nos armes ont subi un échec... »

« Ces grands placards blancs, dit Vallès, étalés sur les murs m'ont fait peur comme le visage pâle de la patrie. »

Il est abattu. Ecrasé par ces défaites, très pessimiste quant à l'avenir de la révolution et ne sachant à nouveau comment vivre. L'état de siège a été proclamé à Paris. Il n'est pas question d'écrire dans les journaux. « La faim est revenue », ajoute même Vallès, toujours cerné par la misère. Il est incertain. En attente. Ce n'est pas lui qui sait et veut organiser l'action. Et sa situation, sur les marges, accroît son désarroi.

Le 10 août, les blanquistes ont demandé à leur chef de revenir à Paris. Celui-ci franchit la frontière franco-belge dans la nuit du 11 au 12 août, et le 12 en fin de journée il est à Paris. Chacun sent que l'Empire est à la merci d'une nouvelle défaite. Chacun se prépare.

Dimanche 14 août. Dans la matinée. Vallès est chez lui. La situation militaire a encore empiré. Un visiteur : l'un de ses anciens élèves de Caen — Brideau —, maintenant membre de l'une des sections de Blanqui. Il lui annonce que les « sections vont marcher ». Vallès en proie à ses doutes, lucide aussi, ne veut d'abord rien savoir. Il est sûr que l'entreprise échouera. Mais son interlocuteur est chargé d'une mission. « Votre nom, dit-il, est venu l'un des premiers sur les lèvres de Blanqui ; il vous connaît par les camarades, et a décidé qu'on vous avertirait... Maintenant vous ferez ce qu'il vous plaira... mais cet après-midi à deux heures, soyez devant la caserne de la Villette, et vous verrez commencer l'insurrection. »

Sceptique, hostile à l'aventure, Vallès pourtant se rend sur les lieux. « C'était dimanche, par un beau soleil », écrira Blanqui qui, avec Brideau, Eudes — un autre blanquiste, animateur de la Libre Pensée — et quelques dizaines de partisans, est sur les lieux. « Quatre pelés », dit Vallès. Il attend. Bavarde, l'œil aux aguets. « Mauvaise date que le dimanche pour les insurrections », pense-t-il.

Il s'éloigne, s'installe à la terrasse du Bouillon Duval, persuadé que rien ne s'est produit.

En fait, le coup de main a lieu et échoue. Les blanquistes n'ont pas réussi à s'emparer du dépôt d'armes de la caserne des pompiers de la Villette. Ils ont blessé un pompier, parlementé, tué un policier, parcouru les boulevards extérieurs en criant : « Vive la République, aux armes, à bas les Prussiens ! » et personne ne les a rejoints. « Le fait est, constate Blanqui, que, dans ce quartier si révolutionnaire de Belleville, l'émeute n'entraîna pas une seule recrue. »

On avertit Vallès. Si Blanqui a réussi à s'enfuir, la police a pu arrêter Eudes et Brideau, quelques autres insurgés. Ils risquent la peine de mort.

Vallès est accablé. Dans la chaleur d'orage de ce mois d'août 1870, ce coup de main manqué, cette indifférence de la foule, la condamnation à mort de six insurgés dont Eudes et Brideau, immédiatement prononcée par le Conseil de guerre, le désespèrent. La guerre continue de se dérouler, entre Metz et Sedan, successions, pour les Parisiens, de nouvelles contradictoires. Mais la répression à Paris est toujours implacable. Et l'action des blanquistes lui sert de prétexte pour redoubler. Les révolutionnaires sont des traîtres qui font le jeu des Prussiens, répète-t-on. Et le général Trochu, qui a été nommé gouverneur militaire de Paris, s'affirme, décidé à maintenir l'ordre à tout prix.

Sans ressources, sans possibilité de s'exprimer, Vallès ne peut cependant abandonner les condamnés à mort à leur sort. Avec quelques amis, il se rend auprès de Michelet car « peut-être une lettre écrite par un homme populaire et glorieux pèserait-elle sur l'opinion publique » et permettrait-elle d'obtenir la grâce des condamnés.

Démarche difficile d'autant plus que les blanquistes ont proclamé qu'ils refuseraient tout recours en grâce présenté à l'Empire. « Les convaincus sont terribles », dit Vallès.

Michelet, tel que Vallès l'avait vu dans l'amphithéâtre du Collège de France, il y a plus de vingt ans, les reçoit, « solennel et féminin, éloquent et bizarre ». Vallès est fasciné par cet homme qui, une ligne écrite, va consulter sa femme dans une pièce voisine. Vallès est ému. On sent chez lui le regret de ne pas avoir connu cette vie-là, quand il écrit : Michelet « a interrogé le cœur de celle qui est la compagne de sa vie et le compagnon de ses idées ».

La lettre est donc rédigée. Vallès la porte aux journaux. Dans les salles de rédaction, on prend le texte, on le publie parce qu'il est signé Michelet, mais « sans une ligne de sympathie ou de pitié ». Au *Journal des débats,* Maxime Du Camp, critique littéraire, qui a combattu dans les forces de répression en juin 1848, se montre même très irrité. « Il est dur pour les vaincus, celui-là », dit Vallès. Et sans doute à tort juge-t-il aussi sévèrement Gambetta dont on prétend qu'il « s'acharne sur les condamnés ». Car Vallès déteste ce politicien que « les gens de cœur inquiètent ».

En fait, Vallès ne trouve pas sa place. Il apprend que les blanquistes divisés en groupes rivaux se disputent : « Chaque secte de son côté refuse à l'autre le droit de sauver la tête des condamnés. » Et Vallès s'exclame : « Ah ! sacrebleu, que j'ai donc bien fait de n'être d'aucune coterie, d'aucune Eglise, d'aucun clan, d'aucun complot. »

Plus que jamais il se définit comme un « indépendant ». Les groupes — même celui des révolutionnaires donc — lui paraissent étouffer l'individu et favoriser les fanatismes. Quant au monde politique, c'est le terrain où ne poussent que l'ambition, la lâcheté et le calcul. C'est le cas chez ces députés républicains de Paris — les « Jules », Simon, Favre… — que Vallès a fustigés jadis. Et qui se souviennent.

Pourtant les événements s'accélèrent.

Sur le front, les erreurs des chefs de guerre poussent dans la nasse de Sedan plus de quatre-vingt mille hommes, l'empereur, un maréchal, trente-neuf généraux et six cents canons !

Le 2 septembre, il n'y a plus d'issue. Il faut capituler.

Les nouvelles qui proviennent de Sedan sont connues à Paris dans l'après-midi du 3 septembre. La situation politique immédiatement est bouleversée. Qui peut encore croire à l'Empire, alors que Napoléon III est prisonnier avec une partie de son armée ? Même « les irréguliers » comme Vallès sont écoutés. « Ceux-là mêmes qu'on a traités de gueulards sont recherchés à cette heure par les doctrinaires en quête d'hommes d'action. »

Vallès est donc pris par le mouvement. D'ailleurs s'il est mal à l'aise avec les « pontifiards dont il a blagué les catéchismes », il se sent bien avec les « révolutionnaires bons garçons », ceux qui sont proches de la foule. C'est avec eux qu'il pousse dans cet après-midi du samedi 3 septembre la porte des journaux, qu'il discute des mots d'ordre dans le « tohu-bohu général ». Des manifestations se préparent, des protestations s'ébauchent. On cherche comment donner le coup d'épaule qui va en finir avec la façade impériale que les canons prussiens ont fissurée.

Mais Vallès ne se fait pas d'illusions. Il est dans la mêlée, il serre les mains de ses ennemis d'hier — ces républicains d'ordre — conscient que demain ces mêmes hommes, après s'être servis de lui, pourront l'acculer dans « le coin des gens à tenir en joue ». « Ah ! je sais bien ce qui nous attend ! » dit-il.

Aussi, après s'être mêlé aux conciliabules, il rejoint la rue qui commence à bouillonner dans la nuit qui tombe. « Je file, moi, en pleine foule, dit-il. Je plonge dans le tas. Où y a-t-il du grabuge, la cohue sans nom, le courage sans chef ? »

C'est là qu'il va.

Il est dix heures du soir. Près du Gymnase, une bande attaque un poste de sergents de ville. Des coups de feu. Arthur Arnould est renversé le long du trottoir. Vallès court avec la foule vers le Palais-Bourbon où les députés délibèrent, remettent au lendemain la question de la déchéance de l'empereur. Dehors, dans le flux et le reflux de la foule, on crie : « Déchéance, vive la République ! » Vallès dont des manifestants s'étonnent qu'il ne soit pas à la « conférence des députés » est de ceux qui crient : « A bas Napoléon, vive la République ! » Il ne veut plus attendre des consignes d'état-major. Il faut agir. « Chaque fois, dit-il, que les fusils se trouvent en face d'une idée, ils tremblent dans les mains des soldats. » « Vive la République ! » donc.

Sur les marches du Palais-Bourbon, Gambetta harangue la foule et l'invite au calme et à la patience.

Vallès ne l'entend pas. Il est toujours dans la foule qui « se morcelle et s'émiette ». Dans des coins, on soigne les « gens de courage qui ont attaqué isolément au début de la soirée alors que " la rousse " osait encore sortir et tirer ». Maintenant la manifestation s'achève.

Que se passera-t-il demain ?

« La nuit est fraîche. Le calme descend d'un ciel tranquille et bleu. »

Chapitre 24

« Il faut rester là où l'on crève » (4 septembre 1870-29 janvier 1871)

Comment rester chez soi quand la rue fait l'histoire ?

Vallès qui, depuis le coup d'Etat du 2 décembre 1851, attend l'instant de la chute de l'Empire se mêle évidemment à la foule ce 4 septembre 1870. La veille, les manifestations auxquelles il a participé n'ont pas suffi à balayer le régime impérial. Mais chacun a compris que ce n'est plus qu'une question d'heures.

Un témoin — Léon Millot — raconte ces événements vécus sous le « plus splendide soleil de septembre ». C'est un jeune homme. Il écrit à Jules Guesde, le socialiste, qui vit alors à Montpellier. « La Chambre s'était réunie à midi et la Garde nationale de Paris avait donné rendez-vous à ses fusils, place de la Concorde… Une foule immense s'y heurte et s'y déploie dans la fièvre et le pressentiment du grand jour… »

Vallès est dans cette foule. Il apprend que la déchéance est proclamée, qu'un gouvernement provisoire est nommé. Il suit les cortèges qui se dirigent vers l'Hôtel de Ville. « En route on arrache les armes et les médaillons impériaux. Les aigles tombent, les ailes brisées… On va chercher Rochefort à Sainte-Pélagie, il arrive : immense succès. Il est nommé membre du gouvernement provisoire avec Gambetta, Favre, Pelletan, Ferry, Arago. Il semble que la France entière s'embrasse dans l'étreinte que les enfants de Paris se donnent… Et voilà ce n'était pas plus difficile que cela. »

Vallès est bien plus partagé que ce témoin. Les hommes qui composent le gouvernement, il les connaît. Gambetta, « le plus capon… le Danton de pacotille ! » Simon, Favre, Ferry, les « Jules », et Pelletan, Ernest Picard, républicains de tribune, ses adversaires depuis toujours. Ils ont tout fait pour freiner le mouvement et pourtant, comme l'écrit Lissagaray, « Paris se livra sans réserve à cette gauche qu'il avait dû violer pour faire sa révolution ».

Vallès est encore plus sévère que Lissagaray. Cette république-là ne lui dit rien qui vaille. « J'ai voulu la qualifier de sociale, dit-il, je levais mon chapeau, on me l'a enfoncé sur les yeux et on m'a cloué le bec. »

A l'Hôtel de Ville, quand il veut y entrer, on le refoule à coups de crosse sur les pieds. Ordre de ne pas « laisser passer ce bougre-là ».

Vallès sait bien aussi que l'on a écarté du gouvernement provisoire tous ceux qui pouvaient poser la question sociale : Blanqui, Delescluze et même Ledru-Rollin. C'est Gambetta qui a hurlé : « Pas de proscrits avec nous ! » Et il n'a proposé Rochefort que parce que celui-là « n'a pas de passé social ». Pour Vallès : « C'est fini, Rochefort est leur otage ! Les Gambetta et les Ferry vont l'étouffer dans le drapeau tricolore ! »

Vallès d'emblée est donc, dans cette république nouvelle, face au gouvernement provisoire, un minoritaire, plein de soupçons.

Tout le révolte. La chasse aux places : « La curée, commencée au trot du cheval, monte au galop des cupidités et des ambiguïtés », dit-il.

Il intervient pour protéger des officiers de paix malmenés par la foule et voici qu'ils se proclament « plus avancés » et plus républicains que Vallès. Voilà de quoi choquer. Mais au-delà des réactions épidermiques, il y a chez Vallès l'idée sous-jacente que ce sont toujours les mêmes qui perdent ou sont dupes. Lui d'abord, bien sûr : « Toujours enroué et éreinté, toujours menacé et crossé — les jours où la République ressuscite comme les jours où on l'égorge. » Mais aussi « le bon peuple » qui « fait la courte échelle à tout ce monde de politiqueurs qui attendaient depuis décembre 51 l'occasion de revenir au râtelier et de reprendre des appointements et du galon ».

Antiparlementarisme, hostilité à toute notion de carrière politique, conviction — malgré les désillusions déjà oubliées du mois de juillet 1870 et du chauvinisme de la foule — que le « bon peuple » est naïf, grugé, sincère et généreux comme un « brave chien ».

Et cependant, mêlée à cette vision politique élémentaire, une véritable lucidité qui fait pressentir à Vallès les retournements futurs : ce « brave chien » qui aboie en l'honneur des « politiqueurs » ne se doute pas que « déjà l'on s'arme contre lui..., qu'on ne songe qu'à lui couper les pattes et à lui casser les crocs. Aujourd'hui l'on se fait défendre et garder par lui : demain on l'accusera de rage pour avoir prétexte à l'abattre ».

Il est remarquable que ce pessimisme sombre de Vallès ne le conduise pas au cynisme ou à l'inaction d'un spectateur qui, enfermé dans sa bonne conscience d'homme qui ne se laisse pas duper, tire son épingle du jeu et laisse manipulateurs et victimes jouer leur partie, cependant que, connaissant la fin du tournoi, le témoin compte les coups attendant que survienne ce qu'il a prévu : la défaite des naïfs, vaincus de toute éternité.

Vallès, au contraire, malgré ses tendances anarchisantes, ses ressentiments aussi et son amertume, ne désarme pas. Il veut être aux côtés des vaincus sans être naïf.

Par conviction d'abord : parce que demeure en lui la certitude que « la patrie sociale, seule, peut sauver la patrie classique ». Par fidélité à sa propre vie. Mais aussi parce qu'il appartient depuis 1848 à un groupe formé d'amis et de camarades : Charles-Louis Chassin, toujours présent dans le combat des républicains avancés, Arthur Arnould, Arthur Ranc, d'autres encore, vieux compagnons des années noires du Quartier latin, de ces presque vingt années de misères partagées, d'espoir et de lutte forgés en commun, de joies juvéniles aussi nées dans les gargotes et dans les garnis, à la campagne un dimanche, dans les salles de rédaction. Vallès, à trente-huit ans, sait que c'est la fin d'une jeunesse qui s'est prolongée tout au long de l'Empire. Et cela, toute une génération le vit.

Car Vallès, malgré sa notoriété, n'est en rien installé dans la vie. « J'ai vingt sous pour toute fortune, aujourd'hui 5 septembre 1870, 11e jour de la République », dit-il.

Ses camarades — des peintres sur porcelaine qui appartiennent à l'Association internationale des travailleurs — « Ranvier, Oudet, Mallet en ont trente à eux trois ».

Ce 5 septembre, il pleut. Ils sont trempés car leurs vêtements et leurs chaussures sont usés, troués. Ils dînent comme ils l'ont toujours fait au temps de leurs vingt ans « avec du pain, du fromage, un litre à seize, une saucisse sur le pouce, debout au comptoir ».

L'amertume pointe chez Vallès quand il voit passer ses « confrères en journalisme » qui se sont déjà vu confier des fonctions, attribuer des traitements par le nouveau pouvoir, et qui se réjouissent de retrouver Vallès « affamé, et en compagnie de malvêtus ».

Vallès n'est ni un cynique ni un inactif parce qu'il a la morale de la solidarité et de la fidélité, et qu'il ne possède rien. Qu'il est resté pauvre.

Mais le spectacle est rude. L'ingratitude ou l'injustice de l'histoire durement ressenties.

« Sommes-nous encore perdus, bafoués, invisiblement garrottés, dès le lendemain de la République proclamée, s'interroge Vallès, nous qui par nos audaces de plume et de parole, au péril de la dèche et de la prison, avons mâché le triomphe aux bourgeois qui siègent derrière ces murailles et qui vont, viennent, jouent les mouches du coche sur le char que nous avons tiré de l'ornière et désembourbé ? »

C'est aussi parce qu'il est révolté par cette situation et qu'il ne l'accepte pas que Vallès se lance dans l'action.

Mais comment agir ?

Par la plume ? Ce devrait être naturel pour Vallès puisqu'il est journaliste et que pour lui l'écriture a toujours été moyen d'intervention, manière de dévoiler la réalité plutôt que façon de contempler dans une histoire imaginée sa propre vie et d'y faire retentir les échos des questions qu'il se pose. L'écriture en effet pour Vallès est un outil et une arme.

Seulement, Vallès, journaliste, n'a pas de journal où écrire. Avec quels fonds en créer un, lui qui n'a que vingt sous en poche ! Et l'heure n'est pas à l'entreprise romanesque dont on sait combien elle pose de problèmes à Vallès soucieux de vérité et non de fiction.

Et il y a davantage encore : si l'écriture est une action, elle peut être remplacée par un autre type d'action. Si l'écriture est un moyen d'éveiller, de clamer, d'organiser, alors elle peut céder la place, si les circonstances s'y prêtent, à d'autres instruments. Et Vallès n'a pas le culte de l'écriture ou de son œuvre. Il n'a pas — même si son champ est celui de l'autobiographie — le narcissisme complaisant ou minutieux de beaucoup d'écrivains.

Ecrire est un travail, écrire est une façon de lutter pour soi et pour les autres. Ecrire, c'est faire passer des mots dans le social.

Est-ce une œuvre ? Question secondaire. La postérité retiendra-t-elle ces écrits-là ? Qu'importe. De là le dédain avec lequel souvent Vallès traite ses manuscrits. De là qu'il accepte qu'on les polisse — parfois qu'on les complète — pour lui. Ce ne sont pas œuvres sacrées. Ce qui compte, c'est qu'elles expriment, à l'instant nécessaire, une émotion, une vérité et qu'elles contribuent par leur effet à rendre les hommes plus humains.

L'écriture de Vallès est un combat. Si elle est une œuvre, c'est un plus que Vallès ne néglige pas. Son but pourtant n'est pas de faire une œuvre, mais d'agir par l'écriture sur le social.

Est-ce là prétexte que se donne Vallès alors qu'il est mû comme tout écrivain par le souci premier de l'écriture — il suffit de voir ses manuscrits pour découvrir combien il attache d'importance aux mots — et par celui de laisser une trace, une œuvre ? Vallès est-il de ceux qui ne s'autorisent pas longtemps le plaisir narcissique, qui dissimulent leur égocentrisme derrière des excuses sociales, parce qu'un surmoi moral censure chez eux toute complaisance ? Et qu'ils ont besoin de justifier leur activité d'écrivain par autre chose alors que cet autre chose (l'action politique) n'est en fait pour eux que moyen de nourrir leur écriture ?

Peut-être tout cela est-il en effet à la racine du comportement de Vallès. Et explique-t-il que durant plusieurs mois, à compter de ce septembre 1870, Vallès n'écrive pas, mais se comporte tout simplement comme un républicain révolutionnaire.

Dès le 5 septembre, il sait que les ouvriers de l'Association internationale des travailleurs se sont réunis et mettent sur pied, avec d'autres militants avancés, un Comité central républicain des vingt arrondissements de Paris, manière de faire pièce au gouvernement provisoire, de peser sur lui et de créer une structure permanente où s'exprime la volonté politique de la population parisienne.

Les amis proches de Vallès — ainsi Charles-Louis Chassin — sont parmi les premiers créateurs et animateurs de ce Comité central. Il a tout pour attirer Vallès, par son caractère populaire, son opposition aux notables officiels républicains. « Ce sont quatre-vingts pauvres, écrit Vallès, descendus de quatre-vingts taudis, qui vont parler et agir — frapper s'il le faut — au nom de toutes les rues de Paris, solidaires dans la misère et pour la lutte. »

Donc, le 6 septembre, Vallès — l'un des tout premiers — participe à ce Comité central. Cela montre aussi combien il est, en cet automne 1870, admis comme un des plus célèbres et actifs des révolutionnaires parisiens.

A dix heures du matin, le 6, il a rencontré Blanqui. « Il y a longtemps que je voulais vous connaître, dit Blanqui, on m'a beaucoup parlé de vous... » Acte d'adoubement pour Vallès, par le plus rigoureux, le plus obstiné, le plus pur des révolutionnaires du

XIXe siècle. Et Vallès est fasciné. C'est toute une histoire qui se trouve devant lui : les années 40, l'héroïsme d'un homme qu'on a calomnié ; sa détermination. « Il ressemble à un éduqueur de mômes, ce fouetteur d'océans humains... ce mathématicien froid de la révolte », écrit-il.

Vallès écoute, donne un conseil, une phrase pour la proclamation que Blanqui est en train de rédiger, se laisse aller à sa propre rêverie quand il juge que « la puissance révolutionnaire est dans les mains des frêles et des simples... Le peuple les aime comme des femmes ».

Vallès, après cette longue conversation avec Blanqui, fait plus que jamais partie, selon la terminologie du temps, « des hommes d'avant-garde ».

Il les retrouve, dès l'après-midi du 6, « pas loin de l'Hôtel de Ville », entre le Temple et le Château-d'Eau, place de la Corderie. Là, au troisième étage d'une maison qui tourne le dos à une caserne, s'ouvre une grande salle où se réunissent les membres de l'Internationale, « la révolution en habits d'ouvriers ». Là va naître le Comité central républicain des vingt arrondissements. Là doit siéger ce « nouveau Parlement ».

Et Vallès s'y donne tout entier, militant, orateur dans les salles du quartier de Belleville, salle Favier où il organise un club. Il est l'un des onze membres qui représentent le XXe arrondissement. Il est l'un des plus célèbres, l'un des plus actifs, tout entier dans cette vie politique révolutionnaire où se dissout sa qualité d'écrivain et où, en même temps, elle se confirme, parce que Vallès engrange, éprouve, sait voir et entendre en témoin en même temps qu'il est acteur.

Le 10 septembre, il parle salle Favier, à Belleville. Il évoque la misère des ouvriers sans travail. « Aujourd'hui le peuple souffre, dit-il. Nous ne voulons plus attendre pour obtenir des vivres, il en faut à tout prix. Votre Comité saura en trouver. Il nous faut de la poudre et du pain. »

Les mots portent. L'assistance répond. « Oui, oui, oui, nous en aurons. » Vallès dans son discours a repris l'esprit de l'une des phrases de Blanqui qu'il admirait tant parce qu'elles sont « comme des épées fichées dans la terre qui frémissent et qui vibrent sur leur tige d'acier. C'est lui qui a dit : “ Qui a du fer a du pain ! ” ».

D'ailleurs, lui qui était si réservé à l'égard des groupes, des « sectes », voici qu'il devient, l'action imposant ses nécessités, membre à part entière du Comité central, qu'il évoque la Commune, qu'il se fera même élire chef du 191e bataillon de la Garde nationale et qu'il portera « un képi avec quatre filets d'argent ».

Mieux, qu'il évoquera — lui qui a toujours tenu ces souvenirs en grande méfiance — « les grands jours de 93 ».

Dans la nuit du 13 au 14 septembre, il participe à une réunion du Comité central où les représentants des vingt arrondissements rédigent une proclamation dans laquelle ils proposent une série de mesures d'urgence au gouvernement de la Défense nationale. Elles visent aussi bien à assurer la sécurité publique (en supprimant toute l'organisation de la police impériale demeurée en place) que la répartition des logements et des subsistances, tout cela en vue de la défense à outrance de Paris et des départements contre les Prussiens.

Le 15 septembre, ce texte est placardé sur les murs de Paris. Vallès est l'un des quarante-huit signataires. C'est la première « affiche rouge » qui fleurit à Paris.

Pour Vallès — et ses camarades —, « la vieille politique doit crever au pied du lit où la France en gésine agonise — elle ne peut nous donner ni le soulagement ni le salut ».

Or, ces quelques jours de septembre ont suffi pour que les plus lucides — dans les deux camps : républicains d'ordre et hommes d'avant-garde — pensent qu'il ne peut qu'y avoir conflit entre deux politiques.

La lutte patriotique contre les Prussiens (le 19 septembre, Paris est cerné par les armées de Guillaume Ier) prend un tour de plus en plus révolutionnaire. Référence à « la Patrie en danger », comme en 1793. La lutte à outrance exige, comme dit un document du temps, « qu'on surexcite par tous les moyens possibles le patriotisme qui doit sauver la France révolutionnaire ».

Le Comité central républicain des vingt arrondissements se fait l'artisan de cette politique jacobine. Les bataillons de la Garde nationale, le peuple ouvrier de Paris, mais aussi les boutiquiers l'écoutent et sont sensibles à cette volonté de défense à tout prix.

Les autorités au contraire, issues directement de l'Empire, sont inquiètes. La résistance pour le général Trochu est une « héroïque folie ». Le gouvernement de la Défense nationale partage ce sentiment. Picard dira : « On se défendra pour l'honneur mais tout espoir est chimérique. »

Enfin et surtout, le Gouvernement provisoire craint l'émeute patriotique et sociale. Les souvenirs de juin 1848 sont encore présents.

Toute la politique du gouvernement va dès lors consister à duper et à mater Paris, et pour cela à faire mine de se battre contre les Prussiens tout en négociant avec eux. Pour en finir vite avec la guerre afin de rétablir l'ordre dans une capitale où trop d'hommes — trop de révolutionnaires — sont armés.

Comme le journal *Le Salut public* l'écrit dès le 9 septembre, « les couleurs abhorrées de la Prusse inspirent moins de crainte peut-être que le drapeau rouge ». Et le critique littéraire Francisque Sarcey ajoutera : « On se trouvait entre deux dangers dont l'un ne semblait pas moins menaçant que l'autre : au-dehors les Prussiens, au-dedans les émeutiers. Je crois bien qu'à cette époque-là, vers les derniers jours de septembre, la bourgeoisie avait plus peur encore des émeutiers que des Prussiens. »

Mais la marge de manœuvre pour les partisans de l'ordre est étroite. Paris est en armes. Paris ne veut pas capituler. La nouvelle d'une rencontre de Jules Favre et de Bismarck à Ferrières, le 19 septembre, est ressentie comme une humiliation. « Tout Paris tressaillit au récit de Ferrières, écrit Lissagaray. La seule idée de capituler bouleversait les bonnetiers les plus calmes. »

Le mardi 20 septembre, le Comité central se réunit salle de l'Alcazar, rue du Faubourg-Poissonnière, de dix heures et demie du matin à quatorze heures. Vallès est présent. Le désordre, selon Charles-Louis Chassin, son ami depuis Nantes, est « inénarrable ». A plusieurs reprises Vallès intervient. Il propose d'organiser « dès maintenant des compagnies de barricadeurs. Car il faut agir rapidement et avec sécurité ; les chefs de bataillon se prêteraient fort à cet état de choses ». Puis il indique que, si au gouvernement Rochefort et Arago sont pour la défense à outrance, « il élève un doute que ces deux hommes suffisent à maintenir cette idée ».

Vallès donc, jour après jour, est dans l'action. Militant, élu, chef de bataillon, il participe aux réunions, intervient, vote les motions qui exigent — ainsi celle du 20 septembre après la réunion de l'Alcazar — de décréter la levée en masse, de détruire Paris plutôt que de se rendre, de remettre entre les mains de la Commune l'organisation de la police municipale, d'élire au plus tôt les membres de la Commune.

Il est le contraire d'un figurant. Toute son énergie passe dans ses actions. Ecrire ? Il semble ne même pas y songer. Il paraît avoir perdu jusqu'à l'idée de fonder un journal, comme si la place où il se trouve, au cœur des événements, suffisait à satisfaire son besoin d'expression. Et de notoriété.

Et pourtant cela ne va pas sans blessures.

Parce qu'il joue désormais un rôle politique, il devient — avec d'autres — une cible.

Le Gouvernement provisoire, inquiet de l'audience du Comité central, commence à répandre des bruits sur certains de ces républicains d'avant-garde. On les accuse d'avoir été des agents de l'Empire, des mouchards, qui « émargeaient aux fonds secrets », assure la propagande gouvernementale.

Un jour qu'il est de garde au bastion, avec son bataillon, Vallès apprend que l'on colporte, ici et là, dans des réunions, le fait qu'il « était d'accord avec l'Empire dans sa campagne électorale contre Jules Simon ».

Habile : Simon est membre du gouvernement. Si ceux qui l'attaquent aujourd'hui étaient hier déjà ses adversaires, mais à la solde de l'Empire, comment leur faire confiance, de quoi ne seraient-ils capables ?

Vallès est indigné, blessé. Il rencontre Blanqui, au siège de son journal *La Patrie en danger*. « Mon ami, c'est l'arme bourgeoise, lui explique Blanqui. Soyez donc calme... C'est votre popularité qui commence. »

Vallès n'a pas cette indifférence ou cette sagesse. Il rassemble les témoins de sa campagne électorale d'alors, exige de la préfecture de police qu'elle fournisse les pièces à partir desquelles on dit qu'il est accusé. Le préfet Keratry est bien incapable de communiquer une preuve. Vallès demande la constitution d'un jury d'honneur composé de ses camarades, salle de la Corderie.

« La salle est pleine ; le grand jury est au complet. Le bureau vient d'être élu. » Vallès s'explique, raconte. Les conditions de sa candidature. Le comité électoral qui avait agi pour lui. Les même pas cinq cents voix recueillies qui ne pouvaient gêner Jules Simon. « Est-ce que j'ai les yeux d'un vendu ? lance-t-il. Ce n'est pas à moi à vous dire que je vaux quelque chose, mais ne sentez-vous pas que, dix fois déjà, j'aurais pu devenir riche si j'avais voulu ? »

A ces mots, on devine combien tout cela coûte à Vallès. Même si on l'acquitte, si on se précipite vers lui pour l'embrasser, s'il voit des larmes dans les yeux de certains. « Je n'en garderai pas moins dans le cœur la honte de l'accusation », dit-il. Et si son honneur est sauf, il s'exclame : « Mais mon orgueil, qui pourra en laver les plaies ? »

Il est atteint.

Par l'un de ces mouvements qui lui sont familiers, on pressent qu'il est tenté de se retirer : non de l'engagement politique mais des responsabilités.

La notoriété ne le comble jamais. Les désillusions affleurent vite, nourries de sa lucidité, de son intransigeance, de son pessimisme.

D'autant plus qu'après la montée révolutionnaire de septembre, il y a, au début octobre, des actions qui isolent les éléments d'avant-garde. Manifestations les 5, 7 et 8 octobre devant l'Hôtel de Ville de Gardes nationaux — conduits par Flourens, le 5, puis par Blanqui le 7 — contre le gouvernement de la Défense nationale.

Le 8, c'est le Comité central républicain qui appelle à se rassembler. C'est l'échec. On crie : « Vive la Commune quand même ! », mais il y a peu de manifestants. « La Corderie a été entraînée à faire un vrai pas de clerc », note le révolutionnaire Lefrançais.

Le Gouvernement provisoire reste maître du terrain.

Vallès a assisté à ces manifestations. Il est en butte, par ailleurs, aux difficultés de son commandement de chef de bataillon. Questions d'équipement. Questions politiques. Rapports avec le gouvernement. Vallès doit faire face à ses hommes, qui le contestent. Et le 20 octobre il lance : « Mais j'en ai assez ! Je rends mon képi et mon sabre, je donne ma démission. Bonsoir camarades. » Et il ajoute, ce qui révèle son état d'esprit : « Et me voilà libre. »

Il n'est pas un homme qui se satisfait du pouvoir. Au contraire. Il est heureux d'être un soldat à « trente sous » par jour et d'avoir « le droit de beugler à mon tour : A bas les chefs ! ». Une fois encore il a choisi de se mêler à la foule — ici celle des Gardes nationaux. Il se donne un objectif politique : « C'est moi qui vais tenir en échec les officiers et souffler tout bas le mot d'ordre insurrectionnel. »

Mais, en fait, ce sont d'abord des raisons caractérielles, une impossibilité à commander, le choix d'être avec les autres tout en demeurant une voix singulière, irrégulière, réfractaire, qui lui dictent sa conduite. Sa politique est plus instinctive que méditée.

Avec son refus de la discipline, sa générosité, son émotivité, son goût de la spontanéité, ses illusions, son anarchisme de comportement, Vallès incarne de manière presque parfaite « l'homme d'avant-garde », le militant révolutionnaire de Paris.

Les hésitations, les contradictions de Vallès et de ces hommes-là apparaissent chaque jour.

L'événement les bouscule. Ils ont des fidélités inébranlables, mais ni tactique ni stratégie. Des spontanéités et des révoltes, mais pas les calculs qui peuvent conduire au succès. Leur combat est autant témoignage que volonté de vaincre. Peut-être, et Vallès de ce point de vue-là encore est-il un bon exemple, ont-ils au fond d'eux-mêmes la conviction qu'ils sont des vaincus. Qu'eux, les humbles, les pauvres, comme durant des millénaires les Jacques, sont faits pour s'insurger, et être fusillés, renaître car ils sont innombrables et qu'ils portent la revendication éternelle de la justice, mais les corrompus et les retors, les habiles sont les plus forts. Inéluctablement.

Comment pourraient-ils d'ailleurs maîtriser la situation, alors que les Prussiens encerclent Paris, que le gouvernement de Défense nationale n'est préoccupé que de traiter avec eux, que les chefs militaires — Trochu « participe passé du verbe trop choir », selon Hugo — ne soutiennent aucune des initiatives qui pourraient conduire à desserrer l'étreinte ennemie ?

Quand le 28 octobre des francs-tireurs de Saint-Denis s'emparent du Bourget après en avoir délogé les Prussiens, Trochu ne leur envoie pas les renforts qui leur permettraient de résister aux contre-attaques prussiennes. Et le 30 octobre Le Bourget est abandonné. Les Parisiens y ont laissé de très nombreuses victimes écrasées sous l'artillerie allemande.

Le même jour on apprend que le maréchal Bazaine a capitulé à Metz. Un témoin, Jules Clarétie, rapporte : « On parlait haut, on vociférait, on accusait, on maudissait les chefs. Jamais Paris ne fut plus profondément exalté et cette fois plus justement... » On apprend aussi que Thiers arrive à Paris et l'on sait qu'il est l'homme de la négociation — et de la capitulation — avec les Prussiens.

Vallès partage l'indignation de ses hommes qui viennent sous ses fenêtres l'inviter à reprendre le commandement de son bataillon. « La rue est en feu ! Les sonneries et les batteries font rage. » Clairons, tambours : Vallès retire sa démission, veut guider son régiment vers Le Bourget, « à l'aide des nôtres qu'on laisse égorger sans secours ».

Mais cette détermination, cette spontanéité cèdent vite devant les arguments du général Clément Thomas. « Consentez-vous à accepter la responsabilité de la défaite, à vous exposer aux reproches de folie ou même de trahison ? » dit l'officier, et Vallès baisse la tête.

L'enthousiasme a laissé la place à l'abattement : « On s'est couchés les larmes aux yeux. »

Emotivité, hésitations, colère et renoncement. En une heure l'état d'esprit et la situation peuvent changer.

Aux hésitations de Vallès correspondent celles des autres leaders et celles de la foule. « Ah ! constate Vallès — et c'est comme une autojustification —, ceux qui croient que les chefs mènent les insurrections sont de grands innocents ! »

Le 31 octobre, précisément, les Gardes nationaux, quelques chefs — Flourens, Blanqui, Vaillant — et le « tumulte des vagues humaines » envahissent l'Hôtel de Ville.

Vallès n'est pas présent. Il est resté avec les « inconnus dans les faubourgs ». Les fausses nouvelles se répandent. Un nouveau gouvernement serait constitué.

En fait, la manifestation piétine, les « Jules » cèdent sans céder, rassemblent des régiments de mobiles bretons, promettent des élections et se dérobent dès que la foule reflue, que les soldats fidèles ont repris la situation en main.

Cette journée du 31 octobre est la vague révolutionnaire la plus haute depuis septembre : et elle montre son impuissance. « L'incohérence des hommes d'avant-garde refait au gouvernement sa virginité de septembre », dit Lissagaray.

Oublié Le Bourget, oublié Metz, oubliées les manœuvres de Trochu. Reste l'échec du 31 octobre.

Vallès, loin de l'Hôtel de Ville, est cependant emporté par ce climat. Il décide avec une trentaine d'hommes de s'emparer de la mairie de la Villette, rue de Flandre, où, dit-on, des Gardes nationaux ont refusé de participer au mouvement de protestation contre le gouvernement de Défense nationale.

Voilà Vallès à l'origine directe d'une action révolutionnaire. L'écrivain et le journaliste écrivent un épisode d'histoire. Il n'est plus seulement acteur : il est auteur.

Certes l'épisode qu'il écrit est bref et s'inscrit dans la suite de la manifestation à l'Hôtel de Ville, s'explique par la conviction qu'un nouveau pouvoir — révolutionnaire — a remplacé le gouvernement des « Jules ». Vallès croit donc agir en toute légalité : « Au nom de la révolution, lui disent deux ou trois officiers, nous vous nommons maire de l'arrondissement. »

Dans ces fonctions, conquises, Vallès procédera un temps à l'arrestation du maire, puis à la distribution de denrées — des harengs — à ses hommes. Mais, dès la fin de la journée du 31, la situation se retourne. Des Gardes nationaux d'un autre bataillon, fidèle au gouvernement, approchent.

Le 1er novembre, à l'annonce de l'échec de la manifestation de l'Hôtel de Ville, Vallès estime que c'est « le moment de détaler ». Il le fait à sa manière, fière. Allant jusque chez lui pour se nettoyer, prêt à mourir en chemise propre, retournant à la mairie, se heurtant à Louis Noir — le frère de Victor Noir —, commandant lui aussi un bataillon de la Garde nationale. Mais les hommes s'opposent à l'arrestation de Vallès qui peut, lentement, dignement, quitter une nouvelle fois la mairie. Et un cocher ami l'éloigne rapidement en voiture.

Œuvre courte que celle que Vallès vient d'inscrire dans l'histoire. Mais elle compte. La presse gouvernementale s'en sert contre les révolutionnaires. Et il est vrai que Vallès a joué au révolutionnaire, parlant selon un témoin « d'envoyer trois cents hommes pour venir à bout des trente mille hommes du général Trochu ». Le même témoin, peut-être malveillant, ajoute que Vallès « jouait au magistrat municipal en artiste ».

Artiste ? Vallès, quand il raconte l'épisode, le transforme plutôt en farce, dans laquelle il aura enfermé le maire dans une armoire où celui-ci est surtout incommodé par les besoins qu'il veut faire. Et finalement Vallès le libérera.

Ce qui est sûr — et cela transparaît même dans son récit — c'est qu'il n'est pas capable d'exercer une autorité réelle sur ses hommes. Et on mesure aussi son désarroi devant les déroulements de l'affaire, quand il avoue qu'il ne lui reste plus qu'à attendre « en musulman la fin du drame au milieu des parfums de harengs et des fumées de vin bleu ».

Mais l'affaire a des suites. Puisque le Gouvernement provisoire a survécu, qu'il était légitime, ceux qui ont attenté à son autorité et essayé de le renverser sont passibles des tribunaux. Habilement, les « Jules » exploitent la journée du 31 octobre. Et l'initiative de Vallès est l'un des éléments utilisés pour faire basculer l'opinion.

Dans *Le Figaro* du 2 novembre, le maire de la Villette, Richard, raconte l'épisode, à sa manière.

« Citoyens, écrit-il, la mairie du XIXe arrondissement a été, le

31 octobre, envahie, à six heures du soir, par les Gardes nationaux entraînés par l'ex-chef de bataillon, Jules Vallès. Une commission sans mandat s'est installée par la force à la mairie.

« La municipalité a été arrêtée. Le maire, ayant fait aux envahisseurs sommation de se retirer, a eu son écharpe déchirée et arrachée ; il a été l'objet de violences exercées sur sa personne, fait prisonnier, gardé à vue par quatre sentinelles et mis en liberté à quatre heures du matin seulement.

« Du vin destiné aux blessés et les vivres des pauvres ont été gaspillés. Des bons du bureau de bienfaisance ont disparu, et le magasin d'équipement et d'habillement de la Garde nationale a été pillé.

« Les services des substances et les fourneaux municipaux ont été complètement désorganisés.

« Enfin, la mairie a offert le triste spectacle de scènes d'ivresse déplorables.

« Cette occupation d'une nuit a coûté plus de douze cents francs à la République. »

Il y a là les éléments d'un acte d'accusation : violence, vol, dilapidation des deniers de l'Etat, rien n'y manque.

Ainsi est tracé le portrait de Vallès et avec lui de ces membres du Comité central républicain, de ces internationaux qui ont participé à la journée du 31 octobre.

Habile utilisation des événements puisque le 3 novembre le gouvernement de la Défense nationale organise un vote-plébiscite et que, dans ce climat, par 321 373 voix contre 53 585, la population de Paris approuve sa politique. C'est dire que les « hommes d'avant-garde » sont minoritaires à Paris et que les actions du 31 octobre, et celle de Vallès en particulier, ont pesé sur le comportement des électeurs. Dans l'armée et la garde mobile les résultats sont encore plus nets : 326 623 oui contre 9 053 non.

Les 5 et 6 novembre, les élections de maires d'arrondissement de Paris confirment la tendance.

La révolution est très largement dominée à Paris.

Dès lors toutes les données politiques sont éclaircies : la négociation avec les Prussiens devient possible — et la paix. Le seul problème restera de savoir comment réduire cette minorité de révolutionnaires qui, parce qu'il y a le siège de Paris, sont armés et enrégimentés dans les bataillons de Gardes nationaux.

Ainsi les événements du 31 octobre ont-ils une grande signification politique. Ils établissent la réalité du rapport des forces, et le déséquilibre écrasant en faveur du gouvernement de la Défense nationale.

Ils montrent que conflit social à Paris et négociation d'armistice avec les Prussiens sont liés. Thiers a repris début novembre ses négociations avec Bismarck et un observateur de la situation favorable au parti de l'ordre (d'Haussonville) écrit après les résultats des élections : « Cela remet un peu d'espoir au cœur des honnêtes gens. La plupart se plaisent à croire au succès de la proposition d'armistice. »

Vallès durant cette période vit caché.

D'abord il séjourne trois jours chez Passedouet — qui fut à la tête de son comité électoral sous l'Empire — et qui est maire du XIIIe arrondissement. Puis, après avoir « coupé les favoris, gardé la moustache et la mouche », il se rend chez un ami dans un « quartier paisible et clérical ». Là, il se sent à l'abri, il peut « défier la police et échapper au Conseil de guerre ».

C'est que les accusations qui pèsent contre lui sont, traduites en termes juridiques, lourdes de menaces. Il s'est rendu coupable à la mairie de la Villette « d'émeute contre un gouvernement établi, d'usurpation de fonctions publiques, de séquestration arbitraire d'un fonctionnaire public, de vol à main armée et d'escroquerie vis-à-vis des particuliers ».

Mais comment rester « caché dans son trou » ?

Malgré sa victoire électorale, le gouvernement n'ose pas encore, parce que la guerre continue, affronter brutalement les révolutionnaires. Vallès retourne donc salle de la Corderie. Il y rencontre d'autres militants poursuivis eux aussi pour le 31 octobre, « qu'on démasquerait d'un revers de main, tant ils sont mal déguisés par leur cache-nez à trois tours et leurs lunettes de carnaval ». Et cependant, malgré les mouchards, le gouvernement les « laisse grimper et dégringoler cinquante fois par jour l'escalier de la Corderie ».

C'est donc bien que l'on est encore dans une situation d'attente, où chacun s'observe.

Et Vallès est repris par l'atmosphère de « forum » de la Corderie. Mais d'abord il veut se justifier. Et dans une longue lettre, il répond aux accusations. *La Patrie en danger,* le journal de Blanqui, la publie le lundi 7 novembre et *Le Figaro* en donne des extraits le 8. Vallès est un nom qui compte. Et son action du 31 octobre a eu un grand retentissement.

« Je suis encore libre, écrit Vallès, je ne le serai peut-être pas demain. Je réponds bien vite à une affiche collée sur les murs du XIXe arrondissement, dans laquelle le maire, Richard, m'accuse d'avoir attenté à sa liberté et mis la mairie au pillage.

« J'ai passé vingt heures dans cette mairie, et pendant ces vingt heures, en ce temps de tumulte, je dois dire, non pour ma décharge, mais pour l'honneur de notre parti, il ne s'est pas commis un acte de scandale et de brutalité, pas un.

« M. Richard a été, c'est vrai, isolé un moment, c'est-à-dire éloigné par force du danger. Il y avait à craindre qu'il ne fût dans les rues battu, fouetté. J'ai voulu éviter à la République la responsabilité d'une violence et à cet homme la honte d'une humiliation.

« Ne pouvant nier que j'ai maintenu l'ordre, faute de sang versé, il parle de vin répandu, de sirop gâché et de pain volé. L'occupation de cette nuit a, prétend-il, coûté plus de douze cents francs à la France.

« DOUZE CENTS FRANCS.

« Mais il y avait sur pied SEIZE OU DIX-SEPT CENTS HOMMES, de divers bataillons, venus sur les appels pressants lancés par l'Hôtel de Ville, seize cents hommes qui, dans la nuit, avaient froid et faim. On fit donner à chacun une croûte de pain, un hareng et un verre de vin.

« Voilà l'orgie ; elle est revenue à une quinzaine de sous par tête. Pour ce prix-là, ils ont, ces seize ou dix-sept cents, mangé et bu. J'en sais même qui ont emporté un croûton pour leurs enfants, je ne les ai pas fait arrêter, que voulez-vous !

« Remarquez que sur ces douze cents francs, ces quinze sous, il faut encore déduire le prix des habits volés, des sabres avalés et des mitrailleuses escamotées, il faut retrancher le prix des voitures qu'on prenait d'heure en heure pour aller là-bas chercher des nouvelles et des ordres !

« Des ordres, oui, car nous croyions agir, je le jure, au nom d'un gouvernement établi, comme les représentants de l'autorité nouvelle que les républicains socialistes et les républicains bourgeois venaient de se partager à l'ombre du drapeau troué de la patrie.

« Si les choses ont changé dans la nuit, ce n'est pas notre faute.

« Décidés à mourir pour défendre la loi nouvelle, dès qu'il fut sûr que la loi ancienne restait seule victorieuse, désespérés mais sages, nous confiâmes notre poste aux élus du peuple ; on remit la mairie aux mains des chefs de bataillon.

« Ils déclarèrent même, à ce moment — je m'en souviens et ils ne peuvent l'avoir oublié — ils déclarèrent qu'ils allaient demander à l'autorité que pas un d'entre nous ne fût menacé pour les faits de la nuit ; à leur retour, ils assurèrent qu'il ne resterait en effet de tout cela que le souvenir d'un douloureux malentendu.

« En est-il ainsi ? On arrête de tous côtés. Malgré les promesses faites, et après que nous avons, toute notre vie, mangé le pain noir de la misère et des prisons pour aider à la résurrection de la République nous allons tous être diffamés, traqués, enchaînés et tués autour de son berceau !

« Nous offrons tout de même, ceux du comité républicain et moi, si nous survivons, de rembourser les quinze sous qu'ont coûté dans la nuit du 31 octobre le verre de vin, le hareng et le morceau de pain qu'on donna à chaque homme du bataillon de Belleville, comme on donna, un jour, des sabots au bataillon de la Moselle.

« Est-ce dit ?

« Pauvre République ! Nous ne voudrions pas être tes débiteurs, mais seulement tes victimes. J'ai peur que nous partions insolvables pour Lambessa ou Cayenne !

« Salut et fraternité.

Jules VALLÈS. »

La défense est habile. Vallès situe son action dans le cadre d'une nouvelle légalité : celle-ci disparaissant à l'aube, il s'est retiré. Peut-il vraiment croire qu'ainsi on le tiendra quitte ? Il exagère un peu quand il écrit « qu'on arrête de tous côtés ». Ce n'est pas encore le cas même si plusieurs acteurs du 31 octobre, dont Flourens, ont été emprisonnés. Mais il perçoit bien qu'entre le gouvernement de la Défense nationale et les « hommes d'avant-garde » l'affrontement est probable, sinon inéluctable.

D'ailleurs, jour après jour, l'énergie révolutionnaire, un temps étouffée après l'échec du 31 octobre et les élections de novembre, s'enfle à nouveau.

Vallès est un bon juge, lui qui participe à toutes les assemblées de la Corderie, où, dit-il, on « arme la Révolution, on rédige les cahiers de l'insurrection future ». Maintenant, après son action à la mairie de la Villette, il est plus encore un des leaders du mouvement. Il préside des assemblées. Il fait des propositions. Il apparaît particulièrement résolu.

Dans ce Paris qui a froid, ce Paris qui a faim, où l'inégalité des conditions de vie est criante, il voit naître les conditions de la Révolution. Et il est vrai que pour la minorité révolutionnaire le spectacle de la capitale est insupportable.

C'est une « année terrible ». L'hiver est exceptionnellement féroce : −30 degrés. Une complainte dit l'essentiel :

On se nourrit d'épluchures
De chats, de chiens, de rats
On vend des choses au tas
Que l'on jetait aux ordures
Mais on s'en repaît enfin
Pour ne pas mourir de faim.

Pourtant, en même temps, au vu et au su des plus pauvres, tout à côté de ce marché aux rats qui se tient place de l'Hôtel-de-Ville (un rat s'y vend quinze sous, soit la moitié de la solde d'un Garde national), on fait bombance dans les restaurants pour gens aisés.

Au restaurant Vachette, au coin de la rue du Faubourg-Montmartre et du boulevard Poissonnière, les écrivains à la mode — des Goncourt à Philippe de Saint-Victor, de Théophile Gautier à Renan — se retrouvent et banquettent durant tout le siège. Ces hommes de lettres rendront hommage au restaurateur — Brébant — de leur avoir permis de ne pas s'être aperçus « une seule fois qu'ils dînaient dans une ville de deux millions d'âmes assiégées ».

Vallès, évidemment, s'il connaît chacun de ces écrivains ne partage pas leur mode de vie. Il a faim comme les plus pauvres qu'il côtoie salle de la Corderie. Il est révolté par l'injustice. Scandalisé que ces souffrances ne servent à rien puisque la guerre est conduite avec le seul souci de capituler. Que les morts qui se multiplient dans Paris depuis que la capitale est bombardée par l'artillerie prussienne (à partir du 5 janvier 1871) sont des sacrifices inutiles. La seule issue de cette situation est la révolution. « Il ne faut pas lâcher la ville par ce temps de disette, par ces trente degrés de froid, écrit Vallès, parce que cette disette et ce froid préparent la fièvre chaude de l'insurrection ! Il faut rester là où l'on crève. » Et l'on crève en effet. De faim : 300 grammes d'un pain gluant par jour, 25 à 30 grammes de viande, et 25 kilos de bois vert qui enfume les appartements sans les chauffer. Fièvre typhoïde, petite vérole ; victimes des bombardements : le nombre des décès est multiplié par six.

Le 1er janvier 1871, le Comité central républicain se réunit… et change de nom. Il devient la Délégation des vingt arrondissements et naturellement Vallès en fait partie. Le 5, les délégués décident de lancer une proclamation, de l'afficher sur les murs de Paris. Vallès est chargé avec trois autres de ses camarades d'en écrire le texte.

C'est signe de la confiance qu'on lui fait, de la réputation dont il bénéficie. Car cette proclamation doit marquer un tournant dans la lutte révolutionnaire. Vallès est conscient de cette responsabilité. Elle lui convient. Les mots vont être de l'action, susciter l'action.

Il s'enferme toute la nuit avec ses trois camarades (Leverdays, Tridon, Vaillant) dans « un petit logis de la rue Saint-Jacques ». La tâche est difficile. Vallès craint de « verser dans la platitude ou la déclamation ». « Il fallait prêter au peuple, dit-il, un langage à la fois simple et large. Devant l'histoire il prenait la parole dans le plus terrible des orages, sous le feu de l'étranger. On devait songer à la Patrie, en même temps qu'à la Révolution. »

Les heures tournent. L'aube vient en même temps que le bruit sourd des explosions des obus prussiens qui tombent sur Paris. C'est Tridon — un avocat, membre de l'Internationale, déporté en 1865, tuberculeux — qui trouvera la dernière phrase.

Mais toutes celles qui accusent le gouvernement d'impuissance, celles qui décrivent la situation de Paris, sont simples et fortes. « Ils n'ont rien su prévoir, dit le texte. Là où pouvait exister l'abondance, ils ont fait la misère ; on meurt de froid, déjà presque de faim ; les femmes souffrent ; les enfants languissent et succombent. »

On reconnaît la plume de Vallès. Et la péroraison sonne comme un appel à la révolte.

« Le grand peuple de 89, qui détruit les Bastilles et renverse les trônes, attendra-t-il, dans un désespoir inerte, que le froid et la famine aient glacé dans son cœur, dont l'ennemi compte les battements, sa dernière goutte de sang ? — Non ! La population de Paris ne voudra jamais accepter ces misères et cette honte. Elle sait qu'il en est temps encore, que des mesures décisives permettront aux travailleurs de vivre, à tous de combattre.

« Réquisitionnement général — Rationnement gratuit — Attaque en masse.

« La politique, la stratégie, l'administration du 4 septembre continuées de l'Empire sont jugées. Place au Peuple ! Place à la Commune !

« Les délégués des vingt arrondissements de Paris. »

Suivent cinq colonnes de vingt-huit noms chacune, et au bas de l'une d'elles, bien sûr, le nom de Vallès.

Le 6 janvier, cette seconde « affiche rouge » est placardée sur tous les murs de Paris. Elle est la traduction en mots du désespoir et de la fureur qui animent une partie de la population parisienne.

Pour Vallès, écrivain et homme d'action, elle est une sorte de consécration. Les mots sont des actes. Il réalise avec cette affiche l'unité de sa vie, parlant de la « misère » comme il l'a toujours fait et appelant à la révolte, qu'il porte en lui depuis l'enfance et qu'il exprime — avec plus ou moins de force — depuis 1848.

Si le bonheur — ou l'apaisement des déchirures que l'on garde en soi — vient de la fusion des différentes forces qui sont à l'œuvre dans une vie d'homme, alors le Vallès de ce mois de janvier 1871 atteint à une forme de bonheur. Ou d'épanouissement d'un moi, qui se trouve projeté hors de lui, sur les murs de Paris, comme l'image rouge de lui-même.

Mais Vallès en rédigeant ce texte s'est exposé. Il ne fait plus partie — s'il l'a un temps côtoyée — de la communauté des hommes de lettres, de ces écrivains qui festoient durant le siège et qui tous, à seulement deux ou trois exceptions près, sont déjà hostiles à ce mouvement révolutionnaire dont Vallès est un élément important et dont il est la plume.

La rupture est d'autant plus nette que la tension s'accroît. Le 19 janvier 1871 c'est la défaite de Buzenval qui sonne le glas de la résistance et qui surtout suscite les soupçons. Quatre mille morts. Pour rien. « Des bataillons en revenant criaient de rage, écrit Lissagaray. Tous comprirent qu'on les avait fait sortir pour les sacrifier. »

Si l'on veut signer l'armistice avec Bismarck, il faut en effet décourager, mater cette partie de Paris qui refuse la capitulation. Le général Trochu est destitué par le gouvernement et remplacé par Vinoy, qui est un ancien sénateur d'Empire. Nomination qui apparaît comme une provocation.

Les faubourgs y tombent. Un témoin raconte que « toute la journée du 21 janvier la surexcitation fut extrême dans les faubourgs. Le soir, nous rencontrâmes Vallès, Tridon, Laverdays, Vaillant, Varlin au club Favier. L'immense salle était éclairée aux chandelles. La discussion fut vive, très vive. On s'interpellait. On alla jusqu'à la dispute... ».

Des Gardes nationaux — moins d'une centaine — se rendent à la prison de Mazas délivrer Flourens et d'autres révolutionnaires qui y sont emprisonnés pour les événements du 31 octobre. Flourens se précipite aussitôt à la mairie du XXe arrondissement pour y proclamer la Commune. Il fait sonner vainement le tocsin. La provocation du Gouvernement provisoire a réussi. Le général Clément Thomas peut appeler dès le 22 à mettre à la raison une « poignée de factieux ».

Vallès sans être directement acteur de ces heures-là est cependant au cœur des événements.

Salle Favier ou salle de la Corderie il suit tous les mouvements.

Le 22 dans la matinée, par un temps sombre et glacé, il se rend avec une foule de manifestants et de Gardes nationaux, place de l'Hôtel-de-Ville.

Il est devant la grille. Il reconnaît à la tête des Gardes nationaux les blanquistes Rigault et Sapia. Il les entend crier, mêlés à la foule : « Pas d'armistice, guerre à outrance, vive la Commune ! »

Rigault et Sapia demandent à rencontrer Jules Ferry ou son adjoint — Chaudly qui fut un temps membre de l'Internationale. Ils refusent. Un coup de feu isolé. Provocation ? De toutes les fenêtres de l'Hôtel de Ville éclate un feu de salve tiré par les mobiles bretons que Vinoy a fait poster dans le bâtiment.

Sapia s'abat ainsi que des femmes et des enfants, des morts, des blessés par dizaines. Il a suffi de quelques minutes de tir. Vallès est révolté par ce massacre. Il voit les gens affaissés derrière les tas de sable, allongés derrière les réverbères. Un enfant de neuf ans est tué. On tire sur ceux qui cherchent à gagner un coin plus sûr.

Le piège s'est refermé sur les révolutionnaires. Les généraux Vinoy et Thomas rassemblent des troupes et des canons. La répression est déclenchée avant la fin de la journée. Le gouvernement croit avoir enfin définitivement brisé les minoritaires et le mouvement parisien. Dans la capitale, le nombre de Conseils de guerre est doublé dès le soir du 22 janvier. Les clubs sont fermés. Les journaux interdits. Et les premières arrestations — dont celle de Delescluze — interviennent.

Cette nouvelle défaite — après celle du 31 octobre — du mouvement révolutionnaire, désordonné, divisé, improvisant ses actions au gré des événements et des initiatives de l'un ou l'autre de ses chefs, permet au gouvernement de conclure l'armistice — une capitulation — avec Bismarck, dès le 28 janvier, moins d'une semaine après la fusillade de l'Hôtel de Ville. Les conditions de Bismarck sont draconiennes. Les forts de Paris doivent être remis aux Allemands.

Et le 29 janvier le drapeau prussien flotte sur ces places fortes qui n'avaient pu être conquises. Des élections doivent être organisées, pour le dimanche 5 février dans le département de la Seine et pour le mercredi 8 février dans tous les autres départements.

Thiers, Jules Ferry, Jules Favre espèrent bien achever ainsi de noyer les révolutionnaires parisiens sous la marée des votes ruraux de la province qui ne veut que la paix.

Le Paris résistant, blessé le 22 janvier, humilié le 29 doit être réduit.

Vallès ne peut que subir le sort qui sera fait à ce Paris-là.

Chapitre 25

« Voilà la revanche du collège, de la misère et de Décembre ! » (février-mars 1871)

Vallès aura trente-neuf ans dans quelques mois, en juin 1871. Il a plus que jamais le regard brillant, comme enfiévré. Les cheveux sont restés noirs, épais sur un visage qui s'est creusé de rides, car rien ne fut facile au long de ces années et le corps de Vallès a souffert : nourriture des gargotes, la faim souvent, l'excès de boisson quelquefois et la tension nerveuse toujours ; la fatigue est visible, comme si elle avait déposé nuit d'insomnie après nuit d'insomnie, veilles enfumées dans les salles de rédaction, en attendant le bouclage du journal, une poussière grise. On devine que cet homme-là, énergique, plein de ressort, n'a jamais économisé ni ses passions ni ses forces.

Il s'est jeté dans la vie avec — l'expression est usée mais juste pour lui — l'énergie du désespoir. C'est elle qui le pousse en avant, qui le brûle. Il serre les dents, il se fouette, il franchit l'obstacle. En cette année 71 qui commence, il sent — et il le suggère à chacun des mots qu'il prononce ou écrit — qu'il va terminer la boucle : une course va s'achever, commencée en février 1848.

C'est pour cela qu'il se donne tout entier. Rien n'aurait eu de sens, depuis qu'il vit, s'il manquait cette arrivée. C'est cette fin-là qui marque la direction de toute sa route, elle qui justifie les sacrifices consentis. Alors, il se voue à « la passion politique... Elle fortifie ceux qu'elle empoigne, dit-il, elle honore ceux qu'elle menace ».

C'est elle qui l'a envahi. A elle qu'il plie l'écriture. Les mots n'ont de sens désormais que s'ils se dépouillent de toute affectation, de toute prétention littéraire. Il n'est plus un homme de lettres, s'il l'a jamais été — et il a rêvé de l'être —, il a failli être ce journaliste à la mode, il est presque devenu un boulevardier célèbre. L'écriture, le journalisme ont maintenant une autre fonction : « Il faut que la presse, dit-il, désormais, change de rôle, et que le journalisme révolutionnaire donne l'exemple ; plus de ces histoires qui font mousser un homme, et avec lesquelles, jadis, on amusait Paris. Il ne s'agit pas de l'amuser mais de le sauver. »

Telle est la mission dans laquelle il est engagé.

C'est pour cela qu'il veut fonder un nouveau journal dont le titre claque comme un drapeau, *Le Cri du peuple.*

Trouvaille journalistique et politique que ce titre qu'aucun journal n'a jamais encore porté.

La force — la violence même — et la spontanéité vitale d'une communauté longtemps muselée, et qui ne peut exprimer son existence et sa révolte que par un *cri*, cet acte bref qui déchire le silence, est à la fois appel et protestation, s'y trouvent condensées en deux mots qui rapprochés deviennent une dynamique : *Le Cri du peuple.*

A la création de ce journal auquel il pense, Vallès consacre toutes ses forces au début du mois de février 1871.

Il trouve un peu d'argent pour les premiers numéros. Il rassemble des hommes, mais ce sont pour la plupart des inconnus. Les journalistes de profession, les écrivains sont hostiles au mouvement révolutionnaire ou trop avisés pour y brûler leur nom qui est leur fonds de commerce. D'autant plus qu'ils sentent bien qu'ils peuvent aussi, cette fois-ci, y risquer leur vie.

Il y aura donc autour de Vallès de jeunes hommes comme Casimir Bouis, un avocat toulonnais de vingt-sept ans qui avait écrit un recueil de poésies préfacé par Victor Hugo. Jean-Baptiste Clément, qui a trente-deux ans, avait composé des chansonnettes et lancé des pamphlets contre l'Empire. Il faisait partie de la bohème républicaine. Un jour il chantera *Le Temps des cerises.* A ses côtés, un élève de l'Ecole des chartes, Louis Lucipia ; une femme, qui signe André Leo, quelques autres inconnus et puis deux noms : Eugène Vermersch qui, né à Lille en 1845, est un poète engagé dans le combat politique, et Pierre Denis de cinq ans l'aîné de Vallès, un proudhonien, « un sobre, un simple qui vit de café noir, de caporal et de pain bis » et dont Vallès fera l'éditorialiste du journal.

Lui sera le rédacteur en chef et il sait bien, compte tenu de la faible notoriété de ses collaborateurs, que la vie du journal reposera sur sa popularité. Son nom éclatera donc en grosses lettres noires sous le titre. Bien vite il choisira un format de grand in-folio, vendu un sou. Quant à la rédaction, elle s'installe au 61, rue de Rennes. Le journal est vendu rue d'Aboukir au numéro 9 et rue du Croissant au numéro 13. Vallès a enfin son quotidien politique. Le premier numéro est prévu pour le 22 février 1871.

Si Vallès décide ainsi, en février, de renouer avec le journalisme, c'est aussi que, depuis la fusillade du 22 janvier place de l'Hôtel-de-Ville, et le succès qu'elle représente pour le Gouvernement provisoire, il se sent condamné, sur le plan de l'action directement politique, à la prudence.

Il est toujours sous la menace d'un procès pour son occupation — le 31 octobre — de la mairie de La Villette.

Les révolutionnaires parisiens sont d'ailleurs, comme lui, dans une période de recul et d'attente.

La capitulation, l'occupation des forts par les Prussiens, l'annonce le 1er février du passage en Suisse, où elle sera désarmée et internée, de l'armée de l'Est qui résistait encore, tout confirme que la guerre est finie et que les sacrifices parisiens ont été vains.

D'ailleurs, le 6 février, Gambetta qui symbolisait la résistance au sein du Gouvernement provisoire démissionne. Les Thiers, Favre, Ferry, Simon l'ont emporté. Et Vallès sait bien que leur objectif est d'en finir avec le Paris révolutionnaire.

Louis Veuillot, le journaliste catholique, n'écrit-il pas le 2 février : « Paris est le cancer de la France et le scandale du monde » ?

L'idée que des quartiers de Paris — Belleville, Montmartre, le XXe arrondissement — soient à majorité révolutionnaire, que des bataillons de gardes armés soient composés de républicains avancés est insupportable aux hommes d'ordre.

« Vous ne ferez jamais d'opérations financières, si vous n'en finissez pas avec ces scélérats », répètent, selon les témoins, les gens d'affaires. Certains souhaitent une action immédiate qui réduise l'abcès. Le gouverneur de la Banque de France, Rouland, multiplie ses déclarations, ses pressions. « On y voit clair, dit-il. C'est la République rouge, jacobine et communiste qui a son mont Aventin (à Montmartre). Ils disent qu'ils n'attaqueront pas, mais qu'ils ne désarmeront pas. Ces gens-là ne connaissent qu'une défaite, celle de la force. Ce sont les Ateliers nationaux qu'on veut dissoudre, et, de nouveau, peut-être, des journées de juin. »

Vallès, on le voit, n'est pas le seul à relier 1871 à 1848. La référence s'impose à tous, aux révolutionnaires comme au Gouvernement provisoire. Et la prudence de Vallès et des révolutionnaires est d'autant plus grande qu'ils se souviennent des barricades de juin 1848, de leur échec, des massacres et des déportations. Et, pour finir, sur le corps de la révolte, écrasée par Cavaignac, la botte de Louis-Napoléon Bonaparte et le coup d'Etat de décembre 1851.

De là que Vallès revienne à l'écrit, au journal politique pour former l'opinion, l'éclairer, lui éviter de tomber dans les pièges.

De là, au contraire, que les hommes d'ordre ne cherchent qu'à débusquer les révolutionnaires, à les provoquer pour mieux les abattre.

Et chacun en ce début février 1871 prend ses marques.

Les élections exigées par Bismarck vont avoir lieu. Au siège à Paris, à la guerre en province, succède donc une période électorale. Elle s'ouvre dans des conditions anormales : à Paris, les journaux révolutionnaires sont interdits. En province, quarante-trois départements sont occupés par les Prussiens. Les prisonniers ou les réfugiés sont exclus du vote.

Quant à la campagne électorale, elle est inexistante. Les ruraux vont voter pour les notables — le plus souvent monarchistes — qui réclament la paix ou bien pour des républicains modérés qui ont le même objectif.

A Paris, il faut élire quarante-trois députés. Dans les milieux révolutionnaires, c'est la confusion. Les journaux républicains ont chacun leur liste. On y retrouve les noms de Hugo, Garibaldi, Louis Blanc, Gambetta.

Vallès participe à toutes les assemblées de la Délégation des arrondissements de Paris. En fait, dans un effort pour constituer un rassemblement de toutes les forces révolutionnaires, une sorte d'ébauche de parti politique se met sur pied. Et ce sont l'Association internationale des travailleurs, la Chambre fédérale des sociétés ouvrières et la Délégation des vingt arrondissements de Paris qui proposent sur une affiche la liste des « Candidats socialistes révolutionnaires ». Quarante-trois noms rangés par ordre alphabétique où se retrouvent à la fois l'état-major de l'Internationale — de Varlin à Tolain —, Garibaldi et l'état-major du blanquisme avec Blanqui, Eudes, Tridon. Et aussi Jules Vallès.

La présence de Jules Vallès est une confirmation : il est bien reconnu, à part entière, comme un révolutionnaire — comme le sont Blanqui, Varlin, Eudes, Malon, Fränkel, Vaillant, Tridon etc. — et lui, le journaliste, l'écrivain, comme un militant politique, à l'égal de ces militants de l'Internationale ou des Colonnes blanquistes.

Lui, l'individualiste, il fait partie de cette liste de « socialistes révolutionnaires ». Il est entré dans une communauté de pensée et d'action.

Pour quelqu'un qui n'était ni un ouvrier — tel Tolain ou Varlin — ni l'adhérent d'une société politique, c'est une métamorphose qui compte. Elle fait de lui l'un des très rares au XIXe siècle — sinon le seul — écrivain à être devenu un militant du mouvement ouvrier.

D'autres certes — de Lamartine à Eugène Sue et à Hugo — sont entrés en politique : comme élus, gardant leurs caractéristiques de personnalités à part, Vallès, lui, s'est mué à partir du 4 septembre 1870 en militant de la révolution. Avec les risques que cela comporte. Et d'abord — mais il l'a déjà éprouvée — la coupure d'avec tout son milieu d'origine. Les écrivains et les journalistes sont trop prudents et trop calculateurs, trop soucieux de leurs privilèges sociaux pour admettre que l'un des leurs crie avec le peuple et pour le peuple.

Les résultats furent ce que l'on pouvait escompter. En province, « la question de la paix et de la guerre a galvanisé le suffrage universel et vient de nous donner la Chambre introuvable », écrit le monarchiste Falloux.

Mais, à Paris, sur quarante-trois députés, trente-sept sont de tendance opposée aux monarchistes élus majoritairement par la province.

Vallès n'est pas élu, mais Pyat, Malon, Tolain, Delescluze le sont, ainsi que Rochefort, Gambetta, Hugo, Garibaldi et Louis Blanc. Il a fallu sans doute des manipulations habiles de bulletins pour permettre à Jules Favre d'être désigné.

La rupture est ainsi affirmée entre Paris et la province. Mais à Paris même, Blanqui a recueilli cinquante mille voix, Vallès une trentaine de mille, Varlin cinquante-cinq mille. Ces cinquante mille voix-là représentent en fait le noyau « du parti énergique » — comme le dit un républicain du temps. Et il ajoute : « Ces cinquante mille hommes suffisent à la Révolution. »

Illusion que ne partage pas Vallès. Il sait ce qu'est cette Assemblée « nationale » qui siège pour l'heure à Bordeaux et qui se donne Thiers comme chef du pouvoir exécutif. Il lit dans *La Revue des Deux Mondes* comment l'opinion conservatrice juge le choix électoral de Paris qui a élu des « démagogues sortis on ne sait d'où, délégués de l'Internationale, agitateurs du 31 octobre, libellistes épileptiques ».

Opinion partagée bien sûr par la majorité de l'Assemblée. Zola, assistant aux premières séances qui se tiennent à Bordeaux, décrit avec précision ce climat : « Imaginez, dit-il, tous les hobereaux du temps de Charles X et de Louis-Philippe, soigneusement conservés, bien qu'un peu couverts de poussière... L'Assemblée n'a que des instincts. C'est une bête ombrageuse qui refuse d'avancer parce qu'un arbre bouche la route. L'Assemblée veut Paris, mais Paris garrotté, Paris aux pieds d'un roi, Paris sans armes et sans liberté. »

Au bout d'une quinzaine de jours d'ailleurs tout est clair : la majorité veut réduire Paris et, pour le plier, elle cherche à provoquer la minorité révolutionnaire afin de la liquider. De la suppression de la solde des Gardes nationaux — trente sous par jour et pour beaucoup la seule ressource —, du choix de Versailles comme lieu de réunion de l'Assemblée, de l'exigibilité — suspendue pendant le siège — des loyers et des effets de commerce, de la nomination du général d'Aurelle de Paladines comme commandant de la Garde nationale à l'acceptation parmi les clauses de la paix de l'entrée des Prussiens à Paris (le 1er mars 1871), pas une des mesures décidées par l'Assemblée qui ne soit un défi et une provocation à une population qui a subi la faim et les bombardements, qui n'a pas plié, qui a voté majoritairement contre cette politique et parmi laquelle existe un noyau révolutionnaire imposant.

Bientôt d'ailleurs Garibaldi, Hugo, Ranc, Tridon, Rochefort, Malon démissionneront de cette Assemblée de revanche sociale et d'abdication nationale devant les Prussiens.

Vallès est lucide. De ce gouvernement, il connaît beaucoup d'hommes, ceux-là mêmes qu'il a dénoncés avant la chute de l'Empire. Jules Favre aux Affaires étrangères, Picard à l'Intérieur et son vieil adversaire électoral de 1869, Jules Simon, à l'Instruction publique. Et Thiers comme chef.

Contre ces hommes dès le premier numéro du *Cri du peuple*, Vallès est impitoyable. Et il fait le lien entre le Thiers du mois de février 1848 qui conseillait à Louis-Philippe de sortir de Paris et d'y rentrer avec une armée de cinquante mille hommes commandée par Bugeaud afin d'écraser la Révolution, et celui de février 71. Et c'est aussi le souvenir des journées de juin 48 qui hante Vallès. Avec Thiers, écrit-il, il faut s'attendre au pire, avec ce « Cavaignac en robe de chambre de la Troisième République, tout est possible ! On rajeunira les supplices, on traquera de nouveau les hommes, on égarera les libertés, on redoublera les pontons et l'on chargera les vaisseaux pour Cayenne... ».

Thiers est l'homme de cette répression, comme il l'était en 1848, quand, monté sur « l'âne blanc du libéralisme », il ouvrait la route à Louis-Napoléon Bonaparte. C'est un « vautour à tête de perroquet, une taupe à lunettes, un polichinelle tricolore ».

Derrière la violence des propos, il y a les souvenirs de l'adolescent qui a vu les colonnes de prisonniers de juin, il y a l'homme clairvoyant qui a presque la prémonition de ce qui va se produire.

Dans un autre article, Vallès évoque le jour de la révolution de février 48, « il y a déjà vingt-trois ans ! ». « Aujourd'hui 24 février 1871 ; la peste flotte au-dessus des charniers et sur l'horizon triste, là-bas, vers les remparts, on voit se dresser comme un bouleau sur un ravin un cuirassier blanc[1]. »

Pessimisme, odeur de mort, lucidité cruelle qui emportent Vallès. « O pauvres Républiques, lance-t-il, on égorge l'une dans nos bras en 51 ; on déshonore l'autre sous nos yeux en 71. Nous sommes tous bernés, roulés, meurtris, et le peuple est toujours affamé et sanglant. »

Vallès se donne donc à fond, vibrant de colère, angoissé, criant l'espoir malgré tout. « La sociale arrive, lance-t-il, entendez-vous ! Elle arrive à pas de géant, apportant non la mort mais le Salut. Elle enjambe par-dessus les ruines et elle crie : “ Malheur aux traîtres ! Malheur aux vainqueurs ! ” »

Sous sa plume surgissent des mots, une tonalité qui sont ceux du discours jacobin, de défense de la patrie, comme si l'action imposait à Vallès ses nécessités. Car on sait qu'il récusait l'exemple de 93 et condamnait les idolâtres de Robespierre ou de Saint-Just.

Mais en même temps il garde la tête froide. Il se montre analyste politique lucide, conscient du rapport des forces.

Or, il aurait pu se laisser emporter.

Le 24 février, une assemblée des délégués de la Garde nationale réunis au Tivoli Vaux-Hall annonce que le peuple s'opposera à l'entrée des Prussiens prévue pour le 1er mars en application des préliminaires de paix.

1. Des unités de cuirassiers prussiens portaient un uniforme blanc. Certaines entreront dans Paris selon Maxime Vuillaume.

Dès le 26 des Gardes nationaux aidés par la foule enlèvent les deux cent vingt-sept canons et mitrailleuses rassemblés aux parcs de Wagram et des Champs-Elysées, et les transportent à Montmartre et à Belleville, puisque les Prussiens doivent descendre les Champs-Elysées. De plus, ces canons ont été payés en partie par une souscription de la Garde nationale.

Va-t-on vers un affrontement entre la population parisienne et les Prussiens ? Vallès pèse de toutes ses forces pour la sagesse.

Le 27 février, c'est lui qui préside l'assemblée de tous les comités qui se réunit salle de la Corderie. L'instant est crucial. Va-t-on suivre la résolution de la Garde nationale, attaquer les Prussiens ? L'Assemblée se prononce en sens contraire. « Peuple de Paris, vois le piège, la réaction recommencerait les massacres de juin avec les baïonnettes prussiennes », écrit Casimir Bouis, un collaborateur de Vallès au *Cri du peuple.*

Et, dans son journal, Vallès exhorte ses camarades à la sagesse reprenant le même thème : « Honteuse des souvenirs de juin, la bourgeoisie veut faire faire le coup par le Prussien ! C'est l'ennemi qui assassinerait, elle aurait le bénéfice du massacre sans en avoir l'infamie et le péril. L'assassinat passerait aux profits et pertes de la guerre banale dans le grand livre de l'Histoire. » Et Vallès lance :

« Ne tire pas !...

« Par-dessus le casque de Bismarck, la casquette de Moltke, le plumet de Guillaume, je vois le peuple allemand... J'entends le cœur des pauvres de Berlin battre à l'unisson du nôtre à travers les frontières nouvelles définies à coups de sabre... Ne tire pas, socialiste ! Un fusil qu'on passe par une fenêtre envoie une balle dans une épaule : le rayon d'une idée brûle un monde et en éclaire un autre... Et ne te fais pas tuer, lâche héroïque, quand il y a encore de la peine à avoir, du bien à faire ; quand, à côté de la patrie en deuil, il y a la Révolution en marche. »

Nul doute que ce jour-là le rôle de Vallès n'ait été capital.

Son journal est en effet très lu : quatre-vingt mille à cent vingt mille exemplaires. Tirage considérable pour un quotidien politique qui, grâce à son faible prix (un sou), est diffusé parmi le peuple et commenté. Cent mille exemplaires vendus, cela fait bien — au moins — trois cent mille lecteurs.

En cette veille du 1er mars, jour de l'entrée des Prussiens dans Paris, Vallès a pesé — en écrivain, en homme politique — sur le cours de l'histoire.

Episode significatif et qui montre qu'il n'est pas — malgré parfois les mots sonores qu'il emploie dans ses articles — simplement l'un de ces phraseurs révolutionnaires, ni écrivains ni hommes politiques.

Il est au contraire, au sens fort — et bien que l'expression soit pour ces années soixante-dix un anachronisme —, un intellectuel engagé, un révolutionnaire qui tente de mettre en accord ses actes et sa pensée, qui se sent responsable de ce qu'il écrit devant le mouvement social.

Cet individualiste, ce réfractaire, ce rebelle, cet irrégulier a une haute conscience de sa fonction dans la collectivité. Tout le sépare de ses confrères polissant les mots pour les mots, narcissiques et complaisants, égoïstes et soucieux de leur confort matériel et moral.

Le 1er mars, la ratification du traité de paix — qui ampute la France de la Lorraine et de l'Alsace — est votée par l'Assemblée par 546 voix contre 107. Ce même jour, les Prussiens entrent dans Paris et *Le Cri du peuple* paraît encadré de noir avec ce communiqué dans l'un des coins de sa première page : « *Le Cri du peuple,* comme les autres journaux, cessera de paraître pendant l'occupation prussienne tout en se conservant le devoir et tout en se réservant le droit de parler, s'il le croit utile à la Révolution. »

Quand le journal reparaît le samedi 4 mars, les Prussiens ont quitté Paris. Il n'y a pas eu d'incidents. L'atmosphère s'est détendue dans la capitale. Jules Ferry dit à Jules Simon parlant du 5 mars : « Jamais dimanche ne fut plus calme. La population jouit du soleil et de la promenade comme si rien ne s'était passé. »

Est-ce enfin la détente ?

En fait, ce n'est que la fin d'un acte.

Thiers et l'Assemblée veulent régler leur compte aux révolutionnaires. Peut-on leur laisser des armes, des canons maintenant ?

Certes, les Gardes nationaux ne paraissent pas vouloir s'en servir. Au contraire. De toutes parts monte une exigence de retour au travail. De refus à la violence.

Vallès toujours lucide, toujours mesuré, n'a qu'un souci : éviter une tourmente dont il sait bien qu'elle serait l'écrasement des révolutionnaires. Or il voit arriver à Paris de nouveaux régiments de ligne.

Thiers prépare son coup.

Vallès répète jour après jour dans *Le Cri du peuple* qu'il faut « se réfugier dans la légalité ». Il exhorte les élus — les maires de Paris — à se « placer entre les Gardes nationaux et les soldats. Empêchez les roulements menaçants, et dites à tous que c'est assez de douleur et de honte et qu'il ne faut pas d'autre tempête qui viendrait déraciner pour toujours l'arbre foudroyé de la patrie ».

Il crie : « Vous voyez bien ce qu'on nous prépare. » Il ne veut pas de la violence, d'une nouvelle rue Transnonain (quand Thiers faisait massacrer en 1834 les habitants de cette rue de Paris). Il pense à d'autres journées aussi tragiques que celles de juin 48.

Mais dans le camp adverse, on pèse pour qu'une décision soit prise.

« Il faut savoir sortir de la révolution... aucun accommodement n'est possible », écrit Veuillot.

Les officiers des régiments de ligne répètent que « Paris a besoin d'une leçon », que la capitale est la proie « d'une de ces maladies qu'on est obligé de traiter avec ces pilules de fer qu'on appelle les boulets ».

Thiers décide donc de passer à l'offensive : il faut en effet en finir. Réduire Paris, c'est-à-dire désarmer les révolutionnaires.

On est dans les tout premiers jours du mois de mars 1871.

L'angoisse de Vallès devant ce qui s'annonce, qu'il a déjà dessiné, comme s'il voyait le sang des massacres ruisseler dans les rues de Paris, est perceptible dans chaque article qu'il écrit dans *Le Cri du peuple,* ces premiers jours de mars. Ce ne sont que mots suintant la douleur ou la mort qui reviennent, comme s'il ne pouvait se débarrasser de ces images sanglantes qui s'imposent à lui qui, en écrivain hypersensible et en politique lucide, est un voyant des jours à venir.

Qu'il parle de l'Alsace et de la Lorraine[1], et il écrit qu'il a fallu « couper cette mamelle et la jeter palpitante et rouge dans le char du vainqueur ». Qu'il évoque la République et c'est pour dire qu'on veut l'étrangler et l'assassiner ! Les mots sont toujours violents. Contre cela, comme pour conjurer cette angoisse, il n'a qu'une ressource, l'appel à la tolérance, à la compréhension de l'autre, au refus de la violence une fois encore, comme si ces valeurs maçonniques s'exprimaient dans ses articles, chargées de toute une religiosité venue de l'enfance.

1. *Le Cri du peuple* aurait souhaité que l'on cédât plutôt à la Prusse... la Corse.

— « En ces jours de misère, soyons larges, ayons plus d'indulgence que de colère et plus de douleur que d'orgueil », répète-t-il. Il faut oublier « colères politiques, rancunes passées, pour arriver au secours » de Paris.

Et, le 7 mars, c'est une référence au Christ, image forte, qui paraît pour dire que la patrie est crucifiée : « La France frémit en ce moment, écrit Vallès, d'une de ces crises qui emportent ou sauvent ceux qu'elles secouent. Depuis qu'elle bat du pied la terre pour en faire sortir des armées qui, hier, ont été vaincues, et des idées qui ne le sont jamais, elle ne s'est trouvée jamais placée sur un si haut calvaire et jamais les clous n'ont été fournis par tant de Judas ni enfoncés par tant de bourreaux. »

Ces derniers appels sont l'écho des inquiétudes de toute la population parisienne qui, épuisée par le siège et l'hiver, aspire à la pacification.

Il est clair qu'une politique habile de négociation eût désarmé sans conflit majeur les révolutionnaires. Mais ce n'est pas cela que le gouvernement et l'Assemblée recherchent. Ils veulent punir et détruire. Et durant une dizaine de jours les mesures se succèdent, provocatrices (soldes des Gardes nationaux, loyers, effets de commerce, on l'a dit, etc.) et la répression s'abat.

Vallès, tout pessimiste qu'il est, n'en revient pas. On va juger devant le Conseil de guerre les accusés du mouvement du 31 octobre : et donc il est menacé d'une condamnation. « Le 31 octobre, s'exclame-t-il, passera devant un tribunal de soldats! Les officiers d'une armée prisonnière jugeront des hommes libres ! »

Devant le tribunal du Cherche-Midi, quand il se présente — en prévenu libre —, Jules Ferry l'accable de son témoignage, assurant qu'il avait participé à l'occupation de l'Hôtel de Ville alors qu'il se trouvait à la mairie de la Villette et accusé pour cela : « Ferry, dit Vallès, s'est montré enragé, crossant les vaincus. »

Au fur et à mesure que les audiences se déroulent, Vallès sent bien qu'on veut le condamner, qu'il s'agit pour le gouvernement de sévir à tout prix. Et il réalise qu'il ne supporterait pas un nouveau séjour en prison « pendant que se déciderait le sort des nôtres, qu'ils joueraient leur vie et qu'on les décimerait ».

Car, le 11 mars, dans cette salle du tribunal, alors qu'un sergent qui le garde lui murmure : « Foutez donc le camp », Vallès ne se fait plus d'illusions.

« Le vent est aux fusillades. »

Il sort donc lentement du tribunal qui s'est retiré pour délibérer. Une nouvelle fois — comme lorsqu'il avait quitté la mairie de la Villette — il réussit à conserver sa liberté.

Il a l'intuition d'un paysan qui ne se laisse pas prendre au piège, qui reste aux aguets et qui tient avant tout à demeurer libre, qui veut conserver sa vie.

Il a l'esprit d'initiative d'un franc-tireur, insoumis depuis l'enfance. Rien de tel pour échapper à la police.

Il se cache donc apprenant que Blanqui et Flourens viennent d'être condamnés à mort pour les événements du 31 octobre. Quant au verdict qui frappe Vallès, il est de six mois d'emprisonnement. « De cela je me soucie comme d'une guigne ! » lance-t-il. C'est qu'il sent « couver l'orage et voit l'horizon qui s'obscurcit ». Et, à cet instant, il souhaite cette tempête : « Qu'ils lui fassent donc perdre patience, à ce peuple — et que jaillisse le premier coup de tonnerre ! »

Acculée par les provocations, une partie de la population s'organise en effet.

Ainsi des élections ont lieu dans les deux cent quinze bataillons de la Garde nationale — privée de solde — et se constitue un Comité central de la Garde nationale. C'est que les condamnations de Blanqui, de Flourens, de Vallès apparaissent scandaleuses. Dans *Le Cri du peuple,* c'est l'opinion parisienne qui s'exprime quand on lit : « Nous avions cru que la capitulation de Paris et la paix honteuse signées par les membres du gouvernement de la Défense nationale leur retiraient à jamais le droit de punir. »

Ce sont en effet ces hommes de la capitulation — ces généraux venus de l'Empire et battus sans gloire — qui frappent des républicains révolutionnaires qui ont voulu la guerre à outrance contre les Prussiens ! Cela révolte.

Pour étouffer l'expression de ce sentiment, le général Vinoy décide le 11 mars de supprimer les journaux socialistes. Il n'y a pas de « gouvernement possible, explique-t-il, lorsque chaque jour des feuilles publiques prêchent la sédition et la désobéissance aux lois ». *Le Cri du peuple* est naturellement interdit, frappé en plein succès. « Les soudards de l'état de siège, dit Vallès, ont biffé d'un trait de plume six feuilles socialistes. »

Nouvelle provocation. Nouvelle injustice car la presse conservatrice, elle, s'en donne à cœur joie. Le 16 mars, *La Liberté* écrit : « La grotesque armée des bataillons révolutionnaires continue de camper à Montmartre autour des canons conquis sur les artilleurs français. Le gouvernement ne trouve-t-il pas que ce carnaval démagogique se prolonge un peu trop avant dans le carême ? »

Pour faire pièce à la censure, à ce déséquilibre de l'opinion, Vallès de sa cachette décide de lancer un nouveau journal, *Le Drapeau,* qu'on imprime dans la nuit du 16 au 17 mars. Il y publie un article que l'on présente comme le dernier qu'il ait écrit en France avant de quitter Paris pour Bruxelles. Manière de jouer la police. Il y défend « ce Belleville désigné à toutes les colères, à toutes les haines et qu'on ferait volontiers échancrer par le canon prussien, c'est un pays où l'on aime à sentir près de soi son fusil, mais c'est un pays honnête, où l'on travaille dur quand il y a de l'ouvrage et qu'on ne se fâche justement que quand la besogne manque ou que le déshonneur déborde ».

Mais l'article ne paraîtra pas. Le journal est saisi sur les presses. On est le 18 mars.

La veille, le vendredi 17, la décision a été prise, à Versailles, de s'emparer par un coup de main des canons et des mitrailleuses conservées à Montmartre et à Belleville par les Gardes nationaux. Coup de main que toutes les forces réactionnaires désirent, quel qu'en soit le prix. Coup de force que Thiers organise, persuadé qu'il dispose maintenant de la meilleure armée que la France ait jamais possédée, soucieux qu'il est aussi de conserver le soutien de la majorité de l'Assemblée. Il désarmera et organisera une rafle de tous les révolutionnaires : des listes de suspects sont déjà dressées.

Mais la manœuvre échoue. Il manque les chevaux pour emporter les pièces d'artillerie. Le tocsin sonne dans les quartiers. La foule se rassemble, empêche, quand les chevaux arrivent, trop tard, d'atteler les pièces.

Le général Lecomte ordonne d'ouvrir le feu. Un sergent lance qu'il faut poser les armes à terre. C'est lui qui est écouté. En quelques heures, les lignards mettent partout la crosse en l'air. Thiers est affolé. Il séjourne au Quai d'Orsay. Il voit passer trois bataillons de Gardes nationaux. Il tremble. Il a peur d'être pris. Il apprend que les régiments se débandent. Il décide alors de s'enfuir à Versailles, de retirer toutes les troupes de Paris : « Douze heures de plus et nous ne pouvions plus ramener un seul régiment », dira le général Le Flô. Pendant ce temps, le Comité central ordonne : « Barricades partout. Ne pas attaquer. » Il veut éviter le piège d'une guerre civile.

Trop tard. Deux généraux, Lecomte et Thomas, ont été abattus par la foule et leurs soldats rebelles, rue des Rosiers. Lecomte avait ordonné le feu contre la foule. Thomas espionnait les mouvements des Gardes nationaux et « un ancien de juin l'a reconnu ».

Thiers ordonne à toutes les administrations de quitter Paris. Et malgré eux, sans le vouloir, les révolutionnaires se trouvent maîtres de la capitale.

Un ami a couru à la cachette de Vallès ce samedi 18 mars. Il raconte. Assure qu'on ne se bat pas. « Mais Paris est au Comité central, dit-il. Deux généraux ont eu ce matin la tête fracassée par les chassepots. »

Quand il se tait, Vallès sent que sa vie se boucle.

« Allons ! C'est la Révolution ! » pense-t-il avec une émotion qui le bouleverse.

« La voilà donc la minute espérée et attendue depuis la première cruauté du père, depuis la première gifle du cuistre, depuis le premier jour passé sans pain, depuis la première nuit passée sans logis — voilà la revanche du collège, de la misère et de décembre. »

Il s'agit pour lui de bien autre chose que de simple politique. Ou plutôt cette politique-là, c'est sa vie. Comme une explosion nécessaire contre toutes les oppressions, toutes les injustices, quand d'un seul coup une vie se trouve justifiée.

On saisit à quel point — comme jamais peut-être dans un texte — la « révolution » peut être la trame même d'une vie, comme un espoir et une révolte inéluctablement liés depuis l'enfance. Et cette approche émotive de la politique explique les fidélités qui vont jusqu'au sacrifice de soi. Et elles n'aveuglent pas. La sensibilité et l'affectivité ne paralysent pas la raison et la lucidité.

La preuve : Vallès reconnaît qu'en ce 18 mars il a « un frisson tout de même. Je n'aurais pas voulu de ces taches de sang sur nos mains dès l'aube de notre victoire ».

Et, très vite, les prédictions que depuis des semaines il formule s'imposent à lui : « Peut-être aussi, dit-il, est-ce la perspective de la retraite coupée, de l'inévitable tuerie, du noir péril, qui m'a refroidi les moelles... moins par peur d'être compris dans l'hécatombe, que parce que me glace l'idée que je pourrai un jour avoir à la commander... »

Et pourtant ! Quand Vallès sort de sa cachette, ce qui l'étonne c'est le calme. « Comme les rues sont tranquilles ! » La place de l'Hôtel-de-Ville est « muette et vide ». On se souvient dans les rues avoisinantes du 22 janvier et l'on craint d'être « foudroyés à bout portant ».

Vallès décide de faire aussitôt reparaître *Le Cri du peuple,* mais il ne peut écrire. « Le sang bouillonnait trop dans mes veines ; la pensée brûlait les mots dans ma cervelle. »

En fait, il est à l'écoute de la ville. Il s'interroge : « Ne serait-elle pas d'accord avec la révolte ? » « Pourquoi n'y a-t-il pas un tressaillement, un bruit de pas, un froissement d'armes ? »

Le dimanche 19 mars, il se rend chez des camarades, « les intimes ».

Il les trouve comme lui « stupéfiés ». Comme Vallès se reproche de ne pas avoir agi durant la nuit, il constate que ses amis en ont fait de même. « Nous avons reculé devant une moitié de victoire gagnée sans nous, et que nous pouvions perdre en entrant en ligne trop tard. »

Vallès se rend à l'Hôtel de Ville occupé depuis dix heures du soir. « Rien qui sente la colère ni même qui embaume l'enthousiasme. »

Il est évident que rien n'a été longuement concerté. Les militants blanquistes souvent ont poussé à occuper la ville, les bâtiments officiels abandonnés par Thiers. Mais, comme le disent des acteurs et des témoins, et comme Vallès le montre, « jamais révolution n'avait plus surpris les révolutionnaires », affirme ainsi Benoît Malon. Et le comte Beugnot, un adversaire, précise : « L'insurrection ne s'attendait guère à pareil triomphe : le Comité central se trouve du jour au lendemain gouvernement malgré lui. »

Thiers en s'enfuyant a ouvert la trappe — Paris vide de troupes —, les révolutionnaires ne pouvaient qu'y tomber.

Vallès, à l'Hôtel de Ville, ce 19 mars, au premier étage, après avoir enjambé des Gardes nationaux, rencontre le « gouvernement », le Comité, composé d'inconnus, de délégués de bataillons de la Garde nationale.

Varlin, l'ouvrier relieur, le membre de l'Internationale, est parmi eux. Ils ouvrent les coffres de l'Hôtel de Ville pour payer la solde des Gardes nationaux « fédérés ».

Vallès comprend, quand il voit crocheter les serrures, que cet « acte engage le Comité autant que la fusillade des généraux. Toute la race de ceux qui ont quatre sous, les " honnêtes gens ", de toute classe et de tout pays, vont lancer sur ce foyer de pilleurs malédictions, bombes et soldats ».

Pour lui, plus de doute : « L'abîme est définitivement creusé comme avec une pioche de cimetière. »

Chapitre 26

« Fils des désespérés, tu seras un homme libre ! » (mars 1871-mai 1871)

« Demandez *Le Cri du peuple* ! »

Dans ce Paris qui s'est mis en Commune, où une révolution vient de s'accomplir conduite par des hommes surgis de l'anonymat, l'appel des vendeurs de journaux va retentir chaque jour à partir du 21 mars et jusqu'au 23 mai 1871, comme pour affirmer, de manière éclatante, que cette révolution est celle de Jules Vallès, celle qu'il attendait depuis l'enfance et tout au long des années sombres de l'Empire.

« Demandez *Le Cri du peuple* par Jules Vallès. »

Ces cris dans les rues de Paris grisent Vallès. Il les écoute. Il regarde les acheteurs de son journal. Il veut surprendre ce qu'ils disent. Il ne réussit pas à croire que ce qu'il vit, cette rencontre — cette fusion — entre lui, son projet d'écriture, ses espoirs politiques, tout cela qui est matérialisé par cette feuille, *Le Cri du peuple,* et le peuple de Paris, soit la réalité. Et pourtant c'est.

« Il est deux heures de l'après-midi et déjà quatre-vingt mille pages se sont envolées de l'imprimerie sur cette place et sur les faubourgs », constate-t-il.

« Demandez *Le Cri du peuple* par Jules Vallès. »

« On n'entend que cela, et le marchand n'y peut suffire. »

Des lecteurs qui ne le reconnaissent pas frappent de la main sur le journal qu'il vient d'acheter, lui aussi, comme pour se convaincre que tout cela n'est pas un rêve. « Il a tout de même le fil », ce sacré Vallès, lui lance-t-on. « Est-ce tapé, là, voyons ? »

Comme il n'est pas assez enthousiaste, on s'indigne de sa tiédeur.

Instants uniques. « Je ressens, dit-il, une ivresse profonde, perdu dans cette multitude qui me jette aux oreilles tout ce qu'elle pense de moi. » C'est comme s'il sortait enfin la tête de l'eau après une longue, trop longue période où il a failli mourir asphyxié.

Il ajoute : « Il me semble qu'il n'est plus à moi, ce cœur qu'ont écorché tant de laides blessures, et que c'est l'âme même de la foule qui maintenant emplit et gonfle ma poitrine. »

Cette situation, cette reconnaissance transforment Vallès. Elles le comblent.

Un jour a suffi, ce 18 mars 1871, pour que l'unité de sa vie se réalise enfin : pour que l'événement — et peu importe, à la limite, comment se terminera la Révolution, Vallès est lucide — vienne effacer toutes les désillusions. Le peuple, celui qui suivait, en juillet 1870 (il y a moins d'un an !), les « épaulettes grasses du sang de décembre » des partisans de la guerre et de l'Empire, s'est retrouvé, a retrouvé Vallès.

Vallès toute sa vie s'est arc-bouté sur un espoir et des révoltes. Voilà que la foule le rejoint, s'arrache ce qu'il écrit. Il a donc eu raison.

Il est transformé par cette reconnaissance jusque dans le plus intime de lui-même. Apaisé, libéré, unifié. Tout ce qu'il pouvait y avoir de rancœur, de doutes, d'aigreurs, d'amertumes, d'incertitudes, est désormais dominé. Un nouveau Vallès est né au lendemain du 18 mars : l'histoire, d'un seul coup, l'a délié.

Il va acquérir de cette plénitude que lui donne la consécration par l'événement, par les autres, une assurance sans laquelle on ne peut faire une œuvre. Au moment même où la politique et l'action le saisissent et l'empêchent d'écrire, même dans son journal, voilà qu'en lui la transmutation s'opère qui lui permettra de faire sauter les blocages qui jusqu'alors l'avaient empêché de mener à terme un grand projet littéraire.

La révolution de la Commune est aussi la révolution dans la tête et le cœur de Jules Vallès. Il le sent, il le sait, l'émotion est telle qu'il s'écrie : « Oh ! Il faudrait que la mort vînt me prendre, qu'une balle me tuât dans cet épanouissement de la *résurrection* ! » Et il ajoute : « Je mourrais aujourd'hui en pleine revanche... »

C'est dès le 20 mars que Vallès a réuni son équipe... Et le 21 *Le Cri du peuple* reparaît. Une note indique que « le citoyen Jules Vallès, affranchi de sa condamnation par la victoire pacifique du Peuple, reprendra demain dans le journal sa collaboration quotidienne ».

En fait, et cela peut paraître paradoxal, Vallès écrira finalement peu d'articles dans son journal : quinze entre le 19 mars et le 23 mai.

Et il n'écrira plus à compter du 19 avril : trop pris par ses tâches quotidiennes. Mais son nom est à la une du *Cri du peuple* et certains des articles non signés qui paraissent — à côté des éditoriaux de Pierre Denis — sont de sa plume.

Cependant, Vallès — on l'a dit — a une conception de l'écriture qui n'en fait pas la seule forme de relation avec les autres. Elle peut un temps s'effacer devant d'autres nécessités. Vallès le dit clairement : « Que les lecteurs du *Cri du peuple* ne s'étonnent point de ne pas voir de signatures au bas d'articles que nous n'avons ni le temps ni le courage de rédiger, dans cette odeur de poudre et cette tempête de canons. Il ne faut pas peser les gouttes d'encre, quand il coule des flots de sang, et ce n'est pas avec une plume mais avec une baïonnette que doit être écrite cette histoire admirable de Paris debout et victorieux. »

Cet article, paru en première page du *Cri du peuple,* est du 18 avril 1871. Il est vrai que Paris est attaqué par les troupes du gouvernement de Versailles. Mais Vallès eût-il pu, s'il en avait éprouvé *le besoin,* renoncer à écrire ou à signer ? En fait il n'a plus *rien à prouver* sur le plan de l'écriture journalistique. La Commune est son journal quotidien. *Le Cri du peuple* sort chaque jour, c'est l'essentiel. Qu'importe qu'il y ait le nom de Vallès au bas d'un article ? Vallès est ailleurs, *dans* la Commune. Il préside une assemblée, il vote une résolution, il parcourt les rues.

Il sait aussi qu'il est lourd désormais d'une *autre écriture.* La Commune l'a fécondé — comme il l'a fécondée. Il écrira demain. S'il vit encore. Et il veut vivre pour cela.

Il n'a plus d'impatience. Il est justifié.

« Le 4 septembre m'a fait chef de bataillon à un franc cinquante par jour, dit-il, reprenant l'histoire des événements de ces derniers mois. Le 31 octobre m'a exposé à être condamné au bagne pour pillage de harengs destinés aux blessés. Le 18 mars m'a trouvé rédacteur en chef du *Cri du peuple.* Le jour de l'entrée des Prussiens, *Le Cri du peuple* était monté à soixante mille sur un article de moi. Le 20 mars, nous tirions à cent mille et nous n'avons guère baissé. Voilà mon histoire jusqu'à la Commune — le rêve de ma vie réalisé. Dans une ville assiégée, cent mille individus, hommes ou femmes, achètent mon bout de papier. J'ai été dédommagé de toutes mes douleurs. »

Mais le 18 mars, s'il provoque cette « résurrection » de Vallès lourde d'avenir — il est débloqué : il va pouvoir écrire *son* œuvre —, n'apporte pas qu'« ivresse » ou « pleine revanche ». La victoire de la

Commune est aussi accession angoissée aux responsabilités politiques, une sorte d'épreuve majeure, la confrontation entre ce qu'on est, ce qu'on a pensé et écrit et le réel. Il va falloir montrer qu'on n'a pas menti sur soi, qu'on ne s'est pas menti.

Vallès, scrupuleux, inquiet, le sait : « Jadis, pense-t-il, mon obscurité marquait de noir mes faiblesses d'inconnu ; maintenant, le peuple va me regarder à travers les lignes, qui, comme les veines de ma pensée, courent sur la feuille de papier gris. Si ma veine est en panne, si j'ai le sang bleu, mieux valait le coup de pied de vache de la misère, les portions à quatre sous, les faux cols en carton, les humiliations innombrables ! »

Dans la solitude il était facile de se sentir « le grand homme de la gueuserie sombre ». Mais voilà qu'on accède à la lumière et aux responsabilités. Il faut prendre des décisions, trouver des solutions. Et Vallès l'avoue : « Je me trouve comme tout nu, dit-il, devant un demi-million de braves gens qui ont pris les armes pour être libres, et pour qu'on ne crevât plus de faim... malgré le travail ou faute de travail. »

Et à la question que ces « braves gens » posent : « Qu'apportes-tu de nouveau du fond de ta jeunesse affreuse ? », Vallès est contraint, dans le désarroi, de répondre qu'il n'a montré que ses « poignets cerclés de bleus, sa langue tuméfiée par les coups de ciseaux de la censure impériale », mais a été incapable d'apporter des solutions, de faire une analyse précise de la réalité économique ou des causes de la misère. Le temps a manqué, semble dire Vallès, pour réfléchir : « Allez donc peser les théories sociales quand il tombe de ces grêlons de fer dans le plateau de la balance ! »

Est-ce la conscience d'être ainsi démuni de solutions, d'être dans une impasse qui pousse Vallès à la modération ? Est-ce la lucidité sur le rapport des forces entre Paris et l'Assemblée de Versailles qui l'incite dès le premier numéro de la nouvelle série du *Cri du peuple,* le 21 mars, à prêcher pour que l'on évite tout conflit avec le reste de la France ?

Vallès, dès cet article, apparaît comme un modéré de la Commune. Si « Paris doit se déclarer Ville libre, écrit-il, Commune affranchie, Cité républicaine, se gouvernant elle-même et réalisant dans la mesure du possible la théorie du gouvernement direct appliquée dans la république helvétique... il ne peut disposer de la France ».

Le 22 mars Vallès récidive. Il s'adresse à « la bourgeoisie de

Paris ». Il ne faut pas rompre avec elle. Il ne faut pas de conflit. Il faut des élections.

En somme, Vallès veut faire rentrer la révolution dans le lit de la légalité. Il prêche le compromis. Lui, l'exalté, il écrit : « Paris Ville libre. Plus de sang versé ! Les fusils au repos ; on nomme les maires et on élit les magistrats. Puis au travail ! Au travail ! La cloche sonne l'ouvrage et non plus le combat. »

A la réunion de la Délégation des vingt arrondissements, Vallès parle dans le même sens. Et dans *Le Cri du peuple* il martèle ses arguments. « Il faut la fraternité, non la lutte. Nous marchons tous sous le même drapeau, le clocher de Paris. » Il parle de « révolution radieuse et fraternelle » qu'il faut « consommer pacifiquement ». Ses amis Arthur Arnould et Arthur Ranc pèsent dans le même sens : conciliation, élections. Eviter l'affrontement.

Pour cela, Vallès condamne toutes les mesures qui peuvent créer un fossé. Il est partisan de la mise en liberté du général Chanzy qui a été arrêté. Chanzy n'est-il pas un général républicain ? Il condamne la suppression, décidée par le Comité central, des journaux hostiles à la Commune. « J'ai écrit il y a bien longtemps, dit-il le 22 mars, et je répète aujourd'hui que je suis pour la liberté de la presse absolue et illimitée. Je regrette donc profondément qu'on ait empêché *Le Gaulois* et *Le Figaro* de reparaître, eussent-ils dû encore rire de nos canons et nous appeler des pillards ! La Liberté sans rivages ! »

Les positions de Vallès sont donc claires : éviter la guerre civile. Trouver une issue. Et les élections peuvent en être une. Nul doute que cette orientation est sage. Qu'elle correspond au désir des Parisiens tel que mille manifestations le laissent apparaître. Ils vaquent à leurs occupations. Les enfants jouent sur les barricades. Les spectacles ont repris. La rue est gaie. La foire au pain d'épice va ouvrir place de la Bastille. Peu de contrôles dans les rues. On sort et on rentre facilement dans Paris.

Certes, les quartiers bourgeois se sont quelque peu vidés. Persiennes fermées, boutiques aux volets clos. On croirait la saison des vacances. Mais sur tout Paris plane plutôt, dans la légèreté du printemps, un air de fête.

La place de l'Hôtel-de-Ville est le lieu où l'on se rencontre, où l'on discute, où l'on vend à la criée les journaux. Le 22 mars, on y proclame la Commune. C'est là que, puisque les élections vont avoir lieu, seront annoncés les résultats. Tout cela est bon enfant. Les couples sont en goguette.

La Commune, à Paris, en cette fin du mois de mars est une fête. Peu de discipline, rien de vraiment militaire. Si les Gardes nationaux fédérés ont un uniforme, chaque unité de corps franc prend soin de se distinguer par sa fantaisie vestimentaire. On flâne plutôt qu'on ne monte la garde. On découvre des quartiers qu'on ne connaissait pas et à la terrasse des cafés des grands boulevards les consommateurs bourgeois voient passer devant eux ces ouvriers des faubourgs endimanchés et un peu gênés d'être là.

Dans cette atmosphère bon enfant, les partisans du gouvernement de Versailles peuvent espionner et agir à leur guise.

Point de désir de conciliation chez eux en effet. La volonté au contraire de reconquérir Paris et de faire payer cher le 18 mars et la mort des deux généraux Lecomte et Thomas. Les propos sur la « révolution radieuse et fraternelle » tenus par Vallès ne suscitent qu'ironie chez un Louis Veuillot qui qualifie pourtant *Le Cri du peuple* d'« organe officieux de l'émeute ».

Emeute : tout est dit. Les maires de Paris (dont Clemenceau, Arnould, Millière) qui mènent une tentative de conciliation sont, en fait, éconduits. Paris pour les versaillais est aux mains d'« assassins qui sèment l'épouvante et la mort », de « pillards ». Pour tous les partisans de l'ordre, il ne s'agit que de répression et Edmond de Goncourt, dans son *Journal,* condamne, le 29 mars, ces maires de Paris « qui au nom de la fraternité (veulent) faire tomber des chassepots des mains des bataillons de l'ordre ».

« Vous ne voulez pas tout de même faire le siège de Paris ! » s'écriera Clemenceau devant l'Assemblée. Or c'est de cela — et de pire — qu'il s'agit.

Les Prussiens libèrent des officiers français prisonniers. On reprend en main les troupes, on nomme Mac-Mahon commandant en chef.

Les quelques jours de la fin mars sont ainsi marqués par une équivoque.

A Paris, la population, Vallès et ceux qui l'écoutent souhaitent la conciliation, prennent des mesures qui la permettent. A Versailles, Jules Favre dénonce « un orage des bas-fonds »..., une race « matérialiste et individualiste », une guerre civile, déjà commencée, « ouverte, audacieuse, accompagnée du meurtre lâche et du pillage dans l'ombre... C'est la société tout entière sapée par sa base ». Tout cela fait « obligation absolue... d'entrer dans une voie énergique ».

Les choses sont claires.

Vallès par ses propos modérés, conciliateurs, désarme-t-il les révolutionnaires parisiens auxquels Versailles promet le fer et le feu ? Est-il aveuglé par sa vision littéraire de la politique : misère, explosion « radieuse » de la révolte, tout cela ne débouchant que sur une nouvelle harmonie ou bien sur le cataclysme de la défaite ?

Autrement dit, lui est-il impossible — question de formation, d'origine sociale — de concevoir une autre voie, pratique : mettre sur pied des instruments d'action, choisir une stratégie qui évite à la fois le rêve pacifique (et impossible) et le massacre ?

En fait, dans Paris parmi les révolutionnaires, personne ne maîtrise la situation. Et les illusions, les contradictions de Vallès sont plus perceptibles seulement parce que *Le Cri du peuple* les exprime aux yeux de tous.

Mais en même temps qu'il affirme ses souhaits d'une « révolution fraternelle », évitant la guerre civile, Vallès, toujours dans *Le Cri du peuple,* dit aussi ce qui est. Manifestation violente des « amis de l'ordre » place Vendôme, dès le 22 mars. Avec des morts. Nombreux indices que, dans les quartiers de Passy, de la Bourse, dans le XVIe, les adversaires de la Commune s'organisent autour de la Garde nationale.

Le Cri du peuple, dès le 25 mars, annonce ainsi que « la mairie de Passy donne un franc par jour à tous les gardes qui veulent bien ne pas fusionner avec les gardes du Comité central ». Que, boulevard Haussmann, « un garde soupçonné d'adhérer au Comité central a été poursuivi par une cinquantaine d'individus, frappé de nombreux coups de revolver et percé finalement de coups de canne d'épée. Sa poitrine disparaissait sous les trous ».

La lutte est donc là, impitoyable. Pour établir un compromis, il faut être deux.

Nombreux sont d'ailleurs ceux qui, malgré Vallès, le comprennent d'instinct. Et parmi ceux-là la modération de Vallès choque, irrite. Quand, par exemple, Vallès défend « la liberté sans rivages » de la presse, quand il répète devant des Gardes nationaux que, « dans le brouhaha du canon et en pleine saison d'émeute, on devrait permettre aux mouches d'imprimerie de courir à leur guise sur le papier », on s'insurge. « Ces fédérés qui t'entendent vont te suspecter et s'indigner, lui dit-on. Le journal qui les a traités de viande de bagne aurait le droit de reparaître pour les injurier de nouveau ? Y penses-tu ? »

Et Vallès doit reconnaître qu'il a une autre expérience personnelle, qu'il appartient de fait à une autre catégorie sociale. « Je voudrais que *Le Figaro* qui longtemps me laissa libre le fût aussi. » Mais pour les « communards », *Le Figaro* est seulement le journal des « mouchards et des sabreurs », il est pour « l'écrasement de ceux qui viennent de faire la révolution ». Vallès est ainsi dans une situation intermédiaire : résolument pour la révolte, définitivement aux côtés des plus pauvres, des insurgés du 18 mars, et en même temps refusant d'envisager des mesures de riposte. Rejetant en somme la logique de la guerre qui s'est imposée, malgré lui, sans lui, le 18 mars. Et cependant exaltant ce 18 mars. Faiblesse de sa position, déchirée entre sa sensibilité révolutionnaire, son instinct de révolté et ses souhaits de conciliation.

Mais il doit l'admettre : la force anonyme qui s'est emparée de Paris et qui rédige les proclamations et les décrets n'obéit pas à Vallès.

Elle est incertaine elle aussi, cette force, divisée, hésitante, souhaitant éviter la guerre civile, ne prenant pas les mesures nécessaires, si bien que certains, sans cesser d'être fidèles, refusent toute responsabilité.

Quand les élections sont décidées pour le 26 mars, que de la consultation doit sortir le nouveau pouvoir, « l'Assemblée communale » ou Conseil général de la Commune, des révolutionnaires n'acceptent pas d'être candidats. Ainsi Chalelain, l'ancien secrétaire de la Délégation des vingt arrondissements de Paris. Il écrit : « Citoyens, je ne vois pas la victoire du 18 mars de la même façon que vous. On a laissé sortir l'armée de Paris ; on n'a point arrêté les traîtres de la Défense nationale alors qu'on pouvait le faire ; la Banque de France est gardée par des bataillons réactionnaires ; je ne veux assumer la responsabilité d'aucun de ces faits irréparables. En politique toute faute est un crime. La lutte que nous aurons à soutenir sera terrible ; et, sans vouloir insulter personne, je dis à ceux auxquels je réponds : beaucoup de vous seront à l'abri des balles que je ferai encore face à l'ennemi. » Tel autre communard (Ferré) dit à Vallès : « Mieux vaudrait des criminels et point des hésitants. »

Vallès écoute. Sans doute cela renforce-t-il son pessimisme, sa certitude presque irraisonnée que viendra la répression, mais il est trop engagé dans une voie pour en choisir une autre.

Il siège à la Corderie avec le Comité central des vingt arrondissements de Paris. C'est lui qui préside, qui rédige les manifestes électoraux immédiatement publiés par *Le Cri du peuple.* Mieux, le journal de Vallès donne, arrondissement par arrondissement, la liste des candidats que soutient la Corderie. On y retrouve Blanqui, arrêté pourtant par les versaillais dans le sud-ouest de la France, et Arthur Arnould, le vieux complice de Jules Vallès depuis plus de vingt ans. Vallès est candidat dans le XVe arrondissement. « J'ai été jadis, explique-t-il, petit employé dans la bicoque de la mairie... On se l'est rappelé dix ans après. » Il avait suivi le cercueil des enfants pauvres morts de froid. Et son nom a été jeté par l'un des pères de ces nouveau-nés, victimes de la misère.

Il pèse donc, vraiment, sur l'orientation des événements, à l'intérieur de l'impuissance générale de la Commune à maîtriser la situation. Car elle n'a ni les moyens ni la volonté de contraindre l'Assemblée de Versailles à négocier et moins encore la possibilité de la briser.

En quelques jours toutes les Communes de province (à Lyon, à Saint-Etienne, à Marseille, au Creusot, notamment) ont été écrasées.

Et systématiquement le gouvernement renforce son armée. Comme l'indique à plusieurs reprises *Le Cri du peuple,* les soldats sont consignés à Versailles et les gendarmes font la chasse à ceux qui tentent de s'écarter des quartiers.

Thiers dira qu'achève de s'organiser une des plus belles armées que la France ait jamais eues, et l'amiral Saisset déclare devant l'Assemblée : « Appelons la province ! Il faut qu'on en finisse. »

Les mobiles bretons, les fusiliers marins sont prêts.

Vallès élu avec 4403 voix, sur 19681 inscrits et 6467 votants ; Arnould, élu ; Ranc élu.

Il y a eu dans Paris 229167 votants sur 485569 inscrits. Elections libres, totalement, mais faible participation. Elections marquant l'émergence d'une Commune « toute pleine de noms obscurs », « hommes aux convictions sincères, des hommes du peuple, résolus, actifs, ayant un sens droit et une honnêteté reconnue », mais assemblée divisée entre des jacobins et des blanquistes, pleins des souvenirs de 1793, et une minorité hostile à des décisions autoritaires.

Vallès est plus proche de la minorité, mais il est surtout un indépendant qui sait bien ce qu'il risque en ayant été désigné par les électeurs. A qui le félicite de son élection, il répond : « Oui, content que le peuple ait pensé à moi. Mais cette nomination-là, tu entends bien, c'est la condamnation à mort... Guillotinés ou fusillés au choix ! Si nous sommes fusillés, nous aurons de la veine. »

Aucune amertume pourtant chez Vallès. Au contraire. Une exaltation qui s'exprime dans l'article qu'il publie dans *Le Cri du peuple,* le mardi 28 mars. Un court article, intitulé « Le 26 mars » et qui rend compte de la fête qui sur la place de l'Hôtel-de-Ville a accueilli les résultats des élections. Tous les témoignages d'ailleurs concordent : deux cent mille personnes, au moins, représentant toutes les classes de la population parisienne, les enfants et les femmes mêlés aux Gardes nationaux et à la petite bourgeoisie, les clairons et les tambours. Mais c'est Vallès qui, pour l'histoire, fixe l'instantané et le symbolique de cette manifestation, héritière du passé et génératrice de mythe. Le moment est comme suspendu entre deux tragédies : le siège et l'attaque contre la Commune dont Vallès vient de dire comment elle se terminera, par des exécutions. Mais pour l'heure tout semble laisser croire — chacun veut croire — que rien d'irrémédiable n'est accompli. Et Vallès rend tout cela dans la fulgurance d'un style où le réalisme devient image presque rimbaldienne, où une phrase dit l'émotion de toute une vie. Un texte qui est à la fois confession autobiographique, description précise devenant vision aux accents prophétiques.

« Quelle journée !

« Ce soleil tiède et clair qui dore la gueule des canons, cette odeur de bouquets, le frisson des drapeaux, le murmure de cette révolution qui passe, tranquille et belle comme une rivière bleue ; ces tressaillements, ces lueurs, ces fanfares de cuivre, ces reflets de bronze, ces flambées d'espoir, ce parfum d'honneur, il y a de quoi griser d'orgueil et de joie l'armée victorieuse des républicains.

« O grand Paris !

« Lâches que nous étions, nous parlions déjà de te quitter et de nous éloigner de tes faubourgs qu'on croyait morts !

« Pardon ! patrie de l'honneur, cité du salut, bivouac de la Révolution !

« Quoi qu'il arrive, dussions-nous être de nouveau vaincus et mourir demain, notre génération est consolée ! Nous sommes payés de vingt ans de défaites et d'angoisses.

« Clairons ! sonnez dans le vent ! Tambours ! battez aux champs !

« Embrasse-moi, camarade, qui as comme moi les cheveux gris ! Et toi marmot, qui joues aux billes derrière la barricade, viens que je t'embrasse aussi !

« Le 18 mars te l'a sauvé belle, gamin ! Tu pouvais, comme nous, grandir dans le brouillard, patauger dans la boue, rouler dans le sang, crever de honte, avoir l'indicible douleur des déshonorés !

« C'est fini !

« Nous avons saigné et pleuré pour toi. Tu recueilleras notre héritage.

« Fils des désespérés, tu seras un homme libre ! »

En même temps qu'il écrit ainsi le chant de la révolution, Vallès ne cesse de vouloir croire que la conciliation, la paix restent possibles. « Ce qui devait être une bataille a été une fête, dit-il. Il ne tient qu'à nous que tous les jours d'enfantement social aient cette grandeur et cette joie — à nous et à vous qui n'allez pas nous obliger, n'est-ce pas, à battre la charge sur les tambours ? »

Vallès est ainsi — et comme lui la plupart des membres de la Commune — poussé d'un sentiment et d'une émotion à l'autre. Il est à la fois « grisé d'orgueil » et en même temps il sait qu'il aura de la « veine » s'il n'est que « fusillé ».

Il marque avec force l'irréductible opposition — historique, affective — entre les révolutionnaires, ce monde de « camarades », et les autres, et cependant il espère — et que faire d'autre si on ne peut organiser méthodiquement la résistance ou l'offensive ? —, il rêve à un « enfantement social » dans la « joie ».

Toute son expérience personnelle est faite de « défaites et d'angoisses » et pourtant il espère ne pas avoir à « battre la charge » sur les tambours.

Ces mouvements contradictoires d'une sensibilité et d'une pensée sont à la fois vibrants et pathétiques. Vallès *sait* qu'il va y avoir bataille et qu'il sera vaincu. Mais il veut l'ignorer. Peut-être d'abord parce que le fait d'avoir réussi, fût-ce pour un jour, le lave de tous les déshonneurs. Il ne crèvera pas de honte. Et aussi, il ne peut être vaincu parce qu'il parie sur l'avenir.

La raison de cet optimisme dans le désespoir tient en une phrase : « Fils des désespérés, tu seras un homme libre. »

Tout faire comme si rien de tragique ne pouvait survenir. C'est un peu l'état d'esprit de Vallès.

Il est nommé à la tête de la Commission de l'enseignement. Provocation ? Symbole de la négation par la Commune de la culture classique ? Revanche, en tout cas, pour Jules Vallès dont toute la vie a été jusqu'alors une longue guerre contre l'Instruction publique.

Il a, avant d'accepter, rôdé dans les ministères, constaté qu'« il n'y a pas un homme connu ». Et il est lucide sur le sens de ces nominations : « Il ne s'agit que de planter le drapeau prolétarien là où flottait le drapeau bourgeois. »

En fait, il exagère. La Commune dans beaucoup de domaines — le droit au travail, par exemple, et aussi l'Instruction, plus tard, avec Edouard Vaillant à la tête de cette commission — a fait, en à peine plus de cinquante jours, un travail considérable et novateur. Mais ce que voit Vallès, c'est le côté paradoxal, inhabituel de la gestion.

« C'est un maître de lavoir qui a la " signature " à l'Intérieur. » Et le brave garçon « a organisé depuis qu'il est là une insurrection terrible contre la grammaire ».

A l'Instruction, c'est un cordonnier qui règne. On devine Vallès à la fois fasciné, étonné et un peu condescendant à l'égard de ces hommes du peuple. Même s'il dit que « cet orateur de mastroquet a l'intelligence plus nette, l'esprit plus haut que les savants au teint jaune, à l'allure vénérable », Vallès ne convainc guère et il n'est pas, on le sent, persuadé lui-même de ce qu'il affirme.

En fait, à l'Instruction publique, Vallès intervint peu. Il n'est manifestement pas attiré par l'administration des choses. Mais sa présence suffit à scandaliser. On assure qu'il veut réformer l'orthographe. On prend au sérieux quelques attitudes paradoxales. Et les partisans de l'ordre savent surtout exploiter au mieux l'image que Vallès avait donnée durant ses années de bohème. Dans son *Journal,* Edmond de Goncourt écrit ainsi, le 31 mars 1871 : « Jules Vallès est ministre de l'Instruction publique. Le bohème des brasseries occupe le fauteuil de Villemain. Et, il faut le dire, cependant, c'est l'homme qui a le plus de talent et le moins de méchanceté. Mais la France est classique, de telle sorte que les théories littéraires de cet homme de lettres font déjà plus de mal au nouveau gouvernement que les théories sociales de ses confrères. Un gouvernement, dont un membre a osé écrire qu'Homère était à mettre au rancart et que *Le Misanthrope* de Molière manquait de gaieté, apparaît au bourgeois plus épouvantant *(sic),* plus subversif, plus antisocial, que si ce gouvernement décrétait, le même jour, l'abolition de l'hérédité et le remplacement du mariage par l'union libre. »

Edmond de Goncourt dans sa réflexion met, involontairement, l'accent sur la passion aveugle qui désormais habite les adversaires de la Commune. Vallès avait pressenti dès les premières heures, au moment où Varlin ouvrait les coffres de l'Hôtel de Ville, qu'on ne pardonnerait rien à ce gouvernement-là. Qu'on le haïrait.

Mesurait-il à quel point il serait personnellement visé ? Déjà on l'avait accusé d'être à la solde de l'Empire. Au début avril 1871, le journal *Le Gaulois,* repris quelques jours plus tard par *Le Nouvelliste de Rouen,* assure « qu'en 1856, le citoyen Vallès, qui déjà faisait partie de la bohème de Paris, vint à Rouen où son père était professeur et se porta contre lui aux derniers outrages ». Et suivent une série d'affirmations calomnieuses : Vallès « devrait encore les cierges de l'enterrement de son père ». Puis la conclusion politique : « Voilà pourtant l'homme auquel la Commune de Paris a délégué le soin de l'Instruction publique. Il faut convenir qu'elle a mis les jeunes générations à singulière école pour leur enseigner le respect filial. Dieu garde les chefs de famille communistes d'avoir des fils qui ressemblent au citoyen Jules Vallès. »

Attaque perfide, efficace car elle touche Vallès au point sensible : ses relations avec ses parents, sa vie familiale, cette intimité douloureuse qu'il porte en lui et à laquelle, dans quelques textes déjà, il a fait allusion à mots couverts. Il sait désormais qu'à lui, comme aux autres communards, rien ne sera épargné. La réalité rejoint ses plus sombres prédictions.

Chaque jour qui passe rend d'ailleurs plus précaire la situation de la Commune.

Dès le 3 avril, Versailles attaque, mettant fin aux illusions d'une conciliation. Les premiers communards faits prisonniers sont immédiatement passés par les armes. Ainsi Flourens. L'engrenage de la guerre civile a commencé à tourner. La Commune promulgue une loi sur les otages.

Il a suffi ainsi de quelques jours pour que l'atmosphère change radicalement. Quand, le 16 avril, des élections complémentaires ont lieu dans treize arrondissements de Paris, pas un électeur sur dix ne se rend aux bureaux de vote. Dans le IIe arrondissement par exemple, on compte 2 000 suffrages exprimés sur 22 000 inscrits ! Les élus sont pourtant acceptés par la Commune, alors que les chiffres montrent à quel point ils sont peu représentatifs de la population et combien le pouvoir révolutionnaire est isolé. Vallès en Assemblée refuse d'accepter ces résultats. Il vote contre. Déjà, depuis le début avril, presque à chaque nouvelle mesure votée (de la séparation de l'Eglise et de l'Etat à la question de la liberté de la presse) il marque son opposition. On le charge pourtant d'être rapporteur du programme de la Commune, tentative de compromis qui ne satisfait ni les « jacobins » ni les minoritaires.

En fait, Vallès, plus qu'un autre, sent que la situation échappe à la Commune. Que le soutien d'une partie de la population parisienne se dérobe. Que les mesures prises ne font qu'accroître l'isolement des communards même quand elles ne sont, faute de moyens de les appliquer, que purement symboliques. Ce qui compte désormais, c'est que la pression militaire des versaillais s'accroît chaque jour. Le fort d'Issy-les-Moulineaux tombe entre leurs mains. Leurs complices à l'intérieur de Paris se montrent actifs. Une impression d'irréalité saisit Vallès.

Il déjeune le plus souvent dans un restaurant — marchand de vin — chez Detille qui fait l'angle de la rue des Petits-Champs et de la place des Victoires. C'est là le rendez-vous de nombreux journalistes et membres de la Commune. Vallès y côtoie Maxime Vuillaume, Longuet, Jean-Baptiste Clément, Pierre Denis, Vaillant. Les membres de la Commune portent, épinglée au revers du veston ou de la vareuse, une rosette rouge frappée d'or.

Un témoin raconte :

« Vallès interpelle un de ses voisins de table :

— Voulez-vous me remplacer à l'Hôtel de Ville ?

— Merci, lui répond son commensal, je n'ai pas envie de me créer des titres pour être fusillé plus tard.

Vallès ôte son paletot, son chapeau et son gilet.

Ses épais cheveux noirs égouttent de sueur ; ses yeux brûlent de fièvre, sa poitrine halète et hoquette comme un soufflet de forge.

— Quel métier ! s'écrie-t-il. Moi qui suis si paresseux ! Ces gens-là me rendront enragé ou fou ! Séance le jour ! Séance la nuit ! et pour quoi faire ? L'éloge de Babeuf ou d'Anacharsis Cloots ! Tenez, l'armée de Versailles nous arrache heure par heure un lambeau de terrain, de muraille et d'espoir. Eh bien, nous sommes convoqués ce soir pour délibérer sur une proposition de Courbet qui menace de donner sa démission si l'on ne supprime pas Dieu par décret...

Il ajoute d'un ton sec :

— Je voterai contre la proposition... Dieu ne me gêne pas. Il n'y a que Jésus-Christ que je ne peux pas souffrir, comme toutes les réputations surfaites. »

Ce climat, cette fatigue aussi des réunions, des décisions à prendre, cette tension et cette certitude qui s'insinue d'avoir à succomber, à mourir, épuisent Vallès. Jules de Goncourt qui le croise le voit « soucieux, engraissé, jaune comme un morceau de lard rance ».

Et tout cela — les événements, l'épuisement — aggrave les différends.

Vallès est conscient de ce fait, de la faiblesse que les oppositions à l'intérieur de la Commune engendrent. « Plus le danger est grand, dit-il, plus le devoir de rester est sacré. » Et dans *Le Cri du peuple* où il n'écrit presque plus, absorbé qu'il est par ses fonctions politiques, il s'efforce de limiter l'écho des divergences.

Mais elles sont réelles.

Les communards qui s'inspirent de l'exemple de 1793 veulent créer un Comité de salut public — et ils obtiennent satisfaction le 1er mai 1871. Vallès se rangera avec la minorité qui — au nombre de 23 voix sur 43 — est hostile à cette création qui rappelle — sans efficacité d'ailleurs — la terreur de la Révolution. « Ne croyant pas plus aux mots sauveurs qu'aux talismans et aux amulettes, je vote contre », a dit Vallès. L'opposition de Vallès est en fait autant politique que caractérielle. C'est un libertaire qui aime le paradoxe, qui chérit la liberté pour tous, qui ne supporte aucune orthodoxie, aucune hiérarchie. Il ne peut accepter l'esprit de sérieux, la religiosité des néo-jacobins. Tout le révulse chez ceux qu'il appelle les « terribles sectaires ! Conscrits ou grognards, marguilliers de la Convention ou démoc-soc[1] de l'Eglise ». Il est de ce point de vue profondément laïque en révolution : ni idées préconçues, ni culte, ni clergé. Tout doit être passé à la critique. Il discerne parfois chez certains communards — ainsi Vermorel — une attirance pour la mort, le sacrifice, qui le révolte. « Je hais, dit-il, Robespierre le déiste, et trouve qu'il ne faut pas singer Marat le galérien du soupçon, l'hystérique de la Terreur, le névrosé d'une époque sanguine. »

Il craint que ces hommes-là ne rêvent que de dictature, qu'ils « se dévorent les poings dans l'ombre, ces déserteurs de la chaire ». Ils cherchent le martyre. Ils ne comprennent pas que Vallès puisse écrire ses articles « même de combat, là-bas à la campagne, dans un bateau, au fond d'une crique sous les saules ». Et Vallès s'écrie, opposant ces

1. Démocrates socialistes.

prêtres de la Révolution au peuple : « Combien ils sont plus simples ceux qui sont du peuple pour de bon ! »

La polémique est révélatrice des idées et du comportement de Vallès. De la vigueur de ses condamnations, de leur parti pris instinctif. Il n'est pas de ceux qui cherchent à peser avec mesure tel ou tel choix, telle ou telle option politique. Il juge avec son intuition, ses sentiments : une « physionomie », un « crâne... qui appelle le petit couvercle pourpre, quoiqu'il y ait mis le bonnet phrygien », lui en disent plus long qu'une analyse.

Il peut aussi bien parler d'ailleurs de la « face vile de Favre, de la loupe de Garnier-Pagès, de la barbe prophétique de Pelletan »...

On mesure tout ce que peut avoir d'injuste, de partial — et de périlleux — une telle façon de juger. Vallès de ce point de vue est fidèle à une tradition de polémiste et de pamphlétaire, vigoureuse au XIXe siècle, venue de la gauche mais qui connaîtra parfois bien des dérives : dans le populisme autoritaire et démagogique, dans l'antisémitisme.

Dans le refus — fût-il simplement verbal — de la culture, dans l'apologie du peuple, il y a des ferments qui peuvent conduire au pire.

Heureusement, Vallès est généreux. Heureusement, il est — tout aussi instinctivement et charnellement — du côté des humbles et des pauvres, et il est pauvre lui-même. Il n'oubliera jamais quel est son ennemi principal. Il s'écriera, la dernière semaine de mai, quand la Commune sera, à l'évidence, vouée à la mort : « Ah ! mieux vaut sombrer sous le pavillon fait avec les guenilles de 93, mieux vaut accepter une dictature renouvelée du déluge et qui nous a paru une insulte à la révolution nouvelle, mieux vaut tout ! — que paraître abandonner le combat. »

Ce qui retient aussi Vallès de dériver, à partir de ses jugements intuitifs et à l'emporte-pièce, c'est son humanisme. Ce respect des autres qui demeure sous les formules souvent excessives et violentes. Et qui chez Vallès s'est traduit par l'adhésion à la franc-maçonnerie.

Nombreux sont d'ailleurs les frères maçons qui, comme Vallès, sont membres de la Commune. A la fin du mois d'avril, une partie de la maçonnerie parisienne veut même essayer, à la fois par sympathie pour les idéaux de la Commune et par souci de conciliation, d'éviter l'affrontement entre Versailles et Paris.

Vallès recevra lui-même au nom de la Commune une délégation

de francs-maçons, au terme d'une grande manifestation des loges qui parcourt la rue de Rivoli.

Ceux qui défilent sont certes les frères qui ont choisi la Commune, mais le cortège est imposant. Vallès leur remet son écharpe rouge afin qu'ils l'ajustent sur leur bannière maçonnique. Le 29 avril, les francs-maçons s'en vont planter leurs emblèmes sur les remparts afin d'empêcher l'effusion de sang que chacun sent venir.

Pour Jules Vallès, cet acte symbolique est d'une grande importance. Depuis le début de la Commune il est de ceux qu'angoisse l'avenir et qui veulent éviter la guerre civile. Il a voulu préserver la liberté de la presse. Il a voulu maintenir une alliance entre toutes les couches de la population parisienne, et notamment la petite bourgeoisie.

Lui qui n'est pas un théoricien politique s'est rendu compte que les ouvriers, isolés, vont à leur mort.

Le 1er mai 1871, il écrit dans *Le Cri du peuple,* pour célébrer la « franc-maçonnerie qui a réuni au nom de la fraternité la bourgeoisie laborieuse et le prolétariat héroïque... Merci à elle. Elle a bien mérité de la République et de la Révolution ».

Mais cette manifestation qui rassure est impuissante à changer le cours des choses.

La réalité est celle de la guerre voulue par l'Assemblée de Versailles et celle de l'impuissance militaire de la Commune. Les forts qui entourent Paris tombent entre les mains des versaillais : le 8 mai, c'était donc celui d'Issy. La trahison est partout. On murmure que sont stockés, en des lieux secrets, des milliers de brassards tricolores qui, le moment venu, seront distribués aux Parisiens partisans des versaillais.

Sous la menace, la Commune se divise. Hésite. Répugne à adopter la discipline traditionnelle des unités combattantes — au nom de l'efficacité et de la technicité — comme le voudrait le capitaine Rossel, rallié à la Commune (il est délégué à la Guerre du 30 avril au 9 mai).

La Commune se range finalement avec Delescluze sur les positions les plus populistes et les plus dangereuses. Delescluze, en effet, nouveau délégué à la Guerre, lancera la proclamation suivante — où Vallès aurait pu reconnaître certains de ses élans : « Assez de militarisme ! Plus d'état-major galonné et doré sur toutes les coutures ! Place au peuple, aux combattants aux bras nus ! L'heure de la guerre révolutionnaire a sonné... Le peuple ne connaît rien aux manœuvres savantes. Mais quand il a un fusil à la main, du pavé sous les pieds, il ne craint pas tous les stratégistes de l'ordre monarchique. »

La guerre est en effet aux portes.

Le 10 mai, à Francfort, Jules Ferry a signé le traité de paix avec Bismarck. Désormais le gouvernement de Versailles a totalement les mains libres pour agir. Il va même pouvoir bénéficier de l'appui et de la complicité sans réserve des Prussiens. Vallès mesure que ce sont les derniers jours de la Commune qui commencent. Que le déséquilibre des forces ne peut plus être renversé.

Avec les membres de la minorité, il publie un manifeste dans *Le Cri du peuple,* le 17 mai, contestant une nouvelle fois la création du Comité de salut public, marquant que, à son avis, « la Commune a abdiqué son pouvoir entre les mains d'une dictature... qu'elle a abandonné à ce Comité de salut public toutes les responsabilités de notre situation ».

Polémique tardive, hors de saison. Les versaillais s'apprêtent à entrer dans Paris. Ce qui attend les communards — Vallès *et* Delescluze —, minoritaires *ou* majoritaires, est clairement annoncé par la presse versaillaise.

Dans *Le Figaro* du 16 mai 1871, dans ce journal où Vallès s'est senti libre, et dont il a défendu l'existence contre ses camarades de la Commune, Francisque Sarcey, écrit : « On demande formellement que tous les membres de la Commune, du Comité central et autres institutions de même forme ; que tous les journalistes qui ont lâchement pactisé avec l'émeute triomphante ; que tous les Polonais interlopes, tous les Valaques de fantaisie qui ont régné deux mois sur la plus belle et la plus noble ville du monde, soient avec leurs aides de camp, colonels et autres fripouilles à aiguillettes, conduits après jugement sommaire, de la prison où on les aura enfermés, au Champ-de-Mars où ils seront passés par les armes, devant le peuple rassemblé ! »

Texte raciste, texte haineux qui révèle l'état d'esprit des versaillais. Les communards sont des barbares. Et ils doivent mourir. Et d'abord ceux qui, comme Vallès, ont pris des responsabilités, ont été à la tête du mouvement.

Devant cette situation, l'unité des communards se refait — mais avec quel pouvoir, quel but sinon celui de mourir dignement ? Et Vallès lance à l'adresse des membres de la majorité : « La main dans la main, camarades ! »

Dans un article du 19 mai, signé « Le Cri du peuple » et intitulé « L'Union », Vallès ajoute : « Il n'y a plus aujourd'hui, et ne peut plus y avoir qu'un peuple prêt à vaincre ou prêt à mourir. Il n'y a plus aujourd'hui, il ne peut plus y avoir qu'une politique : la défense, la défense quand même, la défense d'un peuple libre... »

C'est la fin du rêve de conciliation. Les canons versaillais bombardent Paris. L'explosion de la cartoucherie Rapp provoquée par des espions versaillais le 17 mai, au lendemain de la chute de la colonne Vendôme qui pour les communards symbolisait l'Empire, montre que la lutte sera impitoyable.

Versailles a pris le risque de détruire tout un quartier de Paris. Dans *Le Cri du peuple,* les journalistes Casimir Bouis, Pierre Denis haussent le ton. L'un fanfaronne : « Aucun soldat n'entrera dans Paris, si M. Thiers est chimiste il nous comprendra. » L'autre répète : « Paris héroïque et désespéré pourra sauter peut-être mais s'il saute, ce sera pour engloutir le gouvernement de Versailles et son armée. »

Propos violents que la presse versaillaise relève, dont elle rend Vallès responsable. N'était-il pas celui qui avait, jadis, voulu brûler les bibliothèques, détruire les monuments, les livres classiques ? Voilà maintenant qu'il menace Paris de destruction.

La haine se concentre ainsi sur Vallès, d'autant plus que, journaliste, homme de lettres, il est pour ses anciens confrères, tous hostiles à la Commune, l'objet d'une attention particulière. Il symbolise pour eux celui qui rompt, au bénéfice des barbares, le front des nantis et des honnêtes gens, il est comme une image inversée d'eux-mêmes. Insupportable.

Et l'on commence à entendre proclamer ouvertement qu'il faut tuer Vallès.

N'est-ce pas cela que dit Francisque Sarcey, écrivain, critique littéraire, quand il parle de ces « journalistes qui ont lâchement pactisé avec l'émeute triomphante » et qui sont à fusiller ?

Le plus célèbre des journalistes de la Commune, c'est bien Jules Vallès, rédacteur en chef du *Cri du peuple.*

Il n'y aura aucune circonstance atténuante pour lui.

Il le sait.

Le dimanche 21 mai, à trois heures et demie, il préside, avec Gustave Courbet comme assesseur, une séance de la Commune. On l'a désigné à cette présidence « pour sceller la réconciliation ». N'a-t-il pas été « celui dont le journal a été l'organe des dissidents depuis le commencement de la lutte » ? Qu'il préside et cela signifie que les divisions sont effacées.

Lui, l'écrivain, et Courbet, l'artiste, sont donc chargés de conduire le procès du général Cluseret, membre de la Commune, accusé d'avoir évacué sans raison le fort d'Issy et de l'avoir ainsi abandonné aux versaillais.

Le canon tonne. Il fait beau.

La séance se déroule calmement comme si personne ne voulait admettre et laisser voir que la vie de la Commune est en question. Car ces obus qui écrasent Paris disent la résolution guerrière des versaillais.

« Les orateurs sont réfléchis et l'auditoire muet. »

Tout à coup on apporte une dépêche : « Les versaillais viennent de forcer l'entrée. Comme une nappe de silence. Cela a duré le temps pour chacun de faire ses adieux à la vie. »

Vallès dira ce qu'il a éprouvé alors qu'impassible il continue de présider :

« Il m'a semblé, à moi, que tout mon sang descendait vers la terre, tandis que mes yeux devenaient plus clairs et plus grands dans ma face pâlie. Il m'a semblé entrevoir loin, bien loin, une silhouette grotesque et défigurée. Je me suis vu couvert de boue ! Oh ! la peur de la torture n'y est pour rien ! mais pour rien ! C'est mon orgueil qui râle. Vaincu ! tué ! avant d'avoir rien fait !... En une seconde, ces pensées m'ont sabré l'esprit. »

Amertume. Vaincu encore. Puis la question à résoudre : « Président de l'agonie de la Commune, comment vas-tu sonner le glas de sa mort ? »

Il reprend « d'une voix... armée de sérénité », comme si de rien n'était, donne la parole à Cluseret, qui sera acquitté. Puis quelques mots : « La séance est levée. »

Il n'y en aura plus d'autre.

Symboliquement, Jules Vallès a présidé la dernière séance de l'assemblée de la Commune, comme si l'histoire voulait marquer par ce hasard la place que Vallès avait tenue depuis vingt années — et surtout depuis plus d'une année — au cœur du mouvement révolutionnaire.

Il est vingt heures, ce dimanche 21 mai 1871.

« Je m'imagine, dit Vallès, que nous n'avons plus que quelques heures devant nous pour embrasser ceux que nous aimons, bâcler notre testament, si c'est la peine, et nous préparer à faire bonne figure devant le peloton d'exécution. »

Mais il y a chez Vallès toujours le refus de la pause, la pirouette au destin, le goût provocateur du défi, le sens du geste. Il décide de « dîner royalement avant de périr ». Bon sens aussi de paysan qui ne sait pas quand il pourra faire un autre bon dîner, « une bouteille de Nuits, du boudin aux pommes, une frangipane de quarante sous... et des confitures de la grand-mère, de celles-là, en haut sur l'armoire, vous savez !... Messieurs, à votre santé ! ».

Puis, le dîner achevé, Vallès se rend porte de Versailles à l'une des barricades, « les trente sous seront contents de voir des gouvernants à côté d'eux ».

Vallès s'allonge pour un somme. Il réalise à quel point la Commune a peu pensé aux « choses de la guerre », les laissant aux mains d'un « Comité militaire qui faisait sonner ses éperons ». Maintenant, Vallès se « ronge les poings » de sa trop longue indifférence à ces questions. Il ne sait rien de ce qui a été préparé. Il a envie de « descendre au galop sur Paris » pour aller hurler sa rage et en appeler au peuple. « Mais ce serait déserter quand l'ennemi approche. »

Trop tard, donc.

Il reste à attendre, à faire son devoir. A aucun moment il n'y a chez Vallès le désir ou le souci de se mettre à l'abri ; l'idée d'utiliser, pour fuir en toute bonne conscience, les divergences qui l'ont opposé à la majorité de l'assemblée de la Commune. Son devoir, le sens même de sa vie font qu'il est tout naturellement, là, parmi les combattants. Il s'agit d'aller avec eux jusqu'au bout. Jusqu'à la mort.

Demain ce sera la bataille. Les pelotons d'exécution.

Pour l'heure le sommeil vient que ne troublent même pas les obus qui tombent tout près.

Nuit du dimanche 21 au lundi 22 mai 1871.

Une semaine sanglante va commencer.

Chapitre 27

« Je reste avec ceux qui fusillent et qui seront fusillés » (lundi 22 mai-dimanche 28 mai 1871)

Jules Vallès ne se fait aucune illusion, ni pour lui-même ni pour la Commune.

La révolution sera vaincue. Et s'il est pris, on le fusillera.

S'il a de la chance, a-t-il déjà dit il y a des semaines. Sinon ce sera pire : massacré à coups de crosse ou de baïonnette. Il ne tremble pas pourtant. Il peut même, en ce lundi matin quand le colonel Lisbonne, chef de bataillon de Gardes nationaux, prononce une harangue avec des gestes qui lui viennent de son ancien métier d'acteur, sourire. Il n'a « vu que cela pendant un moment, dans le paysage de combat qu'éclaire la pâleur de l'aube ».

Rien ne peut faire en effet que Vallès cesse d'être un voyeur professionnel : journaliste, écrivain témoin. Il a cela en lui, par vocation et par métier.

En même temps, sous les vagues d'amertume et de désespoir que la situation pousse vers lui, demeure la conviction que l'avenir reste ouvert, malgré tout.

Le 8 avril, il a écrit dans *Le Cri du peuple,* décrivant l'enterrement des premiers fédérés tombés, cet avertissement aux « hommes de Versailles » : « Plus vous entassez de cadavres, et plus vous avez de ces triomphes, plus le gémissement sera long et plus il pèsera d'horreur autour de ce charnier ! Allons ! Jusque dans nos deuils, l'espoir révolutionnaire reste debout... »

Il pense encore cela Vallès, alors qu'autour de lui il voit bien que déjà la discipline des fédérés se relâche. Il prononce un bref discours. On lui répond : « Nous sommes las ! Il y a des semaines que nous traînons ici... Nous voulons revoir nos femmes !... Pas une précaution n'est prise... »

A l'heure de la bataille, l'incapacité militaire de la Commune apparaît à ses combattants. Ils entourent Vallès : « Où sont les ordres ? Quel est le plan ?... »

Et le colonel Lisbonne conseille à Vallès de « filer. Ils sont capables de vous fiche au mur » !

Le mot d'ordre de Delescluze, récusant les chefs — « Plus d'état-major galonné et doré » —, va faire son effet. Et au fur et à mesure que la pression des troupes versaillaises sera plus forte, remportant des succès, la décomposition du mince rideau des bataillons fédérés va s'accentuer, la suspicion va gangrener les unités. L'idée va se répandre qu'il faut défendre « son quartier ». « C'est ce qui va nous tuer, cette idée, estime Vallès. Quartier par quartier !... La sociale reculera. »

Il semble que pas un communard ne se soit souvenu de *L'Instruction pour une prise d'armes,* établie par Blanqui en 1868 et dans laquelle le vieux révolutionnaire répétait : « Surtout ne pas se claquemurer dans son quartier ainsi que les insurgés n'ont jamais manqué de le faire, à leur grand dommage. Cette manie après avoir causé la défaite de juin 1848 a facilité les proscriptions. Il faut s'en guérir sous peine de catastrophes. »

En fait, il a suffi de ces quelques premières heures du lundi 22 mai pour que tout soit joué.

Vallès traverse Paris, de la porte de Versailles à l'Hôtel de Ville. C'est déjà la « galopade de la défaite ». Ceux qui veulent empêcher la foule de s'enfuir sont emportés.

« Tout est perdu », dit Vallès aux membres de la Commune qu'il retrouve à l'Hôtel de Ville. Les chefs de la Commune veulent se rassurer. Et il est vrai que partout surgissent des barricades, mais spontanément, sans plan, sans ordre. Un fédéré interpelle Vallès : « Vous n'avez donc rien préparé, ah ! nom de Dieu !... »

Thiers, à Versailles, ce 22 mai, annonce : « L'expiation sera complète. » Les Champs-Elysées, Saint-Lazare sont déjà occupés par les versaillais. Et l'on fusille déjà la plupart des fédérés faits prisonniers.

Vallès regagne son « pays latin ». Tous ses souvenirs lui sautent au visage : ici sa « jeunesse douloureuse » a langui. Il s'est promené longtemps au Luxembourg en « habits élimés ». Mais en même temps il a une réaction de colère contre ces étudiants, ces « neveux de Prudhomme » qui, dit-il, avec excès, « n'ont jamais dépêché de combattants dans les guerres sociales, d'un autre côté que du côté des assassins ». Il exprime sa hargne contre les « redingotes », les « paletots ». Lui, il est depuis toujours du côté des « blouses ».

Il parcourt donc ce Quartier latin, assailli par les réflexions. Peut-être a-t-il à ses côtés sa compagne, « la grande blonde », Joséphine Lapointe, sur laquelle il a toujours été discret, mais qui ne le quitte pas et qui est décidée à affronter à ses côtés les dangers qu'il va courir. A-t-elle une fille de Jules Vallès comme elle le prétendra ? C'est peu probable. Mais quoi qu'il en soit, elle est là, fidèle, en cette heure de péril.

Car Vallès est pris à partie sur la place du Panthéon. On tire même un coup de feu dans sa direction. Un officier de fédérés le prend presque à la gorge : « Et si vous n'aviez pas endormi le peuple avec votre journal de modérés, vous... », lui reproche-t-on.

Vallès est confronté ainsi à toutes les contradictions de la lutte. De la guerre. Il craint la blessure cruelle et non la mort. Il hait la violence et sa barbarie. Quand on veut lui montrer le « cadavre d'un traître » qu'on vient d'exécuter, il blêmit. On l'en accuse. On imagine qu'il veut « garder ses pattes nettes » pour comparaître « devant le tribunal ou devant la postérité ». Pour les « blouses », dure évidence qu'il lui faut entendre, il n'est qu'une « redingote » quoi qu'il fasse. « Et c'est nous, c'est le peuple, l'ouvrier qui doit toujours faire la sale besogne... Pour qu'on lui crache dessus après, n'est-ce pas ? »

Et Vallès l'avoue : « Oui, l'on veut paraître propre devant l'histoire, et n'avoir pas de fumier d'abattoir attaché à son nom. »

Mais le canon tonne et, quand la nuit couvre Paris, les versaillais sont déjà à Montparnasse, tout près du Panthéon.

Il n'est plus temps de se poser des questions.

Dès le premier jour, ainsi, la guerre civile est pour Vallès une épreuve de vérité décisive.

Ses idées, son passé sont brusquement soumis à l'épreuve du feu. Lâche ? Courageux ? Aucun faux-semblant ne résiste quand siffle le plomb des chassepots.

Il n'a guère de doute sur sa capacité à affronter la mort. Mais la torture, la douleur ? Supporterait-il d'être « lardé vivant par les baïonnettes » ? Il n'y a aucune pitié à attendre des « lignards ». « Ils nous auraient déjà hachés s'ils avaient pu quand nous prêchions la guerre à outrance. Ils nous arracheront cette fois les yeux avec le tire-bouchon de leurs sabres parce que c'est à cause de nous qu'on les a fait revenir de leurs villages. »

Surtout, Vallès va mesurer ce que valent certains de ces mots qu'il a si souvent utilisés, ainsi, « peuple », « révolution ». Il va sous les obus, au pied des barricades, éprouver la vérité des uns et des autres. Etre contraint de vivre toutes les réalités de la guerre : l'exécution d'un traître ou d'un otage, la destruction de bâtiments, la mort, en bref, donnée et reçue.

Cette épreuve qui commence, rarement subie par un écrivain à ce degré d'intensité, dans le brasier que va être Paris durant cette semaine sanglante, va tremper Vallès. Toute sa vie va se trouver comme éclairée, mise en perspective par les incendies de Paris.

Car, ce mardi 23 mai, Paris va en effet commencer à flamber.

Vallès a dormi dans un coin de la mairie du Ve arrondissement, sur la place du Panthéon. Un mort près de lui.

Dans la rue, on l'assaille de questions, on le sollicite, on veut des ordres, un plan, des munitions, du pain. Parfois on ne le reconnaît pas parce qu'il a rasé sa barbe. On le menace et on le colle contre la devanture d'un café de la rue Soufflot pour l'abattre. Puis quand on l'a identifié, ce sont à nouveau les demandes de toute sorte. Auxquelles il ne peut répondre. Mais n'est-il pas le rédacteur en chef du *Cri du peuple* ? Un membre de la Commune ?

Le journal ? Il paraît ce 23 mai, mais ce sera son dernier numéro. *Ordre du jour. Dernières nouvelles. Communiqué de Delescluze. Information sur la bataille.* Le journal a une apparence habituelle. Dans son éditorial, Pierre Denis conclut sur un ton prophétique : « La vieille France expire. Dans quarante jours la France nouvelle se lèvera dans sa glorieuse résurrection. » Mais les événements vont si vite que ce dernier numéro, imprimé dans la nuit pourtant, semble déjà provenir d'un autre temps.

Des femmes entourent Vallès, affolées. Elles crient : « On met le feu partout. » Et il est vrai que les obus allument des foyers et que les communards pour arrêter les lignards ont décidé d'incendier les Tuileries. « Vous n'allez pas laisser flamber le quartier ! Vous êtes un honnête homme ! »

Vallès s'échappe.

Il a sans doute à ce moment-là sa seule défaillance. Son moment d'hésitation devant cette violence et cette barbarie qui se déchaînent.

Il veut être, au cœur de cette bataille, seul un instant avec lui-même. Il demande l'hospitalité à un cabinet de lecture de la rue Casimir-Delavigne, près de l'Odéon, où il a pendant dix ans été un habitué.

Mais on l'entoure. On le pousse à rompre le combat. A fuir. « Songez à votre mère que votre mort tuera. » « Et voilà, dit-il, que comme un lâche j'oublie la rue en feu, mon rôle et mon devoir. Cœur et cervelle, tout cela s'emplit des souvenirs du pays. »

Moment de vérité décisif. Il sait désormais, clairement, ce que cela signifie d'être aux côtés des combattants. Les exécutions et les incendies. Il songe aux villes détruites qu'on chante dans l'histoire : Numance, Carthage, Saragosse, Moscou. N'ont-elles pas été détruites dans les combats et parfois, pour mieux résister, incendiées par leurs défenseurs ?

« C'est tout pensé ! Je reste avec ceux qui fusillent — et qui seront fusillés. »

Il signera même un bon en blanc pour la destruction de deux maisons de la rue Vavin qui sont utilisées par les troupes de Versailles pour s'infiltrer dans le quartier. Il assume. Non pas sans réflexion. Mais après un choix délibéré qui donne encore plus de gravité à sa décision.

Vallès est l'un de ces intellectuels qui ne se sont pas contentés de trancher les questions dans le calme de leur cabinet de travail. Et de poser les problèmes à l'abri du mur de leurs livres.

Il a dû décider dans la rue, parmi les éclats d'obus qui giclent autour de la fontaine Saint-Sulpice sous la semelle de ses souliers.

Vers minuit, il est à nouveau place du Panthéon. On soupe à l'hôtel des Grands Hommes. Les chefs de la Commune sont là. Vallès les écoute, pense : « Je n'ai encore été mêlé à aucune tuerie. C'est de la veine ! »

Montmartre est tombé aux mains des versaillais le mardi 23. Le mercredi 24, ils avancent à la Croix-Rouge et rue Vavin. Le Luxembourg est menacé. Des fédérés sont couchés dans la vasque de la fontaine Médicis au bas de la rue Soufflot. D'autres, très jeunes, sont sur le balcon de la maison qui fait l'angle au coin de la rue Soufflot et du boulevard Saint-Michel. La place du Panthéon est pleine de combattants : sur les marches du monument et même au-dessous du dôme, sur la plate-forme circulaire qu'entoure la colonnade.

Maxime Vuillaume, un journaliste du *Père Duchesne,* rencontre Vallès sur la place. « " Malade, lui dit Vallès, éreinté. Trois nuits sans dormir. " Il est en pantoufles de feutre, au bras d'une amie. » Vallès propose de se réunir à la mairie.

« Je n'ai pas le temps de répondre, raconte Vuillaume, une effroyable détonation fige mes lèvres. »

La poudrière du Luxembourg vient de sauter.

Certains fédérés veulent maintenant faire sauter le Panthéon, Vallès s'y oppose avec quelques autres. Mais difficile d'empêcher « ces cerveaux brûlés de se jeter sur le Panthéon comme sur un réac ».

A la mairie cependant, certains envisagent de se rendre pour éviter le massacre. Vallès refuse. Quel serait le sens d'une reddition alors que toutes les informations confirment que les versaillais fusillent par centaines les fédérés prisonniers, n'épargnant ni les blessés, ni les femmes, ni les enfants ?

Dans les quartiers conquis, les maisons sont fouillées et les suspects sont immédiatement collés au mur ou conduits devant des cours martiales qui les condamnent à mort. On exécute alors à la mitrailleuse.

« Nos vaillants soldats se conduisent de manière à inspirer la plus haute estime et la plus haute admiration », dit Thiers ce jour-là.

Vallès, après avoir déjeuné d'une omelette avec sa compagne et quelques fédérés au collège Henri-IV, quitte le quartier, rejoint la mairie du XIe arrondissement. Il sent partout « la folie de la défaite ». L'Hôtel de Ville, la préfecture sont incendiés. Et bientôt le Quartier latin sera occupé par les versaillais.

Au Luxembourg, on fusillera par grandes grappes les prisonniers. Et pas un des fédérés du Panthéon ne survivra. Ils seront fusillés sur place, contre les colonnes, qui resteront longtemps tachées de sang.

Place Voltaire, à la mairie du XIe, « la Commune ne siège pas — comme l'avait cru Vallès —, tout le monde est mêlé, officiers, simples gardes, porteurs de képis à un ou plusieurs filets ». Partout des rumeurs de trahison. Partout des exécutions. Le communard

Dombrowsky, mort. Un suspect, à quelques pas de Vallès, est entraîné par la foule : « Terrible à voir cette noyade d'un homme dans des vagues humaines. »

Vallès apprend bientôt que six otages ont été exécutés dont Mgr Darboy, archevêque de Paris. Il s'indigne : « On criera que c'est une lâcheté. » « Une lâcheté, lui répond un fédéré. Dites donc, le lettré, et les massacres de septembre ? C'était donc une blague quand vous nous disiez de faire comme en 93 ? »

Les mots reviennent à ceux qui les ont lancés comme des actes. Certes, Vallès n'a jamais donné la Terreur pour modèle. Mais il est comptable des mots.

« On saura que si la Commune faisait des décrets pour rire, dit encore un fédéré qui a participé au peloton, le peuple les exécutait pour de bon... Ma balle a tout de même fait un trou dans le ciel ! »

La fin approche, chacun le sent.

Ce jeudi 25 mai, toute la rive gauche est aux mains des versaillais. On se bat durement place du Château-d'Eau et Delescluze, calmement, monte sur la barricade, pour s'y faire tuer. Avenue d'Italie, on fusille des dominicains.

Dans les quartiers conquis c'est le massacre à grande échelle : quatre-vingt-quatre otages fusillés du côté des communards — durant tous les combats — et on atteint déjà plusieurs milliers, sans doute une trentaine de milliers, au terme de la bataille, du côté versaillais.

Paul Bourget raconte : « J'ai vu crever à coups de crosse le crâne des blessés. » Et le journal *Le Gaulois* fera le lendemain — 26 mai — le récit de la conquête du Vᵉ arrondissement, ce jeudi 25. « Nos soldats débouchant de toutes les rues eurent bientôt acculé les insurgés au nombre de sept cents à huit cents entre le Panthéon, le boulevard Saint-Germain et l'église Saint-Etienne-du-Mont. Pas un seul n'échappa au massacre. »

Et l'on commence à traquer les chefs.

Vallès est l'un des plus recherchés. *Le Moniteur du peuple* annonce même ce 25 mai que, « hier au soir, le 24, vers dix heures, Vallès a été reconnu et exécuté près de la Bourse ». On le décrit lâche, tentant de s'enfuir, demandant grâce.

Premier récit comme un rêve et un désir.

Mais Jules Vallès est toujours vivant.

Ce vendredi 26 mai, il est rue Haxo, alors que s'approche une colonne de cinquante-deux prêtres, gendarmes et mouchards prisonniers. Avec quelques membres de la Commune il essaie de s'interposer. Un vieil homme qu'il tente de raisonner alors qu'il crie « à mort » lui lance : « Foutez-moi la paix ou je vous tire dessus. » Les prisonniers seront bientôt fusillés.

Il est huit heures du soir.

Vallès vient de vivre « l'heure la plus terrible et la plus désespérée de sa vie ». Les exécuteurs s'expliquent avec lui. Ils ont vu agir les « bourreaux à épaulettes ». Des femmes racontent leur vie sous l'Empire, celle-là victime d'un prêtre, celle-ci d'un mouchard de la police impériale. Vengeance. « Je me suis revanché », dit le vieil homme.

Vallès cette nuit-là ne dormira pas.

Ce vendredi 26 mai, le faubourg Saint-Antoine est tombé. Les exécutions deviennent systématiques et s'amplifient. On ouvre des fosses communes. On fusille dans les cours des casernes. « Le sol de Paris est jonché de cadavres. Ce spectacle affreux servira de leçon », écrit Thiers ce 26 mai dans une circulaire à « toutes les autorités civiles et militaires » du pays.

A l'aube du 27 mai, Vallès, frissonnant, découvre qu'il « tombe une pluie froide comme la neige et le terrain où se tiennent les dernières assises de Paris vaincu est défoncé et gras de boue. Nos souliers, qui ont presque tous marché dans le sang, font des taches rouges dans cette fange ».

Il descend vers la barricade de la rue d'Angoulême. S'y expose, sent que les risques inutiles qu'il prend irritent. On l'aime bien, « mais avec une nuance de dédain ». Il s'éloigne donc, rencontre Varlin, l'ouvrier relieur, membre de la Commune et de l'Internationale, avec son regard doux et sa tête d'apôtre. Ce n'est plus du présent qu'on parle. Vallès et Varlin savent bien, ce samedi 27 mai, que leur partie va finir. Alors c'est le jugement de la postérité qu'ils évoquent.

« Oui, dit Varlin, oui, nous serons dépecés vivants. Morts, nous serons traînés dans la boue. On a tué les combattants, on tuera les prisonniers, on achèvera les blessés. Ceux qu'on épargnera, s'il en reste, iront pourrir au bagne. Oui, mais l'Histoire finira par voir clair, et dira que nous avons sauvé la République... »

Pour l'heure il faut trouver un lieu où terminer la scène. Vallès se dirige vers Belleville, le quartier de son engagement politique. Il tenait là des réunions, salle Favier. Il avait commandé aux jours du siège le 191e bataillon de Gardes nationaux. Il retrouve quelques-uns de ses hommes. Ce qui reste du bataillon. On l'accueille. « Alors vous ne nous quittez pas ?... C'est bien, ça, citoyen ! »

On se bat au Père-Lachaise et aux Buttes-Chaumont. Les journaux de ce samedi 27 mai — *La Constitution, Le Bien public* — ont tous deux annoncé l'exécution de Vallès : l'un à l'angle de la rue Saint-Louis, l'autre à l'Ecole militaire. Chaque fois on le décrit lâche, tremblant de peur.

Il est vivant, là où résiste le dernier carré de la Commune. A Belleville, alors que se lève l'aube du dimanche 28 mai 1871.

Il est cinq heures du matin.

Il prend son poste à la barricade géante qui ferme le bas de la rue de Paris, à Belleville. Il sait que pour lui le pire a eu lieu. Ces exécutions qu'il a acceptées même s'il a tenté de les empêcher. Il le dit : « J'ai plus lutté contre les confédérés que contre les versaillais, jusqu'à présent. Maintenant qu'il n'y a plus que ce faubourg de libre, et qu'il ne reste ni traîtres ni suspects à juger, la besogne est plus facile. Il s'agit seulement de tenir pour l'honneur, et d'aller se mettre près du drapeau, comme les officiers près du grand mât, quand le navire sombre. »

Il va faire le coup de feu. En même temps, il observe avec sa sensibilité d'écrivain à l'affût du détail, et, plus tard, il racontera — transfiguration politique ou réalité ? — une scène de ce dimanche :

Vingt-huit mai — la bataille allait être finie ;
Les canons fatigués hurlaient notre agonie ;
Mais il restait encore quelque part, là-bas,
Un drapeau qui saignait sur des pierres en tas...
J'allai de ce côté, chancelant et comme ivre ;
Les autres étaient morts : personne pour me suivre ;
J'étais seul, épuisé par ces huit jours d'horreur,
Noir de crasse et de poudre, et saoulé de douleur.
La rue où je passais était calme et déserte ;

Un bruit se fit entendre en ce calme profond
Que coupaient seulement les hoquets du canon.
Et machinalement je relevai la tête...
Je vis sur un balcon, accoudée et coquette
Comme si ce jour-là c'était la Fête-Dieu,
Une femme aux cheveux tout blonds, au grand œil bleu.
Elle avait un peignoir avec des nœuds groseille
Et portait en cocarde un œillet sur l'oreille.

Je revois ce peignoir enrubanné de feu
Dans l'air chargé de mort, la grâce de sa tête,
Cette coquetterie au fort de la tempête ;
Et je mêle toujours quand je deviens songeur
Le parfum de la poudre et l'odeur de la fleur...

Il y a autour de la barricade une cinquantaine de survivants qui font le coup de fusil et une pièce d'artillerie. On tient. Quelques heures.

Pendant ce temps, le général Galliffet, à Passy, passe en revue les deux mille prisonniers qu'ont faits ses troupes et, sur leur mine il en choisit cent onze qu'il fait abattre sur-le-champ. Il avait dans le quartier de la Muette procédé de même le 26 mai, en fusillant des hommes et plusieurs femmes. Mais tous ces fédérés, comme l'écrit Francisque Sarcey, n'avaient-ils pas des « faces patibulaires ou bestiales ? L'âme les avait-elle jamais éclairés de son rayon ? »

Vers neuf heures du matin, le dernier canonnier de la barricade de la rue de Belleville est tué d'une balle au front « qui a fait comme un œil noir entre ses deux yeux bleus ». Un cri : « Perdus ! Sauve qui peut ! »

Vallès a tenu jusqu'au bout, l'un des derniers.

A dix heures l'église de Belleville tombera. Et à quatorze heures l'ultime barricade, rue Ramponneau.

On exécute partout. En masse. Les charniers s'ouvrent. On lynche aussi : ainsi Varlin que la foule — comme pour se disculper d'avoir accepté, voulu ou subi la Commune — couvre de coups, de crachats, auquel on crève un œil, et qu'on tue enfin alors qu'il agonise.

Vallès veut vivre. Plus que jamais, dirait-on. Avec une obstination et une détermination rageuses.

Il quitte la barricade accompagné de Larochette, un ancien rédacteur au journal *Le Vengeur* de Félix Pyat.

Ils entrent dans les cours des immeubles du quartier. Ils crient : « Qui veut cacher deux insurgés ? » Pas une fenêtre ne s'ouvre.

Sur le seuil d'une boutique d'herboriste, une femme les accueille, enferme Vallès dans un placard. Il se fait raser. Il change sa coupe de cheveux, les rejetant en arrière. Il est calme. Il veut sauver sa vie, mais il ne craint pas les versaillais, ayant eu « sa minute de joie et presque une sensation de luxe avant de mourir ». Il a eu sa revanche. Il a tenu jusqu'au bout. Il a choisi, librement.

La femme qui l'a accueilli le conduira dans une première ambulance où il se déguise en major ; il chausse de fines lunettes aux verres bleutés. Mais on le chasse. Dans un autre poste de secours une cantinière les héberge avec générosité. « Elle bat des œufs, trousse l'omelette, verse du vin de convalescent. » Il se trouve bientôt à la tête d'une voiture d'ambulance.

« Je fis métier de ramasseur de cadavres, sept heures durant, sous le clair soleil, coudoyant lignards et officiers, leur demandant même leur aide pour soulever les fédérés qui avaient trop de plomb dans la peau et pesaient trop lourd quand on les hissait sur ma charrette. J'avais un képi de médecin d'ambulance, avec la croix de Genève sur le bandeau blanc. J'étais parti sous prétexte de relever des blessés — je ne trouvais que des morts jusqu'à cinq heures du soir... »

Dix fois il a failli être pris. Mais il a un sang-froid qui étonne chez lui qui souvent s'est montré emporté. Il semble s'être dédoublé. Il est devenu ce « docteur Jolyen » auquel on donne un reçu à l'hôpital Saint-Antoine pour les sept cadavres qu'il dépose. Et puis il a changé de visage : « Tout à l'heure, dit-il, j'ai aperçu dans une glace de devanture une tête glabre, osseuse et blême comme une face de prêtre, les cheveux rejetés en arrière sans raie ! Physionomie d'impitoyable ! Mine de partisan cruel ! Ils doivent me prendre pour un fanatique qui recherche les blessés moins pour les secourir que pour les achever. »

A plusieurs reprises, il doit étouffer un mouvement de révolte. Quand il voit cette victime qu'on est en train de fouiller : « Une fillette de dix ans qu'un coup de baïonnette a saignée comme un cochon, à la nuque, sans couper un petit ruban rose qui retient une médaille de cuivre. »

A deux reprises Vallès est reconnu.

Dans la cour du Muséum, assis près de la fontaine Cuvier, Maxime Du Camp, écrivain, critique, ennemi haineux de la Commune, regarde ce major et son équipage : « J'éprouvai, a-t-il raconté, une intolérable émotion ; je m'imaginais que, puisque je l'avais reconnu, tout le monde allait le reconnaître, que les soldats le regardaient, que les officiers le désignaient, que les inspecteurs de police qui parcouraient les quartiers allaient venir l'arrêter, qu'on le pousserait contre le mur et qu'on le fusillerait sur place. J'eus là une minute très pénible. »

Maxime Du Camp ne dénoncera pas Vallès.

Celui-ci entre alors dans l'hôpital de la Pitié où le directeur le reconnaît aussi.

Bref dialogue :

— Comptez-vous me tuer ? demande Vallès.

— Dans cinq minutes je vous répondrai.

Le temps est long. Et peut-être, au bout, la mort. « Tant de choses à faire ! La toilette à rafistoler, la phrase à léguer, l'attitude à prendre. »

Le docteur laisse finalement Vallès partir.

Il est près de six heures du soir. Vallès se dirige vers Montparnasse, traversant les quartiers où il a vécu durant vingt ans. Il peut être reconnu à chaque instant. Le cocher, las, l'abandonne. Vallès se réfugie à l'hôtel de Rouen, passage du Commerce, où il a habité autrefois. La logeuse l'accueille.

La mort frôlée, la volonté de vivre, ces sentiments forts et ces sensations violentes épuisent. Font tout vaciller même si Vallès est resté maître de lui, buvant avec des officiers de ligne, soutenant le regard de ceux qui l'observaient avec soupçon, donnant le change.

Mais rien n'est joué encore. Tant s'en faut. Perquisitions partout. Délation partout.

Dans l'hôtel de Rouen même, un capitaine versaillais hurle qu'il a vu crever Vallès. « Il s'est traîné à terre ! Il a pleuré ! A demandé grâce ! »

Cette nuit du 28 au 29 mai, ce peut être celle de la mort. Vallès prend la plume. Et à cet instant, après une semaine sanglante, il écrit à sa mère. Pour se justifier devant elle ? Plaider à travers elle, si on l'arrête dans la nuit, sa cause ? Laisser par cette lettre une sorte de testament et d'image à la postérité ?

C'est un adieu en tout cas et donc une sorte de bilan. La supplique aussi d'un fils qui vient, sept jours durant, de voir les hommes mourir. Et qui a su, chaque jour, faire preuve de courage et qui, tout à coup, parle à sa mère et lui demande ainsi de témoigner pour lui.

« Ma chère mère,

« Je vais probablement mourir. Ma dernière pensée est à toi : je t'envoie le baiser suprême...

« Ma vie a été pénible ! Je crois qu'elle a été estimable. J'ai tant souffert de la misère, pouvant être heureux si je ne m'étais pas dévoué à la défense des pauvres ; j'ai tant subi de douleurs, d'humiliations, de calomnies que je suis calme devant la mort.

« J'allais devenir riche. J'avais déjà payé des dettes, j'allais en payer d'autres. Mon journal réussissait. J'avais résolu de partir au Puy avec un peu d'argent que j'aurais remis entre tes saintes mains.

« Tu m'as trouvé dur, exigeant, brutal peut-être bien souvent ! Pardonne-moi !...

« J'ai attendu la mort, je ne l'ai pas donnée. Je suis responsable comme les autres, mais je n'ai pas tranché une existence, fait une veuve, enlevé un père à son fils. Je puis mourir !

« Et s'il n'avait tenu qu'à quelques-uns de nous, notre sang seul aurait coulé au dernier moment de la lutte. Nous avons proposé d'aller nous livrer comme otages pour épargner la foule, et nous offrions nos têtes, tout de suite, pour que le massacre finît.

« Voilà la vérité, ma mère !

« Aurai-je le temps de la faire savoir ? Je ne crois pas ! D'une minute à l'autre, je puis être pris, fusillé !

« Je tomberai content, si je sais qu'on connaîtra ma part de responsabilité dans la bataille, un jour ou l'autre.

« J'ai bondi de douleur quand on m'a appris qu'on brûlait ; et j'ai pleuré des larmes de sang quand la rumeur de l'exécution des otages est venue !

« Encore une fois ! encore une fois, je te le jure ! ô chère mère ! c'est parce que je t'ai plus longtemps méconnue qu'au dernier moment je t'aime davantage ! La fatalité m'emportait ! Je ne pensais à toi que dans les rares haltes de ce voyage à travers la vie publique !

« Mais j'aime mieux ne rien t'expliquer et t'embrasser de loin. Je t'embrasse.

« Peut-être verras-tu venir à toi une femme qui te demandera ta bénédiction. Accueille-la comme l'amie dévouée de ton fils : elle a pansé mes plaies, soutenu ma peine, partagé ma misère, voulu mes dangers.

« Adieu, mère ! Oh ! j'aurais voulu te voir encore une fois ! »

Vallès ferme la boucle de sa vie.

Il est, au terme de la Semaine sanglante, unifié dans sa vie, justifié de l'avoir conduite comme il l'a conduite. Et parce qu'il est ainsi apaisé il peut, réconcilié, pleurer sur l'épaule de sa mère, comme un fils aimant.

Chapitre 28

« Ils ne m'auront pas ! Et je pourrai être avec le peuple encore... » (29 mai 1871-octobre 1871)

Il est seul dans ce petit hôtel du passage du Commerce, cependant que partout dans Paris on fusille ou bien que l'on forme des colonnes de prisonniers — il y en aura quarante-trois mille — qu'on dirige vers Versailles où ils seront parqués dans les caves de la terrasse, ou dans les docks de Satory, sans eau, sans nourriture durant plusieurs jours, tirés à bout portant (plusieurs centaines de morts) s'ils protestent ou s'ils se redressent quand on leur intime l'ordre de rester couchés face contre terre.

Bientôt fonctionneront vingt-quatre Conseils de guerre et les condamnés à mort seront fusillés au poteau de Satory, sur le plateau.

Vallès sait cela. « Leur échapperai-je ?... Je ne crois pas », pense-t-il. En même temps il n'a aucune angoisse. « Tant pis ! Si l'on me prend, on me prendra ! Je suis en paix avec moi-même. » Mais il a dans la tête et les yeux les souvenirs brûlants de ce qu'il a vu, entendu, des dernières heures qu'il vient de vivre, tenant à pleines mains des cadavres. Son paletot « fripé, sali, roussi », celui sur lequel il avait noué son « écharpe de membre de la Commune pour aller haranguer les bataillons découragés ou recevoir les délégations enthousiastes », est plein de taches de sang et de débris de cervelle.

Il sait qu'il ne peut pas rester dans cet hôtel où il a séjourné jadis. La police risque de venir perquisitionner, et l'on peut le dénoncer.

Car les dénonciateurs anonymes se sont mis à la besogne, réglant leurs comptes : du 22 mai au 13 juin on dénombrera 379 823 lettres de dénonciations anonymes adressées aux quartiers généraux de l'armée, aux mairies, à Versailles et surtout aux commissaires de police de Paris.

La police le traque d'ailleurs : Benoît, un ancien commissaire de Saint-Germain-des-Prés, signale, par exemple, au cabinet de la préfecture que l'ancien caissier de Jules Vallès habiterait une maison de la rue Saint-Sulpice. Il est urgent donc pour Vallès de quitter son premier refuge, puis un second, rue Saint-Sulpice, où il ne reste d'ailleurs que quelques heures (celui d'Etienne Ducret, un chansonnier).

Et, dès le 30 mai, Vallès se rend chez le sculpteur François Roubaud qui, au 21 de la rue Campagne-Première, à Montparnasse, possède un appartement et un atelier. Son ami Pierre Denis, l'éditorialiste du *Cri du peuple,* l'y rejoint. Vallès va disposer d'une chambre d'où il ne sortira pas. Pierre Denis couche, lui, dans un cabinet étroit et sans fenêtre, mais il fait souvent des courses dans le quartier.

Roubaud, Ducret, l'imprimeur Chevalier vont organiser le départ de Vallès pour l'étranger. Mais il faut attendre que la surveillance se relâche un peu. Et l'attente durera près de trois mois.

Période pesante. Vallès fait le point sur lui-même. Sur ce qu'il a vécu. Pas de remords. Au contraire. La Commune a magnifié les convictions et les engagements de Vallès. Il assume tout. Les massacres des fusilleurs — trente mille victimes — donnent leur dimension aux violences de la Commune.

« Je sais, dit Vallès, que les fureurs des foules sont crimes d'honnêtes gens, et je ne suis plus inquiet pour ma mémoire, enfumée et encaillotée de sang.

« Elle sera lavée par le temps, et mon nom restera affiché dans l'atelier des guerres sociales comme celui d'un ouvrier qui ne fut pas fainéant. »

On sent chez Vallès l'orgueil d'avoir fait son devoir, fidèlement, en prenant tous les risques, à visage et à corps découverts. Mais il y a plus. C'est toute sa vie qu'il peut regarder du point où il se trouve et qui précède peut-être la mort. D'une certaine manière il est heureux. Il a *bien* vécu.

« Mes rancunes sont mortes, explique-t-il. J'ai eu mon jour. Bien d'autres enfants ont été battus comme moi, bien d'autres bacheliers ont eu faim, qui sont arrivés au cimetière sans avoir leur jeunesse vengée.

« Toi, tu as rassemblé tes misères et tes peines, et tu as amené ton peloton de recrues à cette révolte qui fut la grande fédération des douleurs.

« De quoi te plains-tu ?... »

Sans doute aussi le sentiment d'avoir refusé de donner la mort, de s'être opposé aux exécutions sommaires d'otages et de mouchards, d'avoir, tout au long de la Commune, prêché la conciliation lui donne-t-il bonne conscience. Il assume les violences commises par ses camarades. Il est fier, heureux de ne pas les avoir proposées.

Il s'interroge cependant tout au long de ces journées d'enfermement sur les raisons de l'échec.

« Ce qui nous a fait défaut à tous, dit-il, c'est le génie organisateur qui nous aurait été nécessaire et qui était indispensable pour donner un corps administratif, une base politique à notre gouvernement social... Car, nous autres journalistes ou orateurs, nous pouvons bien renverser, démolir les obstacles qui s'opposent aux projets de la Démocratie, mais autre chose est encore l'institution sociale et administrative d'un gouvernement nouveau. Aussi est-on généralement étonné qu'après tant de révolutions on ne soit pas encore parvenu à organiser administrativement les facultés sociales de la Démocratie française. »

Mais Vallès n'est pas un théoricien. Il ne va pas plus loin. Il a envie de raconter, d'exprimer et il pense à nouveau à sa grande œuvre, cette *Histoire de sa génération* que la Commune viendra couronner. L'exemple de la *Comédie humaine* s'impose à lui à nouveau. Pourquoi ne serait-il pas le Balzac de ceux qui, de 1848 à 1871, furent les combattants et les vaincus de la guerre sociale ?

Pour cela il faut survivre. Or il demeure menacé.

Paris est livré aux soldats, aux dénonciateurs, à ceux — toute l'élite bien-pensante et notamment les écrivains — qui crient vengeance.

Mme George Sand note avec satisfaction dans son *Journal* lors des premiers jours de juin 1871 : « On fusille beaucoup et on arrête en masse... Les exécutions vont leur train. C'est justice et nécessité. »

Jules de Goncourt relève avec satisfaction le 31 mai : « Il n'y a eu ni conciliation ni transaction. La solution a été brutale. Ça a été de la force pure. La solution a retiré les âmes de lâches compromis. La solution a redonné confiance à l'armée qui a appris dans le sang des communeux qu'elle était encore capable de se battre. Enfin la saignée a été une saignée à blanc ; et les saignées comme celle-ci, en tuant la partie bataillante d'une population, ajournent d'une conscription la nouvelle révolution. C'est vingt ans de repos que l'ancienne société a devant elle ; si le pouvoir ose tout ce qu'il peut oser en ce moment. »

A la lumière de ces déclarations on mesure les illusions qu'avaient entretenues Vallès et les minoritaires partisans d'un compromis avec Versailles. Vallès s'en rend compte d'autant plus que les journaux tiennent le même langage.

Dans *Le Gaulois* ou *Le Figaro,* on lit qu'il n'y a « pas d'autre pénalité possible qu'une supression radicale ». Certes « nos soldats ont simplifié la besogne des cours martiales », ajoute *Le Figaro,* mais « beaucoup de coupables ont échappé au châtiment ; il reste à M. Thiers une tâche importante, celle de purger Paris. Jamais occasion pareille ne se présentera pour guérir cette ville de la gangrène morale qui la ronge depuis vingt ans... Allons, honnêtes gens, un coup de main pour en finir avec la vermine démocratique et sociale. Nous devons traquer comme des bêtes fauves ceux qui se cachent ».

Dans leur délire haineux — Alexandre Dumas fils se surpassera, parlant des « femelles » des communards qui ne ressemblent aux femmes que quand elles sont mortes —, les journaux annoncent régulièrement la mort de Vallès.

Maxime Vuillaume, caché lui aussi, note dans son carnet les nouvelles qui lui parviennent : « Vallès, écrit-il, a été tué rue des Prêtres-Saint-Germain-l'Auxerrois, où il s'est fait traîner. Comme il se débattait, on l'a fait taire à coups de crosse dans les reins. Les soldats l'ont ensuite lardé de coups de baïonnette... »

Vallès lit régulièrement la presse. Il lit sa mort à plusieurs reprises. Il sait que, dans la cour de la caserne Lobau, l'on tue à la mitrailleuse.

Le 1er juin 1871, dans *Le Moniteur universel,* il découvre ce que sont devenus certains jardins de Paris. « Ce qui épouvantait le regard, rapporte le journal, c'était le spectacle que présentait le square de la tour Saint-Jacques. Les grilles en étaient closes. Des sentinelles s'y promenaient. Des rameaux déchirés pendaient aux arbres. Partout de grandes fosses ouvraient le gazon et creusaient les massifs. Du milieu de ces trous humides fraîchement remués par la pioche sortaient çà et là des têtes et des bras, des pieds et des mains. Des profils de cadavres s'apercevaient à fleur de terre, vêtus de l'uniforme de la Garde nationale. C'était hideux. On les avait jetés là précipitamment. Une odeur fade, écœurante, sortait de ce jardin. Par instants, à certaines places, elle devenait fétide. Des tapissières attendaient leur horrible chargement. Les berges du fleuve avaient reçu leur contingent de morts. »

A ces lectures, la détermination de Vallès, son désir de témoigner s'accusent encore. Comme la nécessité de la fuite.

D'ailleurs, après avoir annoncé sa mort, on le signale un peu partout, à Arras, à Dieppe sur un rapport du commissaire spécial des chemins de fer le 28 juillet ; à Londres même. Un témoin assure l'avoir vu à Longjumeau. Et il l'écrit au préfet de police :

« J'arrive de Longjumeau et j'y ai vu Jules Vallès se promenant dans un jardin de la grande rue numéro 103, en face de l'hôtel du Lion d'Or.

« En vous annonçant la retraite de ce coquin, je crois être utile à mon pays. »

Sur les murailles intérieures du château de la Roche-Guyon, une main a même tracé l'inscription suivante : « Jules Vallès, ex-membre de la Commune, a quitté Paris malgré les malins de la police et visité ce château le 17 juin 1871. » Ruse pour déjouer les recherches ou les faire cesser à Paris ?

A cette date, Vallès est encore à Paris et il y restera jusqu'à la fin du mois d'août.

Les amis de Vallès ont préparé son itinéraire de fuite avec habileté et prudence. Il fera halte à Chauny, dans l'Aisne, chez un cousin de Chevalier ; puis à Péronne, dans la maison de campagne de l'imprimeur ; il descendra enfin du train à la dernière halte avant la frontière belge qu'il passera à pied.

Mais une fois en Belgique rien ne sera joué. Le gouvernement de Bruxelles, cédant à la pression de Jules Favre, est décidé à rejeter les communards, voire à les extrader vers la France.

Et *La Liberté,* le journal socialiste de Bruxelles, a donné la liste des interdits de séjour en Belgique : Vallès est du nombre aux côtés de Victor Hugo qui a eu le tort de vouloir accueillir chez lui dans sa maison de Bruxelles des communards. Il faudra donc pour éviter une extradition gagner l'Angleterre.

Vallès quitte Paris un soir de la fin août. Il porte un léger collier de barbe, des lunettes bleutées. Une longue redingote sombre, un chapeau haute-forme et un pantalon tire-bouchonnant lui dessinant une curieuse silhouette. Dans son compartiment de première classe, un officier ivre insulte les communards. Mais Vallès a appris à se taire.

« *LA MAIN DANS LA MAIN, CAMARADES !* »

Le voyage se déroule sans encombre. Les étapes sont agréables. Vallès retrouve la campagne. Il revit. Dans une voiture de vannier il s'approche de la frontière, mais il veut avant de la franchir cueillir une pomme, mordre dans ce fruit de France. Quand pourra-t-il rentrer ?

Cependant l'énergie l'emporte sur la nostalgie.

« Ils ne m'auront pas ! dit-il. Et je pourrai être avec le peuple encore, si le peuple est rejeté dans la rue et acculé dans la bataille. »

Il marche. « Je viens de passer un ruisseau qui est la frontière. » Il entre dans le village belge de Marquenoise où l'on fête l'indépendance du pays.

Bientôt ce sera le départ pour Bruxelles où il arrive le 25 septembre. Puis, quelques jours plus tard, Londres.

Vallès se tourne une dernière fois.

« Je regarde le ciel où je sens Paris, dit-il.

« Il est d'un bleu cru, avec des nuées rouges. On dirait une grande blouse inondée de sang. »

V

« LES EXILÉS ONT TOUJOURS TORT » (octobre 1871-juillet 1880)

Chapitre 29

« J'ai l'estime de qui m'a connu... C'est tout mon capital » (octobre 1871-1874)

Jules Vallès n'a pas quarante ans. Les mois qu'il vient de vivre — depuis l'automne 1870 — après les années difficiles de l'Empire l'ont marqué physiquement. Sa vie certes s'est inscrite dès l'enfance dans un champ de violence, de conflit, de défis et de difficultés. Et l'adolescent qui a été interné par son père dans un asile d'aliénés, le jeune homme qui s'est battu en duel, le traîne-misère et l'affamé ont acquis des réflexes de survie qui l'ont aidé durant la Semaine sanglante à faire face.

Vallès est accroché à la vie. S'il était homme à lâcher prise, voilà longtemps qu'il se serait laissé engloutir. Mais la fatigue est là, voûtant le dos, alourdissant le corps, blanchissant la barbe et les cheveux. Des signalements parvenus à la préfecture de police le décrivent ainsi : « Taille, 1,65 m ; barbe, cheveux et sourcils grisonnants ; yeux gris-noir ; regard perçant et en dessous ; nez camard ; teint mat ; allure dégagée. » On ajoute : « Marche assez lourdement. » Et il arrive, proscrit, sur une terre étrangère sans pouvoir même imaginer une date à son retour en France.

La répression s'abat sur les communards prisonniers. Les Conseils de guerre jugent et condamnent. Jules Favre multiplie les démarches diplomatiques contre les exilés : « Aucune nation ne peut les couvrir d'immunité », écrit-il.

Dans quelques mois, le même gouvernement français choisira une autre politique tout aussi sévère : le bannissement sans ressource des communards. Tout cela montre à Vallès que son pays lui est fermé pour longtemps, peut-être pour toujours.

Certes, il n'est pas seul. Sa compagne fidèle, humble, dévouée, celle dont il dit à sa mère dans ce qu'il a cru être une dernière lettre qu'elle a « pansé mes plaies, soutenu ma peine, partagé ma misère, voulu mes dangers », l'a sans doute accompagné dans son exil. Réconfort et présence qui durent depuis des années et qui expliquent peut-être que Vallès n'ait jamais sombré. Même s'il ne dit rien, par pudeur et par orgueil, de cette « grande blonde », Joséphine Lapointe, elle est là, garante de la vie quotidienne, regard qu'on peut toujours croiser, sensibilité attentive.

Peut-être le séjour de Joséphine Lapointe à Londres a-t-il été intermittent (elle n'y aurait séjourné selon certains que de mai à septembre 73), mais Vallès a la certitude — et cela vaut présence — qu'elle est fidèle, qu'il peut la retrouver s'il le désire.

Cette assurance, égoïste, est un élément de stabilité psychologique. Vallès, d'ailleurs, n'a jamais été jusqu'au mariage, comme si le lien commode qu'il a noué avec Joséphine Lapointe lui suffisait.

Il lui permet de rêver à autre chose, de vivre d'autres passions. Et il fut — même s'il est discret — l'homme des coups de flamme.

Dès son arrivée à Londres, il s'éprend d'une jeune femme. « La première année de mon séjour ici, écrit-il, a été traversée par une aventure qui m'a en quelques jours blanchi les cheveux. »

Ce qui prouve que Vallès, quelle que soit la difficulté, ne renonce à rien. Il est homme d'énergie et de volonté. Malgré l'usure des années et le poids des épreuves, il est soutenu par un élan vital exceptionnel. Et cela vaut aussi pour les coups de cœur et le désir.

Il n'a par ailleurs pas de souci en ce qui concerne sa liberté. Les journaux anglais — du *Time* aux hebdomadaires démocrates — condamnent la violence de la répression versaillaise et assurent aux exilés qu'ils trouveront dans le royaume de Sa Majesté Victoria une terre d'asile.

Encore faut-il disposer de l'argent nécessaire pour vivre. Or, Vallès n'est pas le plus démuni des exilés.

Le Cri du peuple a connu de forts tirages durant plusieurs semaines et Vallès a conservé une partie des recettes. « Un peu d'argent », peu de chose, mais qui lui permet cependant de faire face. Surtout, heureuse surprise, un lecteur inconnu de Vallès, un certain Caillebotte, ému par ce qu'il avait lu de Vallès décide de lui léguer un héritage de 50 000 francs, somme rondelette et inespérée.

A peine arrivé à Londres, Vallès s'en préoccupe, entre en relation à Paris avec Me Bigot, un avocat habile et courageux, qui, ancien secrétaire de Jules Favre, a pris en charge la défense de nombreux communards. Il va se dépenser sans compter pour permettre à Vallès de toucher son héritage. Mais l'affaire est délicate. La famille essaie de faire passer Caillebotte pour fou, tente de faire intervenir la justice militaire afin d'empêcher Vallès — passible d'un Conseil de guerre — d'obtenir satisfaction. Bigot monte une stratégie judicieuse de compromis avec les autres héritiers : « Il y a urgence, écrit-il à Vallès dès novembre 1871. C'est déjà FLAIRÉ. » A plusieurs reprises, il interviendra auprès de Vallès, lui dictant la marche à suivre, avec l'appui d'un notaire anglais. Pas simple quand on est un proscrit, poursuivi devant le tribunal militaire, de mener à bien une difficile affaire juridique.

Pourtant, Bigot réussira à obtenir, le 29 avril 1872, 36000 francs dont une vingtaine de milliers sont touchés par Vallès. Vallès en effet a prêté 10000 francs à Me Bigot. Celui-ci meurt quelques semaines plus tard d'une attaque en pleine audience, et Vallès tentera par de nombreuses interventions de récupérer cette somme. Quoi qu'il en soit, il est, à l'arrivée à Londres, à l'abri du besoin et la situation se prolongera durant plusieurs mois.

Curieusement, ainsi, les premiers temps de l'exil sont supportables.

La politique française, quotidienne, n'exerce plus, comme elle l'avait fait durant des années, sa pression sur Vallès. Au fond, il n'attend plus grand-chose en ce domaine. L'Empire, son ennemi, a été liquidé et la Révolution qu'il espérait a eu lieu.

Dans l'une des lettres qu'il adresse à son ami, Hector Malot, il avoue même avec une sorte d'étonnement : « Somme toute, écrit-il, je suis plus heureux personnellement que je n'ai jamais été. »

Quand il écrit cette phrase, cela fait plus d'un an qu'il est en exil. Mais dans cette correspondance du 22 décembre 1872, la première qu'il écrit à Hector Malot depuis son départ de France, il fait un bilan sincère.

Hector Malot, il le sait, est un ami fidèle. Un homme probe et rigoureux, un écrivain à succès qui s'est montré sous l'Empire courageux. L'auteur de *Sans famille* et de plus de soixante livres ne partage pas les engagements politiques de Vallès, mais les deux hommes se connaissent depuis les années 1860 et à plusieurs reprises déjà Malot a aidé Vallès.

Ce 22 décembre 1872, Vallès renoue. Et, franchement, jouant cartes sur table, il aborde la question de son rôle dans la Commune : « Peut-être ai-je fait quelque bien sous cette Commune, peut-être ai-je fait du mal, écrit-il. J'ai trop penché pour la modération. En tout cas, aux derniers jours, j'ai été avec les combattants jusqu'à la dernière heure. Le dimanche à huit heures du matin, je commandais encore la barricade de la rue de Paris à Belleville. »

Et, tout en sollicitant l'aide de Malot, il précise : « J'ai eu et j'ai encore du pain pour quelques mois. »

La réponse d'Hector Malot donne le ton de ce que seront leurs relations tout au long de l'exil de Vallès. Malot, le 25 décembre 1872, répond simplement : « Après la Commune vous seriez venu me demander de vous cacher, je vous aurais donné l'hospitalité ; aujourd'hui dans l'exil vous me demandez un service, je ne vous le refuserai point. Je regrette que dans votre lettre vous parliez tant de votre rôle sous la Commune ; c'est en m'efforçant d'oublier ce rôle et en voulant ne me rappeler que votre exil que je me mets à votre disposition. Dites-moi donc ce que vous attendez de moi et ce qu'il me sera possible de faire, en dehors de toute politique bien entendu, je le ferai. »

Homme exemplaire, Malot, en cette période de haine où les communards sont pourchassés et où, dans les milieux littéraires, seront particulièrement poursuivis ceux qui, comme Vallès, se sont engagés aux côtés des communards. Vallès, parmi les hommes de lettres, ne pourra guère compter que sur l'appui, outre de Malot, de Zola et d'Aurélien Scholl. Ce journaliste brillant, républicain qui a eu de multiples duels ou procès, ce « boulevardier » qui a collaboré au *Figaro* et au *Nain jaune* comme Vallès, est un homme de conviction et de fidélité.

Ils sont rares. Au printemps de 1874 encore, un écrivain journaliste, Emile Blavet, que Vallès avait accueilli dans son journal *La Rue* en 1867, demandera sa radiation de la Société des gens de lettres et l'obtiendra par 10 voix contre 4.

Le courage d'un Hector Malot, l'amitié d'Aurélien Scholl ne font pas école parmi les journalistes et les hommes de lettres en place ou de renom.

Pire : la calomnie le poursuit toujours.

Au printemps de 1872, *Le Figaro* écrit ainsi qu'à Londres « Vallès vit en grand seigneur... il demeure dans Percy Street, près d'Oxford Street... Les frères et amis peuvent frapper à sa porte ; il ne leur ouvrira pas. Jamais il ne s'était vêtu avec autant d'élégance que maintenant. Cet excellent garçon qui s'est réfugié si vaillamment dans sa cave à l'heure où l'on mourait pour ses écrits... ne fréquente personne ».

Vallès souffre d'autant plus de ces calomnies qu'il ne peut pas répondre et qu'il y a pire.

Déjà lorsque Vallès était caché à Paris, rue Campagne-Première, un journal, *La Vérité,* publiait en feuilleton une série d'articles consacrés à Vallès et intitulés « Les Etapes d'un réfractaire ». L'auteur, Jean Richepin, normalien, journaliste, reprenait la vieille calomnie selon laquelle Vallès s'était vendu à la police impériale au moment des élections de 1869.

Vallès, on l'a vu, avait été lavé de tout soupçon, à sa demande, par un jury d'honneur, composé de ses camarades.

Mais, dans l'été 1871, celui de la délation et de la répression, rien n'est de trop pour accabler un écrivain communard. Richepin écrit le 15 juillet 1871 : « Ce marché honteux, ce trafic d'honneur, il n'y a guère à en douter, est un fait certain. La maîtresse de Vallès a raconté depuis que cette candidature avait été soutenue par le sieur R... un mouchard de Pietri — préfet de police de l'Empire — et qu'on voulait ainsi faire avorter celle de Jules Simon... »

Vallès dans sa cachette parisienne avait été indigné. « Mauvaise langue, calomnie comique, insulte gratuite, sottise ou infamie. » Pierre Denis, caché avec lui, l'avait retenu de se rendre, en pleine chasse à l'homme, dans les bureaux de *La Vérité.*

Mais quand Vallès arrive à Londres, l'incident n'est pas oublié. « Les amis aux côtés de qui j'avais commandé le feu jusqu'au 28 mai à huit heures du matin dans les rues de Belleville rouges de sang, raconte Vallès, m'embrassent, m'emportent, et le soir me montrent le numéro de *La Vérité.* Ils en avaient pleuré de rage... »

Et Vallès avec obstination va défendre son honneur. Ce n'est pas aisé. Il est loin de Paris. Il doit choisir des intermédiaires. Le caricaturiste André Gill qui assure Vallès de la bonne foi de Richepin ; Edouard Portalis, aussi, le directeur des journaux *La Vérité* et *La Constitution.* Il faut, réclame Vallès, que Richepin rectifie, dans le volume qui naîtra de son feuilleton. « Quand je serai sûr que la tache est effacée, je tendrai la main à Richepin, par-dessus la Manche », écrit Vallès.

Il obtiendra gain de cause, mais la bataille qu'il a dû conduire dit l'importance que Vallès attache à tout ce qui touche à son rôle dans l'histoire d'où a surgi la Commune.

Mais ces batailles pour son honneur, comme hier la défaite, l'exil ou la passion amoureuse qui fait « blanchir ses cheveux », ne le distraient en rien de ce qui est le cœur même de son existence : écrire.

L'impuissance même dans laquelle il est de peser sur la politique française le concentre au contraire sur la mémoire — les événements de ces années — et l'histoire qui sont les deux patries toujours présentes d'un écrivain en exil.

D'autant plus même qu'il ne peut publier dans la presse française. Les journaux sont soumis aux lois sur la presse, fort contraignantes, et paralysés par la crainte des procès.

L'Assemblée est monarchiste, le gouvernement très largement marqué à droite, truffé d'anciennes personnalités du Second Empire. On juge à Versailles. On fusille : Roussel, Ferré. Et le premier convoi de déportés quitte la France pour la Nouvelle-Calédonie à bord de la frégate *Danée* dans des conditions inhumaines, en mai 1872.

Vallès ne peut publier qu'un article sous le titre « Lettres de l'exil » dans *La Constitution* et sans signature, puis le journal disparaît. Il est encore trop tôt pour que des journaux comme *L'Evénement, Le Peuple souverain,* ou *Le Corsaire,* accueillent les articles, même anonymes, d'un proscrit comme Vallès.

Alors il écrit autre chose. Un grand drame en cinq actes et douze tableaux : « J'ai bâti une pièce, dit-il à Malot, qui s'appellera *Le Peuple de Paris* ou *La Commune de Paris,* peut-être *Les Deux Sièges.* C'est la mise en relief et en mouvement de cette tranche de l'histoire ! C'est, je crois, sobre, impartial, très digne... et je fais reluire l'esprit à côté de l'héroïsme français dans ce tourbillon de la fatalité. »

Vallès a toujours voulu écrire pour le théâtre. Il est, malgré l'exil, plein d'optimisme. « Je compte pouvoir être joué en France, un jour ! » Il espère être représenté en Angleterre et dans les villes d'Amérique. « Il me semble qu'on sera curieux d'assister à ces scènes généreuses et terribles[1]. »

En même temps, il rassemble des matériaux, des témoignages, il prend des notes. Il n'a pas renoncé à son *Histoire d'une génération;* mais peut-être envisage-t-il, dans ces premiers mois d'exil, d'écrire une œuvre objective, non romanesque, véritable livre d'histoire sur

1. La pièce sera représentée pour la première fois... de mars à mai 1983 en Chine, à Pékin... Avec succès. La France attend toujours.

la révolution du 18 mars, chronique du type de celles qu'entreprennent un autre communard, Lissagaray, ou l'ami de Vallès, Arthur Arnould.

Les mouchards de la police française qui espionnent avec efficacité Vallès et ses camarades d'exil font état de ce projet, de la recherche de documents que mène Vallès.

On sent bien à ces préoccupations, à cette sorte de fébrilité qu'il met à écrire son drame, que la Commune brûle encore la peau de Vallès. Les émotions sont là, à portée de souvenirs.

D'ailleurs, Vallès est, à Londres, resté au milieu des communards. Il n'appartient à aucune tendance : il n'est ni blanquiste, ni marxiste, ni proche des anarchistes qui révèrent Bakounine. Il demeure l'indépendant qu'il a été, mais il est membre du Cercle d'études sociales que les exilés ont fondé le 20 janvier 1872. Il en est même l'un des animateurs principaux. Le Cercle exige de chaque adhérent une cotisation de trois shillings par mois et organise une bibliothèque et des débats, offre des secours aux bannis qui arrivent sans ressources.

Petit milieu actif, déchiré de conflits idéologiques ou de personne. Vallès et Lissagaray se sentent rivaux. Certains accusent Vallès de ne pas avoir distribué les sommes qu'il a pu collecter pour subvenir aux exilés dans le besoin : trois cent cinquante francs ! Vallès souffrira de ce climat de suspicion, de ces aigreurs que l'exil provoque et le 3 août il démissionnera du Cercle d'études sociales.

Déceptions, déboires : être proscrit, c'est cela.

Mais il y a plus : Vallès n'est pas un homme d'argent. Il s'inquiète pourtant. Son petit capital file vite. Il prête. On sait chez les exilés qu'il possède quelques fonds. « Mon cher Vallès, lui écrit Maxime Vuillaume, je viens tout simplement vous demander pour un laps de temps assez court la somme de vingt ou vingt-cinq francs... » Petite somme.

Mais Vallès peut aussi se faire gruger. Il avance ainsi près de six mille francs à « des amis, qui m'ont volé bien entendu », dit-il. Il s'agit de deux communards — Léonce et Mallet — qui veulent, affirment-ils, monter un atelier de peinture sur porcelaine. Echec ou escroquerie : Vallès y perdra son investissement.

Il cherche à faire des placements, Me Bigot le conseille, mais s'écrie : « Tâchez de me comprendre mais, au nom du diable, ne dépensez pas le magot. »

En fait, Vallès a, avec les sommes dont il dispose pour la première fois, l'attitude du néophyte. Il veut les faire fructifier, ne sait pas trop comment s'y prendre. Envisage même d'entreprendre un commerce de vins, de concert avec une maison d'exportation française. Puis revenant aux domaines qu'il connaît, il veut « ouvrir dans une rue respectable, un magasin de livres et d'œuvres d'art parisiennes ». « J'ai l'estime de qui m'a connu, vu de près, pratiqué et suivi. C'est tout mon capital », dit-il. Il cherche à créer « un petit journal » dont il espère qu'il sera son « arbre à pain », qui rendrait compte à la fois de la littérature et des arts à Londres et à Paris.

Avec un autre exilé il fonde un « French Athenaeum, Grammar, Literature, Sciences, Arts » qui doit donner des cours de langue et de littérature françaises, et aussi des conférences. Vallès prononcera ainsi une causerie sur le caractère du peuple français.

Echec de tous ces projets, de toutes ces tentatives pour trouver des moyens de vivre qui ne soient pas directement liés à l'écriture. Et comment par ailleurs envisager raisonnablement une activité littéraire régulière et rémunératrice quand le pays de sa langue vous est fermé ?

Et pourtant Vallès s'obstine. Il donnera un article critique sur le *Quatre-vingt-treize* par Victor Hugo que publiera la *Revue franco-anglaise* qu'édite le révérend César Pascal de Brighton, puis il fera paraître deux numéros d'une revue satirique, *Coming P.*

Vallès l'énergique, Vallès l'obstiné qui réussit, même dans les difficultés de l'exil, à faire naître un journal, à trouver un financier — un Italien rencontré au café Veglio, dans Tottenham Court —, Vallès qui, quand il loue Victor Hugo, célèbre (comme s'il parlait aussi de ce qu'il veut faire, lui Vallès) « une pensée qui domine à la fois le chemin des révolutions passées et le chemin qui s'ouvre devant les générations nouvelles ».

Etonnant Vallès qui parvient ainsi, à coups de volonté, à écrire une pièce de théâtre, à multiplier les activités, à vivre une passion, à être au centre d'une toile de relations, échangeant des lettres avec un peu plus de trente correspondants, explorant des possibilités diverses d'entreprise commerciale, d'une librairie à un commerce de vins français, fréquentant la bibliothèque du British Museum, collectant des témoignages sur l'histoire de la Commune, rendant tous les dimanches visite à Gounod, retiré en Angleterre, ou bien entrant en relation avec Jenny Marx, la fille de Karl Marx, qui bientôt épousera

Charles Longuet, un communard exilé et camarade de Vallès ! C'est bien la vitalité qui est la principale caractéristique de Vallès, et une volonté farouche de survivre, et cela, pour l'écrivain qu'est Vallès, signifie s'exprimer.

Et pourtant, durant les premiers mois d'exil, Vallès a été durement frappé.

Le 9 mars 1872, sa mère est morte. Il l'ignore durant des semaines. Qui sait dans sa famille où il se trouve ? A la fin mai enfin, la nouvelle lui parvient, et elle l'accable. « J'ai appris mon malheur dans l'exil, écrit-il à sa tante. Je n'ai pas entendu un mot d'adieu. »

C'est un fils de quarante ans, qui se lamente, qui cherche à savoir « si ma brave mère n'a pas exprimé de vive voix ou laissé dans un testament quelques volontés dernières ». Qui répète : « Tout ce qui me parlera d'elle me consolera, et je me ferai un devoir d'exécuter ce que son testament me recommanderait. »

Il a pleuré. « Pour un proscrit la peine est plus lourde encore, et tout ce qui vient de personnes aimées est accueilli avec le cœur dans l'exil... » Et parce qu'il s'adresse à sa tante, il dit ce qu'il ressent, sans trop de retenue : « Je ne pensais pas que jamais je reverrais ma mère, je suis un vaincu et notre défaite a été si terrible que les survivants sont condamnés sans doute à mourir loin de leur pays. Heureux encore, puisqu'il y a le bagne et les prisons éternelles dans les colonies de la patrie ! Mais j'ai bien souffert, je vous jure. »

Sous l'énergie, la faiblesse, sous la volonté, la blessure. Avec l'incertitude sombre du lendemain. Il précise à sa tante qu'il ne la « reverra peut-être jamais ». Et il répète qu'il a pleuré.

Comment en effet pourrait-il imaginer rentrer bientôt en France ? Le 4 juillet 1872, le 6e Conseil de guerre de la 1re division militaire se réunissait à Versailles pour le juger par contumace. C'est le colonel Roux de Montleber qui préside. Le rapporteur est le capitaine Masson.

Vallès savait ce qui pouvait l'attendre. Trop de haines concentrées sur son nom pour obtenir la moindre clémence. Il est devenu l'un des personnages symboliques de la Commune. Avec *Le Cri du peuple,* il en a été la voix. Comment échapperait-il à une condamnation capitale ?

Le procureur d'ailleurs ajoute au réquisitoire général une accusation particulière. Il lit à l'audience la lettre d'un communard qui, le

23 mai 1871, assure que « le citoyen Vallès » a recommandé la destruction d'une maison rue de Lille, au numéro 49, dont le propriétaire aurait « vexé » les citoyens Vallès et Félix Pyat. Vallès incendiaire vindicatif ! Cela ajoute au portrait. Il était déjà pour la presse un agent de l'Empire, vénal, le voici personnellement criminel. Tous les journaux conservateurs s'indignent. Dans *Le Figaro,* on lit, par exemple, cette note qui se veut ironique : « Notre confrère Camille Debans, qui collabore encore au *Moniteur,* a en effet perdu tout ce qu'il possédait dans l'incendie de la rue de Lille. Puisse cette certitude adoucir l'exil de MM. Pyat et Vallès ! »

Le verdict tombe : Jules Vallès, journaliste, homme de lettres, condamné à mort par contumace. Et Francisque Sarcey l'accable dans le journal *Le XIX*e *Siècle,* prétendant que Vallès aurait déclaré : « " Dans une insurrection, il n'y a que deux alternatives pour les hommes d'esprit : vaincre ou fuir. " Nous nous en doutions un peu ; mais nous sommes bien aises de le leur entendre dire avec ce cynisme. Qu'en pensent les niais qui se font tuer pour ces farceurs ? Les Jules Vallès ne songent qu'à mettre la main sur l'argent ; ce sont de vulgaires bandits. Le coup a manqué ? Ils détalent, tout prêts à revenir, d'ailleurs, si l'on ne fait bonne garde. C'est pour de tels polissons que trente mille hommes sont morts, et les fils de ceux qu'ils ont menés à la boucherie continuent de les révérer comme des saints de la République, et un jour viendra qu'ils les nommeront à l'Assemblée. O bêtise humaine, tu es insondable ! »

L'article est repris par *Le Gaulois* du 14 juillet car il exprime la « noble indignation que partagent tous les honnêtes gens ».

Certes, Vallès n'attendait rien des bien-pensants ni du Conseil de guerre. Mais, la nouvelle tombée, c'est la certitude d'un très long et peut-être définitif exil. Plus d'espoir d'amnistie. L'argent compté, une vie loin des lieux qui sont chers à la mémoire. Les vagues de la nostalgie. La tristesse des logements de passage, dans une ville étrangère. « J'ai pensé souvent à cette maison, écrit-il à Malot, évoquant la demeure de son ami à Fontenay-sous-Bois, où l'on causait à cœur ouvert. » C'est comme si le verdict de mort venait confirmer la disparition de la mère. L'arrachement de Vallès au sol, à ses racines, devient chaque jour une réalité plus pesante, plus douloureuse. Après les premiers mois d'exil, passés comme dans un songe, la tête encore pleine des explosions de la Commune, voici que s'annonce un temps maussade, sinistre.

Est-ce pour éviter cette sensation d'enfermement dans l'exil monotone et sans issue qu'il décide de gagner la Suisse à la fin de l'année 1872 ? Peut-être aussi cherche-t-il à fuir Londres, où cette brève passion qui l'a fait vieillir vient de s'achever. Il veut sans doute mettre de la distance entre lui et ses sentiments.

A Lausanne, il sait retrouver de nombreux exilés, des amis comme Maxime Vuillaume ; la comédienne Agar, que le gouvernement Thiers a persécutée parce qu'elle avait accepté de donner des représentations durant la Commune.

Pourquoi cette tragédienne n'interpréterait-elle pas l'un des rôles de la pièce que Vallès vient d'écrire ? Vallès s'installe chez un pasteur, sous le pseudonyme de Baslil. On bavarde entre proscrits sur la terrasse du casino de Lausanne.

Vuillaume raconte :

« Comment en somme gagner sa vie ? C'est le grand sujet de conversation de tous les jours. Vallès, qui est des nôtres depuis un mois ou deux, tire de sa poche un petit carnet, sur lequel il note à la hâte, au crayon, quelque impression. Il ferme son carnet, le remet en poche, le sort de nouveau, écrit autre chose.

— Un article pour Paris ?

— Non. Une autobiographie. Mes Mémoires, si vous voulez...

— La Commune ?

— Non. Mon enfance. »

Vallès donc accumule des phrases, des idées, des images. Il poursuit, jour après jour, avec son obstination paysanne, ce projet qui hésite entre une *Histoire de vingt ans (1848-1868)* et des confidences telles que déjà il les a esquissées dans *Jean Delbenne* publié en 1865 ou *Le Testament d'un blagueur,* écrit pour le journal *La Parodie,* d'André Gill, et aussi dans *Pierre Moras,* cette première tentative romanesque.

Sans doute la mort de sa mère, il y a seulement quelques mois, a-t-elle mis en branle tout le jeu des souvenirs. Cela fait déjà longtemps qu'il n'a plus d'agressivité à l'égard de sa mère. Au contraire. Et, comme il le dit, « il ne montre pas le poing au fantôme de celle qui, le lendemain du jour où elle avait entendu dire que son fils était fusillé, avait pris le lit et, au bout de deux mois, était morte. Oh non ! il ne restait pas de haine et pas de colère, seulement de douloureux et grotesques souvenirs ».

Mais il ne s'agit encore, en cette fin d'année 1872, que de vagues notations. Ce qui l'obsède, c'est sa pièce de théâtre. A Neuchâtel, il en lit le texte à des communards rassemblés. Il cherche à rencontrer la tragédienne Agar, échoue plusieurs fois. S'obstine. Obtient gain de cause mais seulement de vagues promesses.

D'ailleurs, ce séjour en Suisse commence à peser à Vallès.

Il vit sans doute avec Joséphine Lapointe, retrouvée, après la passion londonienne. Peut-être, comme le dit un mouchard de police dans un rapport, participe-t-il à une réunion à Berne avec Bakounine, Benoît Malon, pour la mise en place dans toute la France d'un parti révolutionnaire regroupant toute l'extrême gauche. Mais tout cela ne débouche pas. Et ce séjour suisse est fort onéreux : « Je suis venu à Lausanne, explique Vallès à Hector Malot, où je croyais que la vie était moins chère. Grave erreur et que je paie en gros sous. »

Vers la mi-janvier 1873, il se décide donc à regagner Londres. L'escapade n'a pas été fructueuse. Il faut affronter la réalité de l'exil.

Or, les mois, les uns après les autres, apportent de mauvaises nouvelles.

La politique française semble glisser vers le retour à la monarchie. Le 24 mai 1873, Mac-Mahon devient président de la République, et un an plus tard le général de Cissey forme le ministère. Les militaires de l'Empire, les fusilleurs de la Commune tiennent les rênes du pouvoir. Gambetta, quand il manifeste — en juin 1874 —, reçoit un coup de canne en plein visage. Et la France est vouée au Sacré-Cœur : la construction de la basilique à Montmartre, décrétée d'utilité publique, doit marquer l'expiation des crimes de la Commune.

Vallès, à Londres, est devenu M. Pascal.

Il porte le nom de sa mère : choix symbolique. Il change souvent de domicile. Parfois il se fait appeler Benoît.

Il cherche une issue : faire vivre ce journal *Coming P*. Echec.

Ecrire ses souvenirs : « Je ne signerai pas, vous pensez, et je crois bon de ne pas avouer ma paternité », dit-il à Malot. Il est déjà hostile à « cette Angleterre hypocrite et terne », à « ce Londres horrible ».

Il n'espère plus pouvoir écrire en France. Jules Simon est arrivé à la direction du journal *Le Siècle* précisément au moment où Vallès cherchait à y publier des articles. Jules Simon, son vieil adversaire.

Pas de chance.

Que faire ? Se tourner vers l'ami Hector Malot. Se confier à lui. Oser solliciter. Il le faut, même si l'on est fier. Nécessité fait loi. Grise fin d'année 1874. « Rappelez-vous que j'ai quarante-deux ans, que l'on peut mourir même loin de Satory. »

Chapitre 30

« Quiconque a connu la vie de proscrit en gardera une marque ineffaçable... » (1875-1878)

« Si dans quinze jours je n'ai pas trouvé d'ouvrage à Paris, dit Vallès, je ne mangerai pas. Je n'aurai plus rien, rien. »

La faim, à nouveau, comme il y a vingt ans : Vallès retrouve les conditions de vie de jeunesse, un grenier, le froid l'hiver, la chaleur accablante l'été, l'épuisante, l'humide, la lourde moiteur londonienne. Et rien dans cette année 1875 qui vienne éclairer l'avenir.

Les journaux français lui sont fermés, non seulement par prudence — qui peut vouloir d'un proscrit dont le style, même quand les articles sont anonymes, est une signature ? — et crainte des procès, mais aussi parce que, dans les rangs des républicains modérés qui contrôlent les journaux, on n'aime pas Vallès, le communard.

Jules Simon est au *Siècle.* Gambetta, si souvent critiqué durement par Vallès, lui interdit *La République française* et ce malgré la présence dans ce journal du vieil ami de Vallès, Arthur Ranc. Dans *Le Rappel,* on se souvient des attaques de Vallès contre Victor Hugo et l'on se soucie peu de savoir que dans la *Revue franco-anglaise* Vallès vienne, on l'a dit, à propos du roman *Quatre-vingt-treize* de « saluer... Chapeau bas » Hugo, « cet homme de génie qui, à l'automne de sa vie, se penche songeur et triste sur les tombes où gisent les sacrifiés de l'humanité, bourreaux ou victimes dans les grands cimetières de l'histoire ».

Rien. Aucune ouverture. Un sentiment pire que celui qu'il pouvait avoir lorsqu'il était enfermé dans la prison de Mazas. L'Angleterre est un ponton où il est confiné. Seules les lettres qu'il adresse et les réponses de ses amis nouent le dialogue avec Paris : « Exilé, j'attends, les yeux, les oreilles et le cœur vers la France. Tout ce qui en arrive fait date... »

Il espère un moment, puisque l'on semble maintenant à Paris

s'intéresser à ce qui se passe à Londres, être le correspondant de quelque journal parisien. Mais Hector Malot lui laisse le 28 septembre 1875 peu d'espoir : « J'ai cherché ce que vous désirez, écrit-il à Vallès, mais sans trouver ; les journaux qui ont de l'argent ont des correspondants à Londres ; ceux qui sont sans le sou n'en peuvent pas prendre. Je chercherai encore, et je ne laisserai pas échapper une occasion si elle se présente. »

Mais en 1875 l'occasion ne vient pas. L'encre sèche sur la table de Vallès. Et il implore, répétant sa complainte : « Car je suis acculé, car je meurs de tristesse, car je me sens vieillir sans une clarté sur l'hiver de ma vie ! J'ai besoin d'agir, ne fût-ce que comme reporter, si je ne puis être romancier. »

Et il essaie d'une pirouette de sauver son orgueil en concluant : « Je vous confie le proscrit Midas qui pleure dans ses roseaux. »

La situation de la presse en France, les pressions politiques qu'exerce sur elle un pouvoir conservateur poussent ainsi Vallès dans une impasse.

Le vote de l'amendement Wallon qui à une voix de majorité a fait entrer le mot « République » dans les lois constitutionnelles n'a pas en effet changé le rapport de forces politique.

Les monarchistes espèrent toujours rétablir la royauté et les républicains ne réussissent pas encore à imposer leur régime. De plus, une majorité — qui se recrute tant chez les monarchistes que chez les républicains — craint toujours le souvenir de la Commune. Quand le député du Vaucluse, Alfred Naquet, présente, le 20 décembre 1875, la première proposition d'amnistie pour les communards, elle est immédiatement rejetée.

Vallès doit s'en convaincre : il faut vivre l'exil, supporter ce climat londonien, ces Anglais prétentieux. Et dans cet isolement qui s'aggrave, avec ce sentiment d'être oublié et sans perspective, il se souvient des proscrits de 1852, de ce qu'il a écrit avec désinvolture sur leurs souffrances, lui qui vivait à Paris l'oppression impériale : « J'ai blagué Hugo pour les plaintes d'exil, dira-t-il, j'en fais chaque soir mon *mea culpa* ! J'ai été bête, j'ai dû paraître méchant. Quiconque a connu la vie de proscrit en gardera une marque ineffaçable, une colère ou une mélancolie sans remède... »

Est-ce cela qui le pousse dans une nouvelle liaison ? Dans le désir de créer peut-être — malgré toutes les préventions qu'il porte à la famille — une union durable ?

Joséphine Lapointe est-elle rentrée en France, le laissant seul, ou bien l'a-t-il renvoyée parce que précisément il veut fonder un *vrai* foyer ? Quoi qu'il en soit il a une relation suivie avec une jeune institutrice belge, dont on ignore l'identité.

Elle était fille d'universitaire, avait des préjugés petits-bourgeois qui s'accommodaient mal de l'expérience et des idées de Vallès. « Il n'y a pas de souffrance plus vive, confie Vallès, que celle qui provient de l'accouplement de deux éducations hostiles. » A cause de cela et parce qu'il ne l'aime pas assez, qu'il se méfie trop et qu'il a trop de prudence, il ne rompt pas avec Joséphine.

Il la maintient seulement à l'écart pour vivre cette liaison jusqu'au bout.

La jeune femme est enceinte et, peut-être pour dissimuler son état, Vallès part avec elle à la campagne.

C'est là que naîtra en février 1875 une petite fille, que l'on prénomme Jeanne-Marie.

Vallès père ! L'homme qui a tant souffert comme enfant, celui qui a eu la vie la moins orientée vers l'existence stable d'une famille, le voici chargé d'âme.

Il a quarante-trois ans. C'est un père âgé déjà, ému, qui se penche sur cette petite fille ; c'est un homme qui a toujours tenu à distance l'expression de son émotion et de sa sensibilité, les contenant par le sarcasme et la violence des propos. Mais, en fait, il est bouleversé. Il a très rarement côtoyé des enfants. Et il ne semble pas avoir pensé qu'il pût en avoir. Tout l'étonne et le ravit. En même temps la vulnérabilité du nouveau-né l'angoisse. Il a pour la prendre dans ses bras des maladresses craintives. Et il l'aime tant qu'il en accepte la mère.

Dans la grisaille sinistre de l'exil, tout à coup, le ciel s'est ouvert sur cette promesse d'avenir qu'est toujours un enfant.

L'énergie de Vallès s'en trouve décuplée.

C'est alors sans doute qu'il envisage, puisque les journaux lui sont interdits, un grand projet. Et naturellement il en fait part à Hector Malot, le chargeant de prendre contact et de convaincre l'éditeur Chevalier, celui-là même qui, imprimeur du *Cri du peuple,* avait organisé la fuite de Vallès en Belgique, à la fin de l'été 1871.

« J'ai eu une existence assez meurtrie, explique Vallès, j'ai frôlé bien des existences bizarres, j'ai vu le dessous de bien des choses, j'ai été mêlé à de grands événements. Des Mémoires de moi seraient presque intéressants. » Mais Vallès est un pudique. Il n'est pas suffisamment narcissique ou égocentrique pour aimer cette forme de confession : « Mettre absolument son cœur, son propre cœur à nu... cela me répugne et me paraît presque, vis-à-vis de certaines aventures, une trahison. »

Evidemment, poursuit-il, il y a l'histoire. Mais il faut attendre. « Nous sommes encore des méprisés et des maudits. » Alors, « il reste le roman qui tient de l'histoire et des Mémoires ».

Vallès a une grande ambition : il pense mêler les *Confessions* de Rousseau au *Conscrit* de Chatrian, aux *Misérables,* aux *Mystères de Paris.* Faire « une grande machine comme on dit ».

Il a « son plan », son « but ». « Je vise à écrire une œuvre capitale où sera reflété le caractère, où sera raconté le malheur de ma génération. »

Vallès ne change pas : toujours la même obsession, le même projet qui cheminent en lui, un témoignage pour l'histoire. Il sait bien ce qu'il veut dire et quel est l'objectif, social, de son œuvre. Mais il ne réussit pas à passer à l'acte, il ne trouve ni la forme ni le déclic qui mettrait en branle la création. L'intention pourtant est précise, la charge émotionnelle forte : « Je voudrais qu'après avoir lu ce livre, la génération qui vient nous pardonne et nous aime, dit-il. Je serai triste de mourir avant de l'avoir écrit, et un roman comme celui-là peut être un événement. »

Car il ne néglige pas l'aspect matériel du projet. Il faut que l'imprimeur Chevalier paie ce livre encore à faire. « Ne vous souvenez pas de ma versatilité et de ma paresse, dit Vallès à Malot. C'est un engagement d'honneur avec moi. » Et il est précis : « De quoi ai-je besoin pour vivre ? De deux ou trois cents francs par mois. C'est peu dans ce sinistre pays, c'est assez pour qui ne songerait qu'à son œuvre passionnée et frémissante. J'en suis là : c'est le bon moment. »

Il s'excuse d'avoir été si long dans ses explications — « mais je ne parle qu'à des Anglais ou des maniaques » — et il ajoute : « Ce sera le couronnement de ma vie. »

Vallès qui donne ici sa clé : l'œuvre écrite reprenant toute son expérience, expliquant aux lecteurs « pourquoi il y a eu tant de bohèmes et d'insurgés », sera le monument, le legs qu'il fera à l'avenir, à cette petite Jeanne-Marie qui incarne les générations qui viennent.

1875-1878

Sur le front du jeune Vallès était tombé « le coup de maillet » du 2 décembre 1851.

Et le cœur du Vallès quadragénaire est écrasé par le 2 décembre 1875 : ce jour-là sa petite fille, Jeanne-Marie, meurt.

Avec tous il se tait. Il ne dit rien à Hector Malot. Il se terre, cesse de correspondre avec tous ceux qui, communards exilés en Suisse ou en Belgique, lui écrivaient.

Une seule lettre, comme une plainte, à son ami d'adolescence, à son compagnon depuis plus de vingt ans, Arthur Arnould, qui après avoir tenté de faire fortune en Argentine était rentré en Europe.

Vallès lui dit tout en ce 5 janvier 1876.

« Mon cher ami,

« ... Je t'écris pour assassiner l'ennui qui m'accable, ou plutôt pour me détourner un moment d'une douleur qui me ronge. Mon cher ami, je viens d'être frappé au cœur et mon cœur en restera meurtri pour le reste de ma vie : j'ai perdu une petite fille que j'adorais, née d'une liaison commencée il y a deux ans, et qui, à dix mois, âge de sa mort, m'appelait déjà son père ; elle savait joindre ses petites lèvres pour balbutier les deux syllabes. Je croyais que je n'aimais pas les enfants — ah ! si tu savais ce que j'ai souffert — souffert à ne pouvoir m'empêcher de pleurer et si ma lettre est salie par endroits ce sont des larmes qui ont fait la tache. Je n'ai pas eu d'enfance, tu le sais, je n'ai pas eu de famille, et j'aimais mon enfant comme j'aurais voulu être aimé étant jeune, je voulais la rendre aussi heureuse qu'on m'avait rendu malheureux : elle était toujours dans mes bras et ses doigts fourrageaient ma barbe grise. Elle est morte — tout d'un coup — le 2 décembre. A vingt-quatre ans de distance, cette date horrible venait me rejeter dans le désespoir.

« Je trouve une consolation à t'écrire, il me semble que tu prendras une part de mon grand chagrin. Puis je me sens si seul ! La mère va probablement partir pour les Indes — le berceau nous rapprochait, la tombe nous sépare. Je retourne à l'amitié et je donnerais beaucoup pour que tu fusses ici... Nous revivrions dans le passé, nous tuerions la tristesse du présent en nous souvenant de jadis et peut-être aussi ferions-nous des rêves d'avenir — le retour à Paris ! Demeurer l'un près de l'autre, aller le dimanche à la campagne, travailler au même but, jusqu'au jour de la fusillade. Elle ne me fait pas peur, je te jure : je ne livrerai pas aux exécuteurs une carcasse bien joyeuse... Cependant je veux me raidir, lutter, tâcher de convertir ce souvenir amer en un souvenir de grâce et de pureté, et la tristesse nuit au courage, paralyse l'effort. J'ai pu acheter un terrain, un bout de terre anglaise — si je meurs dans l'exil, en mourant je consolerai mon agonie avec l'idée que je serai enterré près du petit être qui fut le seul vrai sourire, la seule joie sans mélange de ma vie, éternel combat...

« J'espère que la misère ne vous dévore pas. Moi, j'y suis en plein. On m'a volé. Mais je n'y songe seulement pas, une fois le larmier vide, la douleur adoucie, je me mettrai en marche, et si odieux que soit le pays, si méprisés que nous soyons, il faudra bien que je gagne mon pain. Je te dirai qu'après avoir trouvé l'Angleterre présentable, après avoir pour quelque temps accepté la vie de Londres sans trop de peine, je suis arrivé à une haine raisonnée et féroce contre les Anglais. Vaniteux ! Egoïstes !! Cruels !!! Tu ne t'en fais pas une idée.

« Ecris-moi, n'est-ce pas ? Donne-moi des nouvelles de ta femme et de ta mère. Raconte-moi ton odyssée.

« Tout à vous.

Jules VALLÈS.

« Mon adresse ordinaire est :

M. Pascal, 38, Berners Street
Oxford Street
Pascal plutôt que Vallès — quoique Vallès arrive.

« P.-S. — Garde pour toi la confidence de mon enfant. Je ne veux ni faire savoir ce qui a eu lieu ni engager ma douleur dans des explications. »

Vallès frappé au cœur, Vallès ne baissant pas les bras. Décidé à se « raidir » et à « lutter », à gagner son pain.

Naturellement, cette fracture affective va avoir des conséquences, comme un profond ébranlement qui modifie le paysage intime, provoque des glissements à partir de ce qui existait.

Vallès retrouve Joséphine Lapointe puisqu'il n'aimait chez l'institutrice que « l'amour qu'elle avait pour la petite Jeanne-Marie » et que la jeune femme quitte l'Angleterre après le décès de l'enfant.

Parce que aussi ce malheur qu'est la mort de sa petite fille renvoie

Vallès à sa propre enfance, à ses souvenirs, et qu'il a *besoin,* pour parler de cette enfant morte qu'il ne veut pas et ne peut pas évoquer directement, de parler de sa propre enfance. Et qu'ainsi la mort de Jeanne-Marie va faire naître le récit de l'enfance de Jules Vallès.

Mais il est conduit à ce choix aussi parce que rien d'autre ne s'ouvre. « Je m'étais accroché à la combinaison Chevalier : il me semblait que je devais aboutir, explique-t-il. Je proposais à la fin des livres de recherche, d'érudition, de traductions, citations, n'importe quoi pour gagner mon pain. Je ne parlais plus de roman, de ce que j'aurais voulu faire. Pas de réponse. » Dans l'hiver londonien, avec ce deuil qui le déchire, cette absence d'espoir de retour en France — et pourtant la nostalgie est toujours plus forte — il est « envahi par la tristesse sans limites, éteint plutôt que désespéré avec le dégoût dans l'esprit et le cœur : c'est affreux et je veux à tout prix secouer cette torpeur et essayer de revenir à la vie de travail et d'émotion ».

Il écrit aux journaux. Il sollicite Malot d'être son intermédiaire. Pas de réponse. Arthur Ranc se tait. Scholl dit tout bas qu'à *L'Evénement* son rédacteur en chef, Magnier, a peur. Un idée vient à Vallès : peut-être pourrait-il écrire *Les Réfractaires de Londres,* des portraits de marginaux ou de pauvres, d'êtres originaux, comme il les avait décrits jadis à Paris. La perspective de ce projet le dynamise. « Chaque nouvelle aura environ quatre mille signes, de sept à neuf feuilletons de cinq cents lignes. »

Eclaircie dans une situation obscure ? Il le semble : son camarade Pierre Denis lui demande de se mettre rapidement à son roman, pour le journal *Le Corsaire,* qui le prendra en feuilleton. Mais, en quelques semaines, tout s'effondre. Vallès apprend que ce journal a publié un appel au prince Napoléon, signé Pierre Denis, « un article de fou ». « Moment d'égarement » ou pas, Vallès, quoi qu'il lui en coûte, renonce.

Le désespoir ressurgit. Point de projet de roman. Rien à nouveau. Blocage. Impuissance.

« Je ne puis m'engager dans le chemin qui mène au bout d'un grand livre, dit-il, quand, dès le début, je n'ai pas de pain dans mon bissac ; quand je ne sais le jour où j'aurai de l'argent à rendre à ceux qui auront mis leurs ressources de pauvres aux mains de l'historien du Fer — qui a du fer a du pain ! Blanqui s'est trompé. Ce n'est pas vrai, même dans la tempête des révolutions. Dans la vie d'exil, on n'a ni fer ni pain. Ne croyez pas à une lamentation d'affamé ! Ce ne sont pas mes entrailles qui grognent, c'est mon cerveau qui se fâche, c'est mon cœur qui crie. Je ne puis être utile à rien, je laisse passer l'âge des ardeurs fières, la brume du temps coiffe de gris mes souvenirs, je me morfonds dans l'impuissance : j'en souffre plus encore que je ne le dis. Ma douleur crève dans quelques phrases d'une lettre, et je vous en conte, je vous en conte sans m'arrêter ! Excusez-moi, cela console de hurler quand on a bien mal. »

Il trace ces phrases pour Hector Malot avec fébrilité. Ligne après ligne, page après page, lettre après lettre, il l'accable de questions, de recommandations. Il a conscience de l'excès de ses propos. Il remercie, s'excuse. « Toutes les lettres des proscrits sont bavardages... A qui conter, à qui crier, sur qui lâcher ses gestes, son besoin de réfléchir tout haut, son envie de causerie et de flânerie à la française ? »

Il est là, dans son grenier du 38, Berners Street. La plume court. Pas un instant la pensée ne cesse de tourner, obsessionnellement, comme si Vallès n'était jamais en repos, était incapable de ne pas pousser un mot devant l'autre. Il faut qu'il écrive, il faut qu'il parle. Il est comme un prisonnier qui cherche une issue. Passe cent fois sa main sur le même mur dans l'espoir de découvrir une pierre branlante, et, qui sait, on pourra alors la desceller, commencer à creuser un tunnel afin de s'évader. Ecrire à Malot, tracer ces mots, c'est une manière aussi de se contraindre à un acte positif, refuser de divaguer. Et ce serait si facile de se laisser aller.

Ecrire, décrire, c'est déjà agir.

« C'est encore dimanche : il fait de la neige, le vent souffle, les croisées craquent ; une véritable tourmente ! Je suis seul ; à peine ai-je le courage de penser, tant il y a de tristesse dans l'air ; je viens de me voir dans la glace, couvert de neige, moi aussi, blanc comme le réverbère qui est en face, éteint comme lui, et ne sachant pas quand une bonne nouvelle me rallumera ! »

Et puis tout à coup, ce dimanche 12 mars 1876, à force de lancer ces mots, une issue, une idée et au fur et à mesure qu'elle prend forme sur le papier à lettres, la plume de Vallès court plus vite, une sorte d'impatience à dire s'empare de lui. Tous les tâtonnements précédents s'ordonnent, tout devient clair :

« Un volume de trois cents pages, trente feuilletons de cinq cents lignes... la politique ne sera qu'incidente... Ce que je veux faire, c'est un bouquin intime, d'émotion naïve, de passion jeune — que tout le monde pourra lire, même dans le monde de mes ennemis, et qui aura cependant sa portée sociale. J'appellerai cela d'un nom d'homme,

Jacques Vingtras, je suppose… Ce sera l'histoire d'un enfant, je resterai plus près de l'école et du collège ; je m'en tiendrai aux souffrances d'un fils brutalisé par son père, et blessé, tout petit dans le fond de son cœur. Mon histoire, mon Dieu — ou presque mon histoire. »

Ce dimanche 12 mars 1876, Vallès vient de trouver la forme de l'œuvre à laquelle il songe à travers mille traverses, mille hésitations depuis des années.

Certes, il ne mesure pas qu'il s'agit là de cette *œuvre,* de ce qui sera son grand livre, qui le fera passer à la postérité. Au contraire. Il croit à une œuvre de facilité, comme une concession au public, lui permettant de se trouver les « quatre ou cinq mille francs » qui seront « le levier d'Archimède au service du roman à grand spectacle, de longue haleine, portant cocarde, au service de mon œuvre de prédilection ».

Curieuse opacité de Vallès à lui-même, dans le déclenchement de sa création, comme s'il n'osait pas *voir,* que ce *Jacques Vingtras* dont il vient d'avoir l'idée sera un livre majeur, comme s'il n'était capable que de rêver une autre œuvre, et de faire celle qui compte dans une sorte d'inconscience, presque au rabais. Comme si au fond il n'osait toujours pas se concevoir comme grand écrivain et projetait ce statut dans un avenir inaccessible.

Et cependant il se lance à corps perdu dans ce livre. En mai il est déjà « aux trois quarts fait : environ neuf mille lignes ». Et toujours la dépréciation de ce qu'il écrit : « J'ai un tel besoin d'argent, ajoute-t-il en effet, que je me mettrai à n'importe quoi qui m'en rapporte. »

Mais, en même temps, on sent qu'il s'enfonce dans ce livre avec une frénésie qui en dit, malgré lui, toute l'importance. Il l'écrit partout : chez lui, dans les cafés, le Veglio, au café Royal dans Regent Street. Dans l'épicerie française de Richard, un communard qui a choisi le commerce d'alimentation. Il s'interroge sur le titre : « *Enfance d'un fusillé,* si l'on voulait ou d'un *réfractaire* ou d'un *révolté,* ou simplement *Histoire d'un enfant.* » Il ne peut cacher sa satisfaction : son roman est « très vert, très ironique, original en diable, il me semble ».

Il écrit poussé par tous ses souvenirs ; la mort de Jeanne-Marie est si proche que, par la crevasse ouverte, sa sensibilité est à vif, lui permettant d'évoquer sa propre enfance.

« Je couvrais de pattes de mouche dix feuilles de papier par jour, coûte que coûte, en verve ou non ! » C'est le journaliste et l'écrivain professionnel, l'obstiné qui sait qu'il faut rendre la copie qui parle ici. Rien d'un homme de lettres qui a son temps, ses aises, qui regarde le mot comme un diamant qu'on n'en finit pas de polir et qu'on déplace pour l'enchâsser au meilleur endroit. Vallès écrit poussé par une nécessité brutale : vivre, gagner son pain par l'écriture en exprimant sans souci de beau style toute sa sensibilité, son expérience. Avec l'exigence pourtant, un impératif jamais abandonné, que sa phrase ne soit qu'à lui, qu'elle dise la singularité de sa personnalité et de son histoire, qu'elle exprime ce qu'il a vécu, ce qu'il voit, ce qu'il entend.

« Par un hasard méchant, dit-il, dans la maison voisine de la mienne, était un enfant martyr, que sa mère, une Anglaise, toujours ivre, frappait à tour de bras, et qui jetait d'horribles cris. C'est l'oreille pleine de ces clameurs du faible, le cœur gonflé par les sanglots du petit, que je travaillais à mon livre. Peut-être bien la colère contre la Londonienne infâme a-t-elle noirci et aigri mon encre ! »

Enfoncé dans son travail, Vallès ne voit pas les jours passer. Il écrit moins à Hector Malot. Quelques mots pour lui dire sa solitude, le courage qu'il lui faut pour travailler. Et puis la faim, la misère. « L'exil affame — littéralement, dit-il. Quand on ferme mon petit restaurant le dimanche, je ne sais où manger — et je n'essaie pas de l'apprendre. »

Le 6 juillet, il avertit Malot qu'il mettra le manuscrit à la poste le lendemain. « Le port me coûtera environ quatorze francs, c'est dur ! » Il ne l'expédiera en fait que le samedi 8 juillet. Ce manuscrit « couturé, rapiécé, saigné, hâtif et laid », « incomplet » — « je vais faire Nantes et un peu de Paris » — « c'est bien l'histoire d'un enfant, presque naïve..., d'un enfant romanesque et pauvre, sensible et hardi », c'est pour Vallès le corps de son enfant, son propre corps d'enfant : « Je viens de mettre à la poste une caisse grande comme une chambre... d'ailleurs mon manuscrit est si pesant, si couvert de blessures, qu'il avait besoin d'un lit de belle taille. »

Vallès est épuisé, affolé à l'idée de se séparer de ce manuscrit, de le faire lire. « Soyez indulgent », répète-t-il.

Et puis cette phrase qui tombe : « Je vous en prie, prêtez-moi ces cinq cents francs. Je vous promets de vous les rendre sur mes premières rentrées d'argent et sur le gain de mon premier travail. »

« N'ayant pas les cinq cents francs que vous me demandiez, j'ai dû les chercher. »

La réponse d'Hector Malot tombe sèche. Vallès lui avait assuré que l'imprimeur Chevalier lui devait de l'argent. C'est le contraire. « Je regrette que vous m'ayez embarqué dans une affaire aussi fâcheuse. »

Froideur et rigueur de Malot. « Finissez donc le manuscrit de *Vingtras* », répète-t-il à Vallès. Vallès pleurniche. Vidé. « Je suis dans l'exil et condamné à mort. » Il doute. « Renvoyez-moi mon fouillis s'il est trop fouillis ou trop bête. » Il va finir, oui, s'il en a la force. Puis il reçoit le chèque... Et il s'exalte, confiant tout à coup. « Quand je pense à mon bouquin, je le crois très drôle et très hardi. »

Des rêveries aussi sur ce que va lui apporter *Jacques Vingtras,* « six ou sept mille francs ? ». Il est fasciné par Rochefort qui a vendu au journal *Le Rappel* pour treize mille francs deux romans : *Les Dépravés* et *Les Naufrageurs,* une fortune. Et Hugo n'est-il pas devenu riche avec *Les Misérables* ? Pourquoi pas lui ?

Chez Vallès, par nécessité, mais peut-être plus profondément par le but social qu'il assigne à ses œuvres, l'écriture est toujours associée à l'argent. Elle doit faire vivre. Ecrire est un métier. Dès lors, le rapport de l'écrivain à l'œuvre n'est que celui de l'artisan à son ouvrage. Il n'y a aucune sublimation de l'acte d'écrire. Ou plutôt, Vallès ne sublime que l'écriture à venir. Non celle où il est impliqué dans l'instant. Quand il parle de *Jacques Vingtras,* il dit : « Ce n'est pas du talent, c'est la bonne fortune du souvenir, un stock de sensations vertes : c'est le procès de la famille. »

Mais la grande œuvre est devant lui :

« Je vais faire le procès de la religion, de la patrie, de la propriété et du succès, dit-il, avec l'arme de l'ironie toujours, un poignard à manche joli, à reflet de lame bleue, avec une petite larme blanche au bout et des taches de sang dans le fil. C'est le but de mon grand roman, de celui dont je vous ai parlé dix fois, qui sera la condensation de trente ans de lutte et de responsabilité, le couronnement de ma vie de blagueur et de convaincu, une œuvre saignante d'originalité, je vous le promets, et honnête comme un coup de fusil au soleil.

« Une œuvre honnête — c'est rare, en politique surtout, et il y aurait de la politique sous les fleurs. »

Seulement, cette exaltation de la création, ce travail pour *Jacques Vingtras,* sans sortir, à écrire « douze heures par jour », tout cela venant après la mort de Jeanne-Marie, et sans compter les privations, la tristesse du quotidien dans cette « Angleterre qui est un ponton sans la gaieté ou la révolte des prisonniers », ce pays où il « tombe du ciel une pluie invisible qui pourrit le cerveau et gâte le cœur », tout cela a épuisé Vallès.

La chaleur de l'été a eu raison de lui : il est malade en cette fin juillet 1876. « Un demi-coup de sang » qu'il cache. D'ailleurs son adresse n'est connue que d'un ami. Pour se faire soigner, il se rend même au domicile d'un camarade. A quoi bon montrer sa pauvreté ?

Il est tenté un instant de fuir Londres, de rejoindre Arnould à Lugano, puis à San Remo, pays de douceur printanière. Mais il renonce. Londres et son ciel triste sont mieux accordés à son état d'esprit.

Masochiste, Vallès ? Un peu. Ne voulant pas en tout cas risquer d'être distrait par le soleil ou la gaieté du ciel.

En fait, cette maladie est aussi le fruit du vide laissé par l'expédition du manuscrit de *Vingtras*.

Vallès est en deuil de son texte. C'est l'instant où il faut repartir alors qu'on vient d'atteindre une borne d'étape. On était concentré, mobilisé et aveuglé par l'effort. On redresse la tête : rien n'a changé. Misère. Exil. Une nouvelle proposition d'amnistie pour les communards défendue à la Chambre des députés par Raspail et au Sénat par Victor Hugo vient d'être rejetée. « Quand donc verrai-je des pommiers de Normandie ou des lilas de Romainville ! s'écrie Vallès, avec cinq francs à manger par jour et gagnés durement ! Quand ? »

Puis, peu à peu, la machine se remet à tourner. On l'a « drogué, seringué, lavassé, massé ».

La course recommence. Et quelques bonnes nouvelles arrivent. Aurélien Scholl a obtenu de Magnier, rédacteur en chef de *L'Evénement,* que Vallès publie, une fois par semaine, un article « La rue à Londres » : « Un mois d'essai, vingt-cinq centimes la ligne, un minimum de mille lignes, copie payée à la livraison. »

Le 27 août 1876, le premier article paraît et Aurélien Scholl se hâte, amical, d'envoyer un mot à Vallès : « Votre article a paru ce matin. Il est très bien et a, je crois, produit son petit effet, qui, je crois, deviendra grand. »

En effet, les articles de Vallès vont frapper par leur richesse de pittoresque, l'aigu du regard, la violence des oppositions. « La rue de Londres est ou énorme et vide ou bourrée de viande humaine... Ah !

ce n'est pas la rue de France, cette rue bavarde et joyeuse. » A chaque ligne apparaît la sévérité de jugement que Vallès porte sur l'Angleterre : « Comme nation, traîtresse et redoutable. Comme individus, faux, grossiers, impolis, indélicats, insensibles, sans goût, sans gêne, sans esprit, sans cœur, repoussants... Quelle race d'hypocrites, sacrebleu ! »

Il y a certes de l'excès dans ce verdict, porté par un exilé, accablé par la misère. Car ces articles sont mal rémunérés. Vallès tente cent fois de discuter avec le rédacteur en chef. Il est toujours pendu aux basques d'Aurélien Scholl, qui le conseille, fait pression sur l'administration de *L'Evénement*. L'argent arrive en retard, moins que prévu. Et il faut à nouveau que Vallès quémande. « J'ai absolument besoin de cinq cents francs pour le 20 octobre avant dix heures du matin. Je dois en toucher deux cent cinquante demain, me dit-on. »

Toujours pressé par les dettes, par le besoin, contraint d'emprunter, le souci d'argent tourne vite à l'obsession chez Vallès.

Pas une lettre, pas un paragraphe où il ne soit question d'argent, de prix à la ligne, de vente de manuscrit, de sommes à réclamer pour un projet de roman à un imprimeur ou à un journal.

A se demander même si ce rapport à l'argent ne mesure pas en fait une angoisse plus profonde que celle du pauvre.

Car Vallès n'a — après les premières tentatives commerciales de 1872-1874 — jamais envisagé de gagner autrement sa vie que par la plume. Les textes doivent être ses « arbres à pain ». D'autres communards exilés se sont faits professeurs (ainsi Longuet), épiciers (ainsi Richard), d'autres ouvriers.

Vallès, lui, ne veut manier que la plume. Comme s'il trouvait dans le besoin une tension nécessaire au bouillonnement des projets. Comme s'il voulait redoubler sa nécessité intérieure par une autre nécessité extérieure, celle-là, objective. La paresse, la rêverie, la distraction ne sont plus de mise quand on attend des mots de quoi payer ses repas !

Vallès se place dans cette situation-là. Et cela nous vaut ses articles riches et touffus de *L'Evénement* qui débouchent sur un projet de roman sur Londres : « Un roman de mœurs avec des cris humains étouffés sous le formidable volant de cette machine qui broie tout, éteint tout, stupéfie tout, qu'on appelle la machine gouvernementale anglaise... Le gouvernement le plus dangereux de tous parce qu'il est le plus sauvagement hypocrite et le plus doucereusement barbare ! »

Ce roman, il assure qu'il « se vendra énormément en Angleterre, qu'il aura un grand succès en France ». Il le découpe en feuilleton. Il l'intitule *Les Horreurs de Londres* ou *Londres infâme* ou *Les Mystères de Londres.*

Malot approuve le projet : « Vous êtes bien placé pour l'écrire. » Mais encore faut-il l'écrire. « Tout est là. La copie se place toujours, mais il faut qu'elle existe à l'état de copie. Les journaux sont aujourd'hui dirigés par des gens d'affaires et non par des gogos de l'espèce Villemessant prenables par toutes sortes de petits côtés. »

Leçon de réalisme, d'autant plus qu'Hector Malot attend jusqu'à ce mois d'octobre 1876 que Vallès lui envoie la fin de *Jacques Vingtras* !

A ce moment, Hector Malot pourra placer le manuscrit au journal *Le Siècle* dont le rédacteur en chef, Jourde, est originaire du Puy, comme Vallès. Mais... de l'acceptation du feuilleton à son paiement, et de celui-ci à la publication, il y a des délais qui exaspèrent Vallès toujours sur le qui-vive et dans le besoin.

Néanmoins, en cet automne 1876, il a refait surface.

L'article « La rue à Londres », chaque semaine dans *L'Evénement*. *Vingtras* accepté en feuilleton dans *Le Siècle.* Le député Alfred Naquet qui lance un journal, *La Révolution,* et qui écrit à Vallès : « Il est impossible que vous ne fassiez pas partie du premier journal socialiste et communaliste qui se fonde. » Après la désespérante année 1875, son deuil, les mots de Vallès percent la chape et reparaissent.

Cela coïncide d'ailleurs avec, en France, une résurgence du mouvement ouvrier et révolutionnaire. En ce mois d'octobre 1876 où *Vingtras* est enfin achevé et accepté par *Le Siècle,* un Congrès ouvrier se tient à Marseille auquel participe Jules Guesde. Quelque chose bouge en France, c'est si vrai que l'inquiétude gagne Gambetta, qu'à Belleville, toujours en ce mois d'octobre 76, Gambetta proclame qu'il ne saurait y avoir amnistie totale pour les communards car la Commune est « une insurrection criminelle ».

Ces premiers succès de son travail, ce déblocage précaire mais réel de sa situation, les signes venus de France stimulent Vallès. Il pense toujours à son grand roman, « ce sera ma *Comédie humaine* », dit-il.

Il calcule comment, avec d'autres écrits — ses *Mystères de Londres* par exemple —, s'assurer des revenus pour écrire librement pendant trois ans. Il a déjà son plan : « Six courts volumes, ou cinq plus forts » de 1848 à 1871. « C'est un peu l'idée de Balzac, une *Comédie humaine* avec Vautrin au pouvoir, d'Arthez (le jeune poète des *Illusions perdues*) dans l'insurrection : il me faut de la place. »

Et puis, peu à peu, une autre forme s'impose. Jourde, le rédacteur en chef du *Siècle,* est réticent devant l'idée d'un roman social et politique. Il a accepté *Jacques Vingtras,* il prendrait la suite si elle était aussi dans la veine autobiographique. Malot pèse dans ce sens. Et Vallès lui-même se rend compte que l'entreprise rêvée le dépasse. « Trop pauvre, vaincu encore par la nécessité, dit-il, je ne pouvais bâtir cette barricade qui prend du temps à étager et devant laquelle il ne faut pas mourir de faim. »

Il va donc adopter, le « je » comme dans *Vingtras,* mais à regret. « Ma suite de *Vingtras* n'aura pas le ressort que devait donner une intrigue », dit-il.

Au même moment, le rédacteur en chef de *L'Evénement* lui demande de modifier le ton de « La rue à Londres ». Les articles doivent être de brèves chroniques d'actualité et non les parties d'un livre à venir.

Vallès se désole. Il se sent prisonnier, contraint. Il a commencé à écrire la suite de *Jacques Vingtras,* mais il proteste : « Jamais libre, jamais, jamais. »

Il est déchiré, une fois encore. Il est conscient des prudences des rédacteurs en chef et il y a ce qu'il veut dire, à tout prix. Il le crie : « Je ne sacrifierai rien, rien, pas un cri de colère, pas une pincée de poudre, pour ce qui regarde l'époque sanglante de juin (1848). J'aimerai mieux me couper le poignet. » Tenace, têtu, Vallès. Il veut écrire le livre que « méritent les vaincus ». Mais les contradictions sont telles qu'elles « font devenir verts mes cheveux blancs ».

« Je me trouve écrasé entre ma passion littéraire et ma passion sociale ! dit-il. Ce n'est pas tout d'avoir le cœur qui bat, il faut avoir la plume qui marche — couvrir le papier, ajouter les pages aux pages, et si l'on a un peu de talent, en jeter le reflet sur la foule — puis les ennemis sont là qui vous appellent impuissant — ce n'est guère — mais fainéant, c'est affreux ! Sous le coup de ces pensées, je me mets à ma table et j'écris. Puis arrivent les moments tragiques, les heures de la plèbe, mes idées de rebelle, non pas seulement mes idées, mais mes convictions et mon sentiment de justice. Patatras ! Je tombe de la sérénité du paysagiste ou du dialoguant dans les inquiétudes et les remords du républicain à cocarde rouge. Ah ! j'ai souffert depuis que j'ai entrepris cette suite de *Vingtras* ! » Mais il s'acharne, travaillant avec énergie, insatisfait de la forme choisie.

Et pourtant, sans qu'il le sache, les circonstances, la pression des nécessités l'ont conduit à adopter ce genre autobiographique qui, mariant l'émotion, le témoignage, le regard personnel sur l'histoire, va être la *marque personnelle* de Vallès dans la littérature française.

Il avait des modèles : Balzac, Eugène Sue. Il voulait les imiter. Et, par l'alchimie des événements, Vallès, malgré lui, choisit ce qui lui permet d'exprimer sa personnalité.

Il écrit donc la suite de *Jacques Vingtras,* dans le même ton, exploitant la même veine, mêlant sincérité subjective et regard lucide sur l'histoire. Peignant un autoportrait avec la force des couleurs d'un grand peintre d'histoire.

En somme, dans ce printemps 1877, cela va un peu mieux.

Vallès travaille. Il a des perspectives : *Le Siècle* va (quand ? quand ?) publier *Jacques Vingtras* et est prêt à prendre la suite de ce volume.

Mais il y a mieux.

En France, les journaux se créent : hostiles à l'idée monarchique, républicains donc. Et ils font appel à Vallès.

Il écrit dans *Les Droits de l'Homme* qui va changer de titre et devenir *Le Radical,* Rochefort, Arnould, Jules Guesde collaborent à ce journal. Et on s'y déclare d'accord pour publier un roman de Vallès. Il s'y attelle. Cela s'appellera *Les Désespérés.* Malot réussit à lui obtenir un contrat avec un nouveau journal, *La Marseillaise,* à raison de quatre cents francs par mois.

Tranquille, Vallès ? Les difficultés demeurent. *L'Evénement* renonce à sa collaboration. Mais Vallès semble peu s'en soucier. Zola l'a recommandé à Tourgueniev pour écrire dans une revue russe. C'est flatteur. La proposition de roman pour *Le Radical* le satisfait. Mieux, il refuse la proposition de *La Marseillaise* au grand scandale d'Hector Malot qui s'était engagé pour lui. Choix moral de Vallès qui ne veut pas se séparer de ceux qui lui ont fait confiance : « Figurez-vous au moins, dit-il à Malot, que je suis droit. J'en appelle à ceux qui m'ont connu jeune, durci depuis longtemps, et qui ont pu lire par-dessus mon épaule dans ma morale à moi d'irrégulier. »

Le collet semble se desserrer autour du cou de Jules Vallès. Il a une sorte de joie pour dire : « Je m'arrête pour courir au roman ! » Il en oublie la suite de *Vingtras,* lancé qu'il est dans ces *Désespérés* que *Le Radical* attend avec impatience. Il fait des projets, calcule, réfléchit à haute voix : il irait à *La Marseillaise* bien sûr, si *Le Radical* se lassait de lui. « Je tiens avant tout à la sûreté du Temps et de l'Argent. » Il veut un contrat. « Etre sûr de quatre cents francs par mois pendant un an avec articles anglais et littéraires. Je désire vivre enfin, ne pas être affreusement gêné, manger et avoir l'esprit libre. C'est de l'ambition ! »

Il a « soif d'un avenir de sécurité, de sécurité modeste, bien simple, mais absolue, la trouverai-je ? ».

Elle ne semble plus, en tout cas, en ce début du mois de mai 1877, inaccessible.

Le mardi 15 mai 1877, le journal *Le Radical* annonce qu'il va bientôt commencer « la publication d'une œuvre en quatre parties : *Les Désespérés,* qui sera signée Jean La Rue... Ce roman est de l'histoire ; c'est une œuvre forte, largement conçue, puissamment charpentée, écrite de main de maître, qui obtiendra le succès énorme du *Juif errant* et des *Mystères de Paris* ».

Vallès est écrasé par cette publicité amicale. Son roman, de l'histoire ? Il proteste : « Ce n'est point de la rancune, c'est de l'étourdissement, qu'auriez-vous dit pour Victor Hugo, Thomas Carlyle, Dumas, Flaubert ? Je vous dis : je dépenserai une journée à m'en remettre. »

Vallès est modeste, angoissé d'être à la hauteur de ce que l'on dit qu'il va écrire. Incapable au fond de se voir dans la peau et la notoriété d'un grand romancier.

Timide, incertain sur ce qu'il écrit. Malot avait senti cette incertitude de Vallès sur lui-même : « Un homme comme vous, lui avait-il dit, a-t-il besoin d'une autre approbation que de la sienne ? Ce qui vous paraît bon est bon, soyez-en sûr, et ce qui est douteux pour vous justifie très probablement vos hésitations. »

Mais toutes ces considérations sont balayées par l'actualité. Le 16 mai 1877, en effet, par un « coup d'Etat », le président de la République Mac-Mahon, après la démission du président du Conseil Jules Simon, a ajourné la Chambre, et composé sous la présidence du duc de Broglie un ministère d'extrême droite, pris en dehors de la majorité.

Pour Vallès, c'est l'accablement. Un nouveau coup du sort. Il se souvient du 2 décembre 1851. Il sait que cette Assemblée, comme celle d'alors, « excite le même mépris », que personne ne la défendra. Et puis il lance avec une sorte de dégoût : « Mais ceci est de la politique ? N'en parlons plus ! »

Ce qui l'atteint est bien plus profond. Car, si la politique quotidienne ne le concerne plus depuis la Commune, « la presse avancée va mourir... *Le Radical* sera tué... Ah ! c'est arrivé comme un coup de canon ! Bâtissez des espérances ! suivez un projet ».

Il ne se trompe pas.

Le Radical disparaît en juin, puis *La Marseillaise,* frappée par l'Ordre moral. On ne paye plus *Les Désespérés.* Avec quoi le ferait-on ?

Vallès expédie cependant à Malot son « petit cercueil à manuscrit » qui contient *Les Désespérés.* Mais à quoi bon ?

« Il y a vraiment des minutes où le courage manque ! Je rentre dans mon grenier d'exilé, au sortir d'une conversation avec des compagnons d'exil tous déconcertés et accablés. Encore ont-ils un métier ! Je n'en ai pas. »

La déception est d'autant plus forte qu'elle vient après ces quelques mois d'espoir. Et Vallès additionne les dettes : cinq cents francs, « camarades, tout de suite » ; « mille francs à payer le 10 juillet au plus tard... cinq cents francs à donner »...

Un petit miracle, dû à l'obstination de Malot, intervient pourtant : Vallès va être payé, le 4 juin 1877, par *Le Siècle* pour le feuilleton accepté de *Jacques Vingtras :* quinze cents francs qui lui permettent de tenir pour quelques jours la tête hors de l'eau.

Mais c'est à nouveau la noria désolante des nécessités que fait entendre Vallès.

« J'ai besoin de mille francs tout de suite... Je suis à la merci d'un souffle, d'un caprice, d'un incident, d'un caissier changé... » Il harcèle Malot, Zola. Il veut qu'on intervienne auprès de l'éditeur Charpentier. Il envisage de quitter l'Europe, il ira faire, dit-il, « si l'on veut de cette copie, “ La rue ” à Pékin, ou à Vienne, au Cap ou à New York ».

Ce désespoir n'est pas feint. Il n'en peut plus. Il s'obstine à vouloir vivre de sa plume. Mais Aurélien Scholl lui écrit de

Paris : « Les journaux sont terrorisés », quant aux éditeurs... « on vend pour six francs de livres par jour, et on n'édite rien en ce moment ».

Les 14 et 28 octobre, les élections renvoient à la Chambre une majorité de républicains. Mais cela ne rassure pas Vallès : « Si la nuit se faisait en France, si un coup d'Etat assassinait la presse républicaine, *Vingtras* survivrait-il ou succomberait-il ? Qu'en pensez-vous ? »

Il est inquiet car *Le Siècle,* s'il a payé le manuscrit, ne le publie toujours pas. Et il s'interroge sur son avenir ? Doit-il vraiment s'accrocher à sa plume, alors que « le travail fait ne trouve pas même sa place » ? Qu'il ne sait où placer *Les Désespérés.* Qu'il ignore s'il pourra éditer en volume *La Rue à Londres* et *Vingtras.* Partira-t-il parce qu'il se sent impuissant ? « On m'offre de m'occuper d'une affaire de banque, écrit-il, et je n'ai pas encore osé refuser nettement — tant j'ai peur de n'avoir rien, et tant il est nécessaire de se raccrocher à une branche quelle qu'elle soit. Mais quelle douleur si je me voyais obligé d'abandonner ma barricade de romancier social pour partir en Amérique ou en Asie ! Il faudrait peut-être aller jusque-là pour cette banque qui n'est pas sûre non plus. »

Et il ajoute : « Mais si je ne puis écrire à quoi sert d'avoir survécu ? »

La volonté et l'obstination, comme le besoin, sont si forts d'ailleurs qu'à peine a-t-il songé à changer d'activité qu'il élabore de nouveaux projets, qu'à nouveau il « a bâti un plan », qu'il envisage d'écrire à Zola, à Goncourt pour les prendre pour « intermédiaires ».

Mais à cet élan succède rapidement le désespoir. Il craint « les angoisses écervelantes de la misère monotone dans l'exil affreux. On n'est pas seulement amaigri par la misère, on est diminué, et il se perd de la force dans ses luttes mesquines ».

Cependant, petite lueur dans cet hiver de 1877, *Le Siècle* du 20 novembre 1877 dans l'annonce des romans qu'il publiera dans les mois à venir cite « *Vingtras* par de La Chaussade ».

Bonne nouvelle, étrange pseudonyme. Pourquoi m'a-t-on ennobli ? se demande Vallès. Mais l'espoir renaît et donc le désir de publier un roman, directement en volume, sans passer par le feuilleton d'un journal. Il donne le sens de ce roman :

« Mon livre représente une idée — il est fait pour mettre en relief cette idée-là —, elle est l'âme et le but de l'œuvre telle que je l'ai conçue depuis des années. Je veux avec ce roman prouver sinon l'innocence au moins l'irresponsabilité, oui, l'irresponsabilité des maudits de la Commune ! (je me mets en dehors, je suis responsable), mais mon histoire loyale et humaine voulait établir que la société tout entière devait avoir des délégués dans les trois cent mille fédérés, que c'était un tas de douleurs sourdes, de tristesses honnêtes, de souvenirs sans drapeau qui avaient massé les combattants derrière les chefs révolutionnaires ; je voulais montrer comment le sang des otages a été versé par la fatalité, et dire que les incendies n'étaient que la flamme d'un volcan. »

Vallès ne change pas ; il laboure le même champ, il a les mêmes fidélités, une vision aussi de la Commune — et de l'histoire — qui dépasse les petits mécanismes politiques pour tenter de saisir les causes profondes de l'événement.

Réduire ce projet ? « C'est presque une malhonnêteté littéraire que m'a fait commettre le besoin de vivre. »

On le sent à nouveau porté par la volonté de faire, et même quand il écrit en décembre 1877 : « C'est fini nous ne rentrerons plus », déçu par l'évolution de la situation politique en France, sa résolution est nette.

« J'arrive, dit-il, sur le tard de ma vie, à faire ce que me conseillaient de faire il y a vingt ans des amis impartiaux, j'arrive à vouloir chercher uniquement dans la littérature mon outil et ma joie révolutionnaires. »

Mais il lui faut du courage. Et il le sait. Non seulement — il en a l'habitude — pour résister à la misère, mais aussi pour affronter la calomnie qui ne le lâche pas.

Le 4 novembre 1877, Jules Ferry à la tribune de la Chambre a parlé des campagnes électorales conduites par les révolutionnaires dans les dernières années de l'Empire et, péremptoire, il a affirmé — visant Jules Vallès notamment : « Tous ces faux candidats étaient des agents de la police ; tous émargeaient, nous l'avons vu. »

Mensonge répété contre lequel Vallès ne peut que s'indigner une nouvelle fois.

Pourquoi s'acharne-t-on ainsi contre cet exilé dont la signature n'apparaît plus dans les journaux ?

Chez Goncourt, le 19 décembre 1877, le journaliste Puissant — un ancien collaborateur de Vallès — pérore, « Bourguignon sanguin... se tamponnant la figure pour étancher le sang qu'amène à sa peau une barbe fraîchement coupée... Il est gras, luisant et rouge comme un ouvrier », conclut Goncourt. Mais Puissant parle du « passé et de Vallès. Il me dit qu'il est un peu refroidi avec lui à cause des questions d'argent. Il lui aurait fabriqué deux romans dans lesquels Vallès n'aurait pas fait une panse d'*a* ; et sur les quatre mille francs que le signataire aurait touchés, il n'aurait donné à Puissant que cinq cents francs. Il trouve que la part de Vallès est un peu léonine ».

Des rumeurs, des ragots : le Paris politique et littéraire semble ne pas pouvoir tolérer l'existence de Vallès, comme si la morale intransigeante de celui-ci, son engagement physique durant la Commune pour assumer jusqu'au bout les mots qu'il avait écrits et les idées qu'il avait défendues, étaient intolérables. Surtout quand on est comme le journaliste Puissant un mouchard, appointé par la police depuis 1871... ainsi qu'on le découvrira en 1879 !

Il n'empêche : l'année 1877 se termine, pour Vallès, dans un climat moins sombre qu'il ne l'avait cru aux lendemains du coup du 16 mai 1877. Peut-être la passe la plus dangereuse et la plus douloureuse est-elle franchie, parce que aussi l'échec de l'Ordre moral et des tentatives de restauration monarchique en France est consommé. Le journal *Le Réveil* propose à Vallès une collaboration régulière. Et la revue russe *Slovo* lui demande une chronique sur Londres.

Il a plus de quarante-cinq ans.

Les difficultés sont toujours là, mais il a de l'énergie chevillée au corps. Des projets plein la tête. L'espoir même de changer sa manière de vivre : une autre passion, pourquoi pas ? Un mariage ! Qui peut l'exclure ? Ecrire en tout cas, plus que jamais.

« Il faudrait, dit-il, ma résolution d'homme de lettres étant prise, que j'homme de lettrasse autrement qu'un débutant ou qu'un poète. Le plan serait d'assurer ma vie simplement, modestement, mais puisque je commence une existence presque nouvelle, je dois mesurer tout le chemin, me dire que je ne resterai peut-être pas seul dans la nuit de l'exil, que je me marierais, si j'y trouvais pain et joie, et pour parer à tout hasard de voyage, mariage, que sais-je ! je fixe à cent francs par semaine ce que je devrais gagner. Voilà mon ambition — et voilà mon but. Je n'économiserais pas sur ces cent francs hebdomadaires une pièce de cent sous, mais j'économiserais du temps, des notes pour la grande histoire, le vrai livre, auquel je penserais dès l'autre tâche faite, chaque soir, comme un révolté qui amasse des cartouches, et attend son moment. »

Vallès s'engage donc avec énergie dans une autre étape de sa vie. Instinctivement, et quels que soient les moments de découragement — il n'ignore pas qu'ils viendront — et les obstacles, il a le sentiment que quelque chose commence.

A Paris, sous la poussée républicaine, et d'abord celle de Gambetta, qu'on appelle le dictateur quand on lui est hostile, les monarchistes reculent. La démission de Mac-Mahon est inéluctable, dit-on, et à ce moment-là, même si les républicains modérés sont hostiles aux communards, viendra le temps de l'amnistie.

Vallès espère, Vallès travaille. Il écrit : la deuxième partie de *Jacques Vingtras*. Il lit, au British Museum. Il consulte, prend des notes sur les journaux français de la période 1848-1871, celle de son roman. Il s'intéresse à l'économie. L'influence de Karl Marx et des questions du régime de la propriété, de la nature et du fonctionnement du capitalisme est sensible chez les communards exilés. Vallès, à ceux qui s'étonnent de son intérêt pour ces matières austères, répond : « Il y a quelque temps, pas mal de temps que je m'occupe de ces choses difficiles en qualité de socialiste. » Et il ajoute à son ami Arnould : « Sais-tu que nous devenons presque communistes sur cette question de la propriété ? »

Cet intérêt vient aussi du fait qu'il a mesuré, durant la crise politique de 1877 et la période de l'Ordre moral, l'impuissance des révolutionnaires. Ils sont divisés entre « collectivistes et individualistes, centralisateurs et fédéralistes », ils n'ont pas de « programme... au sujet d'une tactique à suivre contre le Capital et l'Etat ».

Vallès, en somme, cherche à comprendre. Il est soucieux des moyens d'atteindre à l'unité des révolutionnaires. Et cette démarche au-dessus des « sectes », il ne l'abandonnera plus.

Cela ne lui donne pas un rôle politique direct. Et pourtant les mouchards de la police française le suivent, envoient sur ses activités des rapports détaillés.

L'un de ces informateurs adresse en 1878 son rapport sur les journées de Jules Vallès.

« Londres, 17 novembre 1878.

« Voïlà deux jours que je ne cesse de suivre Vallès, écrit-il.

Vendredi il est allé au British Museum et est rentré chez lui à trois heures.

« Ressorti à six heures, il s'est rendu au restaurant Audinet où il a dîné. A huit heures et demie il a quitté ce restaurant pour aller prendre le café chez Veglio, Tottenham Court Road, où il a fait ensuite une partie de dominos avec un Corse nommé Cialdini, mauvais paysagiste, homme nul en politique, mais aimant fréquenter les individus en renom, croyant l'être lui-même.

« Il est rentré chez lui à minuit et demi.

« Samedi il a fait presque la même chose. »

Vie studieuse, vie rythmée par le travail. Mais si la préfecture de police de Paris continue à surveiller Vallès, c'est qu'il est à nouveau présent par ses articles dans la capitale.

Il écrit dans *Le Réveil,* journal que dirige un député radical-socialiste de Toulouse, Duportal. Or ce journal inquiète : autour de lui *Le Républicain,* quotidien du soir, et *Le Peuple* forment un petit groupe de presse qui donne à Duportal de l'influence. Rochefort, Jules Guesde, Pierre Denis et Vallès y écrivent. Vallès, le 6 janvier 1878, y célèbre par exemple Gustave Courbet, qui vient de mourir et il exalte — autoportrait ? — « les hommes qui sont restés inébranlables ou indépendants... pleins de mépris pour les uns, d'indifférence pour les autres, (ils) sont sûrs, tôt ou tard de la victoire ».

Dans les milieux des républicains modérés, on s'inquiète. Gam betta, qui tient à ne laisser naître aucun rival, va briser ce Duportal Dans son journal, *La République française,* il cite une lettre écrite à Napoléon III en... 1852 par Duportal, alors emprisonné pour son opposition à l'Empire. Duportal y faisait des offres de service à l'empereur. Coup bas politique contre Duportal, manœuvre opportuniste contre un groupe de presse qui tentait d'incarner une autre politique. Il reste que la lettre de Duportal est authentique et Vallès discrètement, sans accabler Duportal, se retire du *Réveil.* Il demeure l'intransigeant qui ne transige pas avec la morale et les principes.

Mais l'épisode lui rappelle à quel point les manœuvres, les trahisons font partie de la lutte politique et journalistique. « J'en ai le dégoût, l'immense dégoût, c'est le mot... », dit-il. L'hypocrisie de ces républicains opportunistes le révolte, « c'est le dégoût, oui, le dégoût qui vous prend », répète-t-il. Ces hommes-là ne maintiennent-ils pas des lois sur la presse ? Et Vallès fustige ces politiciens, « qui ont des ventres comme M. Gambetta ». Comment échapper à ce monde ? Par l'écriture !

Faire des livres qui permettent de vivre. Il achève « en essuyant le sang de (ses) phrases et en les mettant dans la chemise rouge » la deuxième partie de *Vingtras*. Il le fait, presque à contrecœur : ce n'est pas son grand livre dans lequel il voulait montrer que la Commune n'était pas le résultat d'une « politique politiquante » mais la « grande fédération des douleurs ».

Cependant il a besoin d'argent : il faut donc gommer, ruser. Sans renoncer à une seule idée. Il faut, comme Hugo ou Zola, publier... et, qui sait, la fortune peut venir.

« Ma vie, en plus, peut se refaire là-dessus. Je commencerai une existence nouvelle de romancier, RIEN QUE ROMANCIER, si je réussis à peu près auprès du public. Encore faut-il que je réussisse aussi pour cet argent et ces avances ! C'est bête mais c'est ainsi ! »

On est au mois de juillet 1878. *Le Siècle,* enfin, publie en feuilleton depuis quelques semaines *Jacques Vingtras.* Il aura donc fallu presque deux ans d'attente pour que Vallès voie, le 25 juin 1878, les premiers mots de *Vingtras* imprimés dans le journal.

Emotion, satisfaction. La publication durera jusqu'au 3 août. Mais *Jacques Vingtras,* signé La Chaussade, suscite les « cris des abonnés ». Jourde, le directeur du *Siècle,* a beau édulcorer le texte, les lecteurs s'indignent. « Mauvaise affaire », dit Hector Malot. *Le Siècle* devait publier la suite de *Jacques Vingtras.* Sera-ce possible après de telles réactions ? De plus, les avances que Vallès attendait pour son deuxième volume sont bien compromises. Et pire, *Le Siècle* n'a pas terminé de payer *Jacques Vingtras.* Malot s'en va voir Jourde, plaide la cause de Vallès.

« Il m'a reçu, raconte-t-il à Vallès, en me mettant aux mains un paquet de lettres d'abonnés se plaignant de *Vingtras* (immoral, grossier, sans cœur, etc.) ; de plus, son conseil d'administration lui avait adressé les mêmes plaintes.

« J'ai donc trouvé un homme mal disposé, ne me disant pas franchement que je l'avais trompé, mais fâché contre moi et contre vous.

« Je lui ai demandé malgré tout de vous envoyer de l'argent ; il a refusé me disant que, si les plaintes d'abonnés redoublaient, il faudrait suspendre la publication, et que dans ces conditions il ne pouvait pas se mettre à découvert.

« J'ai bien entendu affirmé hautement la valeur de votre œuvre, il m'a répondu qu'il ne s'agissait pas de sa valeur, mais de l'effet qu'elle produisait sur l'abonné — ce à quoi lui directeur devait être avant tout sensible. »

On imagine l'effet sur Vallès. Il allait mieux. Aurélien Scholl, camarade fidèle, venait, avec l'argent du chocolatier Ménier, de fonder un journal anticlérical, *Le Voltaire*. On y est partisan de Gambetta, mais Scholl qui en est le rédacteur en chef offre immédiatement à Vallès une collaboration régulière, à raison de « deux cents francs par mois, soit cent francs le 1er, cent francs le 30 ». C'est pour Jules Vallès la fin de la misère la plus noire, une assurance régulière.

En même temps, il est en négociation avec l'éditeur Charpentier pour que celui-ci publie *Jacques Vingtras* en volume et s'engage sur sa suite. Là aussi les questions d'argent sont décisives. Vallès veut des avances, que Charpentier hésite à verser tant qu'il n'a pas vu la copie. Vallès avec son obstination, sa capacité à chercher des alliés, a sollicité Emile Zola. Peut-il faire pression sur Charpentier ? Zola est clair :

« J'ai parlé à plusieurs autres éditeurs, et partout la réponse a été la même. Ils hésitent à s'engager pour des œuvres qui ne sont pas faites, ne mettant pas en cause votre talent, mais tremblant devant toutes sortes d'éventualités. Voilà.

« Me permettez-vous un conseil ? Faites un livre ; ayez ce courage au milieu de toutes vos difficultés. On le publiera ; il aura du succès, et, dès lors, vous dicterez vos conditions. »

Vallès suit le conseil. En ce mois de juillet, la deuxième partie de *Vingtras* va être terminée. Mais la question de l'argent le travaille. C'est comme s'il ne pouvait plus écrire sans être sûr de *vendre* son texte. Non seulement parce qu'il « crève de pauvreté », mais plus profondément parce que l'argent est devenu la preuve sociale qu'on reconnaît ses textes. Le versement d'avances et de droits d'auteur est le *lien* social majeur entre Vallès l'exilé, l'isolé et la France lointaine. Il attend que *Le Siècle* le paie.

« Je vais passer une lugubre journée !

« Et c'est plus fort que moi ! Je ne puis travailler dans cette incertitude et cette humiliation. »

Quand il prend conscience des protestations des lecteurs à la publication de *Jacques Vingtras,* cela l'accable. Et dans son désarroi il mêle tout : la déception de l'écrivain et l'inquiétude du créancier :

« Cette dégringolade m'achève ! C'est effrayant, le tort que me fait le mécontentement de l'abonné et du conseil d'administration ! M'en relèverai-je ? J'en arrive à rire de ma stupide et entêtée malchance ! C'est trop fort, vraiment !

« Quand pourrai-je toucher le prix de la vente en volume ou librairie, si, cahin-caha, on arrive à tout publier dans *Le Siècle* : le lendemain du dernier feuilleton ? Sur les dernières lignes du dernier paragraphe ? Un mot là-dessus, je vous prie. Et combien en tout cas pour la première édition ? »

Et puis, au mois d'août 1878, une lettre de Jourde arrive. Une « lettre chargée » par laquelle *Le Siècle* règle à Vallès le solde de la publication de *Jacques Vingtras,* « 13226 lignes à 25 centimes font 3306,50 francs... Vous remarquerez que par exception je vous compte les demi-lignes comme lignes entières, ce que nous ne faisons jamais au journal »...

Vallès avait déjà touché 1508,50 francs, il reçoit donc 1798 francs... en une traite de 71.8.8. livres sur « MM. Aynard et Ruffer de Londres ».

C'est presque l'aisance, tout à coup. La reconnaissance aussi. Les mots ont fait naître l'argent. Les mots sont le pain. L'obstination a payé.

Vallès se gratifie. Il quitte Londres. Il l'a bien mérité. Ce maître impitoyable — ce *père* exigeant qui fustige constamment *l'enfant* — accorde une récompense à l'élève. Vallès offre des vacances à Vallès. « Je viens de couronner six ans de Londres par trois semaines de Jersey — puis dix jours à Windsor, écrit-il à Malot. J'avais besoin d'air doux, de soleil clair, de paix et de silence. »

Il le peut parce qu'il a fini aussi la suite de *Vingtras,* qu'il n'a plus qu'à reprendre le texte, car la copie est selon lui « ironique, anti-bourgeoise, sanguine et violente... Il faut que cela le soit moins pour être reçu ». Encore une « quinzaine de jours de ce travail douloureux, dont j'ai des nausées depuis des mois ».

Mais d'abord une « partie de campagne ». « Depuis six ans pas un jour de vert, j'en ai ma suffisance. » Il se sent bien. « Je suis lavé, passé au bleu — la mer, l'herbe m'ont baigné l'esprit. » Et cette détente physique et intellectuelle se retrouve dans la phrase comme un souffle marin. « Je suis en attendant relativement heureux. J'ai payé presque toutes mes dettes. C'était ma grande douleur. J'écris au *Voltaire.* J'ai peu mais très régulièrement payé. »

Ce qui lui manque pour le bonheur complet ? « Ah ! si j'avais un journal qui me laissât ma façon, ma liberté, mon genre ! » Ecrire à sa guise ! Il ne l'a jamais vraiment pu, dit-il. Les rivalités le freinaient au *Figaro ;* le cautionnement le muselait à *La Rue ;* et au *Cri du peuple,* il fallait se modérer « à cause de l'union de la Commune à garder » !

Regard et bilan sans aigreur d'un homme qui a fait ce qu'il a pu pour, malgré toutes ses contraintes, rester libre. Et qui vient, enfin, après six ans d'obtenir une vraie satisfaction.

Coïncidence : au moment où Vallès publie dans *Le Siècle* ce récit de son enfance, *Jacques Vingtras,* sa famille le retrouve.

Un cousin, Henri Pascal, infirmier-panseur à l'hôpital de Port-Royal à Paris, lui écrit, lui donne des nouvelles du pays, de la mort d'une « cousine à vous comme à moi, la Polonie de Fayerolles » dont précisément Vallès avait fait l'une des silhouettes les plus attachantes de *Jacques Vingtras :* « Chère cousine ! avait-il écrit, grande et lente, avec des yeux bleus de pervenche, de longs cheveux châtains, des épaules de neige... Elle rit, me caresse et m'embrasse ; je la serre en me défendant et je l'ai mordue une fois... »

Comment Vallès ne serait-il pas ému par cette coïncidence et cette nouvelle ? La lettre d'Henri c'est, alors que des lecteurs s'indignent de ce qu'il écrit sur sa famille, un lien renoué et qu'il ne tranchera plus.

Peu à peu, les grandes déchirures béantes de la vie de Vallès se cicatrisent. La réconciliation avec son passé se complète. Il a quarante-six ans.

Mais les étés sont toujours courts.

Il faut retrouver Londres et, « la miche anglaise est fade et sans sel... C'est de l'éponge, du sable ou du plâtre ou de la colle ».

Recommence pour Vallès le jour le jour des inquiétudes. L'éditeur Charpentier accepte de publier *Jacques Vingtras* en volume, mais quand ?

Quel tirage ? Comment contrôler le nombre d'exemplaires ? « Il y a le paiement. Quelles garanties ? »

Vallès en même temps expédie le manuscrit de la suite de *Jacques Vingtras* au directeur du *Siècle,* Jourde. Dans une boîte, comme une « poupée », acte et choix symboliques : les manuscrits pour Vallès, chaque fois qu'il les envoie, sont comme des enfants morts, comme si, par ces mots choisis (*cercueil, poupée*), Vallès marquait si fort que c'est dans l'enfance — la sienne, celle de Jeanne-Marie — qu'il avait trouvé la source de son écriture et s'il voulait dire qu'il était lié à ses manuscrits comme un père à ses enfants... morts.

L'attente encore : « Rien du *Siècle.* Mauvais signe ! On a eu le temps de lire et de relire ! Si ça ne passe pas, quel regret d'avoir tant peiné sur le rognage, éteignage, d'avoir diminué la valeur de l'œuvre pour qu'elle fût possible dans le milieu des abonnés du *Siècle* ! »

Et puis toujours, le besoin d'argent. Quand Charpentier paiera-t-il ? « J'ai besoin d'habits d'hiver. Il n'a pas besoin de le savoir, mais mes épaules le savent. »

Avec l'hiver 1878 tout redevient difficile donc.

Vallès est là, « crevant de froid et dévoré d'une faim de loup ». Oubliées les vacances à Jersey et à Windsor. Charpentier va publier — le contrat arrive —, mais ne paie toujours pas. Jourde est muet. Comment écrire ce que l'on pense quand « ce gamin de *Vingtras* a paru immoral, insurgé ! ». Que va-t-on dire de la suite ! L'inquiétude et la révolte sont d'autant plus fortes chez Vallès qu'il a le sentiment qu'il n'a encore « rien, rien écrit qui soit ma mesure et donne ma taille petite ou grande ; rien ».

Le désespoir revient aussi. Avec le froid. L'approche de Christmas. L'obligation de quémander à Malot, une nouvelle fois. « Aidez-moi à sortir de là — pour que je puisse tenir jusqu'à la fin du mois. Vous m'avez déjà tiré de pas difficiles. En m'avançant un billet de cent francs vous m'arracheriez à des soucis de toutes sortes. J'ai payé avec le produit de *Vingtras* des dettes. »

Malot prête, « fâché de ne pouvoir faire plus : je suis moi-même gêné pour la fin de l'année ».

L'anxiété monte chez Vallès. « Je ne puis tenir en place. Je me vois sans ouvrage comme romancier, comme articlier, comme chroniqueur anglais, comme n'importe quoi... » Il se sent victime du sort : « C'est comique à force d'être malchanceux avec obstination ! »

Et ce que craignait Vallès pour la suite de *Jacques Vingtras,* ce qu'il pressentait, se produit : le 23 décembre 1878, Jourde lui écrit :

« Mon cher compatriote,

« Absent de Paris lorsque votre lettre est arrivée, je n'ai pu vous répondre plus tôt. D'ailleurs, je n'avais rien de bon à vous annoncer. Vous avez su mes misères et mes luttes pour faire accepter la première partie ; luttes et misères qui se sont continuées durant la publication. En dehors de votre personne, des sympathies qu'elle m'inspire et de votre situation, l'originalité de l'œuvre, sa valeur littéraire me soutenaient dans la lutte. Votre roman a été publié malgré les protestations des esprits étroits ; mais je ne pouvais recommencer ces luttes sans avoir l'avis de mon Conseil. Ces Messieurs, après avoir lu la deuxième partie de *Vingtras,* me demandent de ne pas la publier ; ils relèvent, dans cette seconde partie, des attaques et des railleries contre les républicains de 1848, ce qui, à leur avis, ne peut être dit dans *Le Siècle,* dont plusieurs des membres du Conseil appartiennent à cette époque et y ont joué un rôle important. Je suis obligé de céder, et c'est avec un profond chagrin que je vous annonce cette résolution. »

Sans doute pour atténuer le coup, il y a les éloges de Jourde qui ne paraissent pas feints. Il y a la publication dans *Le Voltaire* d'un article de Vallès qui fait grand bruit, précisément le 22 décembre, et dans lequel il défend Emile Zola, accusé d'avoir publié dans une revue russe — *Le Messager* — une critique des romanciers français. Vallès s'en félicite, « le roman bête a du plomb dans l'aile ». Et « M. Zola est un rouge en littérature, un communard de la plume. Et les pâles de tirer dessus. C'est logique ».

Vallès n'est donc plus, en ce décembre 1878, l'exilé sans voix. Mais il a froid. Il a faim. Il a besoin de cent francs, qu'il lui faut emprunter. Zola lui écrit, à propos de la publication prochaine en volume de *Jacques Vingtras :* « Charpentier a été très empoigné par votre roman. Quand vous rentrerez en France, vous trouverez votre place aussi grande et aussi large. »

Cela console un peu.

Mais cela ne permet pas de lutter contre le froid et le découragement. L'envie de lâcher tout, de « demander une place de commis sur quelque Bourse étrangère » ! Et encore cela serait-il possible ? « Voudrait-on de mes cheveux blancs ? »

Sombre Christmas 1878.

Chapitre 31

« C'est épouvantable ! La conspiration contre qui... paraît prêt à parler franc » (1879-13 juillet 1880)

« Que sera cette année 1879 ? »

Vallès s'interroge. Année de ses quarante-sept ans. Ce n'est pas rien. Ces premiers jours de janvier sont sinistres. « Il fait un temps lugubre. Neige et dégel. Aurons-nous l'amnistie cette année ? Oh ! le soleil de France ! La patrie et du travail. »

Vœux d'un proscrit qui commence l'année « bien douloureusement. J'ai été huit jours (dit-il, pensant au refus de publier dans *Le Siècle* la suite de *Vingtras*) avec la mauvaise nouvelle comme une cangue au cou ! ».

Et puis tout à coup, une autre nouvelle lui tombe dessus comme la foudre, inattendue : « Je reçois une lettre de Lacroix qui me dit : " L'argent est prêt, nous vous donnerons trois mille francs comptant contre votre manuscrit. " La suite de *Vingtras,* que Vallès a intitulée *Les Mémoires d'un révolté ou l'Histoire d'un homme* (et qui deviendront plus tard *Le Bachelier,* comme *Jacques Vingtras* deviendra *L'Enfant*) ont donc trouvé preneur.

Sigismond Lacroix qui vient de fonder un journal, *La Révolution française,* va les publier en feuilleton, du 13 janvier au 13 mai 1879, avec, comme pseudonyme pour Vallès, celui transparent de Jean La Rue. « Quelle belle affaire, je n'ose encore croire qu'elle est faite », murmure Vallès.

Il en est stimulé. Quelques regrets pourtant. Trois mille francs est-ce assez pour tant de copie ? Enfin, il pourra payer ses dettes, une fois encore. Et déjà il pense à un roman... sur l'Angleterre qu'il pourra soumettre au *Siècle* de Jourde !

La situation s'est donc en quelques jours renversée.

Et elle est, bien sûr, déterminée par l'évolution de la conjoncture politique à Paris.

L'Ordre moral qui ne résiste plus que dans la personne du président de la République Mac-Mahon est définitivement balayé quand celui-ci, après des élections sénatoriales, démissionne le 30 janvier 1879.

Un souffle nouveau pénètre dans la vie politique française. Déjà, le 28 janvier, Hugo avait déposé une proposition d'amnistie pleine et entière pour les communards. Après la démission de Mac-Mahon, la question devient d'actualité d'autant plus que le nouveau président de la République, Jules Grévy, s'il est modéré, est un républicain vigoureux. Il constitue un ministère dans lequel à l'Instruction publique Jules Ferry commence à prendre des mesures contre les congrégations. Le cléricalisme, voilà l'ennemi.

Que ces républicains modérés le veuillent ou non, c'est contre la Commune et son souvenir que la France avait été vouée au Sacré-Cœur et qu'on avait élevé à Montmartre la basilique. S'ils sont anticléricaux — et ils le sont —, comment pourraient-ils continuer d'ignorer les proscrits de la Commune ?

Sigismond Lacroix, qui vient d'acheter *Les Mémoires d'un révolté,* a parfaitement compris la situation. Ce journaliste de trente-quatre ans, fils d'un réfugié polonais, naturalisé après la Commune est un républicain d'extrême gauche. Elu conseiller municipal de Paris en 1874, il a dirigé le journal *Les Droits de l'Homme,* puis *Le Radical.*

Pour ce dernier quotidien, il avait déjà sollicité un manuscrit de Vallès, mais le coup d'Etat du 16 mai 1877 avait mis fin au journal.

Vallès, son aîné de treize ans, est pour lui une sorte de symbole et de modèle. Quand, le 13 janvier 1879, il fonde *La Révolution française,* il se tourne immédiatement vers Vallès ; achat du feuilleton d'abord, puis offre de collaboration régulière — deux articles par semaine — et pour finir offre de devenir « rédacteur conseillant d'exil », sorte de corédacteur en chef du journal.

Avec des appointements de mille francs mensuels. Un pactole pour Vallès. Mais ce n'est pas l'argent qui va le conduire à accepter. En fait, pour la première fois depuis 1871, il rentre en force dans le journalisme parisien.

On mesure à quel point la carrière de Vallès est liée aux événements politiques : peut-il en être autrement pour un homme qui n'a jamais renoncé à brandir ses idées ? « Ma conscience, dira-t-il, mon intelligence, l'honnêteté dans mon métier, la logique, mes sensations m'ordonnent de faire ainsi. Je commettrais une lâcheté en abandonnant le terrain que je crois le vrai, le moral, l'utile ! »

En janvier 1879, la situation est favorable. Les enjeux clairs : « J'ai adressé un plan à Lacroix, dit Vallès, acceptant de laisser mes chers feuilletons et mes observations pittoresques — ce que j'aime tant — pour rentrer dans la mêlée. »

Son but : « Faire entrer la Commune en ligne dans *La Révolution française.* »

C'est précisément l'objectif que poursuit Lacroix. Le 9 février la une de *La Révolution française* est barrée par les noms de cinq collaborateurs : Arnould, Jourde, Le Français, Longuet, Vallès. Cinq communards, cinq exilés. Titre provocateur, car jusqu'alors on dissimulait les signatures des proscrits de la Commune. Les protestations fusent de la droite : scandale. Il faut interdire ce journal révolutionnaire. Et l'émoi est encore plus grand le lendemain 10 février 1879 quand Vallès publie une *Lettre ouverte au président de la République.* « Je suis allé en pantoufles porter ma copie dans la boîte sans me figurer que j'y jetais une bombe », dira Vallès de cet article qui va créer un tumulte dans l'opinion.

Vallès reproche à Grévy la timidité de son message de président. « Indigne de vous, dit-il. Vous avez répété ce que dit chaque gouvernement niais ou criminel, en redingote bourgeoise, en habit d'empereur, en uniforme de soldat. » Or, il aurait fallu selon Vallès rendre hommage aux combattants de 71 : « C'est devant nos baïonnettes que M. Thiers a hésité et que la monarchie est restée dans l'ombre. L'histoire le dira, vous auriez dû le dire... Monsieur, il faut jeter au fumier la vieille politique... Place au travail ! Salut aux pauvres ! Les pauvres ? Ils sont les trois quarts de la France... Nous sommes trois cent mille qui vous avons porté où vous êtes... Président de la Troisième République, décrétez la liberté pour n'avoir pas à décréter le massacre... »

Pour la droite c'en est trop. Dans le journal, *Le XIXe Siècle,* on s'acharne contre Vallès. Pas moins de cinq articles pour reprendre la calomnie des élections de 1869 : Vallès, agent impérial contre Jules Simon. Vallès est de nouveau blessé. « C'est horrible ces traquenards et cette fange de Damoclès ! dit-il. Ils mettent des mouchards dans votre vie et vous en font un crime ensuite... »

Mais dans *La Révolution française,* dans *L'Evénement,* on se solidarise avec Vallès. Et l'attaque tourne court.

Cependant, elle a montré que la question de la Commune reste ouverte. Le gouvernement d'ailleurs poursuit le journal *La Révolution française.* Les condamnations pleuvent. On veut faire disparaître ce quotidien d'inspiration révolutionnaire. Et il est effectivement écrasé par les amendes.

Il y a pire : la polémique a divisé les communards.

Il y a ceux qui comme Vallès demeurent intransigeants et ceux, comme son ami Arnould, qui n'en peuvent plus de l'exil, qui sont prêts à faire silence pour obtenir une amnistie ou une grâce.

Arthur Arnould, le confident, l'ami de près de trente ans, craque, démissionne de *La Révolution française,* l'accusant par son extrémisme de nuire aux proscrits, de retarder l'heure de leur retour. En même temps, il exhale contre Vallès des rancœurs, des jalousies rancies.

Celui qui ne change pas dérange même ses plus proches amis.

Comment Arnould pourrait-il ne pas se sentir gêné par le regard inchangé que Vallès porte sur lui, par la question qu'il lui pose : « Es-tu donc devenu opportuniste à ta façon ? Les vérités sont-elles des domestiques qui ont à attendre l'ordre et l'heure ? »

Pour Arnould, oui. Pour Vallès, jamais.

En fait, quelle que soit la déception que lui procure la rupture avec son vieil ami Arnould, Vallès n'a pas le temps de s'attarder. Il est trop engagé dans ses projets, trop tendu vers ses buts littéraires, et cela l'emporte, « toujours énervé, toujours crispé, toujours convulsé », dira de lui méchamment et faussement André Gill.

En fait, Vallès sait qu'il approche de la sortie du long tunnel qu'il vient, depuis 1871, de parcourir.

Le 3 mars 1879, l'Assemblée a voté une amnistie partielle qui prend effet le 5 avril. Elle ne concerne pas Vallès, mais à l'évidence elle est un premier pas vers l'amnistie totale. Certes, les républicains modérés hésitent, s'inquiètent et c'est pour cela aussi que *La Révolution française* est poursuivie devant la justice et qu'elle sera contrainte de cesser de paraître en juin. Mais Vallès peut envisager un retour à Paris.

Il songe à diriger, depuis Bruxelles, puisqu'il ne peut encore rentrer en France, un hebdomadaire, *La Rue,* qui paraîtrait à Paris et qui serait comme une tête de pont dans la capitale, une renaissance.

A cet effet, il se rend à Bruxelles où se trouve un éventuel commanditaire. Et puis la ville belge sent déjà le parfum parisien... « Je rencontre des Parisiens et encore des Parisiens à tous les coins de rue ! Et je regarde jouer les actrices de Paris. C'est une sensation vive, curieuse ! » s'exclame Vallès.

En même temps, il guette la parution en volume de *Jacques Vingtras,* suppute ses chances de succès. Il s'inquiète des silences de son éditeur, interroge Malot. Que fait donc Charpentier ? Il envisage une suite, un troisième volume donc. « Le plus ou moins de succès de *Vingtras,* dit-il, décidera du travail que j'entreprendrai tout de suite. Si *Vingtras* prend, mord, je relis et corrige *Les Mémoires d'un révolté* pour les volumiser au plus tôt, je continue. Je fais la troisième partie. »

Ainsi se dessine peu à peu ce qui deviendra la trilogie — *L'Enfant, Le Bachelier, L'Insurgé* —, fruit d'une longue volonté, d'une tenace obstination et aussi produit des circonstances. Mais, pour ce troisième volume, Vallès sait ce qu'il veut écrire : « Je ferai une œuvre spéciale avec ce qui touche de trop près à mes colères sociales et politiques. »

Le projet pourtant est encore vague et dépend du sort en volume de *Jacques Vingtras.*

Vallès rentre à Londres, et comme il a un peu d'argent, il loue une chambre plus claire au quatrième et dernier étage d'une maison proche de Tavistock Square — au 10 Upper Woburn Place, Easton Road. Une fois encore — comme quand il est parti pour Jersey — il s'est accordé une gratification. « Comme il me semble que je vais pouvoir produire et être imprimé ou joué, j'ai cru plus utile d'avoir un logement où je me plairai un peu plus. »

Vallès chez qui, toujours, le sentiment du devoir à accomplir pèse : c'est par le détour de « l'utile » qu'il s'autorise à vivre dans de meilleures conditions et parce qu'il a obtenu des résultats. Mais il est prudent : il a gardé la possibilité de retourner dans sa chambre sombre, peu onéreuse, si les affaires tournaient mal. Et puis enfin, le samedi 17 mai 1879 : grande nouvelle, le volume *Jacques Vingtras* paraît. Et Vallès reçoit de Malot, de la part de Charpentier, un chèque de cinq cents francs. Mais ce qui devrait être pour Vallès et Malot un moment heureux de leurs relations est brusquement voilé.

Malot qui a tant fait, avec un dévouement exceptionnel, pour aider Vallès se sent tout à coup négligé. Comme si ce Vallès qu'il a porté à bout de bras, auquel il a servi cent fois d'intermédiaire, auquel il a prêté tant de sommes, dont il a écouté les plaintes et les récriminations l'oubliait maintenant que le but est atteint.

Peut-être chez Malot y a-t-il aussi, malgré lui, comme le regret de voir celui qui dépendait de lui s'émanciper. Ou bien un sentiment d'irritation devant ce qu'il juge être de l'ingratitude. Est-ce possible ? Malot le croit. Pourquoi Vallès ne lui a-t-il pas fait porter en priorité un volume de *Vingtras* ?

Alors Malot règle ses comptes dans une lettre franche et brutale.

« Lisez donc mes lettres jusqu'au bout, je vous prie, écrit-il à Vallès : je vous ai dit que vous deviez m'envoyer un reçu motivé, vous me dites : j'ai reçu le chèque ? quel chèque ? pourquoi ? de combien ? Ce n'est pas ainsi qu'on fait des affaires et puisque je suis votre homme d'affaires il faut bien que vous vous décidiez à agir légalement : " Je reconnais avoir reçu de M. Malot la somme de cinq cents francs, montant de mes droits d'auteur pour la première édition de *Jacques Vingtras* chez Charpentier " ; datez et signez. Songez donc que, si vous veniez à mourir, vos héritiers pourraient me réclamer ce que j'ai reçu pour vous. Pensez à cela désormais, et veillez à me mettre à l'abri de responsabilités.

« Maintenant, puisque nous réglons nos comptes, laissez-moi vous dire que je trouve que c'est un mauvais procédé d'avoir envoyé votre volume à d'autres avant moi ; je ne m'en fâche pas ; mais je vous le dis comme j'ai l'habitude de tout dire.

« Le gérant de la maison Charpentier m'a promis de faire le service de presse largement ; je ne puis rien de ce côté ; je ne m'occupe pas du mien et laisse ce soin à l'éditeur ; il va de soi que quand l'occasion se présentera je recommanderai *Vingtras.* »

Vallès a-t-il été ingrat ? Indifférent ? Egocentrique ?

Sans doute est-il trop pris par lui-même pour se soucier vraiment des autres. Il répond, s'excuse, s'explique, regrette. « Votre lettre m'a fait beaucoup de peine, écrit-il, je ne puis vous croire injuste. Je préfère me savoir maladroit. »

Le mot est exact. Vallès est pris par l'action, il est constamment projeté dans l'avenir ou bien il reconstruit le passé pour bâtir ses œuvres futures. Le présent — les autres — il ne s'y attarde pas. Puis, quand il se rend compte de ses maladresses, il est navré.

« Je vous dois l'apparition de ce livre, répète-t-il à Hector Malot. Je ne l'oublierai jamais. Je l'écrirai, je trouverai l'occasion de vous remercier publiquement. Si vous pouvez aider de votre plume (j'y tiendrai tant !) ou de votre recommandation le succès de l'œuvre, ce serait double reconnaissance. Je n'ose insister — devant votre lettre de reproches amicaux mais nets. » Et en même temps il insiste : « Je serais bien content si c'était vous qui parliez de *Vingtras* dans *Le Siècle* ! »

Toujours réaliste, Vallès, sachant saisir les opportunités, n'hésitant pas, malgré l'irritation de Malot quand il avait écrit : « Vous m'avez aidé à publier *Vingtras :* le dernier coup est d'en faire parler, d'appeler l'attention », à revenir sur le sujet.

Vallès est une force en mouvement. Il bouscule. Il va. Tourmenté, angoissé, on le croit faible alors que sa manière à lui de surmonter les inquiétudes et son désarroi est d'agir. Il est toujours psychologiquement au bord du gouffre. Il est sincère et c'est en même temps sa façon de se contraindre à donner un coup de reins pour échapper à la chute.

Ainsi, tout en se préoccupant de l'écho de *Jacques Vingtras,* il pense à une pièce de théâtre, rencontre Sarah Bernhardt en tournée à Londres ; dîne avec son éditeur Charpentier qui a fait le voyage de Londres et lui parle sans désemparer de l'édition en volume des *Mémoires d'un révolté* et du troisième volume… Et il se plaint encore : « C'est épouvantable ! la conspiration contre qui se détache en relief et paraît prêt à parler franc ! » Fulmine quand Malot lui répond qu'il se désespère à tort :

« Mais vous ne savez donc pas que, depuis trois mois, le spleen, la tristesse, la douleur de rester seul dans ce pays horrible, me torture et m'accable ! D'ailleurs, je dis vrai quand je parle du danger qui se dressera toujours devant ma copie, si je la fais aussi bonne que je puis et que je dois la faire. Je passe mon temps, quand je rumine un sujet, à essayer d'éteindre la flamme de la révolte. Je travaille pour défendre une idée chaque fois que je médite un livre et, chaque fois, je sens que je heurte les scrupules ou la routine même républicaine. Ah ! c'est douloureux, allez ! »

Et puis attentif, précis, un post-scriptum : « Connaissez-vous

Edouard Texier ? Ne pourrait-il toucher à *Vingtras* dans son *A travers la semaine* ? »

Ce journaliste ne parlera pas de *Vingtras*.

Mais le livre, sans être un grand succès, connaît une deuxième édition et il est assez bien accueilli par une partie de la critique.

Il choque pourtant. Alors que *Vingtras* n'est que l'histoire d'êtres qui, tout en s'aimant, se manquent, certains y voient l'expression de la haine de la mère. Le mardi 10 juin, Goncourt écrit dans son *Journal* reflétant une opinion répandue dans les milieux conservateurs :

« Une vilaine et rancunière humanité entre aujourd'hui en scène dans le livre de Vallès, qui vient de paraître. La mère, jusqu'à présent, était sacrée ; la mère, jusqu'à présent, avait été épargnée par l'enfant qu'elle avait porté dans ses flancs. Aujourd'hui, c'en est fini en littérature, de la religion de la famille ; et la révolution commence contre elle. *Vingtras* est un livre symptomatique de ce temps. »

On saisit combien un Goncourt ou un Francisque Sarcey — et plus tard tant de critiques — ne peuvent juger *Vingtras* que les yeux aveuglés par leur parti pris politique, leur conformisme conservateur.

Le communard Vallès leur paraît continuer son œuvre de sape. Et Vallès sent bien toute la partialité des jugements qu'on porte sur ses œuvres. Même quand il ne met pas de « politique » dans ses romans, qu'il n'y a que des « larmes justes », on lui reproche ce qu'il est : ses idées, son « sarcasme vengeur ».

Et s'il se lance, à Bruxelles, où il s'installe à partir du mois d'août 1879, dans l'aventure de cet hebdomadaire, *La Rue,* c'est aussi qu'il veut se donner les moyens de briser ce qu'il appelle « la conspiration du silence » que sous « prétexte de familiolâtrie » on tisse contre lui.

« Enfin, dit-il, je crois bien que la résurrection de *La Rue* en grand format est chose conclue. Nous allons rire des hypocrites ! Je retrouverai là une tribune d'où l'on pourra parler haut et clair ! »

Les circonstances politiques paraissent favorables au lancement de cet hebdomadaire, même si, selon Vallès, « cette barricade sera plus littéraire que politique, plus artistique que communarde ».

En effet, les changements politiques en France sont rapides :

Blanqui emprisonné est élu député de Bordeaux et libéré le 11 juin 1879.

Le 21, les Chambres quittent Versailles pour s'installer à Paris : ce geste à soi seul est une réhabilitation de la capitale et montre que l'épisode de la Commune a quitté l'actualité politique.

Ferry accentue sa politique laïque et Gambetta règne sur le monde parlementaire. Bientôt, le 31 janvier 1880, il sera élu président de la Chambre des députés.

Ce contexte, Vallès veut l'exploiter. La difficulté, c'est que, s'il ne veut pas faire un journal communard ou politique, il veut, en même temps, être fidèle, s'inscrire dans la lignée de la Commune : « Le terrain sur lequel nous nous engageons, dit-il, a été battu par les souliers bourgeois ou faubouriens de trois cent mille fédérés. »

Pas facile donc. D'ailleurs le commanditaire, Chevalier, l'imprimeur du *Cri du peuple,* l'organisateur de la fuite de Vallès en 1871, est à la fois décidé à soutenir l'entreprise et ne veut guère risquer. Quant à Vallès, il a quelques économies — « j'ai quelques sous à ma petite banque de Londres », avoue-t-il — mais bien insuffisantes pour soutenir un journal.

Par ailleurs, l'équipe qu'il rassemble à Paris pour faire le journal, cependant qu'il demeurera à Bruxelles, est composée de jeunes journalistes, qu'il conseille et dirige mais qui ne peuvent animer le journal, dont la figure et l'âme sont représentées par Jules Vallès.

Cette situation, une fois de plus contradictoire, d'un journal lancé par Vallès, n'est guère propice à attirer les grandes plumes : toutes se dérobent avec de bonnes excuses. Trop de travail, dit Zola. Edmond de Goncourt prétend ne pas avoir de copie qui puisse intéresser le public.

L'entreprise en somme, longue à naître, s'engage mal et de fait elle ne compte que cinq numéros entre le 29 novembre et le 28 décembre 1879.

A travers elle, en vérité, Vallès, qui piaffe maintenant de rentrer en France, cherchait à retrouver sa jeunesse, sa première *Rue,* de 1867. Et il y avait quelque chose de pathétique à l'entendre parler de ses « cheveux blancs » mais de son sang qui était resté du Midi, rouge vif.

Il se donne pourtant à l'entreprise, vivant à Bruxelles, dans des hôtels infestés de punaises — il n'est pas riche ! — qui lui permettent aussi d'éviter la surveillance de la police belge, soucieuse de contrôler ce communard, qu'elle envisage même d'expulser.

Son argent fond : il aura perdu, dit-il, six mille francs dans cette aventure ; négligé de terminer la mise à jour de son manuscrit des *Mémoires d'un révolté* si bien que Charpentier, disposé à le publier, ne peut l'éditer en volume.

Vallès a donc une nouvelle fois besoin d'argent. Et c'est toujours la même rengaine, désespérante à écrire, à entendre, toujours adressée à Malot : « Pourriez-vous me rendre un service, me prêter cent francs pour quelques jours... » Et pour cela, bâcler vite, pour *Le Journal à un sou,* dont le premier numéro sort le 7 décembre 1879 un feuilleton, *Le Candidat des pauvres,* suite des *Mémoires d'un révolté* et se plaçant avant le troisième tome, celui qui deviendra *L'Insurgé.*

Vallès avait d'autant plus besoin d'écrire pour l'argent qu'il éprouvait à nouveau une passion amoureuse, envisageant même le mariage, expliquant à Tony Revillon, le directeur du *Journal à un sou,* que, « voulant m'installer à deux à Bruxelles, j'ai donc à monter un ménage et j'ai compté sur le prix du *Candidat des pauvres* pour cela. Pouvez-vous m'adresser mille francs ronds ? ». Vallès affronte toujours les problèmes d'argent avec une brutalité et une netteté qui tranchent. Nécessité fait loi. Et il n'a pas sur ce point de pudeur. Au contraire, il fait parade de sa pauvreté pour obtenir.

Paysan, maquignon ? « J'ai mes quatorze quartiers de paysannerie comme Proudhon », dira-t-il. Et paysan auvergnat en outre !

Mais si Vallès est capable, poussé par la nécessité, de faire courir la plume au risque de perdre en force et en rigueur, ses écrits appartiennent tous à la même ligne mélodique. Variations plus ou moins réussies à partir des mêmes idées. Jamais Vallès ne s'est écarté de ses thèmes.

Quand, rencontrant Clemenceau à Bruxelles, il lui donne pour son journal *La Justice* un feuilleton qui paraîtra du 21 juin au 28 juillet 1880, c'est la révolte paysanne — une vraie jacquerie — du Buzançais en 1847 qu'il raconte. Et ces *Blouses,* roman historique où retentit le tocsin de la révolution, annoncent les récits sur les journées de février, comme l'émeute elle-même préfaçait la révolution de 48.

Il y a aussi, quelle que soit leur réussite, une unité forte, une cohérence réelle à tous les écrits de Vallès qu'ils soient feuilletons, chroniques, articles.

Des déclassés aux révolutionnaires, des personnages surgissent, souvent « irréguliers », qui participent, consciemment ou non, en témoins ou en acteurs au bouleversement social.

Et cela vaut même selon Vallès pour des adversaires politiques — tel Alphonse Daudet — qui, quand ils ont du talent, quand ils veulent exprimer une vérité, sont enrôlés dans le grand mouvement de l'histoire. « Sans vouloir, tout en croyant qu'on n'est pas républicain, on est pis que ça, on devient socialiste et insurgé..., écrit Vallès. Si vous regardez de près la vie et que vous ayez le génie de l'observation et l'héroïsme de la vérité, quelle que soit la couleur de votre cocarde, qu'on soit élancé et hautain comme Goncourt ou coquet et poétique comme Daudet, on est du parti de l'audace dont parlait Danton, et l'on fait le jeu de la Révolution. »

Pour Vallès, il y a bien une force objective de la vérité, une réalité du mouvement de l'histoire, qui entraîne tout et tous. C'est cela sa conception de la Révolution.

La politique n'est que l'écume souvent nauséabonde de cette poussée en avant.

Est donc un révolutionnaire celui qui dit ce qu'il voit. Pour plus de lucidité. Pour aider les autres à prendre conscience de ce mouvement.

On comprend que, avec une telle conception, Vallès soit finalement, à ce moment de sa vie, généreux avec les individus, ne cherchant pas à les accabler.

Ils sont, victimes ou bourreaux, emportés par le mouvement. Bien sûr, il y a des « ennemis ». Mais on peut toujours se faire écouter, « surtout par les fils de l'ennemi... Les fils, entendez-vous, voilà ceux à qui nous devons parler... ».

Il y a chez Vallès l'idée qu'on peut convaincre, arracher à « l'ennemi » des consciences, donner « un phare et une boussole pour devenir révolutionnaire et s'échapper de leur milieu » aux jeunes gens.

C'est ce qu'il voulait faire dans *La Rue*. Et c'est possible car « nous sommes le siècle de la revanche pour les simples et les faibles... ».

La Rue a échoué ? « A recommencer, dit-il, quand je rentrerai à Paris. »

Le séjour à Bruxelles, parce qu'il a permis à Vallès de reprendre contact presque direct avec Paris — Vallès a même songé un temps à retourner clandestinement dans la capitale —, vient s'insérer comme une transition avant le retour en France.

Car tout annonce que celui-ci ne saurait plus tarder.

A Paris, le 3 avril 1880, une manifestation est organisée au Père-Lachaise pour commémorer la mort de Flourens, l'une des premières victimes tombées dans les rangs communards.

Le 23 mai, des survivants de la Commune se rassemblent devant le mur des Fédérés, l'un des lieux où se déroulèrent les derniers combats de la Semaine sanglante.

Comment n'irait-on pas vers l'amnistie ?

C'est donc l'attente pour les proscrits, irritante.

Vallès est impatient, plus que les autres peut-être parce qu'il a déjà la tête pleine de projets.

Il a fait déposer à Paris, par un mandataire, un titre de journal, *Le Cri du peuple de Paris,* c'est dire quelles sont ses intentions ! Il vient de tenter de refaire *La Rue,* il rêve à recréer *Le Cri du peuple,* son succès au temps de la Commune.

Il se sent attendu : souvent on fait acte de candidature auprès de lui. On veut travailler dans son futur journal. André Gill commence à peindre son portrait.

Mais l'attente se prolonge.

Heureusement, Vallès a noué des amitiés avec des personnalités belges et des exilés communards comme lui.

Un soir, le docteur Sémerie, ex-directeur des ambulances militaires et civiles de la Commune, lui présente une jeune femme séduisante, aux allures décidées. Elle a vingt-cinq ans, et vit maritalement avec le docteur Guebhard. Elle a déjà été mariée. Elle se nomme Caroline — bientôt elle choisira de s'appeler Séverine.

Elle regarde de ses yeux très clairs Vallès, ce personnage célèbre, ce vieil homme de quarante-huit ans à la démarche alourdie, à la barbe et aux cheveux grisonnants.

On échange quelques mots, dans le va-et-vient de la galerie Saint-Hubert, puis on va bavarder à la Taverne Royale. Vallès, comme à chaque fois qu'il est en présence d'une femme, est paradoxal, brillant... mais en même temps il se contente de boire une limonade. Etonnement de Séverine.

Rencontre apparemment anodine entre un homme célèbre, âgé et une très jeune femme séduisante.

En fait, des liens naissent : non point ceux d'un amour-passion, mais une relation complexe, qui changera la vie de l'un et de l'autre.

Mais, à Bruxelles, entre Séverine et Vallès rien n'est joué, sinon que la jeune femme et l'écrivain ont été marqués l'un par l'autre.

Quelques jours plus tard, le docteur Sémerie enverra ce mot au docteur Guebhard et à Séverine :

« Vallès est venu me voir ce matin. J'ai rendez-vous avec lui à deux heures galerie Hubert. Il m'a parlé de vous et serait enchanté de vous revoir. Je l'ai donc invité à dîner pour demain, ce soir il ne peut pas. »

On se revoit donc on s'apprécie, on rêve peut-être, mais pour l'heure les chemins s'écartent.

A Paris, les décisions se succèdent qui marquent le triomphe de la République.

Le 8 juin, le 14-Juillet, jour anniversaire de la prise de la Bastille, est décrété fête nationale, et la discussion sur la loi d'amnistie pour les communards, une amnistie complète, commence au début juillet. Les discussions sont vives. Le Sénat est hostile. Vallès suit le débat avec anxiété. Un homme qu'il n'aime pas, Gambetta, se fait — les temps ont changé — l'apôtre de la réconciliation : « Il faut, a-t-il crié, que vous fermiez le livre de ces dix années ; que vous mettiez la pierre tumulaire de l'oubli sur les crimes et les vestiges de la Commune et que vous disiez à tous ceux-ci dont on déplore l'absence et à ceux-là dont on regrette quelquefois les contradictions et les désaccords qu'il n'y a qu'une France et qu'une République. »

Vue de Bruxelles et compte tenu des apparences, la situation n'est pas claire, et certains conseillent même à Vallès d'attendre en Belgique.

Mais il n'y tient plus. D'ailleurs le 12 juillet la loi est promulguée. Les proscrits peuvent rentrer.

Neuf ans, presque jour pour jour, se sont écoulés depuis qu'il a franchi la frontière belge et maintenant, le 13 juillet 1880, le train roule vers Paris.

Vallès est fébrile. Il a écrit :

« Enfin ! Je vais revoir la France et Paris ! Les amis anciens — s'il en reste quelques-uns — ne reconnaîtront pas dans l'amnistié, dont l'âge et l'exil ont élargi le torse, voûté les épaules et blanchi la tignasse, l'insurgé d'autrefois, maigre et nerveux. J'arrive demain 13 juillet, à cinq heures, en gare du Nord. »

Un petit groupe l'attend sur le quai. Il reconnaît Hector Malot, Tony Revillon, André Gill.

Vallès saute du train « d'un pied ferme comme s'il revenait d'une villégiature proche », dit un témoin.

Neuf ans pourtant.

La gare est pavoisée. Demain, 14 juillet, c'est la première fête nationale de la République.

« Comme il serait étonné, l'homme de Sedan, dit André Gill, de voir chez nous encore tant de drapeaux, lui qui pensait les avoir livrés tous ! »

VI

« MA BELLE CAMARADE... »
(14 juillet 1880-14 février 1885)

Chapitre 32

« Je tiens à demeurer un inclassé même dans le camp des révoltés (14 juillet 1880-octobre 1883)

Paris fait chaud au cœur de Vallès comme un vin de Bourgogne. La rumeur et les lumières des boulevards, des cafés, des brasseries, les voix surprises ; cette langue qui n'était plus qu'écrite ou bien qu'un idiome pour quelques « maniaques », ces communards rencontrés au café Veglio ou dans l'arrière-boutique londonienne de Richard, le proscrit aussi qui a fait fortune dans l'épicerie française et où Vallès se rendait régulièrement ; cette langue, elle flotte dans l'air comme un parfum qui enivre.

On fait quelques pas, à la sortie de la gare du Nord. Les amis ne sont pas seuls à avoir accueilli Vallès. Les mouchards de la préfecture de police sont là, qui guettent, suivent.

Vallès rentre d'exil auréolé d'une notoriété réelle. Rochefort est plus connu que lui par la grande foule, mais dans le milieu journalistique, politique et littéraire, Vallès a une sorte d'autorité morale et professionnelle.

On le sait intransigeant, incorruptible : pas un jour qu'il ne l'ait montré depuis 1848. Et c'est pour cela que la calomnie a tenté tant de fois déjà de saper cette image en l'accusant, sans preuve jamais, d'avoir touché de l'argent de l'Empire en 1869. Mais seuls ceux qui étaient déjà des ennemis ont été convaincus : Vallès est resté sans fortune, il n'a occupé une parcelle du pouvoir — sous la Commune — qu'au moment où cela signifiait se désigner au peloton d'exécution. Et surtout ses écrits témoignent de ses fidélités.

Pour une nouvelle génération de journalistes, d'hommes de lettres, de militants — ainsi Jules Guesde, l'un des animateurs du Parti ouvrier français — c'est une sorte de référence. Un maître. Il appartient à une époque qui, pour eux, est déjà mythique : car, en 1880, les événements sont allés finalement si vite que l'Empire et la Commune semblent repoussés dans un lointain passé. Qui envisage encore dans cette Troisième République qui se dote des lois nécessaires à son développement — des lois scolaires de Jules Ferry à la loi sur la liberté de la presse du 29 juillet 1881, tant attendue ; des lois sur les associations à la loi sur le divorce, proposée par Alfred Naquet en 1884 — qu'une insurrection, des barricades sont encore à l'ordre du jour ?

Les mots qui peu à peu s'imposent sont ceux de grève, de mouvement socialiste, d'anarchiste.

La Commune est une sorte d'arrière-plan que l'on repeint aux couleurs de symbole. On en fait le « fourrier d'une société nouvelle ». Et précisément parce qu'elle est ce passé mythique, ses survivants — et d'abord les plus glorieux, les plus célèbres, tel Jules Vallès — deviennent, quel que soit leur âge, des patriarches qui ont vécu les temps héroïques, les commencements d'une histoire.

L'exil, d'ailleurs, a favorisé cette transformation en isolant les communards des batailles politiques qui ont marqué les nouvelles générations.

Vallès n'a vécu que par ricochet les luttes contre Mac-Mahon, le coup d'Etat du 16 mai 1877, l'Ordre moral. La formule : « Il faudra vous soumettre ou vous démettre » n'est pour lui qu'un mot. Et Gambetta qui incarne cette résistance au retour de la monarchie et à Mac-Mahon, il le voit sous les traits de l'homme de 1870, prônant la Défense nationale et soucieux de ne pas être mêlé à la Commune. Un couard sonore.

Le bannissement, la proscription, les bagnes lointains ont contribué ainsi à déraciner les communards de la réalité nationale. Et même si Vallès n'a jamais été coupé de Paris, s'il est l'un de ceux qui sont restés en prise constante avec la France, il est vu lui aussi comme un ancêtre, qui vient d'ailleurs. Même s'il n'a que quarante-huit ans en 1880.

En outre, lui-même a pris de la distance.

Neuf années loin du quotidien de la politique française, avec le décalage qu'imposent les délais du courrier — parfois plus de trois jours entre Paris et Londres —, l'amortissement des événements que cela provoque, le fait d'être plongé dans un autre monde, si particulier, si différent, celui de l'Angleterre, lui ont donné du recul.

Il a toujours eu d'ailleurs, on s'en souvient, la plus grande réserve à l'égard des prises de position directement politiques. Il ne s'est mêlé d'action politique au sens strict qu'en 1869, puis entre 1870 et 1871. Pour le reste, avant et après, sa « barricade » a été la littérature, le roman ou l'article.

Il retrouve Paris encore plus décidé à ne pas se laisser embrigader.

Il le dit à Achille Secondigné qui est le directeur du journal radical-socialiste *Le Citoyen de Paris* auquel Vallès va collaborer à la condition de ne pas écrire des articles d'actualité et de combat politique : « Le lendemain même de ma rentrée d'exil, dit Vallès, j'ai pris la résolution de ne refaire de la politique active que chez moi, dans un journal qui m'appartient — non certes pour l'orgueil d'être seul le maître, mais parce que je veux toujours faire campagne à ma façon. Je tiens à rester un *inclassé* même dans le camp des révoltés. »

C'est sa ligne de conduite et il n'en déviera pas.

Il écrit, par exemple, une préface au livre de Benoît Malon, l'un des leaders socialistes, rentré d'exil, *Le Nouveau Parti*. Il y revendique hautement sa place dans le combat révolutionnaire, conteste ceux des militants socialistes qui n'admettraient dans leur rang que les ouvriers manuels. A ceux-là, il répond :

« Mais pendant la Semaine sanglante, on ne renvoya pas de la barricade les pattes blanches qui pouvaient tenir un fusil ; et qui donc, sous la vareuse de la Commune, pouvait deviner un bachelier ou un manœuvre ?

« Tu avais toi-même troqué l'outil contre la plume, et tu n'en fus pas moins un des forgerons de l'insurrection.

« Je crois avoir, moi aussi, donné mon coup de hache, comme un bûcheron dans le cœur d'un chêne. Combien comme moi, mieux que moi, qui n'étaient pas des blousiers, ont sué et saigné à la tâche !

« Disons que celui-là est ouvrier de la grande œuvre, soldat du nouveau parti, qui souffre et lutte, sous n'importe quel habit au nom de la révolution suprême, qui aura pour devise : la souveraineté du travail. »

Mais après cette prise de position sans équivoque qui marque une fois de plus sa place avec éclat dans le camp de la « Révolution » et du « socialisme », Vallès précise avec autant de clarté :

« Libre je resterai aujourd'hui, comme autrefois. Ne t'attends donc pas à m'entendre parler collectivisme ou anarchie à propos de ton livre. Je ne vais pas m'enfermer dans un bivouac, quand j'ai devant moi tout le champ de bataille révolutionnaire. »

Quand, dans l'été 1881, on viendra le solliciter afin qu'il accepte d'être candidat aux élections législatives du 21 août et du 4 septembre 1881, dans les circonscriptions de Grenelle et du Temple, contre Spuller, un proche de Gambetta, il refuse.

Les élections de 1869, la manière dont il a été sans doute manipulé, car son comité électoral était — il l'a compris — truffé d'agents impériaux et de mouchards, jouent dans son refus et dans son dégoût de la politique.

Mais, dans la lettre qu'il publie dans *Le Citoyen de Paris,* il donne des raisons de fond qui correspondent bien à son choix : « J'appartiens, dit-il avec un peu d'emphase, à la race de ceux qui préfèrent y entrer (au Parlement) par les fenêtres plutôt que par les portes, en prenant pour échelle des épaules d'assaillants. »

Pirouette facile et démagogique, flattant le révolutionnarisme et l'antiparlementarisme si présents dans la gauche française et dont Vallès exprime bien la sensibilité ; mais il ajoute plus sérieusement qu'il a d'autres tâches, plus urgentes : « Je veux être l'historien de la grande foule anonyme qui se révolta et fut écrasée en 1871 — c'est un rôle qui vaut bien l'autre —, je serai le député des fusillés. »

C'est aussi pour lui le rôle le plus agréable, car il rentre d'exil avec l'envie de vivre bien.

Vallès est de la race des jouisseurs austères. Il va avoir cinquante ans (en 1882) et, après une vie de misère, il voudrait desserrer un peu ce carcan. Et il a de l'appétit pour les plaisirs de la vie. Il en a toujours eu : maintenant il peut les satisfaire, car les journaux lui proposent de nombreuses collaborations. Il écrit au *Citoyen de Paris,* au *Citoyen français,* à *Gil Blas,* à *La France* et surtout au *Réveil,* un journal de qualité où se retrouvent les signatures de Zola, de Richepin, Léon Cladel, tous écrivains en renom.

Dans les plaisirs il y a ceux de l'amitié.

Dès le soir de son retour, un mouchard note, dans une fiche pour la préfecture, que Vallès avec Benoît Malon se sont rendus à la Tenue mensuelle du Grand-Orient. Ils y sont arrivés à vingt-trois heures mais « le vénérable les ayant fait attendre, Malon et lui, dans les parvis, ils se sont retirés et se sont rendus à la brasserie Le Gaulois, rue du Faubourg-Montmartre où plusieurs francs-maçons sont venus les retrouver ».

Vallès aime ce quartier des boulevards et des journaux. Il est chez lui à Paris. Le 14 juillet, le lendemain de son retour, il assiste à la revue militaire : « Tiens, je pensais voir avec horreur ce drapeau tricolore au nom duquel on nous a fusillés. Eh bien non, il faut avoir vécu en exil !... »

Ce plaisir de vivre dans sa patrie est donc aussi un fruit de l'exil, c'est comme la découverte d'une communauté française et cela tempère l'internationalisme même si Vallès est toujours soucieux de condamner le « patriotisme fou », le chauvinisme.

Joie des retrouvailles avec la France, ses couleurs, sa langue, ses réunions. Il assiste au « punch offert à Rochefort par les étudiants ». Il participe à une réunion en l'honneur de Blanqui, prend la parole. Puis il rentre à l'hôtel des Colonies, où il s'est installé non loin des boulevards et où il paie sa chambre cinq francs par jour, précisent les mouchards de la police, car on ne le lâche pas.

Surveillance bien inutile d'un homme qui ne dissimule rien, écrit tout ce qu'il pense et rêve de vivre en bourgeois.

D'abord il veut s'installer. Non pas au Quartier latin où il a vécu dans la misère de sa jeunesse.

« L'exil, précise-t-il, m'a rendu nécessaires le bruit, le mouvement, il me faudrait un faubourg clair et bruyant, aux alentours du boulevard, non le boulevard élégant et poseur, mais le boulevard commerçant et industriel. »

Il vit d'abord ainsi rue des Feuillantines, puis choisit un appartement au numéro 10 de la rue Taylor, une petite rue proche de la place de la République, entre le boulevard Saint-Martin et le boulevard Magenta. La rue du Château-d'Eau, où l'on s'est battu pendant la Commune, est à deux pas. Il sort souvent, fréquente les brasseries et les cafés.

On l'invite à dîner : il est une personnalité. On le voit au café du Croissant où se retrouvent Maxime Vuillaume, Lissagaray, d'anciens proscrits, des journalistes, des peintres. On le rencontre au Rat Mort, aux côtés de Pissarro, de Manet, de Cézanne et d'un écrivain, ami proche de Zola, Paul Alexis.

On l'écoute, on le consulte. C'est l'ancien et le grand journaliste « en possession incontestée d'une forme originale et puissante », dit l'un de ses jeunes confrères du *Gil Blas* où écrivent, outre Vallès, Villiers de L'Isle-Adam, Maupassant, Barbey d'Aurevilly.

Vallès ne va guère au journal, s'installe au Café Américain, proche du quotidien. « Quelques-uns d'entre nous le rejoignaient à sa table, raconte le journaliste, d'où il considérait avec une sorte de ravissement qu'il voulait dissimuler ce Boulevard dont il avait été proscrit pendant dix ans. »

C'est au Café Américain qu'on lui apporte les épreuves de ses articles. Et c'est Séverine qui va les chercher au journal et les dépose sur la table, et parfois les corrige et les relit.

Séverine : cette jeune femme blonde, compagne du docteur Guebhard, rencontrée à Bruxelles et que Vallès a retrouvée à Paris.

C'est lui qui a repris contact avec elle. Il voudrait qu'elle l'aide à organiser une soirée théâtrale en l'honneur d'un communard dans le besoin, l'ancien acteur, l'ancien colonel Maxime Lisbonne, que Vallès avait côtoyé sur les barricades.

Entre la jeune femme, spontanée, intelligente, directe, exigeante, déjà éprouvée par la vie (son premier mari la battait, elle en a eu un enfant et l'a quitté ; elle a un deuxième enfant du docteur Guebhard), et Vallès, le courant passe.

Elle est à sa manière une « irrégulière » et ils se reconnaissent malgré la différence d'âge, de sexe, d'expérience, comme appartenant à cette famille des « inclassés ».

Très vite aussi, lors des premières rencontres, Vallès a décelé dans l'admiration qu'il sent pour lui chez la jeune femme — sentiment délicieux et qui le comble — le désir de s'exprimer, la vocation de l'écriture.

— Il faut travailler, ma petite, lui dit-il de sa voix bougonne.

— Mais, monsieur Vallès, où ça, comment ? répond Séverine ainsi qu'elle le racontera plus tard.

— Avec moi, voulez-vous ? Je ne suis pas un bonhomme commode, vous savez ? Vous en passerez de grises et vous en entendrez de vertes ! Mais on arrivera peut-être à faire quelque chose de vous.

Ainsi, entre Vallès et Séverine, entre le quinquagénaire célèbre et la jeune femme débutante naît une amitié profonde, qui commence par un drame puisque Séverine doit d'abord imposer à sa famille cette vocation de journaliste et cette collaboration avec Jules Vallès qui sent toujours le soufre.

Séverine, en effet, désespérée de voir sa vocation et son amitié combattues, contestées, tentera de se suicider.

Elle adresse deux lettres à Jules Vallès : « Je meurs, écrit-elle, de ce qui vous fait vivre : de révolte et de haine... Je meurs de n'avoir été qu'une femme alors que brûlait en moi une pensée virile et ardente... Je meurs d'avoir été une réfractaire. Aimez-moi un peu pour cela et gardez en cet esprit que j'ai si fort aimé, si profondément compris, une petite place à votre bien navrée petite amie. »

Puis, au crayon, un autre message : « J'ai fait un coup de tête et me suis envoyé une balle dans la poitrine. Je voudrais vous voir... »

A ce qui est un signal de détresse, une preuve de détermination et un coup de force, la famille de Séverine va céder. Qu'elle voie Vallès autant qu'elle veut, qu'elle travaille avec lui, qu'elle corrige ses articles, qu'elle joue pour lui les commissionnaires, portant les manuscrits, recueillant les épreuves, veillant la vie quotidienne de celui que la presse — quand elle est amicale, ainsi sous la plume de Paul Alexis — présente comme quelqu'un qui « évoque l'idée d'un lion, très vivant et très beau, qui serait devenu très doux ».

Désormais — à la fin de l'année 1880 — la vie de Vallès devient inséparable de la vie de celle qu'il appelle sa « belle camarade ».

Etrange et forte et complexe relation.

D'abord, le docteur Guebhard, le compagnon de Séverine et bientôt le mari — après le vote de la loi sur le divorce en 1884 —, non seulement l'accepta mais la favorisa. Donnant, quand ce sera nécessaire, un appui financier aux entreprises journalistiques de Jules Vallès — le lancement du *Cri du peuple de Paris* en octobre 1883 — dans lesquelles Séverine est complètement impliquée.

Aux yeux des malveillants — ou des mouchards de la police — Guebhard n'est qu'un amant ou un mari complaisant et complice : « Un professeur de l'Université jouissant actuellement de quelque trente mille francs de rente, mais qui dans un ou deux ans possédera un million et demi à deux millions... » Vallès aurait « pris sa maîtresse » au docteur Guebhard qui ne voit pas d'objection au « ménage à trois ».

Les médiocres et les mouchards regardent toujours les autres dans le miroir de leurs désirs, de leurs fantasmes et de leur âme.

En fait — et le ton des lettres qu'ils ont échangées ne trompe pas — entre Vallès et Séverine, entre celui qu'elle appelait le « patron » et la « belle camarade », il n'y eut pas de relation sexuelle.

Et de ce point de vue leur amitié fut claire et on peut la décrire comme une sorte d'affection filiale qui lie la jeune Séverine, la disciple admirative, au maître paternel.

Les preuves abondent qui confirment ce caractère de leurs relations.

En mars 1882, quand Séverine veut récupérer une correspondance qu'elle a échangée avec un soupirant — alors qu'elle venait de quitter son premier domicile conjugal —, « idylle platonique et quelque peu enfantine », écrit-elle, mais ces lettres la gênent, elle confie à Vallès le soin de « cette négociation ». Et elle précise qu'elle l'en a chargé car il est « l'ami des miens, mon guide et quelque peu mon tuteur ».

Quand, en juin 1881, Vallès fait un voyage à Londres, parce qu'il veut compléter sa série d'articles *La Rue à Londres* afin de les publier en volume, il part, dit-il à Malot, « avec le docteur et la dame »... Séverine. Car c'est en toute transparence par rapport au docteur Guebhard que Séverine et Vallès se voient, travaillent ensemble.

C'est bien en effet de travail quotidien qu'il s'agit d'abord. Et Vallès est un « patron » exigeant. Il fait recopier ses manuscrits par Séverine, mais il ne veut pas qu'elle soit seulement une copiste. Quand elle se borne à cela — ainsi quand elle reçoit de Londres où il est retenu seul dans l'été 1883 le manuscrit de *La Rue à Londres* —, il s'exclame :

« Eh quoi ! c'est là ce que vous avez fait ! Je suis moins avancé que si je ne vous avais rien adressé, malheureuse et dévouée citoyenne ! Mais vous croyez donc que je vous demande un travail de copieuse, la besogne du sourd ! Pour dix francs, cent sous plutôt (il me prend un centime la longue ligne) il aurait abattu cette tâche, accompli cette corvée ! »

C'est que Vallès est un professionnel de l'écriture, un journaliste qui n'a aucun préjugé à voir reprendre sa copie par d'autres. Or, Séverine en recopiant seulement a fait un « labeur d'usine ! — quand je vous demandais le coup d'œil du liseur, la sensation de la femme ! Mais je n'oserais jamais réclamer de vous une corvée manuelle, sans fleurs, sans fruits ! Ce que je vous demandais, ma chère enfant, c'est de relier, de relier, de fondre des paragraphes écrits à la vapeur, d'en faire un tout, suivi, logique, dans l'ordre des observations prises et des idées cherchées. Je demandais cela pour avoir le temps de produire, du moment où une autre, intelligente et me connaissant comme manière, voulait bien trier et coudre ma copie brute ».

Il y a comme un partage des rôles : Vallès produit et Séverine peaufine, corrige, recompose même. Et cela peut aller très loin.

Par exemple, pour *La Rue à Londres* ou même pour le travail sur le troisième tome de *Jacques Vingtras, L'Insurgé,* qui paraîtra en feuilleton, du 1er août au 15 septembre 1882 dans *La Nouvelle Revue,* de Mme Juliette Adam, qui fut l'égérie de Gambetta.

Séverine peut dire avec fierté : « Nous fîmes alors — entre 1881 et 1883 — la campagne du *Réveil,* les chroniques de *Vingtras* et les *Tableaux de Paris* dans *Gil Blas,* lesquels furent continués dans *La France,* puis la première partie de *L'Insurgé* qui parut dans la revue de Mme Adam et *La Rue à Londres.* »

Et Vallès, qui peut être impitoyable, sait aussi louer en « vieil enjôleux » — comme dit Séverine — « qui trouve moyen de n'être jamais dans son tort, d'avoir éternellement raison ».

Mais il félicite : « Vous avez su admirablement vous tirer de la première partie de *L'Insurgé.* » Il valorise sa « dear secretary », sa « belle camarade » : « Ah ! vous me manquez comme écouteuse de mes colères, comme confidente de mes singulières admirations, comme petite aménageuse de mon travail ! »

Et il dit à sa « petite secrétaire, sa camarade fière et fine », que « son compagnon à cheveux gris » suit ses indications. « Vous voyez, conclut-il, vous auriez à être un peu le maître, à côté du farouche patron. »

Liens de travail, donc, fructueux pour l'un et l'autre.

Vallès y gagne un dévouement, une collaboratrice douée à laquelle il peut faire part de tous ses doutes. Et il sait qu'il trouvera la réponse qui le rassurera. Confie-t-il à Séverine ses inquiétudes au moment où sa collaboration au journal *Le Réveil* devient moins régulière — elle cessera définitivement à partir du 27 février 1883 — que Séverine répond :

« Quant à ce qui vous est personnel, ami, je m'en préoccupe et ne m'en affecte pas. J'ai en vous une foi si profondément robuste que, tant que je vous verrai debout, solide de corps et sain d'esprit, rien ne me semblera perdu — ni même compromis. »

Quoi de plus précieux, pour un homme vieillissant qui a si peu connu d'affection, que cette jeune et « belle camarade » avec qui il peut discuter de ses travaux, et qui le comble de ses attentions ?

Séverine pour sa part apprend aux côtés de Vallès à travailler. Elle découvre le monde de la politique, des idées, de la littérature, celui de la presse. « Le peu que je sais, le peu que je suis, mon maître inoublié, dira-t-elle, je vous le dois. » Elle n'exagère pas. Vallès lui a révélé — en exigeant beaucoup d'elle — ce qu'elle était, un « réfractaire ». Vallès à son tour lui rend hommage.

Dans la dédicace qu'il lui adresse pour *La Rue à Londres,* il écrit :

« Ma chère enfant, née dans le camp des heureux en plein boulevard de Gand, graine d'aristo, fleur de fusillade, vous avez crânement déserté pour venir à mon bras dans le camp des pauvres, sans crainte de salir vos dentelles au contact de mes guenilles... Vous avez fait à ma vie le cadeau d'un peu de votre grâce et de votre jeunesse ; vous avez fait à mon œuvre l'offrande du meilleur de votre esprit et de votre cœur. C'est donc une dette que mes cheveux gris payent à vos cheveux blonds, camarade en qui j'ai trouvé la tendresse d'une fille et l'ardeur d'un disciple. »

« Fille », « disciple », dit Vallès. Et Séverine parle, quand elle accueille son « patron », de « la poignée de main du secrétaire et (de) l'embrassade de la pupille ».

Les choses paraissent donc claires. Pas de relations sexuelles entre eux.

Mais cela étant dit, quelles relations ? De travail, on l'a vu, de maître à disciple bien sûr, de patron à secrétaire, soit. Il n'empêche que Vallès n'est pas seulement ce sage vieillissant. Son retour à Paris semble marqué au contraire par une multiplication de conquêtes et de bonnes fortunes. Et lui qui est si discret sur ce sujet, le voilà qui confie à Hector Malot, en passant, « quelques aventures (intimes) depuis que je ne vous ai vu » ou bien quelques mois plus tard « un hasard (de cœur) m'a, jeudi, retenu à Paris ». Il fréquente le « bal de Belleville ». En somme, non seulement il ne dissimule pas qu'il est un homme à aventures, mais il semble les proclamer avec une fausse indifférence. Comment dès lors aurait-il été insensible à la séduction de Séverine ?

Et la jeune femme, qui avait montré dans sa vie sentimentale beaucoup de spontanéité, aurait-elle pu, à ce point, ne pas être charmée par Vallès que tout le monde s'accorde — et Séverine d'abord — à reconnaître « enjôleux » ?

Peut-on même affirmer qu'il n'y a rien de sentimental dans la tentative de suicide de Séverine ? Comme la découverte d'une impossibilité à partager toute la vie de Jules Vallès ? Et leurs relations franches, mais de vraie complicité, n'auraient été possibles que parce que le coup de pistolet de Séverine les aurait comme épurées de toute ambiguïté ?

Les liens entre Vallès et Séverine sont d'ailleurs marqués par la volonté possessive de Séverine.

Elle cherche un appartement pour Vallès ; elle lui envoie ses domestiques pour faire le ménage. Elle lui « donne » la personne qui gardait son fils Roland. Et quand Vallès fait venir à Paris l'une de ses cousines, Victorine Pascal, aux fins de tenir son ménage, elle entre en conflit avec elle.

Séverine veut Vallès pour elle, avec une autorité de plus en plus grande au fur et à mesure que les mois passent et avec une totale domination quand Vallès sera malade.

Vallès y trouve son compte. Comme un cadeau qu'enfin la vie lui fait, cette affection, cette présence qui concilie à la fois les douceurs tendres qu'une fille peut apporter à son père et l'efficacité d'une collaboratrice attentive, ou même les conseils d'une épouse qui veille sur la santé de son mari. « Etre déraisonnable », l'interpelle parfois Séverine, car elle le sait « porté sur le bec ». « Gare là-dessous, papa ! s'exclame-t-elle. Ce n'est ni le quart d'heure de faire la noce ni le quart d'heure d'avoir bobo. »

Et parfois, lucidement, elle avoue : « Je fais un peu ma mère Vingtras, mais baste ! Laissez-moi faire, mes cheveux blonds trouvent tant de plaisir à sermonner vos cheveux gris ! Et puis je parle pour le travail ; j'y ai un intérêt personnel, je le veux bien, mais enfin celui de l'interprète est si voisin de celui de l'auteur que les deux ne font qu'un en vérité. Cela vous déplaît-il donc tant que notre but soit commun ? Moi pas. »

Vallès organise ainsi dans les premières années de son retour à Paris un mode de vie qui est sans aucun doute le plus agréable qu'il ait jamais connu. Et cette amitié particulière avec Séverine est un don inattendu que lui fait le destin.

Elle correspond d'ailleurs, probablement, à son incapacité à concilier deux images et deux réalités de la femme : celle, simple, avec qui l'on peut coucher et fonder un foyer. Mais lui ne peut s'y résoudre. Parce qu'il aspire à vivre avec un autre type de compagne : « la belle camarade », complice intellectuelle et politique, et pourtant jolie femme. Mais avec celle-là, on ne mène pas une existence commune ! Et puis il y a les aventures avec les femmes qui s'offrent. Brèves, sans importance. Mais de cela aussi Vallès a besoin.

Seulement, tout cela n'empêche pas que parfois — comme à la fin de l'année 1881 — Vallès doit avouer : « Je me suis trouvé bien seul dans mon logis désert le jour de l'an et j'aurais mieux aimé entendre bougonner une vieille femme à cheveux blancs. » Il faut alors chercher refuge contre la solitude chez le bon ami Hector Malot dans sa maison de Fontenay-sous-Bois.

Il y a aussi les soucis d'argent.

Chez Vallès l'inquiétude est toujours là, sourde. On l'entend encore dire à Hector Malot, au moment où il hésite à quitter le journal *La France* qui lui semble évoluer vers la droite : « Ce sera le chômage absolu si je lâche. »

Et pour se prémunir contre tout nouveau coup du sort, et par exemple, dit Vallès, « si j'étais condamné à l'exil par la bourgeoisie », il a contracté une assurance auprès de La New-York, une compagnie américaine. L'un des petits carnets de Vallès est plein de calculs qui montrent qu'il a placé de l'argent et qu'il suppute la rente que cela lui rapportera.

Il est en somme prudent. Il ne veut plus souffrir de la faim. Il a envie de confort.

Il vit d'ailleurs comme un « paysan qui s'est enrichi dans les affaires et s'est payé un appartement en ville », juge un témoin sans animosité.

Au 10, rue de Taylor, son appartement, situé au quatrième étage, est simplement meublé. Quatre chaises, un lit de fer, une commode dans la chambre. Dans les autres pièces, précise Paul Alexis qui réalise un reportage sur « Vallès chez lui » : « Pas un bibelot, presque pas de livres. Au lieu d'une bibliothèque, un cartonnier de bois noir, garni de sa double rangée de cartons rouges et surmonté d'une photographie de Proudhon. En face, sur la cheminée, Dickens. Sur le bureau, beaucoup de papiers, pêle-mêle ; mais plutôt le bureau d'un industriel que celui d'un gendelettres. »

Mais les dîners sont abondants d'une lourde richesse. Envoyant un mot à Séverine pour l'inviter à l'une de ces agapes où l'on discutera aussi métier avec les convives — du roman de Vallès *La Dompteuse,* qui sera publié par *Le Citoyen de Paris,* en feuilleton, du 13 février au 13 mai 1881 — Vallès précise la composition du menu :

Menu : Bouillon
Pot-au-feu, bœuf
Soles au vin blanc
Haricots rouges au vin
Poulet bourré de marrons
Salade.

« Est-ce ça ? demande-t-il à Séverine. Y a-t-il une hérésie ? C'est *chand de vin* et *peup'* en tout cas. Mais il faut que ce soit bon et servi gaiement. Au fourneau, la citoyenne ! »

Car à table Vallès est un jouisseur, une gueule et un témoin indique qu'« il n'aimait pas les choses grasses, succulentes, les plats canailles, le bouilli, les choux, les pommes de terre, les haricots à l'étuvée ; il préférait un ragoût de mouton — sans ail ni oignon, par exemple — à la plus belle perdrix du monde, fût-elle accommodée aux oranges. Gros mangeur, avant de se mettre à table, il se mettait en bras de chemise et faisait sauter ses bretelles... ».

Mais ce bon vivant, à l'appétit paysan, aux goûts simples et rudes, sait aussi être attentif aux détails. C'est un réaliste. Il dit ainsi à Séverine invitée à un « dîner collectiviste » qu'elle ne doit pas oublier que les convives « sont des purs » et qu'il ne faut pas qu'elle soit « trop élégante ». « Faites-moi l'amitié de venir très simple », conclut-il.

Habileté et calcul de tacticien des relations, qui sait combien elles sont importantes pour une réputation, une carrière ?

Chez Vallès, il s'agit plutôt d'une sorte de gêne, d'un respect des convictions et des susceptibilités de ses amis, car on sait qu'il n'a jamais été homme à ménager les autres pour se servir d'eux.

Mais, incontestablement, depuis son retour à Paris, Vallès est devenu un homme qui reçoit et qu'on reçoit. Non un mondain, mais quelqu'un lancé dans une vie de relations comme si l'exilé voulait rattraper le temps perdu, apprendre vite à connaître les nouvelles personnalités. Et rien de tel qu'un dîner pour rencontrer les gens qui comptent, sentir le climat de Paris.

Il sort donc. Et il est si pris qu'il ne peut même pas honorer les rendez-vous qu'il a prévus chez Hector Malot et qu'il renvoie toujours. « Vous vivez dans le calme de la campagne, moi, je vis dans la fièvre de la ville et du faubourg », lui écrit-il pour s'excuser. Il n'a même pas eu le temps de se rendre chez Hector Malot pour lui porter un exemplaire du *Bachelier* (c'est le titre des *Mémoires d'un révolté,* quand ils paraissent en volume, au printemps de 1881).

Mais n'est-ce pas, « hier j'ai été pris par les Comités qui veulent m'avoir chez eux, et le soir par Zola qui avait voulu m'avoir chez lui. Aujourd'hui même jeu. Et en plus rendez-vous pour fonder un journal ».

Vallès — on le sent à la vibration satisfaite de ces phrases — s'est jeté avec joie dans l'agitation parisienne. On l'a reconnu : le 27 mars 1881, l'assemblée générale de la Société des gens de lettres l'a réintégré comme sociétaire par 119 voix contre 6 et une abstention.

L'exil est bien effacé.

Ses livres paraissent. On donne une nouvelle édition des *Réfractaires,* et *Jacques Vingtras* est publié une seconde fois mais sous son titre définitif de *L'Enfant.* Jules Vallès peut enfin signer son livre de son nom. Nul besoin de pseudonyme. *Le Bachelier* paraît en volume chez Charpentier, et *L'Insurgé,* imparfait et incomplet certes, mais les grandes lignes sont tracées, dans *La Nouvelle Revue.*

Deux ans après son retour en France, l'œuvre majeure de Vallès — la trilogie — est donc connue du public, sinon dans sa forme définitive (surtout pour *L'Insurgé* qui n'est pas sorti en volume) du moins pour l'essentiel.

La revanche est belle pour le proscrit même si aucun de ces livres n'obtient l'immense succès que connaissent au même moment un Zola ou des écrivains mineurs qui se réclament du naturalisme.

C'est que, chez les bien-pensants, on continue de ne pas l'aimer. « Vallès n'est pas un homme de dialogue, il ne cause pas dans un dîner, dans une soirée, prétend Goncourt. C'est un monologueur de bureau, de journal, de café, de brasserie. Du reste, il est revenu d'Angleterre peu plaisant, avec le ton rogue du populaire de là-bas, sur le teint de homard cuit. »

Le personnage dérange, irrite, provoque par ses paradoxes et sa volonté de dire crûment ce qui est. « L'amer que Vallès a en lui, il le soigne, continue Goncourt, il le caresse, il le dorlote, il le travaille, il le porte en ville, pour le tenir toujours en haleine comprenant fort bien que s'il venait à le perdre il serait un ténor dépossédé de son ut. »

Un Goncourt est incapable de saisir le mécanisme de la création chez Vallès ; de même qu'il ne peut concevoir la fidélité de Vallès non à une amertume mais à des idées, celles de la révolte, de la lutte contre les injustices.

Vallès, dans ce monde littéraire — même auprès des meilleurs —, est inclassable, incompris.

On le voit bien quand, lors d'une soirée à Medan, chez Zola, le lundi 20 juin 1881, le ménage Daudet, le ménage Charpentier et Goncourt évoquent l'œuvre de Vallès.

« On dîne, raconte Goncourt, et la conversation va au livre du *Bachelier* sur lequel Zola vient de faire un article au *Figaro*. Il s'excuse avec une certaine vivacité de s'être laissé entraîner à faire cet article, par un entraînement du premier moment qu'il ne comprend plus. Il dit que, dans ce livre, tout est blague, mensonge, qu'il n'y a aucune étude d'humanité et il répète deux ou trois fois avec une espèce de colère comique : “ Pour moi, Vallès, ce n'est pas plus qu'un grain de chènevis, oui, là, qu'un grain de chènevis. ”

« Un curieux détail sur Vallès et sa nuitée chez Zola. Il a refusé une chemise de nuit et couché cru. Il y a du couche-tout-nu dans ce littérateur. »

Goncourt ajoutera quelques jours plus tard : « Vallès, jaloux de tout le bruit qu'il ne fait pas. »

Vallès continue ainsi à déranger, à choquer. On ne peut pas, on ne veut pas le saisir dans sa réalité double : écrivain et homme engagé dans l'action sociale ; écrivain mais non *littérateur* parce que précisément lié à une volonté de transformation de la société.

Cependant, même si l'on ne saisit pas ces deux faces unies de Vallès, on ne peut plus l'ignorer. Il compte.

Quand *Le Bachelier* paraît, la presse fait écho au livre. Et Vallès d'ailleurs, en professionnel avisé, agit sur les uns et les autres pour qu'on parle de son roman. Il s'inquiète que tel « normalien névralgique qui est au *Globe* » ait bien reçu le livre ; il obtient l'appui du rédacteur en chef de *La Paix* — le journal qui soutient le gouvernement — pour qu'on fasse sur le livre un « article aussi long » que voudrait bien l'écrire ce « normalien ».

Mais, dans les articles, on s'emploie à opposer littérature et politique alors que toute la démarche de Vallès, tout le sens de son œuvre sont précisément de nouer les deux. Ce projet est-il à ce point hérétique, révolutionnaire pour qu'on ne le comprenne pas ? *Le Figaro* présente ainsi l'article qu'il consacre le 14 mai 1881 au *Bachelier :*

« Notre supplément littéraire contient une étude sur M. Jules Vallès, ce membre de la Commune qui, après avoir fait de la politique, et de la plus triste, paraît être revenu aujourd'hui à la littérature et publie un volume intitulé *Le Bachelier*. M. Paul Alexis, l'auteur de cette étude, nous peint Jules Vallès tel qu'il est en 1881, moins militant qu'il ne l'a été en 1871, tel enfin que *Le Figaro* voudrait voir tous les complices de la Commune. »

Le Figaro veut peut-être rassurer ses lecteurs, normaliser Vallès, mais l'analyse qu'il fait est fausse.

Certes Vallès veut être un « inclassé » en politique. Mais la lecture du *Figaro* l'indigne. Non, il ne s'est pas assagi. Il ne croit qu'à la Révolution, répond-il. Et il le montre.

On le voit aux obsèques de Blanqui le 5 janvier 1881 aux côtés de Lissagaray, de Louise Michel et de Rochefort. Cent mille personnes y assistent, qui confirment ainsi la force du courant révolutionnaire.

Il est sur les tribunes aux côtés de Jules Guesde, par exemple le 6 mars 1881, quand se réunit le Comité central électoral de la Gauche révolutionnaire. Et dans la campagne électorale, s'il a refusé d'être candidat, il soutient, par sa présence, Tony Revillon qui s'oppose à Gambetta à Belleville.

Assagi, Vallès ? Il suffit de lire sa préface au livre de Benoît Malon sur *Le Nouveau Parti* pour découvrir qu'au contraire l'homme « aux cheveux grisonnants » a renforcé ses convictions, qu'il a désormais une vision économique et sociale qui complète et étaie ses révoltes d'adolescent. Pour lui « la bourgeoisie se meurt, elle est morte ; c'est l'ouvrier qui porte maintenant, roulés dans sa blouse, le pain et l'outil de l'idée sociale ».

Cette analyse fonde le populisme qui a été toujours présent chez lui.

Il rejette ainsi tous les avocats, les déclassés qui composent le personnel politique.

Il méprise les « parvenus » — et il fera un portrait impitoyable de Gambetta, après le décès de ce dernier en 1882 —, les médiocres, les cyniques et les lâches qui se mettent au service de la bourgeoisie. Ils pérorent : « Il faut à la bourgeoisie mourante le bruit d'une éloquence qui couvre le bruit du peuple en marche, et lui fasse croire, avec ses ronflements de vent, que son moulin tourne toujours. »

Vallès ne peut être plus clair. Il hait « les politiquards qui grouillent entre les deux camps » car pour lui désormais les choses sont claires : « D'un côté le capital, de l'autre le travail. »

Vallès a donc choisi sans ambiguïté — au plan des principes — le socialisme (le « travail »). Son style est celui de cette fin du XIXe siècle qui commence à être labourée par le discours marxiste, de l'affrontement de deux mondes et l'apologie du prolétariat. Un peu à la manière de son ami Eugène Pottier — le poète qui écrira *L'Internationale* et évoquera « les damnés de la terre » —, il parle des « damnés du travail » qui doivent « s'organiser en armée au lieu de rester des victimes ».

Il esquisse donc l'idée d'un « nouveau parti », celui du prolétariat, et il conteste l'agitation et le jeu politique. « Les pauvres crèveront de misère dans les bagnes industriels aussi bien sous la République radicale que sous la République tricolore. » Car, s'il condamne Gambetta, il se défie aussi de Clemenceau et des radicaux.

Le 14 juillet 1880, le lendemain de son retour, il avait rencontré Clemenceau qui lui avait proposé de travailler à son journal *La Justice*. Vallès ne donna pas suite. Les radicaux lui paraissent trop jacobins, trop « politicards », trop attirés par « la mangeoire du pouvoir ».

Mais ces choix exprimés qui placent Vallès aux côtés de Malon, de Louise Michel et de Jules Guesde, parmi ceux qui essaient de faire naître un Parti ouvrier révolutionnaire, Vallès refuse de s'engager auprès de l'une des « sectes » socialistes.

Il est pour leur fédération, leur unité. Il n'est pas au service de l'une d'entre elles. Or, c'est précisément l'époque où chaque faction socialiste s'organise et prétend détenir la vérité, excluant les autres.

Au congrès socialiste de Saint-Etienne, en 1882, les partisans de Jules Guesde — les intransigeants — se séparent des « possibilistes » qui veulent utiliser les *possibilités* qu'offre, avant le Grand Soir révolutionnaire, la République bourgeoise.

Tout cela paraît à Vallès secondaire.

Il a connu durant la Commune ces conflits et il ne les supporte pas. Il dit à Benoît Malon : « Depuis que nous sommes devenus camarades, devant les juges de l'Empire, la famine du siège, le canon de Versailles, tu m'as toujours vu marcher avec le peuple, mais toujours aussi tu m'as vu vivre près de lui en soldat libre, sans numéro de régiment à mon képi. »

Mais cette volonté de rester « libre... aujourd'hui comme autrefois » n'empêche pas Vallès d'être présent et avec quelle vigueur sur tous les fronts de la lutte des idées.

Jamais même il n'a eu une telle verdeur, un tel talent de pamphlétaire, une telle liberté de ton et d'inspiration.

Il est vrai que la presse n'est plus menacée de procès politiques, d'interdiction ou d'amendes. Vrai aussi que Vallès n'a jamais eu autant de colonnes ouvertes — du *Réveil* à *Gil Blas,* de *La France* au *Citoyen de Paris* ou au *Citoyen français* — et qu'il peut y écrire ses chroniques, ses « tableaux de Paris », y publier son feuilleton, *La Dompteuse.*

Mais surtout, cette période — à partir de 1880 et précisément du retour d'exil des communards — se trouve marquée par une poussée à gauche. Après la saignée de la Commune, le parti des révolutionnaires se reconstitue, les problèmes du travail, du monde ouvrier apparaissent en pleine lumière : les grèves éclatent et la répression est sévère.

Vallès critique la police, cette « rousse » qui expulse les révolutionnaires étrangers — tels Cipriani, l'Italien, ou Lavroff, ce Russe que Vallès avait connu dans les salles du British Museum — et qui n'a qu'un seul mot d'ordre : « Le socialisme, oh ? Voilà l'ennemi. »

C'est cette formation d'une opinion d'extrême gauche qui soutient le discours de Vallès et qui donne à ses articles et aux journaux qui les publient des lecteurs.

Car Vallès est, parmi les écrivains — ceux qu'au moment de l'Affaire Dreyfus, en 1894, dans une dizaine d'années donc, on appellera les intellectuels —, à l'avant-garde.

La mode n'est pas à l'engagement mais bien au contraire à l'apologie de l'indépendance et de l'indifférence de l'écrivain à l'égard des grands choix politiques et sociaux.

Position commode dont on a vu que pendant la Commune elle a permis à *tous* les hommes de lettres de se ranger dans le camp des versaillais avec un entrain qui était révélateur de leurs choix politiques. Ils ont approuvé la répression et les feux des pelotons d'exécution. De Goncourt à Flaubert, de Sand à Zola. Maintenant, l'ordre rétabli, ils prêchent à nouveau le dégoût de la politique.

Vallès sur ce plan ne laisse rien passer. Il polémique. Il est vrai qu'on l'attaque parce que la netteté de ses positions et de son engagement dérange.

On le présente assagi. Il répond. Par ses choix politiques, on l'a vu, mais aussi sur tous les autres terrains.

L'un de ses amis, André Gill, est atteint d'une crise de démence. Ce peintre, ce caricaturiste, avait été un opposant à l'Empire puis, au moment de la Commune, il avait eu peur, avait donné des gages à Versailles. Pour Vallès pas de doute : la folie est venue parce que Gill avait refusé d'être un combattant. Il n'avait gagné à son choix de la lâcheté que la solitude et la peur qui font vaciller la raison. La couardise, le refus de s'engager dans un combat collectif détruisent ou amoindrissent un individu, un créateur. « Pour mon compte, dit Vallès, chaque fois qu'une blessure personnelle m'a fait saigner, je me suis tourné du côté du drapeau. Si j'étais frappé à tort, j'inscrivais ma douleur au nombre des injustices que l'armée sociale devait poser dans sa balance ou frapper de sa hache. »

L'article fait scandale par sa brutalité. Il indigne Jean Richepin qui accuse Vallès de cruauté. Que n'a-t-il fait là : en quelques lignes, Vallès l'exécute : « Normalien... aux larmes de crocodile », homme de lettres pour tout dire.

En fait, au-delà de la polémique dont Vallès sort victorieux — Richepin rompant le combat —, Vallès défend l'idée qu'on ne peut « s'isoler dans la fantaisie et dans le rêve ».

C'est en « soldat de l'idée sociale, croyant à la relation souterraine des douleurs et des malheurs humains », qu'il s'exprime. On ne peut échapper au social, on ne peut fuir l'obligation de s'engager.

Si l'on fait un autre choix, ou bien l'on s'appauvrit, ou bien l'on s'aveugle par lâcheté et de toute façon l'on est « une grande force inutilement perdue ».

De telles positions perturbent. Elles sont, dans le monde confortable des salons littéraires, comme un coup de pistolet dans un concert. Et elles frappent surtout ceux qui, autour de Zola, ont la prétention de peindre le réel tel qu'il est sans pour autant le prendre à pleines mains.

Quand il rend compte des livres de Vallès, Zola ne manque pas de séparer l'écrivain du communard. Eloge de l'auteur de *L'Enfant* et du *Bachelier* pour mieux dire : « Et maintenant comment un homme du talent de M. Jules Vallès a-t-il pu gâter sa vie en se fourvoyant dans la politique ? Jamais je ne lui pardonnerai... La politique en nos temps troublés est le lot des impuissants et des médiocres. » Et Zola conclut son article sur *Le Bachelier* en avouant que ce roman « est une stupeur pour moi. Comment diable des garçons jeunes... peuvent-ils se passionner pour cette chose laide et sale qui se nomme la politique ?... Je me souviens de notre bande à nous. La politique nous dégoûtait profondément. Nous pensions et je pense pour ma part que l'idée est reine du monde... ».

Les termes sont posés et le débat montre bien l'importance qu'a prise Vallès à Paris.

Il est, face à Zola, l'un des pôles. Le roman naturaliste domine, Zola est au faîte de sa gloire. Et Vallès l'aiguillonne. Talentueux *et* politique ; écrivain de race *et* affirmant : « J'écris (pour la révolution). Les fidèles de l'art pur pourront dire que c'est descendre. C'est descendre, oui, comme on descend dans la rue lorsque le peuple y est. »

Vallès est à ce point l'interlocuteur obligé que Paul Alexis, un disciple de Zola, publie un récit, intitulé *Jean Vingtrin* où l'on voit ce personnage grand écrivain (l'opposé donc du *Jacques Vingtras* de Vallès) qui durant la Commune et malgré les fusillades, les barricades, les obus, continue, en pleine Semaine sanglante, à écrire sa longue suite romanesque intitulée *La Faim.* La Commune, pense-t-il, « n'a servi à rien », les communards sont de « grands enfants cruels ». « A quoi bon semblable guerre ? » s'interroge-t-il.

« Comme si le sang répandu devait prouver quelque chose ! Comme si ce qu'on appelle “ la question sociale ” pouvait être un jour tranchée à coups de sabre ! Comme si l'action pouvait se substituer à la pensée ! Comme si la solution d'un problème ardu pouvait sortir de la mêlée d'une bataille ! »

Jean Vingtrin sort dans la rue et rencontre... un membre de la Commune qui n'est autre que Jules Vallès.

« Soudain, un fiacre découvert, qui avait péniblement fendu la foule houleuse, arriva au pas jusqu'à la grille. Jean Vingtrin en vit descendre lourdement un homme entre deux âges, qui portait les insignes de membre de la Commune. Une escouade de Gardes nationaux l'escortait. Il avait du ventre. Son képi ne lui donnait pas un aspect militaire. Avec sa grande barbe en éventail où de nombreux fils d'argent commençaient à paraître, il avait bien plutôt un air débonnaire, précocement patriarcal. Le regard intelligent d'ailleurs, profondément honnête, presque tendre, inspirant tout de suite la sympathie. Placé à quelques pas de lui, Jean Vingtrin remarqua sa pâleur défaite, son air exténué. »

C'est que Jules Vallès est impuissant à faire régner l'ordre parmi les insurgés qui veulent même le fusiller. Il reste à l'écrivain Jean Vingtrin à rentrer chez lui, à continuer son œuvre qui permettra dix ans plus tard de poser les vrais problèmes sociaux.

Vallès réagit avec vivacité à ce récit édifiant. Il condamne cette « théorie commode du mépris de la vie publique, ce métier... d'eunuque dans le sérail des belles lettres ». Et surtout la complicité de fait avec le pouvoir, des beaux indifférents, de ceux qui prétendent se tenir au-dessus de la mêlée.

« L'homme qui dit n'avoir pas d'opinions politiques en a une, écrit Vallès. Il est le collaborateur et le complice de tous ceux qui ont mis la main sur le pouvoir, le pied sur la gorge de la Patrie. C'est sur son indifférence que s'appuient les tueurs de pauvres et les bourreaux de la pensée. Fanfarons d'indépendance que vous êtes, forcés de courber l'échine devant le vainqueur, pour obtenir d'un Morny qu'il fasse jouer *La Dame aux camélias,* ou que la princesse Mathilde impose *Henriette Maréchal* aux Français ! Ou insurgé ou courtisan : il n'y a pas à sortir de là ! »

En fait deux expériences personnelles s'opposent.

Vallès a vécu, dans l'opposition persécutée, le Second Empire. Zola appartient à une autre génération. Vallès, durant les années cruelles 1870-1871, est un écrivain combattant. Un insurgé. Zola essaie de trouver une place de sous-préfet auprès du Gouvernement provisoire. Presque comme un courtisan. Et il est un de ceux qui condamnent avec le plus de force et de mépris les communards. Mais pour Vallès il est surtout un « ingrat » qui ne mesure pas combien l'épisode de la Commune a contribué à fonder la République et les libertés dont jouissent l'écrivain et le journaliste. Zola n'imagine pas que peuvent revenir des temps de censure. Vallès voit juste : en 1885, la pièce tirée de *Germinal* sera interdite. En 1889, Lucien Descaves, auteur de *Sous-Off,* sera poursuivi devant les tribunaux. Quant à Zola... l'Affaire Dreyfus en fera un condamné contraint de s'exiler en Angleterre. Et peut-être sera-t-il assassiné par un antidreyfusard.

C'est dire que Vallès, quand il jugeait que « Zola était un rouge en littérature, un communard de la plume », voyait plus loin et mieux que l'intéressé lui-même.

Au vrai, pour Vallès, il y a ceux — d'abord Hugo, Michelet, et aussi, de manière moins nette, Zola — qui sont des peintres du peuple, qui ont compris ses drames et sa force, peint ses souffrances et ceux — historiens à la Taine, Thiers ou Guizot — qui le condamnent.

Il y a les écrivains qui, souvent malgré eux, expriment le mouvement de la société, de l'histoire et ceux qui, comme Maxime Du Camp (auteur d'une histoire de la Commune, *Les Convulsions de Paris*), font un « travail de hyènes et de fossoyeurs ».

Vallès parle donc haut et fort.

L'exil l'a maintenu hors des écoles littéraires. Il est libre de toutes attaches avec les salons, les chapelles, les clans. Il se moque des académies. Quand il apprend que Goncourt veut en fonder une et que lui, Vallès, aura l'un des dix couverts autour de la table du nouveau cénacle, il écrit, vengeur, que Goncourt « offre une prime à la servilité. Il présente la pâtée des chiens aux loups ».

Il faut que l'écrivain connaisse les vraies difficultés. Et la littérature ne se transmet pas comme une couronne. Elle est emportée elle aussi par « le torrent » de « la Révolution ».

Pour sa cinquantième année — 1882 — Vallès est donc en pleine jeunesse intellectuelle.

« Réfractaire » une fois de plus aux modes. « Inclassé » en politique comme en littérature et fermement engagé du côté du « travail » contre le « capital ».

Ces deux ou trois années (1880-1883) sont sans doute les plus heureuses de sa vie. La misère s'est éloignée. Le confort — modeste mais réel — l'entoure. Il fait de bons repas. Il a des aventures « intimes » et une « belle camarade » collabore avec lui. Il a publié ses livres. Chaque jour ses articles font entendre sa voix. Il est au centre du débat des idées.

Il a retrouvé son pays — Le Puy, « sa terre natale ». Il y a été reçu comme l'enfant prodigue, « cerné, enveloppé ». Elégant, généreux, il ravit sa tante Marion, la sœur de sa mère. Il parle des « nôtres », sa famille. Il aide les plus démunis et d'abord sa cousine Victorine qu'il fera venir à Paris.

Il se rend à Farreyrolles, « où presque tous les Vingtras sont nés et ont sur leur blason une varlope en croix sur un aiguillon de toucheur de bœufs ». Il envisage de revenir souvent au « pays » : « Sauf incidents, comme il s'en présente dans la vie d'un homme comme moi, je suis décidé à aller passer quatre mois dans notre pays tous les ans... »

Vallès reconnu, Vallès ayant repris racine, Vallès heureux.

Il travaille. Avec son acharnement habituel. « C'est de la copie que je fais... Je me mets à ma table à sept heures du matin — jusqu'à cinq heures avec deux heures pour déjeuner et somme, deux heures pas plus », écrit-il à Séverine. Il termine avec elle *La Rue à Londres*. Il poursuit, encore avec elle, *L'Insurgé* afin de transformer en volume le feuilleton paru. Il y travaille à Farreyrolles, dès septembre 1882, et il écrit à Charpentier, son éditeur déçu par le texte paru dans *La Nouvelle Revue :*

« Vous pensez bien que ce n'est pas là mon livre. Manque de proportions. Bref, livre neuf sous votre couverture jaune, tout neuf. J'enlèverai des tumeurs, je montrerai les muscles. Je viens de m'enfermer avec lui dans mon village à oncles, au milieu des paysans. Je n'en aurai plus que pour quinze jours... » Un an plus tard il n'a pas achevé, mais il est optimiste. « Je serai lu par toute l'Europe, je vois ça. Il s'agit d'être digne du drapeau. »

Que lui manque-t-il en cette année 1883 ? Un journal. Il y songe, avec Séverine.

Le docteur Guebhard accepte d'en être le commanditaire. Le titre ? Bien sûr *Le Cri du peuple,* pour prouver la continuité et la fidélité, pour marquer que Vallès l'obstiné ne renonce jamais et qu'à la fin il l'emporte.

Le premier numéro doit sortir le 28 octobre 1883.

Vallès aura dépassé de quelques mois les cinquante et un ans.

Il se sent fatigué certes. Le souffle court et les jambes lourdes. Mais il ne s'inquiète pas.

« Je vais tout de même, écrit-il, comme un bœuf de chez nous, et peut-être arriverai-je à temps au bout du champ. »

Chapitre 33

« Faites le compte des morts » (octobre 1883-14 février 1885)

Février 1884. A peine trois mois qu'est sorti, sentant bon l'encre d'imprimerie, *Le Cri du peuple,* « 16, rue du Croissant — Paris, Jules Vallès rédacteur en chef ».

Un journal qui tranche avec l'ensemble de la presse. De rares illustrations, des titres qui claquent : « La messe rouge », « Les enfants martyrs » et des rubriques — signalées par de petits cabochons — qu'on ne voit dans aucun autre quotidien, « Police politique », « Rues et boulevards », « Ateliers et magasins », « Le cri d'un soldat ». Et puis l'appel fait à « la Foule » pour qu'elle écrive au journal, qu'elle participe à la rédaction.

Un journal qui vaut d'abord dix centimes puis cinq, et dont le tirage, d'abord de 10000 exemplaires, atteindra souvent 50000 et presque toujours entre 15 et 25000.

Ce journal, c'est celui de Jules Vallès. Comme son but ultime enfin atteint. Un journal à lui, qu'il dirige et où il écrit, dont il a composé la rédaction, où Séverine publie ses premiers textes et qu'elle surveille pour lui.

Car, en ce mois de février 1884, Vallès est las, fatigué, malade.

Il l'écrit à Hector Malot : « Je suis malade depuis trois mois. Il y a six semaines que je n'ai monté l'escalier de mon journal. Je suis en traitement pour le diabète, qui a entraîné une bronchite, en attendant le reste. Je ne suis pas encore perdu — non, et ne croyez pas que je compte mourir avant longtemps. Mais je suis très fatigué et je combats l'ennemi par un régime, en casanier, au coin du feu. »

Trois mois : depuis décembre 1883, donc, un mois à peine après la sortie du premier numéro du *Cri du peuple,* le 28 octobre 1883, comme si le fait d'avoir réalisé son projet et d'y avoir consacré toute l'énergie nécessaire avait épuisé Vallès, tout à coup. Les longues et constantes privations, les désespoirs accumulés prennent brutalement le dessus, puisque, maintenant, le journal étant paru, que vouloir d'autre ?

Continuer certes. Et Vallès le veut, mais vers quoi ? Les livres sont publiés. *L'Enfant, Le Bachelier,* reste *L'Insurgé,* toujours en cours de réécriture pour sa parution en volume, mais Vallès ne réussit pas à le terminer, à donner le bon à tirer pour l'impression, répétant sans fin : « Je vais le pétrir pour la dernière fois. » Et la dernière fois est toujours recommencée.

Symboliquement, comme si Vallès sentait aussi qu'il se devait de garder cette tâche inachevée, pour tendre les mains vers un but. Mais il sait bien que ce n'est plus l'essentiel. Il est allé au bout de l'enfance dans *L'Enfant,* au bout de sa révolte dans *Le Bachelier* et les pages écrites de *L'Insurgé.* Il a fait et vécu la Commune. Il a connu la solitude de l'exil et ses misères. Il a été pleinement reconnu depuis son retour à Paris en 1880.

En ce début de l'année 1884, il n'en peut plus.

Il a changé de domicile. Séverine lui a trouvé un appartement au 18, rue Soufflot, dans ce quartier du Panthéon où il a vécu, durant la Semaine sanglante, les heures les plus difficiles, les plus dangereuses de sa vie. Quand la résistance s'effondrait, que les insurgés voulaient faire sauter le Panthéon et qu'on prenait un dernier repas au collège Henri-IV en attendant de mourir.

Il s'est installé là, parce qu'il n'est pas éloigné du domicile de Séverine. Il le dit d'ailleurs à Hector Malot : « Je demeure 18, rue Soufflot, maintenant, mais je ne suis presque jamais dans mon logement — qu'on a choisi pour moi — et qui est affreux. Je suis de trois à sept, en face, au numéro 15, maison Delagrave, chez le docteur Guebhard. »

Quelques mois plus tard, vers la fin de l'année 1884, il quittera aussi cet appartement. « Je ne pouvais plus sortir de chez moi, dira-t-il, parce qu'il fallait remonter six étages ! Je me suis installé au premier, 77, boulevard Saint-Michel, chez la mère du docteur Guebhard. »

Il est atteint de diabète. Lui qui est gros mangeur n'a plus d'appétit.

Durant l'année 1884, il s'affaiblit, il maigrit. « Mais je voudrais manger ! s'exclame-t-il. Je ne mange plus. Je vis de lait, de potages, de jus de viande. Le médecin me crie : “ Mangez ! Mangez ! ” Ma gourmandise le dit aussi. Impossible de rien prendre ! Et je m'affaiblis d'heure en heure. Je cherche une cuisinière fine, capable de faire un miracle. Auriez-vous connaissance d'un cordon-bleu ? demande-t-il à Hector Malot. Une fois de plus vous seriez ma providence. »

Vallès s'illusionne. L'appétit ne lui reviendrait pas, même avec des plats succulents. C'est la maladie qui le ronge. Et peut-être les défenses inconscientes qui font barrage à la montée des maux se sont-elles érodées : les batailles depuis l'enfance, la faim, la nourriture, n'importe quelle nourriture, avalée n'importe comment, n'importe quand ; vient un jour où le corps et l'âme font l'addition.

Peut-être les abus aussi : d'aliments lourds et gras, ceux du « pays » et, si l'on en croit certains témoins — des mouchards de police il est vrai —, le goût de la bière et sûrement, dans les années de jeunesse, de l'alcool, du vin.

Un indicateur de police écrit ainsi, en 1884 : Vallès n'est « pas seulement diabétique, il est pris par la poitrine... On voudrait l'emmener à la campagne, loin des brasseries parisiennes », mais il refuse, rejette tout régime, tous conseils, « boit encore des quantités considérables de bière... Séverine se désole de l'inutilité de ses efforts ; elle paraît l'aimer beaucoup et elle ne se gêne pas pour le lui témoigner en public, même en présence du commanditaire — le docteur Guebhard — qui vit avec eux. On rit même beaucoup, et il est en effet assez piquant de voir un homme qui pousse le dévouement et l'admiration jusqu'à donner son argent et sa maîtresse ».

Pour les mouchards, tout est trouble dans la relation d'amitié de Vallès et de sa « belle camarade » et dans le soutien que le docteur Guebhard apporte au *Cri du peuple.*

Car le docteur est la caisse du journal. Ses convictions ne sont certes pas celles d'un révolutionnaire. Mais il est le compagnon de Séverine — et bientôt son mari. Elle écrit dans le journal. Son premier article est du 22 novembre 1883, moins d'un mois après la sortie du numéro 1 du *Cri du peuple.* Elle publiera parfois deux articles par semaine, affûtant sa plume, empruntant le style vigoureux et acéré de Jules Vallès, corrigeant les épreuves du « patron », veillant en son nom sur la mise en pages et sur les autres articles.

Rien entre elle et Vallès de plus ambigu que par le passé. Simplement un travail avec Vallès encore plus intime : car un quotidien crée entre ceux qui en sont l'âme une osmose de tous les instants. C'est tous les jours un accouchement, toujours difficile, avec des amputations ou des greffes à réaliser, des plaies à panser. Et d'autant plus que Séverine, à partir de décembre 83, assure de plus en plus seule la présence physique au siège du journal, Vallès étant immobilisé chez lui par la maladie.

C'est pour cela qu'elle travaille à son domicile. Que Vallès en toute clarté peut faire porter ce mot au docteur Guebhard, qui habite en face :

« Cher docteur,

« La maison est un hôpital. Mme Rehn — c'est ainsi que Vallès appelle Séverine — a une migraine épouvantable, moi une toux éternelle.

« Mme Rehn va remonter rue Soufflot avec Victorine (la cousine de Vallès, Victorine Pascal, qui tient le ménage durant quelques mois).

« Le repas de corps étant pour demain, à demain !

« Priez Massart — le secrétaire de rédaction du *Cri du peuple* — de soigner mes épreuves. Veuillez les revoir vous-même.

« Sur une quinte, à vous

Jules VALLÈS. »

Vallès, avec le sans-gêne dont il est capable, utilise ainsi toutes les compétences, embauche toutes les bonnes volontés pour *Le Cri du peuple*.

C'est un obsessionnel : pas question que quelqu'un qui est proche de lui échappe au champ de son obsession. Il ne le conçoit pas. Ne l'envisage pas.

Rien d'équivoque dans tout cela. Les mots qu'il adresse à Séverine commencent toujours par : « Ma chère enfant », et sont pleins d'une familiarité quotidienne, née de l'amitié dévouée et du travail en commun. Ce peut être une indication précise de rédacteur en chef :

« Ma chère enfant, veuillez faire porter à Massart, par Oldfield, le titre (avec le nombre et nature des gravures, enjolivements, etc.) de tous les livres de chaque maison, afin que l'article soit fait dans la journée par Massart et paraisse demain, il est temps !

« Indiquez bien les maisons diverses.

« A six heures au plus tard au journal. »

Mais il peut envoyer une brève note intime :

« Ma chère enfant... J'ai été affreusement mal à l'aise toute la nuit et ce matin.

« La bise entre chez moi par toutes les fenêtres ! Il faudra vite des rideaux... »

Et au crayon, un autre jour, il lui adresse ce message familier :

« Ma chère enfant,

« Je n'ai plus que trois bouteilles de Vichy. Voulez-vous prier le docteur de me rendre le même service que jadis, en m'en faisant venir à prix réduit deux.

« J'attendais de la viande par Céline. Elle n'est pas venue.

« Et vous, mon enfant, dînez-vous ? Vous m'avez laissé inquiet, hier. Pourquoi m'avoir caché le motif de votre trouble et de votre tristesse !

« Venez donc déjeuner — et travailler —, me rassurer en même temps. »

Ces rapports, qui peut les comprendre sinon ceux qui les vivent et qui savent combien le travail dans un quotidien, le travail sur l'écriture de l'autre — et Vallès conseille Séverine et Séverine relit Vallès —, la création commune d'un journal tissent des liens, qui peuvent être plus forts, et tout aussi passionnels, que ceux de l'amour ?

Le Paris conservateur, le Paris des milieux littéraires traditionnels, ne peut imaginer cette complicité, l'amitié — le mot est insuffisant — qui unissent Séverine, le docteur Guebhard et Vallès. Vallès d'ailleurs, pour ceux qui sont généreux et ont l'intelligence du cœur, suscite les dévouements ; qu'on songe à celui d'Hector Malot qui ne s'est pas démenti durant des années !

C'est que, dès lors qu'on a percé la carapace du « réfractaire » et de « l'insurgé », dès lors qu'on a accepté l'égocentrisme d'un créateur obsédé par ce qu'il *doit* faire de sa vie — écriture romanesque ou journalistique, témoignage, engagement dans les mouvements sociaux — et par la fidélité qu'il *doit* avoir à ses idées, on découvre un homme bon, hypersensible, écorché vif, attentif aux autres.

Comment mieux le saisir, dans sa vérité, que dans cette lettre adressée à Séverine — en 1884 — dans laquelle, pris par la maladie et alors que Séverine lui propose de lui envoyer Céline, la garde de Roland, le fils issu du premier mariage de Séverine, il écrit :

« Je la prendrai quand on aura trouvé quelqu'un pour Roland

qui souffrira beaucoup probablement de la séparation et du changement. Comme j'ai pâti, étant môme, je m'intéresse au môme — plus que votre mère ! »

Mais ce n'est pas ce Vallès que l'on connaît dans les salons. C'est celui qu'un Goncourt imagine occupé à mener une habile guerre contre les autres écrivains, seulement par jalousie et orgueil.

« Vallès est un particulier unique, écrit Goncourt dans son *Journal.* On n'en refera plus. Il a pris une maîtresse [il s'agit pour Goncourt de Séverine] et il l'a fait éreinter hebdomadairement, avec des mots et des pensées de son cru, tous ses confrères des lettres qui font plus de bruit que lui... ça a été Daudet, Zola et moi. Et ce révolutionnaire, ce réfractaire, ce barricadier des lettres, qui va-t-il chercher pour le rez-de-chaussée de son journal ? Boisgobey auquel en personne il va faire la cour tous les matins pour obtenir sa copie et encore de la copie défraîchie ! »

Dans l'aigreur de Goncourt, comme souvent chez les hommes de lettres, la jalousie la plus commune et le goût du ragot se dissimulent sous d'apparentes exigences littéraires.

Car ce « rez-de-chaussée » qu'on reproche à Vallès, c'est son choix de feuilletons populaires parmi lesquels ceux de Fortuné de Boisgobey ont le plus de succès.

Vallès publie ainsi de cet auteur *Le Fils de M. Lecoq* et surtout *Paris-bandit,* où un ouvrier devient une sorte de comte de Monte-Cristo sauvant des griffes des rapaces du capital une jeune et pauvre ouvrière.

En même temps Vallès publie — ou republie — ses propres œuvres : *L'Insurgé, L'Enfant, Les Souvenirs d'un étudiant pauvre.*

Le feuilleton, pour lui, dans sa conception d'un journal qui touche les plus humbles, est un élément essentiel, une sorte d'entrée en littérature.

Il est vrai de plus que Vallès n'établit pas, contrairement à un Goncourt ou aux autres littérateurs, une hiérarchie bien précise des genres et des œuvres. Pas de classement ou d'héritage transmissible en littérature.

On comprend dès lors que la place qu'il occupe grâce au *Cri du peuple* dérange.

A tout instant, on l'accable d'accusations, de ragots que Goncourt avec délectation recueille. Là, il note que l'on raconte que le docteur Guebhard trouvant à Vallès un aspect maladif hésite à « mettre de l'argent dans *Le Cri du peuple* » et que, avant de s'exécuter, il exige de pouvoir faire... analyser les urines de son rédacteur en chef ! Mais Séverine déjoue la manœuvre en apportant à son compagnon ses propres urines !

Ici, on assure que Vallès est atteint de la « maladie de la pose », qu'il a été vu en train de « manger une choucroute dans une brasserie du Quartier latin avec un tablier de franc-maçon dont il s'essuyait les lèvres... ».

Plus sérieusement, Goncourt accuse « la blague » de menacer la société française, et rend Vallès responsable de ce « sentiment démolisseur ». N'a-t-il pas « cruellement » dépeint sa mère ?

Cette amertume des confrères, ces accusations montrent que Vallès occupe avec son œuvre et son journal une place capitale dans le champ des débats d'idées autour des années 1880. C'est le moment où la question sociale se pose à nouveau avec acuité.

Congrès ouvriers et grèves se succèdent. Zola publie *Germinal* dans le quotidien *Gil Blas*. Les maçons parisiens sont en grève, en novembre 1883, au moment où paraissent les premiers numéros du *Cri du peuple*. Les mineurs d'Anzin cessent à leur tour le travail en février 1884. Les anarchistes commencent à lancer leurs appels à la violence, à la propagande par le fait, qui annoncent la vague des attentats.

Ces mouvements s'inscrivent sur un fond de misère et de chômage. L'hiver 1884 est rude. On a faim, froid, on meurt d'épidémie dans les milieux ouvriers. On manque de travail. Vallès écrira dans *Le Cri du peuple* :

« La servitude de la faim tient au ventre cent mille hommes au moins, qui ne demanderaient qu'à gagner, en se tuant à la peine, de quoi nourrir la femme et les petits. »

Et il ajoute :

« Du travail ! Quel épouvantable cri, quand il est jeté comme dans un désert, au milieu de la capitale du monde, trente siècles après les famines de Ninive et de Babylone, sur la terre qui a vu pousser les glaives et mûrir les épis de la Révolution, le drapeau de la République flottant dans le vent ! »

C'est en 1884 que Vallès, précisément, fait un pèlerinage sur le plateau de Satory, là où furent exécutés les communards condamnés à mort par le Conseil de guerre. Moment d'émotion. La terre est indifférente. « Pas même la pourpre d'un coquelicot. » Et cependant

Vallès qui se souvient de son désespoir le 28 mai 1871 note la renaissance de l'idée révolutionnaire.

« Je crus bien, à cette heure-là, que nous étions pour jamais vaincus et que notre idée était — tout au moins jusqu'à notre mort — enfouie dans le charnier.

« Voilà qu'elle a repoussé vivante et verte comme les arbres qui frémissent et vibrent à la première brise qui souffle sur ce plateau de Satory. »

Vallès se place en effet toujours dans la perspective ouverte par la Commune.

Son journal veut être un « terrain de rendez-vous » pour tous ceux qui ont choisi la Révolution. Et Vallès dès le premier numéro est sans équivoque :

« Au *Cri du peuple,* on est socialiste révolutionnaire : on n'est ni anarchiste, ni blanquiste, ni possibiliste, ni guesdiste. »

Il est partisan de l'unité.

« *Le Cri du peuple* fait campagne pour qu'on enterre toutes les haines de groupe à groupe, et pour que de cette réconciliation renaisse une organisation généreuse, dans les cadres de laquelle entreront tous ceux qui veulent qu'on coupe les bras au Capital, comme jadis on tranchait le poignet aux parricides. »

Cette diversité des socialistes se retrouve dans la rédaction du journal. Mais la majorité est d'inspiration marxiste. Gabriel Deville, l'un de ses membres, a en 1883 publié un *Résumé* de l'œuvre de Marx, qui sera présenté dans la rubrique « Lutte des classes » du *Cri du peuple.*

Mais surtout, un homme, Jules Guesde, incarne aux côtés de Vallès la ligne politique du journal, si bien que *Le Cri du peuple,* quelles qu'aient été, au départ, les intentions de Jules Vallès — et il ne voulait pas d'un journal politique — devient un quotidien très fortement politisé.

En ce sens aussi, Vallès fait œuvre singulière : avant *L'Humanité* de Jaurès (fondée en 1904), il est le premier à avoir créé un journal aussi ouvertement engagé dans le mouvement socialiste.

A visage découvert, malgré les difficultés et les attaques. Démontrant qu'il y a place, dès lors que les textes sont de qualité, pour un journal populaire et engagé.

La rencontre entre Jules Vallès et Jules Guesde s'est faite dans les dernières années du Second Empire, au sein de quelques journaux d'inspiration libérale comme *La Situation* et *Le Courrier français.* Guesde est le cadet de Vallès de treize années.

Journaliste à Montpellier en 1870-1871, il défend la Commune, est condamné à cinq années de prison et s'exile. En Suisse, il rencontre les principaux proscrits de la Commune. Quand il rentre en France en 1876, il est gagné aux idées de Marx : il veut organiser un parti révolutionnaire.

Sa propagande active, sa rupture avec les radicaux tel Clemenceau, ou avec les socialistes « possibilistes » en font le chef de l'aile gauche du mouvement ouvrier. Et le désignent aux coups. En 1883, il est condamné à six mois de prison pour « excitation au meurtre et au pillage ».

C'est dans la prison de Sainte-Pélagie que Vallès lui rend visite et l'engage comme collaborateur au *Cri du peuple.*

« *Le Cri du peuple,* entendant consacrer une large place à la discussion des idées sociales, s'est assuré la collaboration de Jules Guesde, que son incontestable compétence place au premier rang parmi les écrivains révolutionnaires... »

Ces lignes parues le 27 novembre 1883, alors que Jules Guesde vient juste d'être libéré de prison, situent *Le Cri du peuple,* encore plus nettement que les éditoriaux de Jules Vallès. Bien qu'*Insurgé* durant la Commune, Vallès demeurait d'abord aux yeux de l'opinion un écrivain. En donnant la parole plusieurs fois par semaine à Jules Guesde, Vallès devient celui qui, pour tous les tenants de l'ordre social, ouvre la porte aux révolutionnaires les plus dangereux.

Amnistié par la loi, Vallès s'obstine donc. Il ne peut pour cela qu'être définitivement condamné dans la plupart des têtes bien pensantes.

D'autant plus que les articles de Jules Guesde au *Cri du peuple* sont violents.

Le 28 novembre 1883, dans son premier article intitulé « L'Ecole des faits », il a exposé sa conception « du socialisme scientifique élaboré par Marx ». Il défendra ses idées « non seulement jusqu'à la prison, mais jusqu'au mur inclusivement ». Expropriation de la classe capitaliste, appropriation collective des moyens de production et d'échange, propriété privée transformée en propriété publique, constitution d'un parti de classe des prolétaires : rien ne manque à l'article pour effrayer.

La méthode de Guesde est simple : il faut mettre chaque

événement à la question, l'obligeant à « témoigner et à conclure contre la nouvelle féodalité financière, industrielle et commerciale, qu'il s'agit d'envoyer rejoindre et par les mêmes procédés — dans la fosse commune de l'histoire — l'ancienne féodalité de la terre et de l'épée » !

La place donnée par Vallès à Jules Guesde est ainsi révélatrice de l'importance qu'il accorde à la politique et aux questions sociales. Elle marque bien que, pour Vallès, un journal populaire doit — et peut être — un journal clairement engagé. Osant l'article politique.

Mais Vallès mesure les risques. La prose de Jules Guesde est souvent lourde et obscure. Les rubriques — inspirées par l'esprit militant — sont ennuyeuses. Les journalistes manquent de talent. Vallès en est conscient.

« Je n'ai pas pu retrouver la rédaction que j'avais rêvée, confie Vallès. Oh ! je n'avais plus les hommes de *La Rue,* alertes, gais, vivants, gouailleurs. J'avais voulu réunir toutes les écoles socialistes. Les possibilistes n'ont pas voulu s'associer avec les guesdistes pour une œuvre commune. Je m'adressai à ces derniers, braves gens, certes, mais solennels et hiératiques... Oui, des bonshommes de Nuremberg que j'ai panachés de quelques fantaisistes. »

Souvent il juge que « le journal est bien mal fait... C'est coupé, haché ! Guesde est lourd, lourd, avec un titre éloignant ».

Vallès est un professionnel de la presse, un journaliste d'instinct et d'expérience. Il a, vissée au corps, l'âme d'un rédacteur en chef qui *voit* l'ensemble du journal, qui souffre de ces imperfections et ne peut tout contrôler, d'autant que la maladie, dès le mois de décembre 1883, le tient confiné chez lui.

Alors il peste, multiplie les messages à Séverine, précis, pressants, tel celui du 28 octobre 1884 :

« Ma chère enfant,

« Si vous pouvez " entrer " dans l'article Guesde, aujourd'hui, c'est que vous avez des yeux de lynx, du courage, l'envie de connaître à fond les questions sociales ! On est dans une voie déplorable, dès le début ! Et toujours je me demande si les économies prédites par le docteur sont possibles avec tant de matière !

— « ???? Je suis très malade et ne sais encore de quoi je vais parler !

« Savez-vous pourquoi on est forcés de mettre double face du

Paris-bandit ? Il me semblerait fâcheux de supprimer *Vingtras* dès le début.

« Ah ! que ce début est inquiétant ! *Le Cri* a l'air du *Temps*. C'est capable de le tuer.

« A trois heures. »

Et pourtant le journal dure, son tirage progresse.

Certes le docteur Guebhard en comble régulièrement le déficit. Mais peu à peu la situation se redresse et dans le paysage de la presse des années 80-90, *Le Cri du peuple* devient un titre de référence.

Le journal a une image claire, un public fidèle, important pour un journal aussi ouvertement révolutionnaire. Et ses articles font, dans plusieurs domaines, autorité.

Vallès a réussi son pari d'« irrégulier » : il fait un journal original, de qualité, et qui exprime fidèlement ses idées d'insurgé et de réfractaire, de socialiste révolutionnaire.

C'est d'abord, malgré son engagement, un journal libre. Et Vallès y veille. Le 11 avril 1884, il écrit au secrétaire de la rédaction, Emile Massart :

« Je ne veux pas que *Le Cri du peuple* paraisse l'organe d'une secte parce que nous avons pour collaborateur un sectaire éloquent et convaincu, à qui est accordée toute liberté de parole... *Le Cri du peuple* est une tribune ouverte et non une chapelle fermée. Tous les révolutionnaires ont chez nous droit d'asile et place au combat. Mais je veux qu'entre tous les partis socialistes nous tenions la balance égale ; indifférents aux querelles des groupes, hostiles à leurs rancunes, compagnons de tous ceux qui sont pour la marche en avant.

« C'est moi qui ai dit que j'avais suivi et que je suivrai toujours le peuple mais " sans numéro de régiment à mon képi ". Quand on a écrit cela et qu'on a gardé son journal libre, même en face de la Commune, on n'admet pas que le Peuple puisse vous croire à la remorque d'une idole. Donc, citoyen Massart, veillez au grain ! Il ne faut pas plus être le prisonnier de ses amis que celui de ses ennemis. »

Vallès garde donc toutes ses distances, et sa lucidité... puisque le « sectaire éloquent et convaincu » n'est autre que... Jules Guesde !

Mais, en même temps, Vallès renonce à sa première intention : publier cette lettre dans *Le Cri du peuple* et inviter Guesde à y répondre. Au dernier moment, Vallès juge qu'il y a mieux à faire qu'à exposer ces divergences.

Elles sont d'ailleurs secondaires par rapport aux campagnes conduites par Vallès dans son journal.

Car il est, malgré la maladie, présent sur tous les fronts, ne laissant rien passer de ce qui, dans la vie politique ou sociale, lui paraît devoir être dénoncé.

Il s'indigne ainsi de la condamnation des anarchistes Pierre Kropotkine et Emile Gautier — tout en récusant leurs idées —, de celle de Louise Michel.

En fait, à travers cette défense des « révoltés », c'est toute la politique des « républicains » qu'il met en cause. Les Jules Ferry — président du Conseil —, les Emile Brisson, les Waldeck-Rousseau, et même leur adversaire Clemenceau, ne sont que des « politicards », qui ont « juré d'assassiner l'idée sociale ». Tout révolte Vallès dans leur politique : leurs entreprises coloniales, coûteuses en argent et en hommes : « Beau gouvernement, s'écrie-t-il, qui comme une mouche d'hôpital ou d'abattoir ne vit que de pus et de sang ! »

Il récuse leur militarisme, leur refus de bouleverser dans un sens plus démocratique les institutions conservatrices : l'armée, la justice (Vallès est naturellement partisan de l'abolition de la peine de mort). La politique de Ferry-le-Tonkinois, Ferry-Choléra, Ferry-Famine, est à ses yeux dure aux humbles ; elle gaspille les deniers publics outre-mer au moment où le chômage et les épidémies sévissent et frappent le prolétariat. La « république bourgeoise » est pour Vallès — et il le dit dans un langage proche de celui de l'anarchie — à condamner.

Il hait le parlementarisme, la Chambre qui est « l'asile des phrasassiers ». Et le Palais-Bourbon : « Un grand monument bête, avec des colonnes comme une église catholique, ayant en face de lui la Madeleine, à sa gauche l'Arc de Triomphe, prisonnier de ces deux voisins de pierre, tout plein de leur odeur de religiosité et de leur fumet de soudarderie, empestant le Bon Dieu et Napoléon. »

Il craint la trahison par ambition de tous les parlementaires même quand ils ont connu la misère. Et, chez les opposants d'aujourd'hui, il pressent ceux qui par goût du pouvoir feront — tel Clemenceau — « tout avancé qu'il se croie, mitrailler le peuple un jour ».

Vallès, extrémiste, excessif, qui par antiparlementarisme — et expérience personnelle — en arrive même parfois à remettre en cause « le suffrage universel ». Ce « fils de février (1848) a à son actif toutes ces misères et ces tueries ! Faites le compte des morts ! Vous verrez que jamais la monarchie n'a commandé le meurtre avec autant d'ampleur que le Parlement républicain ».

Vallès, quand il s'exprime ainsi, est bien le fils de cette génération révolutionnaire qui a connu les journées de juin 1848 et la Commune, qui vit sous une République capable d'utiliser, comme l'Empire, la police et l'armée pour réprimer tous les mouvements sociaux. Un Vallès et ses camarades de ce fait ne mesurent pas le progrès que représentent les institutions démocratiques, le suffrage universel et le parlementarisme tant décriés.

Il faudra attendre Jaurès (la génération née dans les années 1860), Jaurès élu député pour la première fois en 1885, pour que le socialisme français se réconcilie avec la République.

Ces prises de position suscitent bien sûr l'hostilité. Comme Vallès donne aussi une tribune libre au journal *Le Matin* qui a organisé avec trois autres chroniqueurs d'opinions différentes « le quadrille de l'éclectisme », on s'exaspère ici et là à écouter cette voix forte qui dit aux lecteurs du *Matin :* « Chez vous, c'est aux bourgeois que je parlerai. Je n'espère point les convertir, mais je les aurai avertis. Devant le mur, aux heures tragiques, ils n'auront rien à réclamer... »

Excès verbal, pose d'insurgé. Mais qui irrite. « Vallès le prolétaire touche quinze mille francs au *Matin,* dit un mouchard. Les gens qui l'entourent se demandent s'il ne se moque pas d'eux et Guesde commence à ne pas se gêner pour exprimer sa façon de penser sur son compte... L'anarchiste Clément fait une guerre violente à Vallès qu'il dit vendu à Clemenceau... »

Fiches de police ne reflétant qu'une fausse réalité. Vallès est certes grassement payé au *Matin* et il en est ravi. Le directeur de ce quotidien — l'Américain Alfred Edwards — veut faire un journal à succès. Vallès l'intéresse par sa réputation de provocateur. Vallès n'est pas dupe. Il prend l'argent. Sans plus. Précisant à Hector Malot qu'il n'a pas « un liard d'autorité » au *Matin.*

« On m'a acheté mon nom et ma façon, sans que, de six mois, j'aie vu âme qui vive de la direction. On m'avait apporté un traité à signer, j'avais signé. On m'apporte mes appointements tous les mois, je les prends. J'ai entrevu en courant M. Edwards... »

Vallès n'est pas inquiet de ce que d'autres pourraient ressentir comme une compromission. Il sait que son image est établie : il *est* Vallès, au *Cri du peuple* comme au *Matin.* D'ailleurs les articles qu'il publie dans *Le Matin* sont repris... dans *Le Cri du peuple.* Et puis sa conception de la liberté de la presse et d'expression est telle qu'il ne peut (et n'a jamais pu) concevoir de censure pour lui et pour les autres.

Dans *Le Cri du peuple,* c'est Paul Alexis, avec qui Vallès a polémiqué, qui tient la « Critique littéraire » et s'y exprime en toute liberté.

Paul Alexis a averti son maître Zola, le 24 octobre 1883, de la collaboration avec Vallès.

« Je vais être pris quotidiennement, et pour une somme dérisoire, a-t-il écrit. Vallès, qui fait reparaître, samedi matin, son *Cri du peuple* à deux sous, m'a offert aujourd'hui cent quatre-vingts francs par mois pour faire 1) un article par semaine ; 2) chaque jour, *Autour des livres et des pièces.* »

Et Zola de répondre :

« Je ne crois pas au journal de Vallès, il est inepte (...). Enfin, gagnez votre argent et soulagez-vous de quelques-unes de vos opinions, si vous y êtes réellement libre. Mais soyez certain qu'il n'y a rien de mieux à faire là. »

C'est le Zola, encore candidat à répétition à l'Académie française, le Zola soucieux de respectabilité qui exprime là le sentiment qu'éprouvent les hommes de lettres établis pour Vallès.

Et celui-ci rend leur mépris à tous ceux qui rêvent d'honneurs officiels et de réussite, et sont prêts à toutes les démissions et reniements pour y accéder.

Il fustige ainsi, aussi bien un Alexandre Dumas fils qui avait traité les compagnes des Communards de « femelles », que tel universitaire — Challemel-Lacour — « censeur implacable qui s'est faufilé, à la première occasion, dans un habit d'ambassadeur et a fait la revue dans un uniforme crotté d'or ».

Irrécupérable Vallès. A cinquante-deux ans comme à vingt. Et conscient que cela lui coûte le succès.

« Il ne faut pas heurter son temps — je veux le heurter, dit-il. Je n'aurai jamais la vogue. »

Mais quand on est à ce point en opposition avec l'ordre établi comme le manifeste Vallès, on risque plus que l'hostilité verbale des conformistes et des conservateurs.

On a droit à leur haine.

Vallès l'a éprouvée durant la Commune et il a été un condamné à mort par contumace du Conseil de guerre des versaillais.

En décembre 1883, quand *Le Cri du peuple* attaque les « fils de famille » qui au Quartier latin passent leur temps dans les brasseries, et sont le plus souvent monarchistes, la rédaction du *Cri du peuple* est envahie par un cortège de ces étudiants. Les journalistes ne cèdent pas et Vallès s'en prend à cette « sotte vanité d'escholiers » qui vont « cracher l'écume de leur bile et la mousse de leur bock au nez de la Révolution française ».

Cette manifestation est peu de chose encore. Elle marque simplement l'hostilité de cette jeunesse turbulente et bourgeoise qui s'illustrera avec ses cannes plombées et ses cris antisémites au temps de l'Affaire Dreyfus et qui, avec Paul Déroulède, donnera longtemps au Quartier latin une coloration nationaliste et d'extrême droite.

Mais Vallès et *Le Cri du peuple* ont des ennemis plus redoutables. Au mois d'août 1884, le journal commence une campagne de dénonciation de la police politique.

Un mouchard-provocateur, agent du préfet de police, fournit les renseignements, dans la tradition de la police du Second Empire habile à monter des combinaisons dans lesquelles les extrémistes s'engagent et sont finalement poussés à agir afin d'être pris en flagrant délit de violation de la loi. Les milieux socialistes commencent ainsi à être pénétrés par les agents provocateurs. Et l'on fait d'une pierre deux coups : on frappe les anarchistes et on vise les socialistes révolutionnaires. *Le Cri du peuple* ne peut qu'être une cible pour la police.

Vallès n'est pas durant cette période présent au journal. La maladie l'affaiblit toujours plus durement. Il fait une cure au Mont-Dore et rencontre Zola qui est frappé par son état. « Le pauvre garçon, dit Zola avec sa condescendance d'homme en bonne santé et d'écrivain célèbre et installé, avait la conscience de son état ; le sentiment de sa mort prochaine. » Zola ajoute que, au milieu d'une conversation animée, il lui arrivait souvent de « voir tout à coup l'œil de Vallès être pris d'un petit tournoiement et devenir fixe, en arrêt dans le vide, en même temps que sa parole s'arrêtait un moment, avec l'effroi sur la figure : c'était terrible, ces regards fixes, ce figement de la vie ! La mort de Flaubert, le foudroiement, voilà la mort désirable... ».

C'est vrai que, durant l'année 84, Vallès perd peu à peu son énergie. Les messages qu'il adresse à Hector Malot ou à Séverine sont pathétiques, pleins de la conscience de la diminution de ses forces et de sa volonté de lutter.

Il dit à Malot le 18 novembre 1884 :

« Je suis très malade, sans en avoir trop l'air, quoique j'aie beaucoup maigri. Le médecin Hanot, l'agrégé, chef de service à Tenon, n'a pas même voulu me laisser quitter Paris, fût-ce pour aller aux pays tièdes et parfumés.

« Je suis quitte pour faire mon testament, que je désire vous laisser. »

Mais après cet aveu, comme si le fait d'avoir écrit ces mots l'inquiétait et s'il voulait en conjurer avec fierté la signification, il ajoute :

« N'allez pas me croire mort et vous figurer que je suis plus morose pour cela ! J'ai encore des ressources dans ma nature de paysan, si usée que je la sente ! Et je reste très calme vis-à-vis de la maladie. »

Mais les faits sont là, la dure réalité de l'épuisement ne se laisse pas effacer. Il dit à Séverine :

« Ma chère enfant,

« Toujours cette lassitude, cet accablement ! Je ne puis pas lever les bras, le souffle me manque !

« Je devais sortir pour mes affaires. Mais j'ai peur du froid, et de l'évanouissement en route.

« Enfin, je vais voir ! »

Comment dans ces conditions pourrait-il diriger *Le Cri du peuple,* quand la fonction de rédacteur en chef est une des plus épuisantes qui soient ?

Séverine lui sert d'intermédiaire avec la rédaction. Il tente ainsi, de loin, de veiller sur la mise en pages, sur le ton des articles et d'écrire régulièrement.

Mais quand, le soir du 6 janvier 1885, les frères Ballerich — l'un est commissaire de police, l'autre inspecteur — s'estimant diffamés par *Le Cri du peuple* pénètrent armés dans la salle de rédaction, ivres criant : « A mort Vallès ! » et faisant feu sur les journalistes, il est absent.

Duc-Quercy, l'un des journalistes, blessé par les policiers, réussit à abattre Norbert Ballerich cependant que son frère Charles Ballerich est désarmé.

Le Cri du peuple et Vallès sont ainsi au centre d'un scandale. Les journaux conservateurs dénoncent « l'impunité dont jouit la presse ». Mais dans l'ensemble les journalistes condamnent l'agression criminelle préméditée. Et Vallès dénonce la « République Ferry » qui fait assassiner les journalistes comme sous l'Empire on tuait Victor Noir.

C'est le début du mois de janvier 1885.

La cinquante-troisième année de Vallès commence.

Il n'en peut plus. Ecrire un article l'épuise. Bientôt, à la fois pour ces raisons médicales et à la suite de l'affaire Ballerich, Vallès démissionne le 15 janvier du journal *Le Matin.*

Un signe : renoncer ne lui est pas coutumier. Admettre qu'il a besoin de se faire soigner et dorloter non plus. Pourtant c'est ce qu'il advient. Séverine veille sur lui, au 77, boulevard Saint-Michel. « Il ne pesait pas plus qu'un enfant, quand je portais de lit en lit son pauvre corps décharné », dit-elle. Il ne sort plus. Il étouffe, tousse, ne mange plus, boit du lait. Lui qui parlait d'une voix forte murmure.

Et voici que la police dans le cadre de l'instruction ouverte sur l'affaire Ballerich force la porte du 77, boulevard Saint-Michel, perquisitionne le 22 janvier 1885 sans ménagement, bouleversant l'appartement, fouillant le matelas sur lequel repose Vallès.

En vain, naturellement.

Mais la police politique de la préfecture déteste Vallès qui l'accuse de surveiller la République « par le trou de judas ».

Provocation que cette affaire Ballerich, que cette perquisition qui secoue Vallès déjà à l'agonie et hâte sa mort.

Mais en même temps, quand Vallès s'éteint le samedi 14 février à une heure trente-cinq de l'après-midi, cette perquisition policière devient un événement symbolique qui marque combien, jusqu'aux derniers jours de sa vie, Vallès est resté un « irrégulier », un « réfractaire », un écrivain de la révolte contre l'injustice.

Il est mort donc alors qu'il n'a pas cinquante-trois ans. Le lundi 16 février, des dizaines de milliers de manifestants font un cortège improvisé et tumultueux à celui qu'Eugène Pottier appelait :

Le candidat de la misère
Le député des fusillés.

Le Cri du peuple écrit, dans son éditorial de ce même jour : « La révolution vient de perdre un soldat, la littérature un maître. »

Et dans la distinguée *Revue des Deux Mondes,* le 1er mars 1885, le célèbre critique littéraire Ferdinand Brunetière qui fait les réputations commence son analyse de l'œuvre de Jules Vallès par ces mots : « C'est d'un vilain homme que je vais parler... »

A ceux qui ont lu *L'Enfant, Le Bachelier, L'Insurgé* et qui connaissent, au jour le jour, la vie du « réfractaire » de juger.

ÉPILOGUE

« IL NOUS FAUT DES DISCIPLINÉS… JAMAIS VOUS NE VOUS Y ASTREINDREZ, JAMAIS ! »

Silence de la presse, presque total, quand paraît enfin en librairie, en mai 1886, plus d'un an après la mort de Jules Vallès, le dernier volume de la trilogie, *L'Insurgé.*

Malgré les efforts de Séverine qui tente de convaincre les journalistes, les comptes rendus sont rares.

On veut oublier et faire oublier Vallès.

Vingt ans plus tard, la même volonté se manifeste encore, rancunière.

Paul Léautaud en témoigne dans son *Journal,* lorsqu'il note à la date du 1er octobre 1906 : « Les deux Goncourt détestaient fortement, paraît-il, Vallès, et il y a un groupe des Académiciens (Goncourt) qui met un soin pieux à respecter, même posthumement, cette haine de leurs bienfaiteurs, en écartant du prix tout volume où peuvent se retrouver des idées, des opinions ou sentiments analogues plus ou moins à ceux de Vallès, touchant à la famille. »

On pourrait, au fil des années, retrouver cent témoignages de ce rejet de Vallès, tenu à l'écart, marginalisé dans les histoires de la littérature.

Et, après tout, Girardin, le patron de *La Presse* et de *La Liberté,* n'avait-il pas donné toutes les clés pour expliquer l'ostracisme dont allait souffrir et souffre encore Jules Vallès ?

« Oui, monsieur, avait-il dit à Vallès, vous avez une personnalité dont vous êtes l'otage et qui vous condamne à vivre hors de nos journaux... Il nous faut des disciplinés, bons pour la tactique et la manœuvre... Jamais vous ne vous y astreindrez, jamais ! »

Et il « règle son compte » à Vallès en deux mots : « Irrégulier, dissonant. »

« Irrégulier, dissonant. »

L'on peut ajouter cette affirmation de Vallès : « Révolté, je demeure. » Et l'essentiel est dit d'un homme et de sa vie.

Ce sont ces qualités-là, qui sont aussi aux yeux des tenants des pouvoirs — de tous les pouvoirs : ceux des Etats et ceux des Académies — des tares, presque des maladies, qui font la grandeur et l'actualité de Jules Vallès.

Point de culte et point de religiosité ou d'hagiographie à son égard pourtant !

Ils sont si opposés à son tempérament que ce serait lui faire insulte de les pratiquer.

Il mérite la compréhension, la lucidité et la fraternité, non l'adulation.

A-t-il d'ailleurs, malgré les apparences parfois, jamais cherché l'approbation ou l'admiration ?

Il va, tout au long de sa vie, vers les autres, bras tendus, parole haute, semblant attendre d'eux qu'ils l'approuvent et puis, pirouette, pied de nez, haussement d'épaules, ou geste de colère, il se détourne : *cet homme ne se soucie que de sa propre estime. Il n'a de comptes à rendre qu'à lui-même.* Parce qu'il est, et il le sait, le juge le plus implacable qui soit de ce qu'il fait, de ce qu'il écrit, donc de ce qu'il est.

Il s'est chargé, en effet, d'une tâche impossible, il veut atteindre un but qui se dérobe toujours et laisse, au bout de la course, haletant : dire, dire à tout prix, au prix de sa vie, la vérité. Rester libre de la dire.

La vérité ? *La vérité de soi.*

Ce qui signifie en fait la vérité sur tout.

Sur la famille qui vous aime à coups de trique, sur la société qui ne gratifie que les « disciplinés » et les « chiens couchants ».

Dire la vérité de soi ?

Mais cela suppose croire qu'il y a en chaque homme, en chaque femme, donc en chaque enfant qui vient de naître, une vérité singulière.

Et le devoir, l'exigence première de justice et d'égalité, c'est que ce *moi unique, ce dire unique* puissent exister, s'exprimer. Qu'on les laisse *libres* de *devenir,* de déployer ce qu'ils portent en eux de potentialités.

Or, il n'existe que des structures d'oppression, de répression et de mensonge : familles, société inégale ; chaque institution fonctionne pour contrôler, modeler, étouffer cette vérité individuelle. Pour discipliner, transformer les enfants en chiens savants.

La famille, l'école — les livres — sont, selon Vallès, les premiers lieux de dressage.

Ceux qui y échappent peuvent plus que d'autres exprimer leur vérité : les « blouses », « le peuple » valent pour cela souvent mieux que les « redingotes » ; un paysan ou un cordonnier sont plus *vrais* qu'un professeur.

Mais ce mythe enraciné chez Vallès — son populisme — s'effrite au fil de l'expérience : car il y a la faim, la misère, l'ignorance, d'autres dressages. Et le « peuple » peut suivre les « épaulettes ».

Voilà pourquoi Vallès *s'insurge,* contre la famille, contre l'école, contre l'injustice. Voilà pourquoi il choisit d'être révolutionnaire. Pour que la vérité de chaque être puisse s'exprimer. Il rêve, contre toutes les sectes — y compris les sectes révolutionnaires — et toutes les censures, d'une société *libre* pour des hommes *libres,* disant le vrai, c'est-à-dire pouvant enfin être — c'est-à-dire exprimer — ce qu'ils sont.

Utopie ?

Certes.

Mais ce but, cette exigence ont permis à Vallès d'atteindre à l'unité de sa vie.

De ne pas, non plus, s'enfermer dans un projet d'ambition personnelle étroite, car il a jugé — contrairement à la plupart des « littérateurs » — qu'il ne pouvait atteindre à la vérité de soi qu'en luttant pour que tous les autres aient la même volonté, la même lucidité, la même possibilité que lui.

Révolutionnaire, Vallès, par souci de pouvoir dire, écrire, ce qu'il est, par un égocentrisme d'écrivain qui se sait partie d'une collectivité humaine et a des *devoirs* envers elle.

Révolutionnaire surtout par impossibilité de se dissimuler les raisons de ses actes et de ses sentiments, donc animé par la volonté de décaper toute chose et d'abord lui-même, puis ses plus proches — sa mère, son père — de tous les masques commodes, de toutes les illusions.

Lucide jusqu'à la souffrance, jusqu'au sang, jusqu'à l'os. Ne supportant ni le mensonge, ni la bonne conscience, ni l'injustice, ni l'hypocrisie sociale. Ni le conformisme dans la manière d'être ou d'écrire.

« Vous êtes un écrivain, monsieur », lui lance-t-on.

L'un des grands, oui.

Parce qu'il ne peut accepter l'ordre du monde tel qu'il est. Qu'il brise les conventions. Celles du regard et celles du style pour y faire jaillir sa singularité. Qu'il dénonce l'injustice et les faux-semblants.

Et qu'il fait ainsi de la « révolte » l'expression même de la « *liberté sans rivages* », le ressort même de sa vie. De toute création. De toute vie.

ANNEXES

CHRONOLOGIE SOMMAIRE

Années	*Jules Vallès*	*Événements*	*Domaine culturel*
1776	Naissance de Jean-Louis Vallez, grand-père de Jules Vallès.	Déclaration d'indépendance américaine. Chute de Turgot.	D'Holbach : *La Morale universelle.*
1787	Naissance de Thomas Vallez, frère du précédent. Sera l'abbé de Chaudeyrolles.	Assemblée des Notables.	Mozart : *Don Juan.*
1804	Naissance de Julie Pascal, mère de Jules Vallès.	Couronnement de Napoléon.	Fournier : *Harmonie universelle.*
1807	Naissance de Jean-Louis Vallez, père de Jules Vallès.	Bataille d'Eylau.	Fichte : *Discours à la Nation allemande.*
1829	Mariage de Jean-Louis Vallez « cultivateur » et de Julie Pascal, ménagère.	Révolution de juillet.	
1830		Louis-Philippe.	Michelet : *Introduction à l'Histoire universelle.*
1831		Insurrection des canuts à Lyon.	
1832-1834 **11 juin 1832**	**Naissance au Puy de Jules Vallès.** Son père est « maître élémentaire et d'études au collège communal du Puy ».	Emeutes à Paris, Cloître Saint-Merri, rue Transnonain.	Lamennais : *Paroles d'un croyant.*
Avril 1834		Emeute républicaine à Lyon.	

1835	Jules Vallès a 3 ans. Naissance de Marie-Louise Julie, sœur de Jules Vallès.	Lois répressives.	Tocqueville : *La Démocratie en Amérique.*
1837-1839	Jules Vallès à l'école privée de Mlle Labre au Puy.	Chemin de fer Paris-Saint-Germain-en-Laye.	V. Cousin : *Cours d'Histoire de la philosophie.* Berlioz : *Requiem.*
1839	Jules Vallès a 7 ans. Elève au collège royal du Puy où son père, après avoir été « pion », est maître élémentaire provisoire.		Louis Blanc : *De l'organisation du travail.*
1840	Jules Vallès au collège royal de Saint-Etienne où son père a été nommé maître de septième.	Tentative de soulèvement de Louis-Napoléon à Boulogne.	Proudhon : *Qu'est-ce que la propriété ?*
1844		Grève des mineurs de Rive-de-Giers.	
Décembre 1845	Jules Vallès a 13 ans. Départ de la famille Vallès pour Nantes, où le père est professeur de sixième au collège royal.		
1846-1848	Jules Vallès élève au collège royal de Nantes.	Révolte paysanne dans le Buzançais (1847). Campagne des Banquets.	Lamartine : *L'Histoire des Girondins* (1847). Michelet : *Histoire de la Révolution française* (1847-1853).

Années	*Jules Vallès*	*Événements*	*Domaine culturel*
1848 25/2/1848	Classe de rhétorique. Jules Vallès a 16 ans. Participe aux manifestations de Nantes.	Révolution du 24 février 1848. Chute de Louis-Philippe. IIe République.	K. Marx et F. Engels : *Manifeste communiste* (1847).
23-26/6/1848	Vallès favorable à l'insurrection de juin.	23-26 juin : « Journées de juin » (Paris). Répression conduite par Cavaignac.	Dumas fils : *La Dame aux camélias.*
Août 1848	Echec de Vallès au baccalauréat.		
Sept. 1848- Août 1849	Vallès au lycée Bonaparte à Paris et à la pension Lemeignan. Assiste au départ des déportés de juin 1848.	Répression. Réaction contre le mouvement révolutionnaire.	Dickens : *David Copperfield.*
1849-1850	Vallès à Nantes.	Election de Louis-Napoléon à la présidence de la République.	
Avril-août 1850	Echec de Vallès au baccalauréat.		Murger : *Scènes de la vie de bohème.*
1850-1851	Vallès à Paris. Participe au mouvement révolutionnaire et républicain, notamment après l'interdiction du cours de Michelet.	Préparation du coup d'Etat.	
1851	2-4 décembre : Vallès participe aux manifestations. Barricades. Vallès rentre à Nantes.	2 décembre. « Coup de maillet » ; coup d'Etat de Louis-Napoléon Bonaparte. 21 décembre. Plébiscite.	A. Comte : *Système de politique positive.*

27/12/1851	Vallès interné à l'asile d'aliénés de Nantes.		
1852	Jules Vallès a 20 ans.	Fondation du Crédit foncier et du Crédit mobilier.	
Avril 1852	Vallès bachelier à Poitiers.		
Fin 1852	Vallès à Paris.	Rétablissement de l'Empire.	Edition du *Manuel du spéculateur à la Bourse* de Proudhon.
1853	La sœur de Vallès, Marie-Louise Julie, internée. Vallès participe aux complots contre Napoléon III. Il est emprisonné à Mazas. Le père de Vallès nommé professeur à Rouen.	Haussmann, préfet de la Seine.	Hugo : *Les Châtiments*.
1854-1856	Jules Vallès a 24 ans. Misère. Collaboration à de petits journaux publicitaires. Lectures. Leçons. Duels : avec son ami Poupart-Davyl. Dettes.	France et Angleterre déclarent la guerre à la Russie (1854).	Flaubert : *Madame Bovary*. Naissance de Rimbaud. Troisième édition signée Proudhon du *Manuel du spéculateur à la Bourse*.
1857	Jules Vallès a 25 ans. Termine son premier livre *L'Argent* qui paraît en juillet après la mort de son père, le 18 avril 1857 (50 ans). Collaboration à *Présent* sous le pseudonyme de « Max ».		
1858-1860	Misère, collaborations diverses.		Millet : *L'Angélus*. Marx : *Critique de l'économie politique*.

Années	*Jules Vallès*	*Événements*	*Domaine culturel*
1859		Intervention française en Italie (Magenta, Solferino).	Naissance de Jean Jaurès.
1860	Jules Vallès a 28 ans. Employé à la mairie de Vaugirard. Collaboration au *Figaro*.	Guerre de Sécession.	Naissance de M. Barrès.
1861-1862	Collaborations diverses. Dettes.	Troupes françaises au Mexique.	
1862	Jules Vallès a 30 ans. Pion à Caen.		
1863	Retour à Paris.		
1864	Collaboration régulière au *Progrès de Lyon*. Articles au *Figaro*.	Création de l'Association internationale des travailleurs à Londres (sept.).	Tolstoï : *Guerre et Paix*.
1865	Jules Vallès a 33 ans. 15 janvier. Conférence de Vallès sur Balzac. Renvoi de la mairie de Vaugirard. Rédige entièrement le numéro *Les Irréguliers de Paris* au *Figaro*. Collaboration à *L'Epoque*, à *L'Evénement*. Publication des *Réfractaires* et d'un feuilleton, *Jean Delbenne* à *L'Epoque*.	Abolition de l'esclavage aux Etats-Unis.	

1866	Collaboration à *La Liberté* de Girardin. Article contre le général Yousouf. Collaboration de Vallès au *Courrier français*, au *Nain jaune*. Parution de *La Rue* (recueil d'articles).	Juillet 1866 : Sadowa. Victoire prussienne sur l'Autriche. Défaite diplomatique française.	Nobel : invention de la dynamite.
1867	Jules Vallès a 35 ans. Fonde son premier journal *La Rue* qui paraît du 1er juin au 18 janvier 1868. Collaboration de Vallès à *La Situation*. Mort du curé de Chaudeyrolles, le grand-oncle de Vallès.		Karl Marx : *Le Capital*.
1868	Vallès condamné à deux mois de prison à Sainte-Pélagie pour avoir publié « Un chapitre inédit de l'Histoire du deux décembre ».	Premier congrès des Trade-Unions.	Daudet : *Le Petit Chose*.
1869	Jules Vallès a 37 ans. Dirige *Le Peuple* et *Le Réfractaire*, journaux éphémères (quelques numéros). Candidat aux élections législatives contre Jules Simon.	Canuel de Suez. Juin à octobre : grèves nombreuses avec dure répression (La Ricamarie, Aubin).	Flaubert : *L'Education sentimentale*.
1870	Jules Vallès a 38 ans. Vallès collabore à *La Marseillaise*.		
10 janvier 1870		Assassinat de Victor Noir, journaliste à *La Marseillaise*.	
12 janvier 1870		Enterrement de Victor Noir.	

Années	*Jules Vallès*	*Événements*	*Domaine culturel*
1870	Août. Vallès arrêté. Vallès participe au Comité central des 20 arrondissements. Chef de bataillon. 31/10. Vallès occupe la mairie du XIXe arrondissement.	Mai. Plébiscite triomphal. Déclaration de guerre à la Prusse (19 juillet). 14/8. Soulèvement blanquiste à La Villette. 3/9. Sedan. Première affiche rouge. 4/9. Déchéance de Napoléon III. Gouvernement de la Défense nationale.	
1871	Jules Vallès a 39 ans. 22/2. Vallès fonde *Le Cri du peuple*. 11/3. Vallès condamné pour l'affaire du 31/10. 12/3. Fin du *Cri du peuple*. 21/3. *Le Cri du peuple* reparaît. 22/3. Vallès élu au Conseil général de la Commune. 23/5. Dernier numéro du *Cri du peuple*. Vallès en septembre réussit à passer en Belgique et à Londres (octobre).	2e affiche rouge rédigée par Vallès (7/1). 18 mars. Début de la Commune. Affaire des canons. 22-28 mai. Semaine sanglante.	
1872	Jules Vallès a 40 ans. Mort de la mère de Vallès (9 mars). Condamnation à mort de Jules Vallès par contumace. Ecrit une pièce sur la *Commune*. Publie 3 numéros d'un journal *The Coming P*.		Rimbaud : *Une saison en enfer*. Nietzsche : *Humain, trop humain*.

1875	2/12. Mort de Jeanne-Marie, la fille de Jules Vallès.		
1875-1877	Ecriture *Jacques Vingtras*, I et II.		
1877	Vallès a 45 ans. Difficultés de Vallès : dettes.	16 mai. Coup d'Etat de Mac-Mahon.	Zola : *L'Assommoir*. E. de Goncourt : *La Fille*.
1878	Parution de *Jacques Vingtras* dans *Le Siècle*.		
1879	Jules Vallès a 47 ans. Parution des *Mémoires d'un révolté (Le Bachelier)* dans *La Révolution française*. Publication de *Jacques Vingtras* signé Jean La Rue. Vallès lance à Bruxelles l'hebdomadaire *La Rue*. *Le Candidat des pauvres* publié en feuilleton dans *Le Journal à un sou*.	Jules Grévy, président de la République.	
1880	Vallès a 48 ans. Rencontre avec Séverine. Publication des *Blouses* en feuilleton dans *La Justice* de G. Clemenceau. 13 juillet. Retour de Vallès à Paris.	Amnistie aux communards.	Maupassant : *Boule-de-Suif*.
1881	*Le Bachelier (Mémoires d'un révolté)* publié. Feuilleton *La Dompteuse* publié dans *Le Citoyen de Paris*.	Mort de Blanqui (janvier).	
1882	Vallès a 50 ans. Collabore à plusieurs journaux.	Chute du grand ministère Gambetta.	Naissance de J. Joyce et d'Igor Stravinski.

Années	*Jules Vallès*	*Événements*	*Domaine culturel*
	La Nouvelle Revue publie en feuilleton *L'Insurgé*. Collaboration à plusieurs journaux.	Loi Jules Ferry sur l'enseignement.	
1883	28 octobre. *Le Cri du peuple*. Début de la maladie de Vallès.	Colonisation de l'Indochine.	F. Nietzsche : *Ainsi parlait Zarathoustra*.
1884	Vallès a 52 ans. Aggravation de l'état de Vallès. Testament. Hector Malot exécuteur testamentaire. Collabore au *Matin*. Publication de *La Rue à Londres*. Feuilleton : *Les Souvenirs d'un étudiant pauvre*.	Lois sur les syndicats. Loi sur le divorce.	
1885	Jules Vallès a 53 ans. Affaire Ballerich. 22 janvier. Perquisition chez Vallès. Samedi 14 février. Mort de Vallès. 16 février : obsèques de Vallès.	Manifestation des révolutionnaires.	Zola : *Germinal*.
1886	Mai. Publication de *L'Insurgé*.	Boulanger, ministre de la Guerre.	Rimbaud : *Les Illuminations*. Dumont : *La France juive*.
1913	Un monument au Puy à la mémoire de Vallès (septembre).		
1914	Monument à Vallès (au Père-Lachaise), septembre.	Guerre mondiale.	

1975			Tome I des œuvres de Jules Vallès dans la Pléiade.
1981		F. Mitterrand, président de la République.	
1982	Association « Les Amis de Jules Vallès » (octobre).		
1985	Centenaire de la mort de Jules Vallès.		
1986	Plaque à la mémoire de Vallès au 77 du boulevard Saint-Michel, lieu de sa mort.		

ORIENTATION BIBLIOGRAPHIQUE

Une bibliographie « vallésienne » comporterait plusieurs dizaines de titres.

Nous nous sommes limités à une « orientation » en renvoyant à la bibliographie la plus récente, celle de Germaine Frigot, qui recense l'ensemble des titres (œuvres de Vallès et ouvrages ou articles relatifs à Vallès) jusqu'au 31 décembre 1984.

Germaine Frigot : *Jules Vallès, bibliographie,* Bibliothèque de la ville de Paris, Mairie de Paris — Direction des Affaires Culturelles, Paris, 1985.

Adjoindre le remarquable travail de :

Pierre Pillu : *Etat présent des travaux sur Jules Vallès,* in *L'Information littéraire,* janvier 1966.

Il existe enfin une *Revue d'études vallésiennes* (nº 1, décembre 1984) qui est l'expression de l'Association « Les Amis de Jules Vallès » (fondée en 1982), dont le siège est : Université de Saint-Etienne, 2 rue Tréfilerie, 42100 Saint-Etienne. Le secrétaire général de l'association est Roger Bellet, le maître actuel des études vallésiennes.

La revue recueille des articles de spécialistes de Vallès. Elle a publié dans son numéro 2 les Actes du *Colloque international Vallès* (1985).

Nous pourrions mentionner aussi des dizaines de titres concernant le *cadre historique* dans lequel se déploie la vie de Jules Vallès. Bornons-nous à signaler d'un point de vue général l'ouvrage collectif :

Jean Bruhat et divers : *Histoire de la France contemporaine,* Livre Club Diderot, Paris, 1980.

Il comporte une abondante bibliographie.

Pour la période de la Commune, les titres sont innombrables. La dernière mise au point avec une très vaste bibliographie est de J. Serman : *La Commune,* Paris, 1985.

Mais il est indispensable de lire les ouvrages d'Henri Guillemin sur *Les Origines de la Commune* et particulièrement *L'Avènement de M. Thiers. Réflexions sur la Commune,* Paris, 1971. Et les témoignages. Notamment ceux de Lissagaray *(Histoire de la Commune)* et de Maxime Vuillaume *(Mes cahiers rouges)*. Une mention spéciale pour J. Dautry, Lucien Scheler : *Le Comité des vingt arrondissements de Paris,* Paris, 1960.

Ce recueil de documents et cette étude historique montrent Vallès inséré dans une activité politique collective durant la Commune à laquelle il sacrifie d'ailleurs son rôle de journaliste au *Cri du peuple.*

Pour toute la période on lira, bien entendu, *Le Journal* des Goncourt.

La source première demeure évidemment *Les Œuvres de Jules Vallès.* On n'en possède pas d'édition vraiment complète puisque Vallès a consacré la plus grande partie de son activité littéraire au journalisme et qu'il n'existe pas d'édition exhaustive de ses articles. Les éditeurs ont toujours procédé à une sélection des textes parus dans les journaux. On dispose pour lire Vallès de plusieurs possibilités :

• Vallès, Jules : *Œuvres complètes,* par Lucien Scheler et Marie-Claire Bancquart, Paris, Livre Club Diderot, 1969-1970, 4 volumes.

• Vallès, Jules : *Œuvres,* par Lucien Scheler, Paris, Les Editeurs Français Réunis, 1950-1972, 15 volumes.

• *L'Œuvre de Jules Vallès,* par Gaston Gille, Paris, Le Club français du livre, 1953. Contient les textes les plus significatifs de Jules Vallès.

Ces volumes sont actuellement (1988) épuisés.

• Vallès, Jules, *Œuvres* par Roger Bellet *in* la Pléiade, 1975 (t. I : 1857-1870).

Un tome II est prévu. Il devrait paraître en 1988.

Ce volume de la Pléiade est une somme comportant une importante bibliographie et un appareil critique très étendu et on ne peut plus précieux. **Indispensable.**

La trilogie *(L'Enfant, Le Bachelier, L'Insurgé)* est heureusement disponible dans plusieurs collections de poche (Folio-Gallimard ; Flammarion ; Livre de Poche).

Chaque volume est annoté, comporte une chronologie et une bibliographie. On notera la préface de Michel Tournier à l'édition Folio du *Bachelier* (1974).

Les meilleurs spécialistes de Vallès (Roger Bellet, Pierre Pillu, Emilien Carassus, Marie-Claire Bancquart, Rogzinski, Béatrice Didier) ont préfacé et annoté ces éditions.

ORIENTATION BIBLIOGRAPHIQUE

Aux *Œuvres* de Vallès il faut ajouter deux volumes essentiels et qui s'y rattachent directement.

• Vallès, Jules — Séverine, *Correspondance,* par Lucien Scheler, Paris, Les Editeurs Français Réunis, 1972.

A inclure — comme un cinquième volume — dans *Les Œuvres complètes de Jules Vallès* par Lucien Scheler.

• Delfau, Gérard : *Jules Vallès : L'exil à Londres, 1871-1880,* Paris, 1971.

Il contient la correspondance adressée à Londres à Jules Vallès ainsi que de précieux bilans concernant les années d'exil. Indispensable.

On notera aussi, parce qu'elle contient en « situation » les articles de Jules Vallès, *la reproduction* en fac-similé du *Cri du peuple* du 21 mars au 22 mai 1871, in *La Commune au jour le jour : Le Cri du peuple,* Paris, Les Yeux Ouverts, 1971.

Enfin, les éditions du Lérot (Tusson, 16140 Aligre) ont entrepris la réédition de nombreux textes de Jules Vallès : notamment *Les Blouses* et *Les Enfants du peuple.*

La bibliothèque sonore de Saint-Etienne (27, rue Léon-Naudin) a enregistré le texte intégral de la « trilogie » vallésienne qui, ainsi éditée en « audiolivres », représente 27 cassettes.

On trouvera dans les bibliographies de Germaine Frigot, de Roger Bellet (Pléiade), Pierre Pillu (*Information littéraire,* 1966) notamment, les titres des ouvrages ou articles relatifs à Vallès.

Les numéros de la *Revue d'études vallésiennes* sont évidemment précieux pour suivre le travail des vallésiens.

Nous avons choisi de donner ici parmi la forêt des études, quelques arbres-repères essentiels, qui conduisent eux-mêmes à d'autres pistes.

• Gille, Gaston : *Jules Vallès 1832-1885 : ses révoltes, sa maîtrise, son prestige,* Paris, Flammarion, 1941.

Une thèse fondatrice qui reste après presque un demi-siècle **le guide majeur,** auquel il faut ajouter outre le « Roger Bellet » (*Œuvres,* tome I, Pléiade — voir ci-dessus — qui, par ses notes, son introduction est une mine) le « Gérard Delfau » (voir ci-dessus) qui est, pour l'exil à Londres, un point d'appui indispensable.

• Bellet, Roger : *Vallès journaliste du Second Empire, de la Commune, de la IIIe République, 1857-1885,* Paris, 1977.

Une thèse décisive, érudite, un veritable guide dans le monde touffu de la presse de la fin du XIXe siècle et de la place tenue par Vallès. Elle est rééditée par les éditions du Lérot (Tusson, 16140 Aligre) sous le titre *Jules Vallès, journalisme et Révolution.* Le même éditeur annonce la publication des *Documents* (en 1988) qui complètent cette thèse essentielle.

Noter en outre de Gille Gaston : *Sources, bibliographie, iconographie, essai critique,* Paris-Genève, 1981.

• Bellet, Roger : *Presse et journalisme sous le Second Empire,* Paris, 1967.

• Giauffret-Colombani (Hélène) : *Rhétorique de Jules Vallès : les figures de la dénomination et de l'analogie dans* L'Enfant, Genève-Paris, 1984. Une étude stylistique.

On retiendra encore :

• *Université de Lyon II : Colloque Jules Vallès,* Presses universitaires de Lyon, 1976.

• Rouchon, Ulysse : *La Vie bruyante de Jules Vallès,* Le Puy, 3 volumes, 1935-1939. Une mine par le bibliothécaire du Puy. Une véritable source de documents indispensables.

• Bancquart, Marie-Claire : *Jules Vallès,* Paris, 1971, avec textes, bibliographie, chronologie.

• *Europe :* deux numéros de cette revue (décembre 1957 et juin-août 1968) sont consacrés en tout ou partie à *Jules Vallès,* avec 12 lettres inédites (numéro de 1957) de Vallès à Arnould.

Il faudra lire toutes les *préfaces et notes* des œuvres de Vallès publiées par différents auteurs, de Gaston Gille à Roger Bellet, de Pierre Pillu à Emilien Carassus.

Bien entendu, les travaux de Lucien Scheler sont décisifs : sa présentation des œuvres complètes, de la correspondance en fait un maître vallésien incontesté.

De très nombreux critiques et historiens de la littérature ont contribué à la connaissance de Jules Vallès. Citons René Lalou, Henry Poulaille, Maurice Nadeau, Henri Guillemin (voir notamment *in* son *Pas à pas* [Gallimard] *Vallès dans les rapports des mouchards de la police*).

L'importance de la bibliographie vallésienne, la diversité des contributions à l'étude des œuvres de Vallès, l'audience internationale de ses livres *(cf. La Revue d'études vallésiennes)* montrent la vitalité et l'actualité d'une œuvre qui, longtemps enfouie, garde toute sa fière juvénilité.

INDEX

INDEX

C

INDEX

M

Q

ŒUVRES :

Table des matières

III — « COMME LE TEMPS A ÉTÉ RONGÉ SANS BRUIT ! » (OCTOBRE 1853-JANVIER 1868)

IV — « LA MAIN DANS LA MAIN, CAMARADES ! » (JANVIER 1868-SEPTEMBRE 1871)

Achevé d'imprimer le 12 septembre 1988
sur presse CAMERON,
dans les ateliers de la S.E.P.C.
à Saint-Amand-Montrond (Cher)
pour le compte des éditions Robert Laffont
6, place Saint-Sulpice, 75279 Paris Cedex 06